JM233213

平和・人権・NGO

すべての人が安心して生きるために

三好亜矢子・若井晋・狐崎知己・池住義憲 編

新評論

真の平和を希求するすべての人々と
これからさまざまなかたちで
NGO活動に参加していく若い担い手たちへ

はしがき

二〇〇一年四月、新評論の〈開発と文化を問う〉シリーズの六巻めとして出版した『学び・未来・NGO――NGOに携わるとは何か』では、内外のさまざまな非政府組織（NGO）で働くスタッフや研究者二二人が二五本の論稿を寄せ合い、それぞれが体験した失敗も含めて過去を振り返ることで、「NGOに携わるとは何か」について率直な議論が展開された。そしてそこから浮かび上がってきたNGOの使命とは、「貧しく遅れた南の人々を効率よく助けてあげる」ことではなく、お互いが持つものを分かち合い学び合う関係を大切にすることで、人々の側から発せられる公正と社会正義を国際社会に実現していくというものであった。この基本理念が日本のNGOの中でどれほど守られているかが課題として残った。

それから三年近くが経過した今、『学び・未来・NGO』の姉妹本として、同シリーズ第九巻『平和・人権・NGO――すべての人が安心して生きるために』を出版することとなった。その背景には、二〇〇一年九月一一日の事件の衝撃、その後の多国籍軍によるアフガニスタン侵略や米英軍主導によるイラク侵略・占領、そしてパレスチナ紛争の激化など、NGOを取り巻く今日的状況のいっそうの厳しさがある。戦争やテロによる直接的暴力だけでなく、大企業によるエイズ治療薬の独占に見られるような「経済のグローバル化」がもたらす構造的暴力も拡大し、人々が安心して生きるための基本的な権利を脅かしている。

平和と人権は、NGOの存在意義にも関わる重大なテーマである。この問題に対して、私たちはいったい何をなすべきだろうか。本書は、平和、人権、環境、開発、ジェンダー、保健医療など、さまざまな角度からNGO活動に携わるスタッフ・研究者二〇人（編者四名を含む）がこの大きなテーマに向き合い、それぞれの現場でどのように取り組んでいるのかを示したものである。

本書は次のような三部構成で考察を進める。

まず第一部では、平和と人権の基本理念を考察しつつ、私たちが拠って立つべき共通認識を明らかにした上で、平和と人権を守る国際的なシステムとしての国際法や国際機関の役割とその限界、国内的には憲法第九条の国際的な意義について検証し、NGOの行動基盤をあらためて確認する。

第二部では、人々の生活を脅かしているさまざまな政治・経済・文化的背景の実情に迫り、暴力を生み出している構造を明らかにする。貧困と教育不足によって母子感染が広がるエイズ問題と、その治療薬を独占する多国籍企業と途上国政府との壮絶な闘い。ダイヤモンドやコルタン（携帯電話の充電池などの原材料）といった希少鉱物の資源占有をめぐる部族間・隣国間の激しい対立と、その原因となっている紛争経済。開発と環境をめぐって生じる人権侵害。世界を圧倒的な武力で支配しようとする米国一国主義。女性が戦争の中で受けてきた戦時性暴力の構造。これらの事例が取り上げられる。

第三部では、こうした困難な現実に対して、NGOが今、現場でどのように行動しているのかについて焦点をあてる。戦争や紛争の根本原因に迫りつつ、経済のグローバル化によって発生する構造的暴力を食い止めようとするグループや、長期にわたる内戦によって心身ともに傷ついた人々が平和を取り戻せるよう、和解と司法的正義の実現のために地道な支援を粘り強く続けているグループなど、いずれも国益を超えたNGOでなければなしえない活動に焦点があてられる。

これら三部からなる本文の前後には、NGOの基本理念および社会的使命を明らかにする序章と、本書全体を俯瞰しつつNGOの可能性について論じる終章を置き、読者の便宜のために、巻頭には基本用語解説、巻末には文献リスト、団体・研究教育機関リスト、索引を付した。

ここ数年、「平和構築」という言葉が大義化し、ともすれば官ばかりでなくＮＧＯまでもが、戦争や紛争に対する大国の責任問題を置きざりにしたまま、紛争犠牲者の声に耳を傾けることなく、一方的な「人道支援」や「復興」に走りがちとなっている。とくに、官製「平和構築」論において問題なのは、戦争や紛争の原因を究明するための構造的なアプローチが不足していることである。しかしそれ以上に重大な問題は、「平和構築」を掲げながら、ひたすらインフラ整備に終始し、戦争や紛争で肉親や家や生活の糧を奪われてさまざまな痛みを抱える個々の人々に寄り添うこともなく、「人々のため」と称している態度・姿勢である。こうした態度・姿勢は、世界に冠たる平和憲法を掲げながら、なし崩し的に自衛権の拡大解釈と軍備増強を続けている日本政府のダブル・スタンダードと軌を一にしている。たとえば、一九九九年に成立した日米防衛協力のための新指針（ガイドライン）関連法（周辺事態安全確保法）では、自衛隊の活動範囲が国内を越え「日本周辺」に拡大された。また、九・一一以後、テロ対策特別措置法では活動地域の条件がなくなり、活動の際には「国連への協力」や「停戦の合意」も必要なしとされた。さらに二〇〇三年に成立したイラク復興支援特別措置法では、その活動範囲を「非戦闘地域」と限定しながら、実質的には戦地であるイラクへ派兵されることになった。

こうした厳しい局面に立つ今、私たちには二つの果たすべき責任がある。第一は世界に冠たる平和憲法を持つ日本の市民として、その精神を人類すべての恒久財産とするために、日本の平和主義をより具体的に実体化させること、第二は非政府たるＮＧＯに携わる者として、国益中心の官製「平和構築」論に与することなく、支援を最も必要としている具体的な人々に、徹底して寄り添うことである。困難な状況にある人々が真に望んでいることは何か、彼（女）らの声に耳を傾けることこそが、すべての取り組みの出発点であると信じている。

本書が、真の平和を希求するすべての人々と、これからさまざまなかたちでＮＧＯ活動に参加していく若い担い手たちにとって、希望の未来を照らし出す小さな灯りの一つとなれば望外の幸せである。

二〇〇四年二月

編者を代表して　三好亜矢子

平和・人権・ＮＧＯ／目次

第Ⅱ部　「平和」と「人権」を脅かすもの　実情
――その根本原因にいかに立ち向かうか

◆暴力

暴力には「直接的暴力」と「構造的暴力」の二つがある。直接的暴力とは、身体・精神・物体に対する物理的強制力や侵害で、喧嘩の殴る・蹴るから始まって、軍隊の戦闘行為（戦争）、テロ行為および対テロ報復攻撃行為、国家権力による弾圧、建物・物体の破壊行為を言う。構造的暴力とは、貧困、経済政策による失業、衛生状態の不備、政治的抑圧、植民地支配、少数民族への弾圧と差別、文化的疎外など、社会の構造そのものがつくり出す人々への肉体的・精神的な強制および侵害を言う。

こうした概念は、一九六八年にインドの研究者スガタ・ダスグプタのピースレスネス（戦争がないからといって平和でないという状態、つまり「非平和」）という指摘をノルウェーの平和学者ヨハン・ガルトゥングが練り上げてできたもので、今日の「平和」定義の共通認識となっている。ガルトゥングは「戦争もないが平和もない」という状態、すなわち、貧困、飢餓、疾病、医療施設の不在、低い識字率、不安定、弾圧、無秩序、不平等、不公正、不正義などを特長とする非平和状況を「構造的暴力」と呼んで戦争やテロのような「直接的暴力」と区別した。「戦争と平和」という伝統的二分法とは違った「暴力と平和」という新しい二分法で分析する道を開き、非平和が今日の途上国に特徴的な問題であるとする認識を高めるのに大きな貢献をした。

◆非暴力

非暴力とは、暴力を用いずに不正、不正義を克服する力のことを言う。暴力に対して暴力で勝利したとしても結局その勝者も同じ暴力によって滅び、非暴力主義こそが本当の勝利をもたらすとする考え方である。非暴力主義とは、第一に、報復しようとしないこと（非戦主義、無抵抗主義）、第二に、良心に従って意識的に法律にそむくこと（市民的不服従）、そして第三に、信念を示威的に行動で表明すること（直接行動）である（阿木幸男『非暴力トレーニングの思想――共生社会へ向けての手法』論創社、二〇〇〇）。

非暴力主義の思想家・実践家として有名なのは、インドのマハトマ・ガンディー。ガンディーは、一九三〇年、政府の塩の専売に反対して抗議し、「この法律は人権を侵害するものであり、私はこれに従わないことを誓います」と宣言。塩の製造禁止に対する不服従の意志を表すためにガンディーは七八人の弟子とともにガンジーアシュラムからボンベイ（現ムンバイ）市近くの海岸まで三二〇キロを行進した。これは「塩の大行進」または「塩のサチャグラハ（非暴力、不服従の意）」と呼ばれ、今日の市民的不服従、非暴力運動の基礎となっている。

非暴力運動は、このほかにも一九五〇年代から六〇年代の人種差別反対運動や公民権運動に非暴力の精神と方法を採り入れて非暴力直接行動を起したマルティン・ルーサー・キング牧師、非暴力主義を貫いて弾圧にも屈せず先頭に立って人種差別反対運動を続けた南アフリカのデズモンド・ツツ司教、キリスト教のクエーカー教徒の市民的不服従、非戦主義、絶対的平和主義などがある（非暴力関係書籍としては、前掲書のほか、阿木幸男『FOR BIGINNERSシリーズ・非暴力』現代書館、一九八七など）。

◆平和

平和の意味は時代と立場によって異なる。本書では、平和とは「消極的平和と積極的平和の両方が実現した状態、直接的暴力と構造的暴力の両方を克服した状態」としてとらえている（**第1章**、五九頁）。ノルウェーの平和学者ヨハン・ガルトゥングは平和の定義として「消極的平和」と「積極的平和」の二つを挙げた。「消極的平和」とは戦争やテロなどの直接的暴力のない状態を言い、「積極的平和」とは貧困や失業、政治的抑圧などの構造的暴力のない状態を言う。

日本国憲法前文にある「専制と隷従」「圧迫と偏狭」「恐怖と欠乏」はいずれも構造的暴力である。前文は、これらを克服して公正な世界秩序を築くことを謳っている。また、同第九条にある「戦争」「武力による威嚇」「武力の行使」「陸海空軍その他の戦力」「交戦権」はいずれも直接的暴力で、第九条はこれらを永久に放棄すると謳っている。つまり、日本の憲法は消極的平和と積極的平和の両方の実現を誓っており、これが「平和」憲法と呼ばれる所以となっている。日本は、世界で最も徹底した非暴力平和主義の憲法原理を持っている国であることがよくわかる。

◆平和構築（論）

平和構築（Peace Building）という用語は、一九九二年、ガリ国連事務総長（当時）の報告書『平和への課題』において、国連による紛争への関与を予防外交、平和創設、平和維持、平和建設（peace building）の四局面に分け、紛争の予防から紛争後の平和再建までの総合的な対処の構想を提起した際に初めて用いられた（第8章、二七四頁）。その後、九七年五月に開発援助委員会（ＤＡＣ）が発表した「紛争、平和及び開発協力に関するガイドライン」の中で、地域紛争に対して紛争予防と平和構築という観点からＯＤＡの積極活用を提唱する用語として使われた。つまりこの用語は、紛争予防および紛争終結後の平和構築のいずれにおいても、ＯＤＡの役割を掲げたＯＤＡ活用論、いや正確には「ＯＤＡ拡充論」の中で使われ始めたものである。

本書では、この平和構築という用語、とくに「構築」という言葉に対して違和感を持っている（第11章、三四八頁）。それは、「構築」という言葉が人間味を欠いた社会工学的考え方に基づいており、紛争犠牲者自身の声や信条・願いを欠いた図式的な問題整理に基づいた用語ではないかという違和感である。「外観から」紛争地域を垣間見たにすぎない人々同士が、机上で議論をして出された用語のような印象がある。この違和感は、平和「構築」の本質は何かという議論を深める上で大切なものである。

本書で言う平和構築とは、直接的暴力と構造的暴力の両方を克服していくこと、言い換えれば、暴力の不在とともに公正な社会の形成を目指し、市民社会が平和構築の過程に積極的に参加していく試みのことを指している。したがって、平和構築のためにはまず非暴力の実践をどのように展開するかが問題であり、市民社会と他のセクターとの関係をどのように築き上げていくかが重要となってくる。

ＮＧＯによる平和「構築」は、戦争をできるだけ予防し、万一発生した場合は非暴力的に対処することにある。一九九九年五月にオランダのハーグで市民平和会議が開催されたが、そこで採択された「ハーグ・アジェンダ」はＮＧＯの平和「構築」の見取図となっている（第１章、六六―九頁）。

◆官製「平和構築」（論）

平和構築は、紛争中の「紛争解決」と、紛争終結後の「人道的支援」や「復興支援」という名のもとで行われる。これが政府主導による官製「平和構築」になると、往々にして非暴力の視点が欠落し、自国の国益追求を前提とした政治的かけひきや国家間での「取引の論理」が強く働き出す。

本書では、官製「平和構築」が陥っている四つの構造的問題を指摘している。第一は、世界を「悪玉」と「善玉」の二つに分け、力の勝る方が正義であるとの錯覚から平和構築を行うという問題である。二〇〇三年三月、イラクへの軍事攻撃の際にブッシュ米大統領は「テロリストの側につくか、米国の側につくか」という強者の論理・視点によって二者択一を迫り、世界を「敵」と「味方」に二分した。これは政治的抑圧であり、紛争解決という名のもとで行われる強者によるさらなる構造的暴力である。第二の問題は、人道的介入という名のもとで複雑に絡み合う各国の利害が、紛争の介入とその長期化に大きな影響を与えていることである。事実、主要戦闘終結宣言の後、米英軍を中心とする「善玉」はイラク復興の名のもとに長期にわたって内政干渉しているし、日本政府も人道的復興支援の名のもとに自衛隊を派兵することによって紛争（米英中心によるイラクへの侵略行為）に介入している。第三の問題は、悪玉（敵）を国際社会から孤立させる一方で、救われるべき善玉（味方）には国際社会からの支援を集中させ、平和構築のための人道支援という名目を後者に与えることによって実質的には前者への見せしめが行われていることである。そこには、「支援して欲しければわれわれに服従せよ」というメッセージが含まれており、人道支援を政治的道具として利用する姿が見られる。そして第四の問題は、外部からの支援が短期間に集中する結果、外部から資本と物資が急激に流れ込み、支援される国の依存度を深めてしまうといったネガティブ・インパクト（負の効果）が見られることである（第10章、三二〇—四頁）。

こうした官製「平和構築」に対して、本書ではもう一つの（オルタナティブな）平和構築に取り組む非国家・非政府組織としてのNGOを論じ、「取引の論理」ではなく、見返りを求めない「贈与の論理」（第3章、一四三頁）を持っているNGO、あるいは「透明性」と「市民の意味ある参加」によって「祈る平和」と同時に「創る平和」（第8章、二五五頁）または「する平和」（第1章、六三頁）を志向するNGOに、非暴力平和主義による平和構築の可能性を見出そうとしている。

◆戦争

国際法によれば、戦争とは、国家間で領土という面的実体を舞台または対象として展開される「戦意の明示または黙示をともなう武力紛争」と定義される（「開戦に関する条約」〔ハーグ第三条約〕一九〇七年）。また、単に軍事行動が行われたという時点では成立せず、主権国家が戦争の意思表示をすることで成立するのが戦争である（パリ不戦条約、一九二九年）。こうした国際法から見ると、二〇〇〇年九月一一日に起きたニューヨーク世界貿易センタービルなどへのハイジャック機激突事件（九・一一事件）は、国際法上、「戦争」ではなく「犯罪（国際犯罪）」である。国際法や国連憲章に違反する武力の行使はすべて「侵略」なのである（国連総会採択の「侵略の定義に関する決議」一九七四年）。

しかし米国ブッシュ政権は九・一一事件を戦争行為と規定し、国際テロとの闘いという「新しい戦争」（対テロ戦争）として位置づけた。この強引な解釈は、テロを犯罪行為とする従来の国際法の制約を緩め、国家の軍事力行使による対応を可能にするためのものと言える。テロに対する報復戦争は、国際法では何の正当性もないばかりか認められていない（国連憲章二条、三三条、五一条）。

◆テロ

テロとは、一般的には特定の主義主張に基づいて政治的目的達成のために行う反政府的暴力行為を言う。空港や都市中枢に爆弾を仕掛けて無差別殺戮を狙う方法、特定の人物を暗殺する方法、ハイジャックや誘拐によって身代金や拘束されている仲間の保釈を要求する方法など、手段はさまざまある。その共通性は、意外性を画策し、それによって劇的な展開と高い注目度を狙い、結果的に既存体制を深く動揺させることが予定されている点にある。テロリズムとは、そうした行為を是認する主義のことを言う。

テロそのものは直接的暴力であり、社会に恐怖を与える殺傷行為であり、是認されるべきではない。しかし本書は、米国が対テロ戦争という「新しい戦争」として行った九・一一事件後のアフガニスタン報復軍事攻撃（米国正規軍による空爆などの戦闘攻撃）も同じく殺傷行為であり、是認することはできないとの立場に立っている。テロは犯罪であるから、警察力と司法によって対応すべきものである。そして、テロを生み出す社会構造・要因（構造的暴力）を克服、解消するという非暴力的な介入が必要とされている。

◆反戦、不戦、非戦

簡単に言えば、「反戦」は戦争に反対すること、「不戦」は戦争を起さないことまたは戦わないこと、「非戦」は戦争そのものを否定することである。反戦という用語は「反戦運動」などと表現され、運動的要素が強い。不戦は「不戦の誓い」や「不戦声明」など、姿勢、生き方、社会との関わり方を表明する用語として多く用いられる。非戦は「非戦論」や「非戦主義」など、戦争手段に拠らない問題解決の立場から自分の主義・主張・信条を表す用語として用いられる。反戦、不戦、非戦という三つは相互に強く関連し合っていて明確に分離するのは難しいが、強いてそれぞれの具体的事例を挙げれば次のようになる。

反戦の具体的事例は、ヴェトナム戦争（一九六〇―七五年）に反対して起こった世界大の反戦運動が挙げられる。日本では一九六〇年代後半から七〇年代前半にかけて「ベトナムに平和を！市民連合」（ベ平連）が市民による反戦運動として日本社会の中での大きなうねりとなった。しかし、その後のイラン・イラク戦争（一九八〇―八八年）、湾岸戦争（一九九一年）ではヴェトナム反戦運動ほどの広がりは見られず、反戦運動は部分化または小規模化していった。一九八〇年前後と言えば、日本ではインドシナ難民流出を機にNGOが多数誕生し始めた年であったのに。

不戦の具体的事例としては、「市民の意見三〇の会・東京」が呼びかけて行った一九九五年の意見広告運動「戦後五〇年・市民の不戦宣言」がある。これは、戦後五〇年経ってもいまだ果たしていない被害者への謝罪や戦後補償問題、あるいは戦後の日本の「再軍備化」を許してしまったことを反省して、戦後五〇年め（一九九五年）の八月一五日、今後五〇年間に国と市民がなすべきことを非武装・不戦の誓いとして宣言したものである。具体的には、日本の植民地被害の実態調査開始、日本に強制連行された人々や日本軍により慰安婦とされた女性たちへの謝罪と補償、安保廃棄、不戦・非武装の原理に徹した国の新しい枠組み、核兵器廃絶や武器の国際取引を禁止する国際条約の締結などが提案された。「平和が見えますか」との呼びかけで行ったこの新聞意見広告には四一団体、一四六六人が賛同した（「戦後五〇年・市民の不戦宣言」意見広告運動編『戦後五〇年　あらためて不戦で行こう！』社会評論社、一九九五）。

非戦の具体的事例は、二〇世紀初頭の内村鑑三（一八六一―一九三〇年）の非戦論。内村は日清戦争のときはこれを義戦と見なす主戦論者であったが、戦争勝利後の日本の植民地政策を見てこれは侵略であることがわかり、新約聖書や米国クエーカー派の思想の影響も受けて、以後、あらゆる武装、軍備を否定する非戦論者の立場に立って軍国主義反対を守り貫いた。この非戦論はその後、矢内原忠雄らによって引き継がれていった。

◆人権

本書では、人権とはいかなる状況であろうとも必ず守られなければならない「至上の価値」ととらえている。しかもそれは、性、国籍、民族、宗教、信条、門地などの違いにかかわらず、すべての人が等しく有している価値である。世界人権宣言（一九四八年）ではこれを「平等で譲ることのできない権利」であると明記している。

世界人権宣言は、二度にわたる世界大戦の反省から「平和」と「人権」の密接な関係を認識して、自由権的基本権および社会権的基本権など人権の具体的内容を規定した。興味深いのは、宣言前文の書き出しで、人間の尊厳と人権を承認することは、すなわち世界における自由、正義および「平和」の基礎であるとしている点である。本書**序章**が指摘しているように、人権と平和は表裏一体の関係にあることを示している。

人権を論じる場合、今までは表現の自由、結社の自由、差別からの自由、人身の自由といったように、権利をカテゴリー別に分類してその充足の度合いを測る考え方が主流であった。しかし、人々の現実の生活はそのようなかたちでの権利の擁護を必要としているのでなく、むしろ、先住民族、女性、子ども、移住者、障害者、性的少数者など、特定の集団に属するという理由（属性）で差別を受け、顕在的に困窮し、人身の自由を奪われ、表現を規制される場合が多い。したがって本書では、世界人権宣言で言う「自由権」と「経済社会権」の二つの区分を超え、その両者を合わせた総体を人権としてとらえ、差別や虐待、抑圧などで社会的に弱い立場に追いやられている人々（先住民族、女性、子ども、移住者、障害者、性的少数者など）自身に焦点をあてて考えることの大切さを強調している（**第2章**、一〇〇頁）。

◆人権侵害

人権侵害とは、「いかなる状況であろうとも必ず守られなければならない至上の価値」としての人権が、直接的・間接的暴力によって制限、否定、剝奪されている状態を言う。本書各章では、九・一一事件をきっかけにして起こった米英軍を中心とするイラク侵略戦争が、いかに人々の願いである「平和」と「人権」を侵害しているかを繰り返し述べている。また、世界人口六〇億のうち半数近い人々が貧困下での生を余儀なくされているという現実について、先進国と発展途上国の格差の存在そのものが人権侵害であり、平和に対する脅威であると指摘している。これを認識することなしに「平和と人権」を論ずることはできないし、活動することもできない（**序章**、五三頁）。

◆非政府組織（ＮＧＯ）

非政府組織（ＮＧＯ）という用語が最初に使われたのは国連憲章第七一条の中である。国連の構成メンバーは加盟各国政府であるが、国連はすでに発足当時から、政府間だけでは山積する世界の諸問題を解決することはできないとの認識に立ち、政府以外の組織で国境を越えて活動している団体に国連の経済社会理事会（ＥＣＯＳＯＣ）との協議資格を付与し、それらを「ＮＧＯ」と表現した。今日では、一般的に経済社会理事会との協議資格がなくても、またその他の国連諸機関と協力関係がなくても、開発、人権、ジェンダー、環境、平和などの諸問題を「非政府」の立場から解決しようと取り組む団体・組織のことを「ＮＧＯ」と総称している。

非政府組織の「非」(Non)は政府との関係において「政府ではない立場」を示すものである。したがって本書では、「政府組織とは異なる視点・立場で活動する組織」、あるいはそうした非政府の視点・立場から「公正と社会正義を実現しようとする人々による人々のための運動体」のことをＮＧＯと呼んでいる（若井晋・三好亜矢子・生江明・池住義憲編『学び・未来・ＮＧＯ』新評論、二〇〇一参照）。権力や権威とは一線を画す、「人々による下からの自発的組織」がＮＧＯである。非政府の「非」は、「非権力」であることも意味している。

第１章の君島論文では、①平和教育などで「平和をつくる力」を培うこと、②アドボカシー（政策提言）などと連動して主体的に「する」平和主義を実践すること、この二つがＮＧＯの使命・役割であると指摘し、非暴力的介入としてのＮＧＯ活動の重要性を述べている。これは今後担うべきＮＧＯの役割と存在意義を的確に示唆している。公正と社会正義の実現を第一の使命とするＮＧＯにとって、「直接的・構造的暴力の克服」という課題は決して避けて通ってはならないものである。

平和・人権・NGO

——すべての人が安心して生きるために

序章　平和と人権の統一的視座
――NGOの社会的使命

東京大学大学院・医学系研究科
国際地域保健学教室
教員　若　井　晋

はじめに――私たちに問われていること

二一世紀の世界は今呻いている。「平和」と人々の基本的「人権」が脅かされ、再び戦争の世紀へと逆戻りしつつある。米国で起きた二〇〇一年九月一一日の事件をきっかけに、人々の願い、そして祈りである「平和」と「人権」が背後に押しやられ、超大国の軍事力による暴走が始まった。〇三年三月二〇日、米英・オーストラリアは、常任理事国であるフランス、中国、ロシアおよびドイツなど多数の国々の反対を押し切り、国連安保理の決議なしにイラクに対する軍事侵略攻撃を開始した。このような時代にあってNGOに関わる私たちに問われているのは、「平和」そして「人権」とは何なのかを再度深く問い直す作業ではないだろうか。とくに戦争放棄や戦力不保持を謳った憲法第九条を有する私たち日本に生活する者にとって、またNGOに関わる一人の市民として、第九条の持つ意味を世界に向かって発信する意義は大きい（**第四章**参照）。

一　NGOの行動基盤をとらえるために

「日本国民は、正義と秩序を基調とする国際平和を誠実に希求し、国権の発動たる戦争と、武力による威嚇又は武力の行使は、国際紛争を解決する手段としては、永久にこれを放棄する。前項の目的を達するため、陸海空軍その他の戦力は、これを保持しない。国の交戦権は、これを認めない」（日本国憲法第九条）

平和と人権は表裏一体の関係

敗戦後まもなく安部能成は、雑誌「世界」に寄稿した一文に寄せて新生日本を論じて曰く、「武力を有するものは武を瀆し、力を有する者は力に溺るるを免れない。武力なく権力乏しきものにも、文化を培い道義に起つことは許される。この道以外に日本の生きるべき道はない。而もこの道こそ、本当は国家の生き行く栄光の道ではないか。真実を認識し、真実に堪え、知慧の光に導かれ、強く正しく、じっくりと歩みゆく日本の前途に光明あれ」と（『世界』一九四六年一月号）。新憲法が公布されたのはその後まもなくのことであった。軍国主義日本が滅び、戦争に反対し弾圧されていた多くの知識人、活動家、宗教者（キリスト者、仏教徒など）が解放され、一斉に発言を開始した。それから六〇年近くが経過し、憲法第九条はなし崩し的空洞化により、自衛隊の海外派兵は日常化してしまった。日米軍事同盟[1]によって日本は米国の腰巾着となっている。

（1）日本国と米国との間の相互協力及び安全保障条約。通称、安保条約と呼ばれる日米の安全保障条約のこと。一九六〇年一月一九日ワシントンで署名、同年六月一九日国会承認、六月二三日批准書交換、効力発生。

二〇世紀が生んだ最大の神学者・哲学者であり牧師でもあったカール・バルトは、平和と戦争を論じて言う、

「正しくない平和からは戦争は不可避なものとなる…戦争においてはもっともむき出しに、獰猛に、できるだけ多くの人間を意図的に殺す、ということが問題になる」と（K・バルト「生への畏敬とは何か」『キリスト教倫理Ⅲ――生への自由』村上伸訳、新教出版社、一九六四、一九七頁）。

今回のイラク侵略戦争で、人的被害を最小限にしているのだという米大統領ブッシュの言い訳は詭弁にすぎない（二〇〇三年三月二〇日以後しばしばその言葉を繰り返した）。戦争ではいかにして効率よく敵（人間）を殺せるかが問われるのだ。

平和と人権は表裏一体の関係にある。生への畏敬のないところには人権は存在しない。戦時下においては、国家（あるいは部族）の利害が優先され、また人々の発言や批判などが制限され、人々の基本的権利は戦争の名のゆえに侵害される。

「すべての行動、人とのあらゆる関係は沈黙の中に囲まれており、友情には言葉は不要である」（Dag Hammarskjold, *Markings*, New York, Alfred A Knopf, p. 8, 1965）。一九六一年九月一八日、ダグ・ハマーショルドは国連事務総長としてローデシア[2]紛争仲介と停戦のため現地に赴く途上、乗っていた飛行機が打ち落とされ殉死した。彼は憎しみの渦巻くその真っただ中で「平和と宥和」のためにそのいのちを捧げた。

（2）ローデシアは中央アフリカ連邦（Central African Federation）とも言い、いずれもイギリス領であった南部アフリカの南ローデシア（現ジンバブエ）が、北ローデシア（現ザンビア）およびニヤサランド（現マラウイ）と合体して一九五三年に成立した。

「歴史は、特権階層が自らの特権を自発的に放棄することは決してないという事実の、長く悲劇に満ちた物語の連続である」。公民権運動の指導者マルティン・ルーサー・キング牧師は、拘留中のバーミンガム市刑務所からの手紙の一節でこう述べ、アフロアメリカンの基本的人権のためにその生涯を捧げた（Letter from Birmingham City Jail (16 April 1963), Martin Luther King, JR., *A Testament of Hope. The Essential Writings and Speeches of Martin Luther King JR.*, Ed. Washington J M. Harper, San Francisco, 1986）。

それ以外にも有名無名の数知れない人々が、「平和」と「人権」のためにその尊いいのちを犠牲にした。そのような人々の闘いによって、NGOに関わる私たちの現在があることを忘れてはならない。

国家による人権侵害

ワシントンDCでの出来事　二〇〇〇年九月の初め、筆者は米国での九・一一事件発生のちょうど一週間前、ニカラグアからの帰途ワシントンDCに立ち寄った。事件を知って最初に筆者の心に思い浮かんだのは、そのワシントンDCを舞台として生まれた『苦難をともにする』(Henry J. M. Nouwen, Donald P. McNeill, Douglas A. Morrison, *Compassion : A Reflection on the Christian Life*, Image Books, New York, 1982) という書物であった。今回の事件によって被害を受けた多数の人々は、今でも肉親や友人を失った悲しみに打ちひしがれている。そうした状況の中で、米国は事件の首謀者であるとされる国際テロ組織「アルカイダ」の領袖オサマ・ビン・ラディン捕捉を理由に、アフガニスタンへの報復攻撃を行った。その後の顚末は周知の通りである。

深い悲しみと燃えさかる復讐心が入り交じった米国のまさにそのただ中で、二〇年前の一九八二年、三人のカトリック神学者が毎週一回集まり、現代の病んだ世界に神学者・キリスト者として何ができるのかを真剣に祈り、思索し議論していた。毎週一回、九回に及ぶ彼らの霊的な営みの結果は『苦難をともにする』という書物となって結実した。

この書物の冒頭で彼らはこう問いかける。「人が人であることは苦難をともにすることにほかならないのに、なぜこの世界は紛争や戦争、憎しみ、そして抑圧によって引き裂かれているのか？　私たちのただ中には、住む家もなく、寒さと飢えに苦しむ人々が、なぜこれほどまでに多いのか？　民族、性、宗教の違いのゆえに、人々はどうして和解し、共にコミュニティを形成することができないのか？　なぜ私たちは互いに傷つけ、拷問し、殺し合うのか？」

この本には、当時（一九七六年）パラグアイの農村で働いていた医師が、独裁政権に反対したという理由で、医

パラグアイの医師が描いた挿絵。（出所：H.J.M. Nouwen, D.P. McNeill, D.A. Morrison, *Compassion : A Reflection on the Christian Life*, Image Books, New York, 裏表紙, 1982）

師である本人ではなくその一七歳の息子が政府によって殺された深い悲しみを表現した絵が何枚もはめ込まれている。悲しいことにそれらの絵が伝えている状況は、まさに二一世紀の現在においても変わってはいないことを、私たちに痛感させることとなった（この一七歳の青年は、七六年三月三〇日、警察によって誘拐され、数時間に及ぶ拷問の末、殺された。彼の遺体は電気ショックによる拷問で焼けただれていた）。

グアテマラ　当時、パラグアイだけでなく、ラテンアメリカ諸国の多くが軍政下にあり、中米のグアテマラもその例外ではなかった（第11章参照）。グアテマラでは一九九六年まで、三六年に及ぶ紛争の間、二〇万人を超える死者、行方不明者を出し、その大半がインディヘナ（マヤ系先住民）の人々であった（『グアテマラ――真実と和解を求めて』狐崎知己ほか、岩波書店、二〇〇〇）。八二年三月二三日には政権を奪取したリオス・モント将軍のもとで、少なくとも一万九〇〇〇人に及ぶマヤの人々が虐殺された（"Mental health, truth, and justice in Guatemala," *Lancet 359*, p. 953, 2002）。二〇〇二年に虐殺二〇周年を迎えた。リオス・モントは二〇〇〇年より国会議長の座に就き、〇三年一一月の大統領選に出馬、敗北したものの依然として強い政治力を保持している。

　三六年間の内戦の特徴は、国家権力による反政府ゲリラや一般市民への拷問、虐殺行為である。四〇〇以上の村が破壊され、一五万以上の人々が他の国へ避難、数千に及ぶ人々がジャングルに潜むことを余儀なくされた。これによって、人口約一一〇〇万のうち六〇％近くを占めるマヤの人々がその主な犠牲となったばかりか、彼（女）らのアイデンティティにとって重要である「死者の弔い儀礼」が行えず、精神的に深い痛手を負うことになったのである。その回復のためには、精神的のみならず身体的、霊《スピリチュアル》的に統合されたケアがきわめて重要である。そこでカトリック教会が中心となって「レミーレポート」（「歴史的記憶の回復プロジェクト」第11章参照）が発表された。その三年後の一九九八年には「ネヴァーアゲイン」レポートが同じくカトリック教会の主導のもとで発表された（http://www.justiceforgenocide.org　http://www.odhag.org.gt　http://shr.aaas.org/guatemala/ceh/report/english/toc.html 参照）。ここで報告された取り組みとは、何千人もの人々による証言や、虐殺された人々や行方不明になった人々の名前を明らかにすることで、マヤの人々の名誉を回復し、その精神的痛手をケアすることである。しかし、「ネヴァーアゲイン」レポート発表の二日後、この取り組みに中心的な役割を果たしていたヘラルディ司教が何者かによって暗殺された。

その後、国連機関やＮＧＯがサポートするプログラムも生まれたが、それでも、ケアを必要とするマヤの人々の四〇％がケアを受けられないでいる。そして、二〇〇一年五月には、グアテマラ中西部の高原キチェ（ここは内戦が最も激しくマヤの人々が多数虐殺されたところ）で今度はマヤの人々の精神的ケアに関わっていたバーバラ・フォード修道女が暗殺された。

マヤの人々にとって、死者の弔いは死者にとってのみならず、生きている者にとってもきわめて重要な「儀礼」である。このことを理解しない限り、この地で人々のケアに関わることは不可能である。生きること、つまり「平和」や「人権」とは何か、そして人が人として生き死んでゆくこと、つまり「健康」とは何か、これらはマヤの人々にとっては、宗教的「儀礼」と深く結びついているのである。

グアテマラのみならず、アフガニスタン、パレスチナ、ユーゴスラヴィア、エルサルバドル、コンゴ民主共和国、そしてイラク、報復の悪循環は果てしなく続く (Sase E., Wakai S., "A world war against terrorism," *Lancet* 358, p. 1365, 2001)。米国政府はテロリストを支援する国を「ならず者国家」(Rogue　States) と呼び、軍事力によって制圧することを正当化している。しかし、「ならず者国家」はいったいどの国なのか？　世界の五〇％以上のシェアを占める米国の軍需産業は、「新たな敵を生み出さなければならない」のだ。「〔米国にとって〕本当の敵は、実は富める人々を脅かす貧しい人々、とくに第三世界の〝悪党ども〟が、仕える役割からはみ出そうとすることなのだ、ということを取り繕うことはできない」(Chomsky N., *What Uncle Sam Really Wants*, Odonian Press, Arizona, p. 82, 1st edition in 1986)。

九・一一事件に関して米国の上下院で、首謀者とされるオサマ・ビン・ラディンをタリバン（アフガニスタン人によるイスラム原理主義に基づいて活動するゲリラグ

表１　世界の軍需産業のシェア
（国別武器輸出の割合、1995年）

米国	44％
イギリス	16％
ロシア	10％
フランス	13％
ドイツ	5％
中国	2％

出所：「ミリタリー・バランス」1996―97年版。

ループの一つ）がかくまっているとしてアフガニスタンに対する武力行使を認める決議を行った。上院は全会一致、しかし、下院ではただ一人、これに反対した議員がいた。バーバラ・リー議員である。彼女は一九九八年のイラク空爆、九九年のコソヴォ派兵に対しても、下院決議にただ一人反対した（http://www.house.gov/lee/Pease Not War–New York after 9.11)。

二　平和と人権を脅かすとはどういうことか

「…問題になるのは根本的には石炭・カリ・金属などであり、販路や交通、また「経済的な」種類の勢力拡張のための国境や勢力圏などである。特に目をとめなければならないのは、世界中に強大な軍需産業があって、それが手持ちの商品をできるだけたくさん売りつけるために時々戦争が新しく起こることを熱望しているという事実である」（K・バルト、前掲書、一九六頁）

超大国・軍需産業による平和と人権への侵害

ヴェトナム　一九四一年、ヴェトナムはフランスからの独立を求めて立ち上がり、ホーチミンをリーダーとするヴェトミンは日本軍降伏直後の四五年、ヴェトナム民主共和国として九月二日独立を宣言。フランスはこれを認めず、独立戦争に突入した。五四年のディエンビエンフーの戦いでフランスは敗退、ジュネーヴ条約により北緯一七度線に軍事境界線が引かれ、ヴェトナムは南北に分断された。五五年に予定されていた南北総選挙を、南の大統領ゴ・ジンジェムは拒否。米国の南への軍事支援によりその後二〇年に及ぶ「ヴェトナム戦争」は「インドシナ」全域に拡大、カンボジア、ラオスへと波及した。

米国が軍事介入した二〇年に及ぶ戦争は、南北ヴェトナムのインフラだけでなく、人々のいのちと身体をも破壊した。「インドシナ」三国（ヴェトナム、ラオス、カンボジア）は今日に至るまでその傷を負っている。払った代価は莫大である。

ヴェトナム戦争によって、米国人四万七〇〇〇人以上が直接の戦闘で、また一万一〇〇〇人近くが他の原因でいのちを失い、三〇万以上が傷つけられた。ヴェトナム人が受けた被害はそれをはるかに上回るもので、少なく見積もっても一八万から二三万人の兵士が殺され、五〇万以上の人が傷つけられた。そして「北」ヴェトナムおよび「ヴェトコン」(3)兵士合わせて九〇万人が、また「南北」市民の一〇〇万人以上が殺された。

（3）南ヴェトナム民族解放戦線の俗称。ヴェトナム戦争で当時南ヴェトナムで北ヴェトナムを支援したゲリラを当時通称でヴェトコンと呼んでいた。

バックマイ病院（ハノイ）。中央は北爆の犠牲となった病院の医療関係者・患者の記念碑。（撮影：筆者）

戦争中に米軍によって散布された枯れ葉剤エイジェント・オレンジはダイオキシンを含んでおり、ヴェトナムの人々だけでなく米軍の帰還兵にも多くのガン患者を生み出すこととなった。そればかりか、その子どもたちにも水頭症や二分脊椎など、先天奇形の症状を発現させることとなった。

一九七二年一二月一八日から二九日に行われた延べ一〇〇〇回に及ぶ米戦略爆撃機B―52による北爆（「クリスマス爆撃」）では、北ヴェトナムの首都ハノイの中心部住宅街が爆撃され、多数の市民が死傷した。病院施設も大きな被害を受け、多くの患者や医療従事者が尊いいのちを失った。この事件をきっかけにヴェトナム戦争に対する反戦運動が米国内でも広がっていった。

ハノイにある総合病院、バックマイ病院正面入り口近くには、現在も「クリスマス爆撃」で犠牲となった患者、医療従事者を記念する碑が立てられている。その碑の前で筆者はあらためて思った。加害者は犯した罪をすぐに忘れてしまうが、被害者は何百年にわたり忘れないのだと。

カンボジア　カンボジアでは、ヴェトナム戦争に端を発した米国の軍事介入、クーデター、その後ポルポト時代（一九七五年四月―七九年一月）の虐殺や飢餓によって、一〇〇万以上の人々が尊いいのちを失い、一〇〇万人を超える人々が難民となってタイ国境を中心に流出し、多くの人々が身体的・精神的に大きな傷を負った。一九七九年一月のヘンサムリン政権成立後も、ポルポト派を含む三派連合との内戦が継続、当時の冷戦構造下の世界の政治によってカンボジアの人々は翻弄され、大国の政治的思惑によりその後の再建・復興をきわめて困難なものにした（それまでの経過は、エヴェア・ミシェリーヴィッチ『NGOが見たカンプチア。国際的な弱い者いじめ』栗野鳳監訳、連合出版、一九八八に詳しい）。その間カンボジアの人々の側に立って「政治」的駆け引きを超えて人々を支えたのが国際的なNGO連合体であった（若井晋・三好亜矢子・生江明・池住義憲編『学び・未来・NGO』新評論、二〇〇一参照）。

一九九一年一〇月、パリ和平協定が調印され、国連カンボジア暫定統治機構（UNTAC）により平和維持活動が展開された。九三年五月には総選挙が行われた。その後も政治的不安定は継続したが、NGOや二国間・多国間「援助」などの介入により政府の活動が維持され、現在に至っている。しかし、国の行政システムそのものはまだうまく動いていない。

カンボジアの人口は、ポルポト政権が倒された直後の一九七九年は約六八〇万であったが、九九年には一一八〇万に増加した。健康指標も徐々に改善されてきてはいるが、乳児死亡率は出生一〇〇〇に対して一〇〇（日本は五）、五歳未満死亡率は一四三と発展途上国の中でも高い（日本は五）。出産による母親の死亡率は一〇万の出産に対して四七〇（日本は五）ときわめて高い。加えて大きな健康上の問題は、エイズ（HIV／AIDS）と結核の流行である。エイズの有病率[4]は、九九年でタイをはるかに追い抜き、四％（一〇〇人中四人）を超えた。ちなみにタイは二％強である。結核の発生率は九七年の統計で、人口一〇万に対して五三九ときわめて高い。五〇〇を超えている国は、ボツワナ、ザンビア、ジンバブエのアフリカ諸国以外ではアジアのカンボジアだけである（各国の健康指標は、世界保健機関〔ＷＨＯ〕、ユニセフ、世界銀行が中心になって毎年発表している）。

（4）ある時点（検査時）における集団の疾病に罹患している人の割合。

エイズや結核に対してＮＧＯや国際機関、二国間・多国間「援助」によるプログラムが動いているが、二〇年間の戦争で失われたものはあまりに多い。さらに大きな問題は、内戦中に敷設された地雷による被害である。カンボジアはアフガニスタンと並んで非回収対人地雷の多い国で、すべての地雷を撤去するのに一〇〇〇年以上かかると推定されている。その対人地雷は一個わずか一ドル前後でつくれるのだ。これは、経済学者アマルティア・センが開発について述べていることとはまったく正反対の方向へと向かわせるものである。すなわち、「開発とはさまざまな種類の不自由を取り除き、人々の選択の自由と正当な活動を可能にすることである」（Sen A., *Development as Freedom*, Alfred A. Knopf, 1999, xii / 邦訳『自由と経済開発』日本経済新聞社、二〇〇〇）。

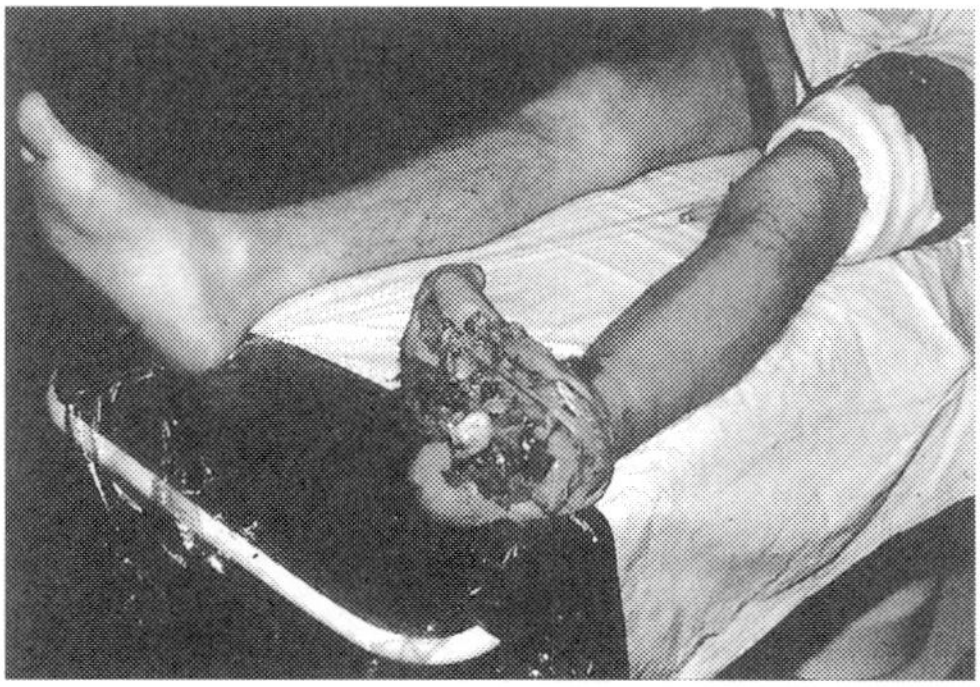

対人地雷による被害。（写真提供：赤十字国際委員会クープランド医師）

対人地雷。さまざまな対人地雷が１ドルから数ドルで生産されている。（写真提供：同上）

人々の健康と平和・人権

包括的プライマリ・ヘルスケア　一九七八年、カザフスタンの首都（当時）アルマ・アタ（現在のアルマティ）に世界一三四カ国すべての代表と一〇〇カ国以上の保健大臣が集まり、WHOとユニセフ共同主催の国際会議が開かれた。この会議には「西暦二〇〇〇年までにすべての人に健康を」をスローガンに、世界のすべての国が参加し、その目標に同意、署名した。そして、健康とは「身体的、精神的、社会的に完全に良好な状態」であることをWHOの健康の定義とした。この会議で宣言されたことは革命的とも言える内容で、その後「包括的プライマリ・ヘルスケア」（PHC、Comprehensive Primary Health Care）と呼ばれる戦略として位置づけられ、地球上のすべての人々に健康を提供しようとするものであった（D・ワーナー／D・サンダース『いのち・開発・NGO』池住義憲・若井晋監訳、新評論、一九九八。アルマ・アタ宣言については同書七五―八三頁参照）。

すなわち、健康とは、身体的、精神的、社会的に完全に良好な状態であり、単に疾病のない状態や病弱でない状態を指すものではない。健康は、基本的人権の一つであり、可能な限り高度な健康水準を達成することは、最も重要な世界全体の社会目標である。その実現には、保健分野のみでなく、他の多くの社会的・経済的分野からの行動が必要である、と宣言されたのである。人が健康であることは基本的人権の一つである。このことが明確に宣言されたアルマ・アタ宣言は、一九四八年の世界人権宣言に匹敵する重要な出来事であった（Wakai S., "Primary health care projects and social development," *Lancet* 345, p. 1241, 1995）。

しかし、西暦二〇〇〇年を過ぎ、二一世紀になっても、「すべての人に健康」を提供することはできていない。一九九八年には、第二回の会議が同じアルマ・アタで行われたが低調に終わった。たしかに過去二〇数年の間に発展途上国の健康指標は少しずつではあるが、改善してきた。ユニセフの二〇〇二年の報告書（『世界子供白書』http://www.unicef.org/sowc02/g 33.htm　http://www.unicef.or.jp/siryo/data.htm　英語日本語でダウンロードできる）によると、一〇年前に比べれば子どもたちや女性の健康状況は少しずつ改善しつつある。

とは言え、サハラ砂漠以南のアフリカ諸国や戦争下にある国々での健康指標は依然として低迷している。たとえば、一九九五年以降の世界の予防接種率は多くの国で停滞（世界平均で七〇％を割っている）、サハラ砂漠以南のアフリカと南アジアでは低下している。その大きな原因はエイズと戦争である。

これは、ＰＨＣが本来目指した戦略と目標が、ある特定の疾患、たとえば結核やマラリアの制圧に特化され、ＰＨＣの包括性、すなわち、公正と社会正義に基づいた、政治、経済、社会的要因に対するアプローチを捨象してしまったために生じたものである（Wakai S., "Pysicians for peace," *Lancet* 355, p. 1365–6, 2000）。

筆者は二〇〇二年八月、二四年前に革命的とも言える宣言がなされたまさにその場所に立って、なぜいまだに「すべての人に健康」をもたらすことができないのかに思いをめぐらせた。技術的問題なのか？　資金・資源の問題なのか？　政治的意志の問題なのか？　現在の大統領とその家族による（同族主義《ネポティズム》）支配が横行している、このカザフスタンであらためて考えさせられた。

エイズ・貧困・不公正　エイズは一九八一年に米国で最初の患者が発生し、以来二〇〇〇年末までに、全世界でおよそ二二〇〇万の人々がこの病で亡くなっている（第５章参照）。二〇〇〇年の一年間だけで世界中で三〇〇万人が死亡している。現在約三六〇〇万人がエイズ感染者（発症者の合計）として生活している。また、二〇〇〇年一年間だけでも新たな感染者は五三〇万人、すなわち、毎日一万五〇〇〇人が新たに感染していることになる。しかもそのうち九五％は発展途上国で、一五歳から四九歳の年齢層が多く、なかでも一五歳から二四歳という若年層に五〇％以上が集中している（国連エイズ機関、二〇〇〇年一二月、http://www.unaids.org/）。〇二年一二月末で、ＰＨＡ（people living with HIV/AIDS）総数は四二〇〇万人で、成人三八九八万人、女性一九二〇万人、五歳未満の子ども三〇二万人と推計されている。

たとえばサハラ砂漠以南の内陸国ザンビアでは、一五歳から四九歳のエイズ有病率が約二〇％、すなわち、五人に一人がエイズに罹っている（ザンビア保健省、一九九九年九月）。また、ボツワナは最も有病率が高く、三人に一人がエイズに罹患している。他のサハラ砂漠以南のアフリカ諸国も例外ではない。そのため労働力の供給が低下し、「貧困」がいっそう深刻になっている。「貧困」に拍車をかけている要因の一つに、二国間・多国間（世界銀行や国際通貨基金〔ＩＭＦ〕）「援助」（借款）に対する「債務負担」があることを見逃すことはできない。国によっては借款の利払いだけで国の歳出の二〇％を超える国々もあるのだ。

二〇〇一年一月、ザンビアを訪問したとき、保健省の高官がエイズで亡くなった。エイズの流行は政府機構そのものまでも脆弱にしつつある。国際労働機関（ＩＬＯ）の予測（http://www.ilo.org/ 二〇〇〇年六月）では、二〇二〇年までにエイズにより失われる労働人口は、ウガンダ一二％（この国はアフリカ諸国の中でもエイズに対する政策が比較的功を奏している数少ない国である）、南アフリカ一七％、ジンバブエ二一％で、ナミビアの二二％が最高となっている。

また、母親が亡くなることによって、いわゆる「エイズ孤児」が増え続けている。先のＩＬＯの数字によれば、二〇二〇年までにザンビアだけでも五〇万人を超えると推定されている。さらに、エイズに感染した母親が出産する際には母子（「垂直」）感染を起こす可能性が高く（三〇—四〇％）、生まれてきた幼いいのちが誕生日を迎える前に亡くなってしまうことが多い（平均寿命一年）。その結果、サハラ砂漠以南の国々の多くでは、それまでに改善されてきた平均寿命が一〇歳以上下がり、四〇歳を割っている国々もある。

エイズの流行は現在の世界の不公正な構造そのものを変革しない限り解決しない。旧約聖書に出てくる「ヨベルの年」に貧しい人々の借金をすべて帳消しにするという精神は、人々を「貪欲」の縄目から解放し、社会の「不公正」を解決しようとする智恵であった（「ジュビリー二〇〇〇」運動はヨベルに由来）(5)。エイズに対する最大の「治療薬」はこの精神ではないだろうか。

（5）ＮＧＯによるジュビリー二〇〇〇運動は、旧約聖書にあるヨベルの年に因んでその名がつけられたもので、発展途上国の債務負担を軽減することを目的として始まった。

健康権への挑戦——世界銀行、ＩＭＦ、ＷＴＯ　二〇〇〇年一二月四日から五日間、バングラデシュの首都ダッカ郊

外シャバールにあるゴノシェストラ・ケンドラ（略称ＧＫ、バングラデシュ最大のＮＧＯの一つ）で、国際民衆健康会議が開かれた。九三カ国から草の根で人々の健康のために働くＮＧＯの活動家一三〇〇人以上が集まり、熱のこもった討議や交流が行われた（本書の編者である若井、池住を含め、日本からは保健ＮＧＯ関係者一五名が参加）。

この会議で討議された最も大きな問題は、世界銀行（前掲『いのち・開発・ＮＧＯ』および『学び・未来・ＮＧＯ』参照）、国際通貨基金（ＩＭＦ）、世界貿易機関（ＷＴＯ）の政策が人々、とくに発展途上国の貧しい人々に及ぼしている健康および「健康権」（コラム①参照）に対する負の影響についてであった。なかでも米国主導のＷＴＯ（二〇〇三年一〇月現在で一四八カ国が加盟（外務省ホームページ））による「市場経済原理」の押しつけに対して強い批判が噴出した。

ＷＴＯの政策の一つ、かつてパテントと呼ばれていた知的所有権を取り上げてみよう。これは、現在「貿易に関する知的所有権」（ＴＲＩＰＳ、Trade related Intellectual property rights）と呼ばれるもので、加盟国はこれに従わなければならないとし、従わない場合には通商停止の措置をとるという内容である。一般的になじみがあるのは、レコード、ビデオなどの著作権の保護、すなわちレコード、ビデオなどの無断コピーを禁じ、コピーするためには著作権所有者に一定の使用料を払わなければならないという規制である。

保健医療の現場では、薬剤の特許がＴＲＩＰＳの対象となり最大の問題となっている。今日では製薬企業も自動車産業と同様、世界的な寡占化が進んでいる。これら多国籍製薬企業が開発する製薬会社名入りの「ブランド品」を特許の対象として保護しているのがＴＲＩＰＳである。これにより、「ブランド品」は高価な値段（開発にかかった費用の回収と利益獲得のため）で販売され、一方で一般名の薬剤（レコードなどで言えば「違法コピー」と呼ばれる）は、それよりも低価格で、つまり発展途上国の人々にも手に入れられるような値段で製造・販売することが禁じられるようになった。それを破った場合には、多国籍企業は違反国をＷＴＯに提訴し、当該国に対して通商停止などの措置をとることができるのである。

数年前大きな問題となったのは、ブラジルで自国生産している廉価なエイズ薬の患者への無料配布である。TRIPSに基づき米国の多国籍製薬会社がWTOに提訴、しかしブラジル政府の強い姿勢によりこれを取り下げた経緯がある（ブラジルではその政策により、エイズの罹患率が急速に減少しつつある）。多国籍企業による同様の圧力はインドやタイにも及んだ。

この知的所有権に関しては、一九九〇年代初期、バングラデシュ政府がそれまで守っていた必須医薬品政策（廉価な一般名の薬剤の自国での生産販売の保護）に対して多国籍企業が圧力をかけ、政策廃止に追い込まれたケースもある。多国籍企業によるこのような圧力は、国家の主権を脅かすのみならず、基本的人権である人々の「健康権」をも奪おうとするものである。ブラジルやタイの政策は、エイズ患者の治療に大きな力を発揮し、成果を挙げているのだ。

人々が健康であろうとすることは基本的人権の一つである。米国主導のWTOの政策はどん欲な企業利益（ニーズではなくグリード）を優先し、人々の、健康に生きたいとする基本的人権を侵害するものである。レコードやビデオのコピーとはまったく性格を異にする生死に関わる問題である。今や世界最強の機関となったWTOは「自由主義市場経済」に名を借りて、人々の健康・いのちをも人質に取っているのである（第5・9章参照）。

「人間を殺戮する技術」――「進歩」する軍事技術と増加する軍事費　二〇世紀後半、テクノロジーの急速な進歩は人々の健康と福祉に大きな貢献をもたらした。しかし一方で、そのテクノロジーが人々のいのちを脅かす道具となっている。

湾岸戦争（一九九一年）やコソヴォ紛争（九九年）では、米国を中心とする「多国籍軍」によってプレシジョン爆弾（プレシジョンとは「精確」という意味）が用いられた。この兵器の開発によって、ミサイルが標的に向かってきわめて精確に撃ち込まれるようになった。米国の最近の軍事技術によると、それまでのミサイル的中率は五〇%以下であったが、アフガニスタンへの軍事攻撃（二〇〇一年）では七五―八五%に高まっている。米国の攻撃は今や通信衛星によって、人間一人一人をピンポイントで殺すことができるのだ。

医療技術のさまざまな進歩は人々の寿命を延ばした。しかしこのような技術を生み出したテクノロジーは、一方で効率よく精確に人間を殺す。二一世紀になって、軍事技術すなわち「人間を殺戮する技術」はさらに進化を続けている。

そのような軍事技術の開発を含めた米国の軍事費は、ブッシュ政権発足後の二〇〇一年には三六兆円（一ドル＝一二〇円として）を超えた。この額は、日本の年間総医療費三〇兆円をはるかに上回る額である。同軍事予算は〇二年には四二兆円、〇三年には四七兆円を超え、ブッシュ政権の任期四年が終わるときには五六兆円四〇〇〇億円に達すると予想されている。これはブッシュ政権の主張する「テロリズムに対する戦争」（"The war on terrorism"）では説明のできない予算額である。テロリズムに対する予算としては、高く見積もっても三六〇〇億円（*Foreign Affairs*, p. 52, May/June 2002）にすぎない。

アフガニスタンに対する米国を中心とした「多国籍軍」による空爆は総計三万八〇〇〇回に上った。作戦の名前は「恒久的自由のために」であった。コソヴォでもほぼ同様の三万七〇〇〇回の空爆が行われた。湾岸戦争では、一一万回以上の空爆が行われた。こうした空爆を中心としたこれまでの軍事作戦は、いわば「武器の在庫処理」作戦と言える。その一方で、これらの国の人々、とくに子どもたちや母親の健康状態が悪化しているのだ。

戦争下ではきわめてしばしば人権が侵害される。第二次世界大戦下の日本における基本的人権の侵害はつい先頃の出来事であった。米英軍主導による今回のイラクに対する攻撃にあたっても、自由の名のもとに情報が制

図1　米国軍事費の推移

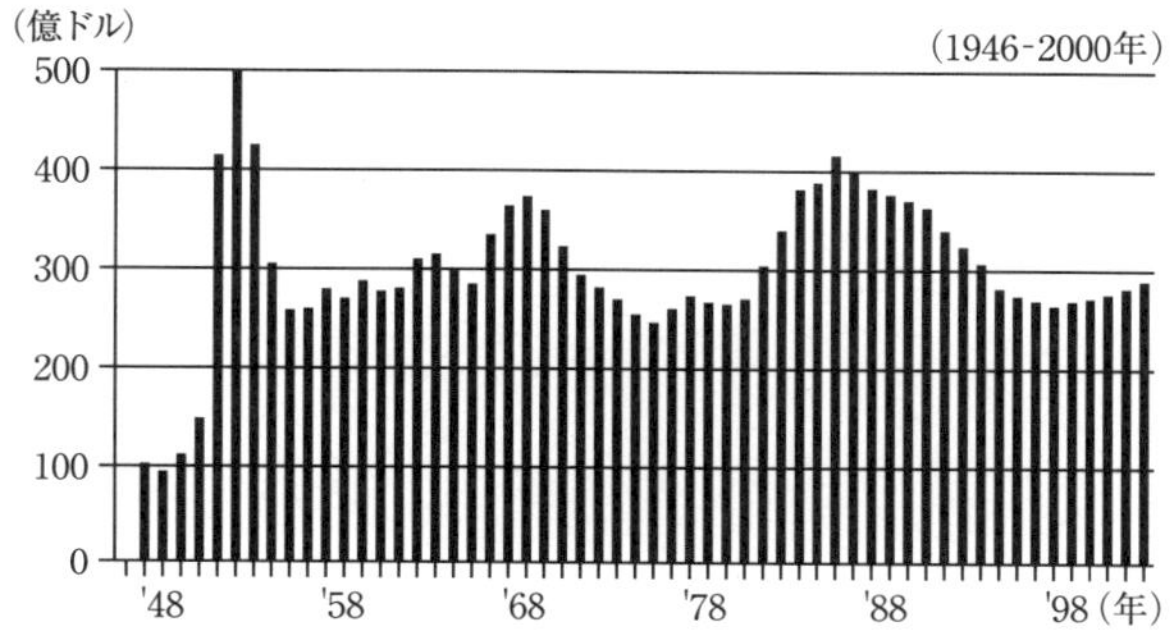

出所：米国国防総省。

限され、人権侵害が行われたことを忘れてはならない。

三　ＮＧＯの使命を象徴する活動

アフガニスタン空爆前後において

一人一人のいのちの重さに変わりはない。九・一一で亡くなったニューヨークの消防士のいのちであろうと、アフガニスタンやイラクでの空爆で殺された子どもたちのいのちであろうと、変わりはない。パキスタンのペシャワールを根拠地にして、すでに二〇年間アフガニスタンに関わっているペシャワール会医療サービス（ＰＭＳ、中村哲氏を中心に一九八三年設立）の活動は、私たちＮＧＯに関わる者が何をなすべきかを示している（コラム⑦参照）。

アフガニスタンでは安定した政治状況が一九七三年まで続いていたが、政変により不安定化し、七九年一二月にはついにソ連軍が侵攻、それに対してさまざまなゲリラ組織が生まれた。これらの勢力を米国、パキスタン、イランが支援、戦争は長期化した。八九年のソ連軍撤退後も多くの勢力が相互に戦闘を継続、九六年九月になってタリバンが首都カブールを制圧し実行支配していたが、米国によるアフガニスタン侵略によって崩壊、現在（二〇〇四年二月時点）の連立政権に至っている。

現在の状況に至るまでの経過を振り返ってみよう。米国の発議によって、一九九九年一一月に「国連による制裁」が、さらに二〇〇一年二月にはより厳しい「制裁」がタリバン政権に対して発動された。これは九八年のケニア、タンザニア米駐大使館爆破の首謀者とされるオサマ・ビン・ラディンの引き渡しを、タリバン政府が拒否したことによる（この人物は、一九七九年のソ連のアフガニスタン侵攻に対して反政府勢力を支援した米国の有力な協力者であった）。

タリバン政権への二つの決議に対して、アナン国連事務総長やアフガニスタンの国連代表、そして主要ＮＧＯは、二〇年以上に及ぶ戦争で疲弊したアフガニスタンの人々をさらに厳しい状況に貶めているとして反対していた。二〇〇〇年八月の国連特別調査団も、これ以上「制裁」が続けばアフガニスタンは「耐えられない」と報告。折しもこの国は、三〇年来という干魃に襲われていた。

第二回めの「制裁」決議以降、空爆に備えて、一部のＮＧＯや国連機関以外のアフガン支援組織は国外に退去。しかし、そのような流れに抗してＰＭＳはカイバル峠を越えて首都カブールを目指した。そこで五つの診療所を開設し、現在も人々の診療にあたっている。それまでにもＰＭＳはアフガニスタン内のパキスタン国境地域ダラエヌールですでに診療所を開設（正式に開設されたのは一九九二年二月一三日であるが、診療活動が始まったのは前年の一二月中旬から）、また、村人と協力して独自に深井戸を掘っていた（中村哲『ダラエヌールへの道』石風社、一九九三。同『医は国境を越えて』石風社、一九九九）。

『医者井戸を掘る――実録水計画』（中村哲、石風社、二〇〇一）にはその間に行われた井戸掘りの必死な戦いが記されている。この「水計画」（井戸掘り）には次のような危機感があったからだ。ＷＨＯによると、二〇〇〇年夏からユーラシア大陸の中央部を襲った未曾有の大旱魃は、アフガニスタン全域、パキスタン西部、イラン・イラク北部、タジキスタン、ウズベキスタンなど、広範囲にわたり、六〇〇〇万人が被災した。なかでもアフガニスタンが最もひどく、一二〇〇万人が被害を受け、四〇〇万人が飢餓に直面、餓死寸前の者一〇〇万人と見積もられた。以下の健康指標がその現実を如実に示している。

四人に一人の子どもが五歳の誕生日を迎える前に死亡。毎日二三〇人の子ども（一五歳未満）が下痢症で死亡。子どもたちの半数が栄養失調。出産時の母親死亡率は世界で二番めに高くなった（一〇万の出産に対して六五〇〇人の母親が死亡。日本では一〇万に対して八人）。最近の麻疹《はしか》の流行で、少なくとも一二〇〇人の子どもたちがいのちを落とし、コレラの流行により一五〇人以上の子どもたちが亡くなった。

ＰＭＳは二〇〇一年七月からただちに「水計画」（井戸掘り）を開始。一年間で利用可能水源四七四を確保、うち二七六が完成し利用されている。それによって約二〇万人以上の人々が難民となることを防ぐことができたのである。その後もさらに井戸が掘られ、その数は一〇〇〇に達する予定であり、およそ五〇万人の人々に清潔な飲み水を提供できるまでになった。

中村医師は同書で次のように述べている。「現在アフガニスタンで進行する戦慄すべき事態は、やがて全世界で起きうることの前哨戦に過ぎない。経済不況の危機感も、『地球環境』や『人権』などの美しい議論も、やがて来たるべき破局に比べれば、大したことではないようにさえ思われる」（上掲書、二二八頁）。

米国が、そして世界がソマリアを忘れ去ったように[6]、アフガニスタンもまもなく忘れ去られるであろう。米国の軍事介入はソマリアに群雄割拠の状況を定着させてしまった。もはや中央政府は機能していない。

（6）ソマリア民主共和国は一九九一年一月にバレ大統領が首都を追われてから、全国で内戦状態となる。紛争当事者間による和平合意（停戦および新大統領選出成立）、第二次国連ソマリア活動（UNOSOMⅡ）により米軍撤退。九二年国連安保理の決議を受けて統一タスクフォース（特別作戦部隊）であるUNITAFが展開した。九四年三月に、紛争当事者間による和平合意（停戦および新大統領選出）、九五年一月にはバレ前大統領が逃亡先のナイジェリアで死去。その三カ月後には第二次国連ソマリア活動が完全撤退。以後現在に至るまで対立氏族間の抗争が続いており、全土を実効に支配する統一政府は存在しない。

性暴力・性的搾取に対して

何人も、奴隷にされ、又は苦役に服することはない。奴隷制度及び奴隷売買は、いかなるかたちにおいても禁止する。

（「世界人権宣言」第四条、一九四八）

戦時性暴力――二〇〇〇年、女性国際戦犯法廷　二〇〇〇年一二月、東京で「日本軍性奴隷制」を裁く市民法廷「女性国際戦犯法廷」（後述）が「慰安婦」制度の被害女性六四人を八カ国から迎えて開かれた[7]。その一年後の〇一年一二月四日、オランダ・ハーグで二四五頁に及ぶ同法廷の最終判決が下された。世界的に著名な法律専門家である裁判官たちが、被害者の証言や各国検事団が集めた証拠に基づいて、昭和天皇と九人の軍部・政府指導者を人道に対する罪で有罪と認定し、日本政府には国際法違反により賠償する国家責任があると判定した。戦後五五年をへて初めて、昭和天皇の名において行われたアジア諸国を中心とする侵略戦争の数々の犠牲の中で、国家による性暴力の真実が明らかにされた意義は大きい。

（7）韓国—朝鮮民主主義人民共和国（北朝鮮）、台湾、フィリピン、インドネシア、マレーシア、東ティモール、オランダの八カ国（韓国、北朝鮮をそれぞれ数えると九カ国）。

「女性国際戦犯法廷」で中心的役割を果たした松井やより氏（二〇〇二年一二月二七日、六八歳で死去）は、この「法廷」の意義について記した文章の冒頭で、ベオグラードの女性が書いた戦慄に満ちた一つの証言を引用している。「どの戦争でも、戦士たちは女性を強かんする。敵の財産（女性）を侮辱し、破壊することで力を強め、自分の民族の優越性を感じるからだ。ある連邦軍（セルビア人）兵士がいった。〝あのとき、女の髪は乱れていて、精液だらけでむかついたので、腹に四発打ち込んで殺した〟。戦死した兵士たちは何百人の女性を何百回強かんしても英雄として記念碑が建てられる。しかし、強かんされて生き延びた女性は恥を負わされる」（松井やより「なぜ裁くかどう裁くか『女性国際戦犯法廷』がめざすもの」『世界』二〇〇〇年一二月号、一〇八—一一五頁）。

韓国の元従軍慰安婦による絵。金順徳作。権利者不明。（http://www.hk.co.kr/event/jeonshin/w5/e_w5_1.htm）

高齢により次々に亡くなっていく被害女性たちの訴え「責任者を処罰せよ」の声に応え、加害国である日本の女性たちが立ち上がった。それは韓国の「慰安婦」姜徳景《カンドッキョン》さんが一九九七年に亡くなる前に書き残した一枚の絵に促されてであった。韓国の金学順《キムハクスン》さんが初めて「慰安婦」だったと自ら名乗り出てから一〇年後のことであったという。NGO、VAWW―NETジャパン（戦争と女性への暴力 日本ネットワーク）は一九九八年にこうして結成された（当時の代表は松井やより氏）。「日本軍性奴隷制」を裁く「女性国際戦犯法廷」の開催はこのVAWW―NETジャパンが中心となって実現させたものである。

被害女性の人数は以下の通りであるが、これは訴え出た女性の数であり、氷山の一角とするのが妥当であろう。韓国・北朝鮮（南北朝鮮）―四一六人（韓国一九八人、北朝鮮二一八人）、台湾―七〇人、中国―二三人、フィリピン―二一六人、インドネシア―二万二〇〇〇余～一〇〇〇人（データのママ）、マレーシア―名乗り出たのは二名のみ、東ティモール―一人～不明（データのママ）。また、同運動を通して一人のオランダ人女性が東京地裁に提訴したが退けられた（一九九四年一月二四日、東京地裁に提訴、九八年一一月三〇日棄却された。九九年一二月二日、東京高裁に控訴、係争中）。「女性国際戦犯法廷」の様子はビデオに収められた（『女性国際戦犯法廷の記録―沈黙の歴史をやぶって』二〇〇二、ビデオ塾制作（英語版もあり）、www.jca.apc.org/vaww-net-japan）。また、イギリスの医学雑誌ランセットは二〇〇二年四月から五月にかけて六回連続特集で「女性に対する暴力」について取り上げ、詳しく論じている（Violence against women, "Global scope and magnitude," *Lancet* 2002, p. 1232, p. 1331, p. 1423, p. 1509, p. 1599, p. 1681.）（コラム④⑧参照）。

現代の奴隷貿易――子どもに対する性的搾取

子どもに対する性的搾取もきわめて重大な人権侵害であり、一人一人の人間としての尊厳を奪うものである。現在世界では少なく見積もっても、毎年一〇〇万人を超える子どもたち（一八歳未満）が性的搾取の犠牲になっている。その総数は一〇〇〇万人に達すると推定されている。この問題がメディアで取り上げられるようになったのは、つい最近のことである。

一九九六年八月、一二二カ国の政府代表者がストックホルムに集まって「子どもの商業的性的搾取に反対する世界会議」（第一回）が開催され、「子どもの商業的性的搾取に反対するストックホルム宣言及び行動計画」を採択した[8]。この当時はまだ問題としてはあまり知られていなかったが、九三年のウィーンでの「世界人権会議」、九四年のカイロでの「世界人口会議」、九五年の北京での「世界女性会議」と続く一連の流れをへて、ごく最近になって取り上げられるようになってきた。二〇〇一年には第二回「子どもの商業的性的搾取に反対する世界会議」が横浜で開催され、日本においてもやっと取り上げられるようになった。

（8）『ストックホルムから横浜へ、そして、子どもたちの未来へ「子どもの商業的性的搾取に反対する世界会議、一九九六年八月・ストックホルム」行動アジェンダ実施に関する第四回（一九九九―二〇〇〇年）報告書』（「ＥＣＰＡＴ、ストップ子ども買春の会。End Child Prostitution,Child Pornography And Trafficking in Children for Sexual Purposes）。

一方、一九九九年にはＩＬＯが「最悪の形態の児童労働」としてこの問題を取り上げ、二〇〇〇年五月の国連総会での決議へとつながっていった。すなわち、「子どもの売買、子ども買春及び子どもポルノに関する子どもの権利条約選択議定書」が採択された。日本でも九九年一一月一日には「児童買春、児童ポルノに係る行為等の処罰及び児童の保護等に関する法律」が施行された（この法律は、その付則で施行後三年を目処に見直しを行うことが定められており、二〇〇二年から自民党児童買春等対策特別委員会において検討が行われている（詳しくは、http://www.unicef.or.jp/kenri/kenri 5.htm 参照）。さらに、〇一年九月の「子どものための世界サミット」（http://www.unicef.or.jp/gmc/kok_bod_jpnpeg 2.htm）では、人身売買や性的虐待・搾取を含む子どもの権利のあらゆる側面について検証がなされた。ちなみに、八九年の子どもの権利条約に加入していないのは米国とソマリアだけである。

性産業は毎年二〇億ドルの規模で「成長」を続けているが、その四分の一（五億ドル）が子どもの買春によって成り立っている。このような性的搾取が子どもたちに与える精神的トラウマやエイズなどの性感染症による身体的影響は計り知れない。また、性産業は多くの場合、マフィアやヤクザの資金源になっていることも見逃してはならない。

図２　いのちの値段

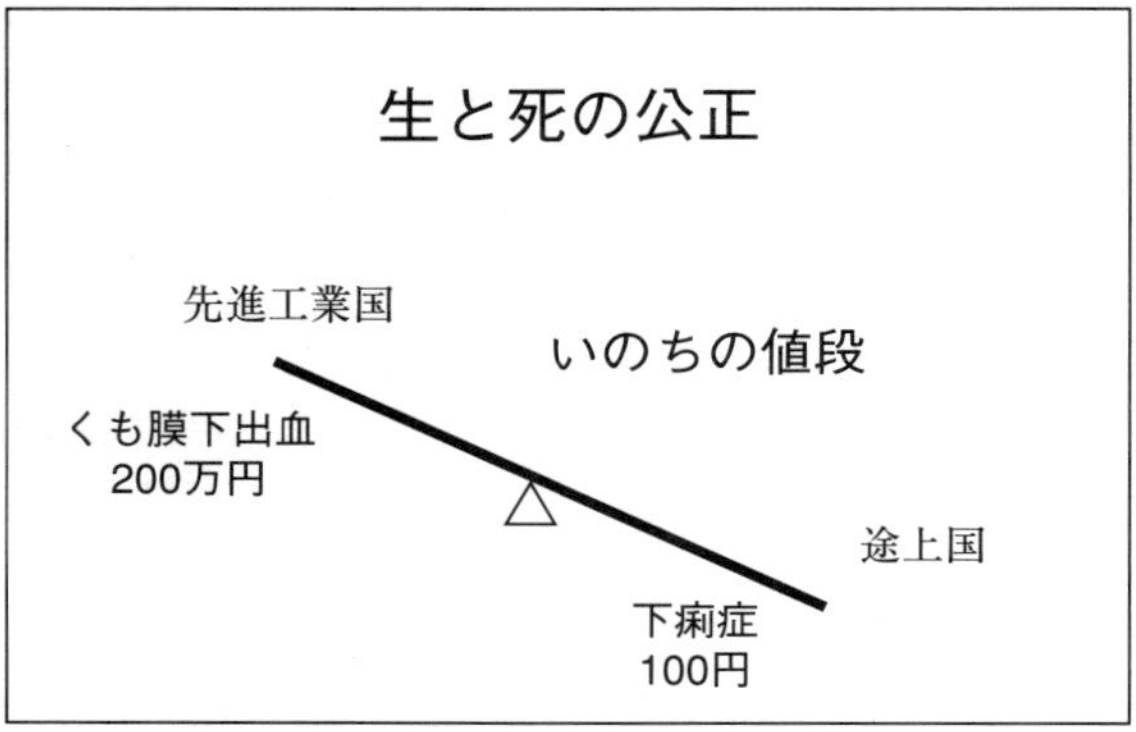

先進工業国である日本では一人のクモ膜下出血患者を治療するのに、２週間の入院（手術を含む）治療費は約200万円。それに対して、途上国の下痢症の子ども一人を治療するにはわずか100円あればできる。

おわりに——数えられない死

筆者は二〇〇三年四月一二日、ニカラグアからの帰途、イラクを悪の枢軸と呼ぶ「世界の枢軸」ワシントンに立ち寄った。米英軍の攻撃によってバクダッドが制圧されたちょうどその日のことであった。翌朝、米国を代表する日刊紙『ワシントンポスト』はそれまでの「戦争」の様子を多数の写真と図入りで大きく取り上げていた。そこにはイラク攻撃に抗議する米国人のデモの様子とともに、戦闘で死んでいった米国兵士の姿など侵略戦争の生々しい様子が写真入りで取り上げられていた。そして、米国兵の死者数は低かったと報じて、一人一人の写真が名入りで州別、所属部隊別にすべて掲載されていた（三月二〇日から四月八日までで一〇八人）。戦争の犠牲となった兵士は一人一人立派な棺に収められ、星条旗に包まれて、その死は英雄の死として覚えられるのだ。

肉親を失った悲しみは、イラクの人々にとっても米国の人々にとっても変わりはない。しかし、当時四〇〇〇人をはるかに超えていたイラクの市民や軍人・兵士の死が写真入りで記憶されることはなく、正確な被害さえいまだ明らかではない。そしてまた、一九九一年から継続している経済封鎖の影響によって死んでいった少なくとも一〇〇万人を超えるイラクの子どもたちの生と死も記憶されることはない。

「いのちの値段」には国や地域によって明らかに差があるのだということをあらためて思い知らされた。一〇八名の米国兵一人一人の写真をじっと見ながら胸が痛んだ。数えられ覚えられる生と死、そして覚えられず数えられもしない多くの生と死があることを。「〔五〇万の死は〕払った代価に値する」と述べた米国のオルブライト前国務長官の発言[9]が今さらのごとく甦ってくる（Albright M. K. et al., *Ann Intern Med Jan* 18；132 (2), pp. 155–7, 2000 および Wakai S., "Sanctions against Iraq", *Lancet* 347, p. 200, 1996 および Wakai S., "Life after sanctions：the fate of Iraq", *Lancet* 356, p. 685, 2000 および "Special report. Health crisis in Iraq", *Lancet* 361, pp. 622–30, 2003 参照）。その発言の背後にあるのは、世界の武器生産のシェア五〇％以上を有する米国の軍需産業の利害にほかならない。

（9）一〇年に及ぶイラクに対する経済制裁によってイラクの子どもたちが下痢症などの感染症でいのちを失ったと推定されている。それらの子どもたちの失われたいのちはフセイン政権にその責任があるので当然の報いである、という発言趣旨。

ワシントン滞在時のホワイトハウス周辺は、交通が鉄板やコンクリート製の壁で完全にブロックされ、近づけない状態であり、ホテルに向かう道も至るところで封鎖され、何度も何度も迂回せざるをえなかった。まさに「テロ」攻撃をにらんでのきわめて厳重な警戒体制であることが肌で感じとれた。しかし、道を隔てた反対側では、ワシントンモニュメントや周辺の名所を見学したり、桜見物をする栄養過多と思われる「お上りさんたち」の団体でにぎわっていた。「イラク戦争」など関係ないかのごとく、わいわいがやがやと首都観光に興じていた。「イラクってどこ?」といったところであろうか。そのコントラストに筆者はやりきれない思いになった。米英の「勝利」は、中東のみならず、世界の「平和」と「人権」にとって苦難の始まりとなることを予感した。

一方、世界六〇億の人々のうち、一二億の人々は一日一ドル以下の絶対的貧困下で生活している。二ドル以下の相対的貧困下にある人を含めると、この地球上に住む人々の半数に近い人たちが貧困下での生を余儀なくされている。先進国と発展途上国でこのような格差が存在すること自体、人権侵害であり平和に対する脅威なのだということを私たちが知ることなしには、「平和と人権」を論じることはできない。況や、平和と人権のために活動することはできない（Wakai S., "Price of life", *Brain Dev* 25, pp. 301–3, 2003）。

第Ⅰ部

NGOの行動基盤

「共通認識」の獲得へ向けて

理論

第一部ではまず、NGOが「平和」と「人権」という一人一人のいのちや生活を左右する重大なテーマに向き合うにあたり、平和と人権の基本理念を考察しつつ、その拠って立つべき共通認識を明らかにする。次に、軍事政権による人権抑圧や戦争といった直接的暴力、そして経済のグローバル化の中で途上国が抱える対外債務といった構造的暴力を概観した上で、平和と人権を守る国際的なシステムとしての国際法や国際機関の役割とその限界について検証を加える。NGOは国家間の安全保障の枠組とは別に、国家の圧力に抗し、一人一人の人権を守るためにこそ存在する。それは同時に、世界に冠たる日本国憲法第九条の精神を今こそ世界規模で実現する取り組みともつながっている。

第1章　平和をつくる主体としてのNGO

非暴力平和隊
国際理事　君島東彦

はじめに——誰が二一世紀の平和をつくるのか

二一世紀は暴走する米国の世紀なのだろうか。二〇〇一年のブッシュ政権登場と九・一一事件を境にして、世界は「非常時」「戦争モード」へ移行したように見える。それは現在も続いており、イラクにおける侵略戦争は泥沼化の様相を呈している。

けれども同時に、米英のイラク攻撃が始まる前から、米国の暴走を批判し、正義にかなった平和な世界を求める世界の民衆、市民の声の高まりがあった。「ニューヨーク・タイムズ」は、米国と地球市民社会を世界の二つのスーパーパワーと呼んだ。この地球市民社会＝NGOの活動に二一世紀の平和をつくる可能性と希望がある。

本章では、まず平和に関する知的営為——平和学——をごく大づかみに眺めた上で、平和をつくる主体としてのNGOの役割について考える。そして、平和をつくるNGO活動の中でも、とりわけ非暴力的介入と呼ばれるNGO活動——世界でも日本でもまだ認知度が低い——について少し立ち入った検討を加えることにしたい。

本章を執筆するにあたって、筆者には筆者のバックグラウンド、立場がある。一つは、憲法研究者として日本国憲法の非暴力平和主義の立場に立っているということ。もう一つは、非暴力的介入NGOの一つ、非暴力平和隊（Nonviolent Peaceforce）の国際理事として、NGOによる非暴力的介入の方法を発展させようと努力していること、この二つである。

一　平和学の展開――平和に備える知的営為

「平和に備える」

古来、「汝平和を欲するならば、戦争に備えよ」という命題があった。が、このアプローチは「汝平和を欲するならば、平和に備えよ」「汝平和を欲するならば、正義を培え」という命題によって、批判されてきた。これら後者の命題はまさに「戦争に備える」ことを否定する日本国憲法の平和主義の考え方であり、平和に関するアプローチの根本的な転換が日本国憲法には反映していると言ってよい。

しかしながら、「汝平和を欲するならば、戦争に備えよ」というアプローチが依然として根強く残る第二次世界大戦後の国際社会において、「平和に備える」アプローチを実行することは大変な試練であり、挑戦である。日本国憲法の平和主義の経験、軌跡はそのようなものであった。

さて、「平和に備える」知的営為を、平和学と呼ぶことができるだろう。「平和に備える」知的営為は、人類の歴史とともに古いと言えるが、主権国家の体系としての近代国際社会を前提にする平和論としては、エマニュエル・カントの『永遠平和のために』（一七九五〔宇都宮芳明訳、岩波文庫、一九八五ほか〕）が現在につながる議論として最初期のものである。

平和の概念、平和学の対象

一九世紀、それにとりわけ第一次世界大戦後の一九二〇年代三〇年代にも、平和学の先駆的な試みは見られる。

が、平和学が本格的になるのは、冷戦開始後の五〇年代である。まず第一に、米ソ核戦争による世界の破滅を防ぐための知的営為として、平和学はかたちづくられた。しかし第二に、六八年から六九年の時期に、平和学の対象、領域は拡大した。六八年に国際平和研究学会において、インドの研究者スガタ・ダスグプタは、南の世界、いわゆる途上国においては戦争がないからといって平和とは言えない、戦争がなくてもおびただしい死者がいる、と指摘し、この状態をピースレスネス（peacelessness）＝「非平和」と呼んだ。そして、これらの死者を出さないための方法、政策を探究することも平和学の課題だと主張した。このダスグプタの指摘・主張はノルウェーの平和学者ヨハン・ガルトゥングに影響を与え、ガルトゥングは翌六九年に「暴力、平和、平和研究」という論文の中で、平和の概念を再定義し、拡大した。

それまで、平和は戦争との対比でとらえられ、平和とは戦争のない状態として理解された。ガルトゥングは平和を暴力との対比でとらえ、平和を暴力のない状態として理解する。暴力といったとき、人の身体を傷つけたりする直接的暴力は理解しやすい。戦争などは直接的暴力である。ガルトゥングは、直接的暴力に加えて構造的暴力という概念をつくり出した。構造的暴力とは、社会構造の中に組み込まれている不平等な力関係、さまざまな格差などのことを指している。経済的搾取、政治的抑圧、さまざまな差別、植民地支配などが構造的暴力として挙げられるだろう。端的に言えば、「奴隷の平和」――戦争はないが奴隷状態に置かれている――は平和ではないということである。そして、ガルトゥングは、直接的暴力のない状態を消極的平和、構造的暴力のない状態を積極的平和と定義する。平和とは消極的平和と積極的平和の両方が実現した状態、直接的暴力と構造的暴力の両方を克服した状態である。

日本国憲法の非暴力平和主義

ガルトゥングによる平和の再定義、平和概念の拡大は、きわめて説得力のあるものであって、影響は大きく、世界で広く受容され、今では平和学における共通認識になっているといってよい。ここでひるがえって、日本国憲法

表1　学部必修科目群

	第1学期	第2学期
1年	国際関係論入門 平和と開発の社会的分析 平和学入門	開発入門 イギリスにおける紛争、秩序、平和 政治理論と平和 紛争解決入門
	第3学期	第4学期
2年	国際紛争と協力の理論化 平和と変化	地球社会における平和と安全 国際社会における紛争解決
	第5学期	第6学期
3年	卒業論文	

の非暴力平和主義について少し見ておきたい。

日本国憲法の非暴力平和主義は、とりわけ前文第二段落と第九条に示されている。前文第二段落は、全世界の人々の平和的生存権を確認し——これがすべての基礎である——、それを保障する公正な世界秩序をつくるために、日本の市民と政府が行動することを求めている。公正な世界秩序とは、専制、隷従、圧迫、偏狭、恐怖、欠乏——つまり構造的暴力——が克服される世界秩序である。また第九条は、武力による威嚇、武力の行使、軍隊の保持を禁止し、交戦権を否定する——すなわち直接的暴力を克服しようとする——から、日本の市民と政府の行動は非暴力的なものでなければならない。このように見てくると、日本国憲法の非暴力平和主義は、構造的暴力と直接的暴力の両方を克服しようとするものとして理解される。

平和学部の創設

一九五〇年代に本格的に成立して以来、平和学は徐々に組織化、制度化されるようになった。六四年には国際平和研究学会（ＩＰＲＡ、International Peace Research Associaiton）が設立され、平和学発展の一つのフォーラムになった。また、世界各地で平和研究所が設立されるようになると同時に、大学に平和学専攻、平和学科、平和学部が開設されるようにもなった。ここでは、今の世界で最も充実した平和学部の一つと思われるイギリスのブラッドフォード大学平和学部のカリキュラムを紹

表2　学部選択科目群（2年次・3年次）

人権論
国際法および国際機構論
現代政治におけるナショナリズムとエスニシティ
文化と紛争解決
紛争における宗教
平和、紛争、開発
南における開発と民主主義
紛争解決における倫理
平和維持および紛争解決
平和の思考と平和の創造
地域安全保障論
紛争解決、平和構築、人道支援
環境をめぐる国際政治
南欧および東欧における民主化プロセス
冷戦期の国際政治
軍備管理および軍縮
地球安全保障論および南北間の安全保障論
戦略研究
グローバリゼーションと南の世界

表3　大学院修士課程科目群

基本科目群
平和学入門
研究方法論
紛争解決論：概念、プロセス、スキル
紛争解決論：適用および再構成
国際政治および安全保障論
安全保障と紛争後社会復興
選択科目群
アフリカ地域安全保障論
軍備管理と拡散
バルカン半島における和平プロセスの比較論
アフリカ、ラテンアメリカにおける紛争と開発
ヨーロッパ地域安全保障論
ジェンダー、開発、紛争
人権と民主主義
北アイルランド和平プロセス
地球環境政治
東アジア地域安全保障論

介することで、平和学部がどのようなものであるか見当をつける素材としていただきたいと思う。

イギリス・フレンド協会（クエーカー）の協力によって一九七三年に設立されたブラッドフォード大学平和学部は、現在、学部レベル、大学院修士課程レベル、博士課程レベルのすべてを擁する世界有数の平和学の研究教育機関である。まず学部レベルを眺めてみると、現在、「平和学」専攻、「紛争解決論」専攻、「開発と平和学」専攻、「国際関係論と安全保障論」専攻、「平和学とスペイン語」専攻の五つのコースが用意されている。それぞれの専攻によってカリキュラム、卒業要件などは微妙に違うが、必修科目としては**表1**のような科目が開講されている。

また、二年次・三年次には**表2**のような選択科目群が用意されている。専攻によって選択できる科目群が多少異なるが、表では専攻による区別をしていない。

大学院修士課程は、一年で修了することが可能で、「平和学」専攻、「紛争解決論」専攻、「国際政治および安全保障論」専攻の三つのコースがある。大学院修士課程で開講されている科目群としては、**表3**のようなものがある。

ブラッドフォード大学平和学部あるいは大学院修士課程の卒業生の進路はどのようなものだろうか。学部卒業生の進路は、社会科学の他の学部の卒業生と大きな違いはないようである。さまざまな職業に就いているし、大学院に進学する者も多い。大学院修士課程の修了者の進路は、研究職・教職、ＮＧＯ、政府・国際機関、メディアなどが多い。もちろん大学の学部や大学院で平和学を専攻した卒業生を送り出すことによって、ただちに世界の平和が実現するわけではない。が、平和学の知的訓練を受けた人々が増えることは、長期的には、より平和な世界へのささやかな前進と言いうる。

それでは日本ではどうだろうか。日本の大学では、一九七六年に初めて「平和学」という科目が開設された（四国学院大学。担当者は岡本三夫教授だった）。それ以来、「平和学」「平和研究」「国際紛争論」などの平和学関連科目は着実に増え続け、一九九五年現在、一五九の大学で平和学関連科目が開設されている。これらの科目への学生の関心は高く、受講生数も多いが、これらは二単位ないし四単位の科目であって、平和学を系統的、組織的、集中的に学ぶにはまったく不十分である。平和学を専攻したい日本人学生は、ブラッドフォード大学平和学部をはじめとする欧米の大学へ留学しているのが現状である。世界で最も徹底した非暴力平和主義の憲法原理を持ち、原爆投下という究極の暴力を経験した戦後日本の大学に、平和学科あるいは平和学部が一つもないのは、逆説というほかない。大学の学科や学部の影響力は非常に限られたものでしかないとしても、日本の大学に平和学科ないし平和学部をつくることは急務である。

平和構築スキルのトレーニング

大学の平和学部、平和学修士課程などにおける教育は、認識、理論の側面に重点がある。これは重要ではあるが、どうしても現場で平和活動をするスキルの修得という点では不十分となる。これに関して、非武装の市民による平和構築活動のスキルを向上させる研修、トレーニングのためのセンターやプログラムが、ヨーロッパや北米にある。代表的なものの一つは、オーストリア平和・紛争解決研究センター（ＡＳＰＲ、Austrian Study Centre for Peace and Conflict Resolution）における国際市民平和維持・平和構築トレーニング（IPT、International Civilian Peacekeeping and Peacebuilding Training）というプログラムである。ここでは、一九九三年以来、四週間のコースを年に三回実施し、毎回およそ三〇人の参加者をトレーニングしている。また、類似のプログラムは他国にもあり、非武装・非暴力による平和構築のスキルを身につけるトレーニングは、一定の広がりを見せている。この点についても、日本の立ち遅れを指摘せざるをえない。

総じて言うと、日本国憲法の非暴力平和主義の先進性にもかかわらず、日本では憲法の理念を実現していくための制度の創造、政策の展開が不十分だったと言えよう。

「しない」平和主義と「する」平和主義

このことは、戦後日本が平和主義をどのようにとらえたかということとも関係している。

戦後日本の平和主義は「しない」平和主義であった。米国の戦争に加担しない、自衛隊を戦地に派兵しない、戦争をしないことを目指した。自衛隊がイラクに派兵された現在、「しない」平和主義の重要性をあらためて確認しなければならない。が、それは平和主義の半分である。

もう半分は「する」平和主義である。「しない」平和主義を実現すること自体、決して容易なことではないが、もし「しない」平和主義が成功すると、日本は何もしないという結果になる。軍事行動しない。それはきわめて重要であるが、それでは何をするのか、それが問われる。前述したように、日本国憲法の平和主義は、公正な世界秩序をつくるために、日本の市民と政府に非暴力行動を求めている。「する」平和主義が不可欠なのである。

しかし、戦後日本において、「する」平和主義は決定的に不足していた。戦争への加担を阻止するための行動には一定の成果が見られるが、非暴力的に東アジアおよび世界の平和をつくるための実践、公正な世界秩序をつくるための実践が不足していた。そのための研究、教育、トレーニングも不足していた。それが平和学部や平和構築トレーニングの欠如として現れている。九・一一以降、「しない」平和主義の重要性を再確認するとともに、「する」

平和主義の強化が私たちの課題である。

二　平和をつくる主体としてのNGO

日本国憲法の認識

筆者にとって、「平和に備え、正義を培う」ときの準拠枠組、行動原理は、日本国憲法の非暴力平和主義である。日本国憲法の非暴力平和主義はたしかに理想主義的であるが、それは同時にリアリズムの産物でもある。私たちは、沖縄戦のあと、原爆投下のあと、軍事力による安全保障の不合理性——軍事力は平和をもたらさないこと——をよく認識しうる立場にいた。その意味では、日本人は、軍事力は市民の安全を保障しないことをあらためて明らかにした九・一一事件の教訓を先取りしていた。

日本国憲法の非暴力平和主義にはさまざまな特徴がある。先でもいくつかふれたが、それらに加えて重要なのは、平和をつくる主体に関する認識である。憲法前文の「日本国民は、…政府の行為によって再び戦争の惨禍が起ることのないやうにすることを決意し」という表現、「日本国民」という憲法前文および第九条の主語などから見て、日本国憲法は平和をつくる主体として一人一人の市民、そしてその集合体——ピープル——を想定していると考えられる。憲法学者、深瀬忠一氏の次の表現がそれを最も的確に要約している。

> 戦争と軍備、平和と軍縮の問題〔は〕、もはや「政府」の専権ないし最終決定権力をもつ問題ではなく、主権者である人民の直接的および間接的な指導・統制下におかれる。人民は、ひとり国内社会においてだけでなく、国際（世界）社会においても、個人として、自発的集団（国連に働きかけるNGO（非政府機関）等）として、また人民の部分的・全体的世論によって、戦争と平和、軍備と軍縮にかかわる諸問題を自主的に解決し、あるいは影響・圧力を与える地位と権利を保障されている。（深瀬忠一『戦争放棄と平和的生存権』岩波書店、一九八七、一

九四—五頁)

「平和運動」と「平和活動」、アドボカシー型ＮＧＯと実働型ＮＧＯ

市民は一面において、自らが持っている「平和をつくる力」をひとまず政府に信託して、政府の政策——平和、安全保障、対外政策——をコントロールしようとする。この側面は、議会制民主主義あるいは裁判のかたちをとり、市民はいわば「平和運動」の主体となるだろう。多くの場合、政府は軍隊——自衛隊——を強化し、それを活用しようとする欲求、衝動を持っているから、市民のコントロール・平和運動は、軍縮あるいは反戦を主張する「しない」平和主義となる。この側面にＮＧＯが関わるとき、それらのＮＧＯはアドボカシー（政策提言）型ＮＧＯであることが多い。

他面において市民は、自らが持っている「平和をつくる力」を政府に信託せずに、主体的に行使することがある。この場合、市民の行動は基本的にさまざまなＮＧＯ活動のかたちをとり、市民はいわば「平和活動」の主体ということができよう。この側面で活動するＮＧＯは、実働型ＮＧＯである。そして、この側面の市民の活動＝市民平和活動は、「する」平和主義となるだろう。

理念型としては、ＮＧＯの活動をアドボカシー型、実働型というように類型化することができると思われるが、実際のＮＧＯの活動は判然と分けられるものではなく、一つのＮＧＯが両方の機能を果たすことも少なくない。

ＮＧＯの時代としての一九九〇年代

日本国憲法の認識からしても、あるいは現実の動きとしても、平和をつくる主体としてＮＧＯの役割が重要であり、注目される。一九九〇年代には、ＮＧＯの重要性を示す二つの流れがあった。まず第一に、地球サミット（リオデジャネイロ、一九九二年）や世界女性会議（北京、九五年）など、国連主催の世界会議において、ＮＧＯが政府や国連と連携あるいは対抗しつつ、人権、民主主義、環境保全などの価値を実現しようとしたこと。

第二に、核兵器の違法性に関する国際司法裁判所（ＩＣＪ）の勧告的意見を引き出した「世界法廷運動」（九二―九六年）、対人地雷禁止条約（オタワ条約）の締結をかちとった「地雷禁止国際キャンペーン」（九二―九七年）、そして国際刑事裁判所（ＩＣＣ）規程を成立させた「国際刑事裁判所を求めるＮＧＯ連合」（九五―九八年）など、世界のＮＧＯの連携が国際法形成に決定的な役割を果たしたこと。そしてこれら二つの流れが合流したのが、「ハーグ平和アピール」（ハーグ、九九年）だった。

ハーグ平和アピール

「ハーグ平和アピール」とは、一八九九年の第一回ハーグ平和会議の一〇〇周年を機に、一九九九年五月、世界の平和ＮＧＯがオランダのハーグに集まって、二一世紀の平和構築の課題と方法を明確にするために開催した市民平和会議である。世界から七〇〇を超えるＮＧＯ、九〇〇〇人を超える市民――約四〇〇人の日本の市民を含む――がこの地に集まり、戦争を廃絶し平和をつくる方法について熱い議論を繰り広げた。

会議を準備する過程で、「二一世紀の平和と正義のためのハーグ・アジェンダ」と題する文書が作成された。ニューヨークの事務局でまとめられた草案を電子メールで世界のＮＧＯ関係者へ送信し、意見を求めてつくられたこの文書は、世界の平和ＮＧＯの認識と実践の集大成と言える。

「ハーグ・アジェンダ」は、戦争の廃絶、平和の構築という課題を、「戦争の根本原因／平和の文化」「暴力的紛争の予防、解決、転換」「国際人道法、国際人権法」「軍縮および人間の安全保障」という四つの領域に整理し、全部で五〇項目の個別課題を挙げている。課題は平和教育、性暴力の克服から核廃絶、新自由主義的グローバリゼーションへの対抗、世界経済の非軍事化まで多岐にわたる。世界各地のさまざまなＮＧＯの課題を含むため、相互の不統一や緊張関係があるが、世界の平和ＮＧＯの活動を包括的にとらえ、それらを有機的に関連づけた点に大きな特徴と意義がある。

四日間の会議では、「ハーグ・アジェンダ」に基づいて四〇〇以上のセッションやワークショップが持たれ、最

表4　「公正な世界秩序のための10の基本原則」　　ハーグ平和アピール、1999年5月15日

1．各国議会は、日本国憲法第9条のような、政府が戦争することを禁止する決議を採択すべきである。
2．すべての国家は、国際司法裁判所の強制管轄権を無条件に認めるべきである。
3．各国政府は、国際刑事裁判所規程を批准し、対人地雷禁止条約を実施すべきである。
4．すべての国家は、「新しい外交」を取り入れるべきである。「新しい外交」とは、政府、国際組織、市民社会のパートナーシップである。
5．世界は人道的な危機の傍観者でいることはできない。しかし、武力に訴える前にあらゆる創造的な外交手段が尽くされるべきであり、仮に武力に訴えるとしても国連の権威のもとでなされるべきである。
6．核兵器廃絶条約の締結を目指す交渉がただちに開始されるべきである。
7．小型武器の取引は厳しく制限されるべきである。
8．経済的権利は市民的権利と同じように重視されるべきである。
9．平和教育は世界のあらゆる学校で必修科目となるべきである。
10．「戦争防止地球行動」の計画が平和な世界秩序の基礎になるべきである。

（筆者訳）

終日に「公正な世界秩序のための一〇の基本原則」が発表されたことはよく知られている（**表4**参照）。その第一原則が日本国憲法第九条に言及したことはよく知られている。四日間にわたる討議の結果を反映した「一〇の基本原則」は会議のハイライトであるが、これは「ハーグ・アジェンダ」とセットで読むべきものである。なお、「ハーグ・アジェンダ」は会議終了後、国連に提出され、国連文書となっている（UN Ref A/54/98）。

「ハーグ・アジェンダ」は、世界の平和NGOが取り組んでいる課題を網羅し、相互に有機的に関連づけたので、全体として「NGOによる平和構築の見取図」になっている。**図1**（次頁）は「ハーグ・アジェンダ」の諸項目の相互連関、全体構造を筆者なりに理解したものである（「二一世紀の平和と正義のためのハーグ・アジェンダ」邦訳全文は次のウェブサイトで読むことができる。http://classes.web.waseda.ac.jp/z-urata01/Japanese/hap.html）。

「ハーグ・アジェンダ」の冒頭には平和教育がくる。戦争や暴力を生み出す原因も、平和をつくる力も人の心の中にあるから、人間形成の問題が平和をつくる課題の筆頭に挙げられるのである。また、戦争、暴力の背景には社会的不正義があることが多い。環境的公正、ジェンダーに関する正義、植民地主義の克服など、社会的正義の実現が平和をつくる。貧富の差を拡大する新自由主義

図１　平和構築の課題――ハーグ・アジェンダの構造

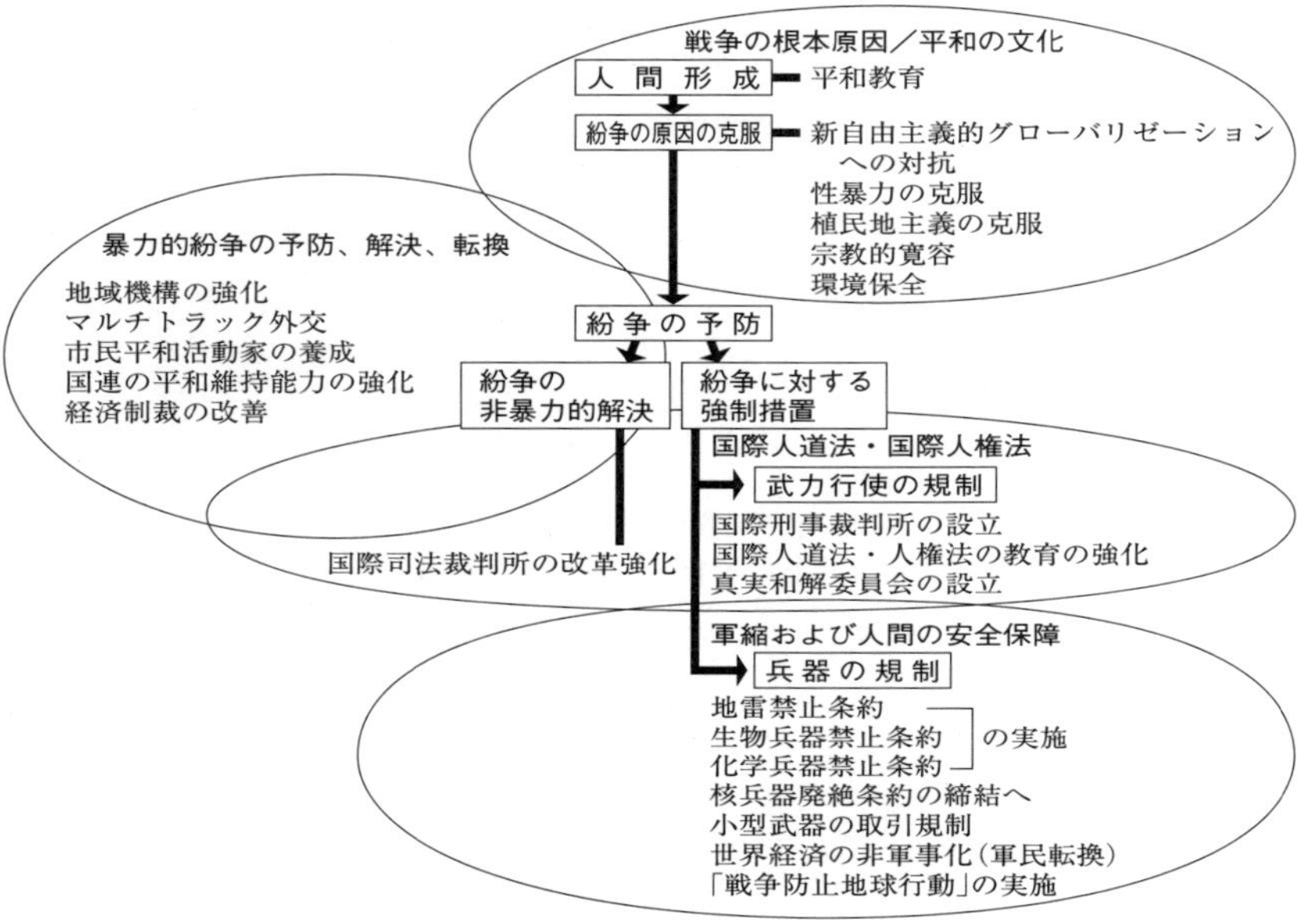

出所：ハーグ・アジェンダをもとに筆者が作成。

的グローバリゼーションに対抗することも平和をつくる行為である。

紛争をできるだけ予防し、万一発生した場合には非暴力的に対処することが求められる。早期警戒、早期対応が重要であり、非暴力の市民平和活動家を多数養成し、派遣することができるはずである。地域安全保障機構を強化し、政府と市民の連携による「マルチトラック外交」＝「新しい外交」を採用すべきである。

紛争を非暴力的に解決できなかった場合、紛争に対する強制措置が必要となる。国際司法裁判所の役割を拡大すべきであるし、新しく活動を開始する国際刑事裁判所が、戦争犯罪、性暴力を処罰することが期待される。南アフリカの真実和解委員会のような方法も大きな可能性を持っている。

もちろん兵器の規制は大きな課題である。核兵器、対人地雷、小型武器、劣化ウラン弾、宇宙への兵器配備など、さまざまな兵器の規制、縮小、廃絶の重要性は言うまでもない。軍事費の削減、そして究極的には軍事経済から平和経済への転換が必要となろう。そして最後に、平和をつくる主体としての市民社会、NGOの重要性を再確認して、「ハーグ・アジェンダ」は終わる。

これら「ハーグ・アジェンダ」のすべての課題について、それに取り組んでいるNGOがある。一つのNGOですべての課題を成し遂げることはできない。構造的暴力の克服を任務とするNGO、直接的暴力の克服を任務とするNGOなど、それぞれのNGOが自己のアジェンダを持って仕事に取り組んでおり、平和構築の仕事はいわばNGOによる分業体制になっていると言えよう。

NGOのイニシアチブによる軍縮国際法の形成

「ハーグ・アジェンダ」の課題のうち、「軍縮および人間の安全保障」の領域の中に、地雷や核兵器などの兵器の規制に関する課題が含まれている。これに関連して、一九九〇年代の二つの事例を取り上げて、NGOの役割――アドボカシー型NGOの役割――をスケッチしてみたい。九六年七月八日にハーグの国際司法裁判所から核兵器の威嚇・使用の違法性に関する勧告的意見を引き出したいわゆる世界法廷運動、それに九七年一二月署名・九九年三月一日発効の対人地雷禁止条約を成立させた地雷禁止国際キャンペーンの二つの事例である。

世界法廷運動にはいくつかの起源があるようである。一つは、下田事件東京地裁判決（一九六三年一二月七日）、いわゆる原爆訴訟である。この判決は、米国による広島、長崎への原爆投下を国際法違反と認定した初めての司法判断であるが、原水爆禁止世界大会の際に来日した国際平和ビューロー（International Peace Bureau）会長のショーン・マクブライドの知るところとなり、彼に示唆を与えた。マクブライドと国際平和ビューローは八五年に「ロンドン核戦争法廷」を開き、核兵器の違法性に関する国際司法裁判所の勧告的意見を求める運動を始めることを勧告した。これが一つの起源である。

もう一つの起源は、ニュージーランドの反核運動・非核政策にある。ニュージーランド国内において非核法が成立した一九八七年頃、退職した裁判官ハロルド・エバンズが国際司法裁判所の勧告的意見を得るために政府の関与を求める手紙を書いた。これが世界法廷運動に発展していく。

一九九二年五月、国際平和ビューロー、核戦争防止国際医師会議（International Physicians for the Prevention of Nuclear War）、国際反核法律家協会（International Association of Lawyers Against Nuclear Arms）という三つのNGOのイニシアチブで始まった世界法廷運動は、非同盟諸国政府と連携・共闘しつつ、世界保健機関（WHO）と国連総会を動かして、最終的に国連総会の提訴に対して「核兵器の威嚇または使用は一般的に国際法に違反する」という勧告的意見を国際司法裁判所から引き出した。

地雷禁止国際キャンペーンも、米国のNGOである米国ヴェトナム退役軍人財団（Vietnam Veterans of America Foundation）とドイツのNGOであるメディコ・インターナショナル（Medico International）のイニシアチブで始まり、世界的なNGOのネットワークへ発展していったものである。地雷禁止国際キャンペーンが地雷禁止に好意的な政府にロビイングをする中で、とりわけカナダ政府がNGOに深く共鳴し、政府レベルではカナダ政府のイニシアチブで政治プロセスが進行していった。対人地雷禁止条約のようなものは本来ならジュネーヴの軍縮会議が扱うものであるが、全会一致制のため容易に交渉が進展しない軍縮会議をはずして、カナダ政府のイニシアチブでオタワ・プロセスとして条約交渉は進行し、最終的に「オタワ条約」の署名へと至った。

以上の二つの事例は、NGOによる平和構築の一つの方法を示すものと言えよう。すなわち、いくつかのNGOがイニシアチブをとり、NGOの世界的なネットワークを組織し、NGOのネットワークが主体となってNGOの主張に好意的な諸国政府——主として非同盟諸国および中堅諸国——と連携・共闘しつつ、国連システムの内外で運動を進め、軍縮国際法を形成するというものである。

今の国際社会において、条約を締結する主体、軍縮交渉をする主体はあくまでも国家・政府である。しかし、世界法廷運動や地雷禁止国際キャンペーンにおいて、国際的な政策形成のイニシアチブをとったのは政府ではなくてNGOであった。NGOが各国政府にロビイングをすることにより、政府を動かして国際的な政策形成に至ったのである。人権や開発など国連経済社会理事会の活動分野においては、かなり前からNGOの活動は活発で、これらの分野において国連の活動にＮＧＯの関与はもはや必要不可欠であるが、軍縮平和の分野においてもＮＧＯの主体的な関与は顕著になっている。そして、これら世界法廷運動や地雷禁止国際キャンペーンをリードしたＮＧＯのイニシアチブで、一九九九年のハーグ平和アピールが開催されたのである。

三　ＮＧＯによる非暴力的介入――非暴力平和隊の挑戦

国際平和旅団（ＰＢＩ）の活動

「ハーグ・アジェンダ」の「暴力的紛争の予防、解決、転換」の領域には、「市民平和活動家の養成」という課題が挙げられていて、こう書かれている。

「市民平和活動家――それが選挙監視員であれ人権活動家であれ――に対する需要が急速に高まっている。そのような特別な訓練を受けた市民の数はまったく足りない。紛争解決、仲裁、交渉などの技術を身につけた市民を養成すること、そして平和構築の任務を実行するために紛争地域へ彼（女）らを派遣することが求められている。長期的な目標は、緊急に紛争地域へ介入できる特別な訓練を受けた市民平和活動家を擁する国際的な組織の創設である」。

ハーグ平和アピールにおいて、この項目に関連して、一つのセッションがあった。それを準備したのは、国際平和旅団（ＰＢＩ、Peace Brigades International）というＮＧＯである。

それでは、国際平和旅団、ＰＢＩとはどのようなＮＧＯなのか。ＰＢＩは、一九八〇年代以降、世界各地で活動が活発になった「第三者による非暴力的介入」の手法を実践するＮＧＯの一つである（実働型ＮＧＯである）。これは、トレーニングを受けた非武装の多国籍の市民のチームが紛争地域へ赴き、そこで非暴力的な民主化運動、人権闘争などに従事している人々に付き添うことによって殺戮や紛争の暴力化を予防しようとする試みである。外国人が地元の活動家に付き添うことで、「国際社会が見ている」というメッセージを送り、「国際社会の目」が暴力を抑止する。また、外国人のチームはあくまでも紛争地域の運動体、活動家の要請に応じて派遣され、地元の人々が紛争の平和的解決を追求するための環境創出を目的としている。外から「平和」や「正義」を押しつけるものではなく、外国人が紛争を「解決」するわけではない。紛争を解決するのはあくまでもその地域の人々である。このNGOの活動は、紛争解決（making peace）ではなく、紛争解決のための環境創出（making space for peace）ということになる。

このような非暴力的介入のNGOは、現在世界におよそ二〇団体があり、コロンビア、メキシコ、グアテマラ、ニカラグア、バルカン諸国、イスラエル／パレスチナ、スリランカなどで活動している。そして、暴力の抑止という点で一定の成果を収めている。

始まりのガンディー

非暴力的介入のNGOの活動が活発になったのは一九八〇年代であるが、その起源はガンディーにある。ヒンドゥー教徒とイスラム教徒の対立に悩まされたインドにおいて、ガンディーは、対立、紛争に非武装、非暴力で介入して紛争の収拾を目指すシャンティ・セーナ（平和隊）の構想を二〇年代から持っていた。この構想は彼の死後実現される。五〇年代にシャンティ・セーナがインド各地で設立され、六〇年代を通じて活発に活動したと言われている。七〇年代に入ると、シャンティ・セーナの運営に関して指導部における見解の相違が生じ、シャンティ・セーナの活動は衰退していったようである。

しかしガンディーのシャンティ・セーナの構想は継承される。一九六〇年にインドで開催された平和会議に参加した西欧からの参加者は、シャンティ・セーナの活動に感銘を受け、シャンティ・セーナの構想を国際化するものとして、六一年に世界平和旅団（World Peace Brigade）を設立した。世界平和旅団は、インドなどでいくつかのプロジェクトを実施したが、六〇年代後半には活動は低調になったようである。しかしながら、シャンティ・セーナの構想、非暴力的介入の構想とそのためのトレーニングなどを通じて、非暴力的介入の活動に従事する活動家が財産として残ったのである。

ＰＢＩの設立

世界平和旅団の活動家だった人々によって、一九八一年、カナダでＰＢＩが設立された。二〇〇三年に設立二二周年を迎えたこのＮＧＯが、非暴力的介入のＮＧＯとしては最も重要なものである（ＰＢＩは〇一年にノーベル平和賞にノミネートされた）。ＰＢＩは八三年にグアテマラで活動を開始した（第11章参照）。設立当初は、紛争解決、停戦監視、調停、社会再建などに取り組むことを設立声明で宣言していたが、グアテマラでの活動を通じて、徐々に活動の重点を護衛的同行（protective accompaniment）に絞り込み、成果を挙げた。

一九八三年にＰＢＩがグアテマラで活動を開始した当時、グアテマラは軍による国家テロの支配のもとにあり、人権や民主主義を主張する団体は危険にさらされていた。活動家の失踪や殺害が相次いでいた。ＰＢＩが活動を開始して明らかになったことは、ＰＢＩボランティアのような国際的な第三者の同行者がいるときには殺人が起きず、国際的な同行者がいないときには殺人が起きるということであった。ＰＢＩのような国際的第三者の存在が、暴力に対する抑止力となるわけである。これ以降、ＰＢＩは護衛的同行という手法の有効性を認識し、活動の重点をこの護衛的同行に置くようになった。ＰＢＩは、グアテマラで、襲われる危険のある人権団体の幹部への護衛的同行を提供し、非常に効果を挙げた。ＰＢＩはその後、スリランカ、ハイチ、コロンビア、エルサルバドルなどでも、同じように護衛的同行を提供することを中心に活動してきた。また、ＰＢＩの成功は、同じように非暴力的介入を実践する他のＮＧＯを生み出す刺激となった。

ＰＢＩの活動の原則

二〇年に及ぶ活動の中から、ＰＢＩは活動の四つの原則を生み出した。これらの四つの原則は、きわめて示唆に富み、興味深いものである。まず第一は、政治的立場をとらない（nonpartisanship）という原則である。ある人が非暴力的な人権闘争、社会変革に携わっており、危害を加えられる危険にさらされているときには、その人がどのような政治的立場をとっていようとも、要請があればPBIは彼（女）に護衛的同行を提供する。市民に対して国軍など政府がテロ行為を働いている状況においては、危険にさらされている活動家は不可避的に反政府の立場をとることになるだろう。PBIは彼（女）を護衛するが、それは彼（女）が反政府だからではなく、彼（女）が危険にさらされている非暴力の活動家だからである。

第二は、独立性（independence）の原則である。PBIは、政府を含めてあらゆる団体から独立して、政府を含めて地元の団体にコントロールされないことを原則としている。PBIは、その任務を越えて地元の団体の要求に引きずられないことに留意している。もっとも、PBIメンバーが国外追放処分にならないために必要な限度で、当該国政府と対立しない配慮は必要となるだろう。

第三は、不干渉（noninterference）の原則である。PBIの活動は、紛争解決をすることではなく、あくまでも地元の人々が紛争を非暴力的に解決できるための空間をつくり出すことである。護衛的同行を提供している団体の内部やその活動に、PBIは距離を置き、干渉しないのが原則である。これは地元の団体の自己決定やエンパワメント（力づけ）を重視するということである。PBIは極力、地元の団体が対外依存しないように留意する。

第四は、非暴力（nonviolence）の原則である。この原則には二つの側面がある。まず、PBIは、非暴力的な運動、活動をしている団体、武装集団とは関係がない団体の活動家にのみ、護衛的同行を提供するという側面、それから、同行にあたって、PBIメンバーは絶対に武器を携行しない、使用しないという側面である。

これら四つの原則はあくまでPBIというNGOの原則であって、非暴力的介入、護衛的同行に従事するNGOのすべてがこれらの原則を持っているわけではない。NGOによって活動の原則は異なりうる。が、PBIの四つの原則は、二〇年に及ぶ活動によって検証され、実践によって裏づけられた妥当性、有効性を持っていると思われる。これらの四つの原則に基づく活動を「介入」と呼ぶのはあまり適切ではないかもしれない。最近のPBIは、「介入」に代わって「第三者イニシアチブ」という表現を使っている。

非暴力平和隊の提案

ハーグ平和アピールが開催されたとき、北大西洋条約機構（ＮＡＴＯ）は旧ユーゴスラヴィア（以下、ユーゴ）を空爆していた。会議ではコソヴォ問題に関するセッションもあり、激しい議論がなされた。ハーグ会議に参加した世界の多くのＮＧＯはＮＡＴＯのユーゴ空爆を批判する声明を出したが、他方でコソヴォにおける人道的危機に対し、現に進行している殺戮をとめるための武力行使は必要であるとする主張もまたあった。殺戮を傍観するのか、武力行使するのか。平和運動にとって、「コソヴォ」は厳しい試練だった。

コソヴォで人道的危機が発生したとき、ＰＢＩなどの非暴力的介入ＮＧＯの活動家は、組織の不十分さを嘆いた。ＰＢＩの場合、多国籍のボランティアのチームが紛争地域へ赴いていくが、一つのチームの規模は平均して一〇人、多くて三〇人である。現在ＰＢＩが行っているプロジェクトを例にとると、インドネシア・プロジェクトが一二人、コロンビア・プロジェクトが三〇人である。たしかに、このような少人数だからこそ、当該国政府のビザを取得して入国することが困難でなく、またチーム内の民主的合意形成も可能で、現地での活動も柔軟に機動的に行えるというメリットがある。

しかし、紛争地域の状況によっては、一〇人でなく一〇〇人だったら、あるいは一〇〇〇人だったら人道的危機を抑止できたかもしれない、という意見が出てくる。一九九〇年代に旧ユーゴで起きた紛争に際して、その地域の非暴力の運動に対して――彼（女）らは国際社会にメッセージを発していたのであるが――それに応えるある程度の規模の平和チームを派遣していたら、その後の展開はまったく異なったものになっていただろうという評価がある。九三年からバルカン半島にも「バルカン・ピース・チーム」という非暴力的介入ＮＧＯが赴いていったが、規模の小ささゆえにその効果には限界があった。ある人は、もし九五年までに一〇〇〇人の活動家がコソヴォに行っていれば、九八年に勃発した暴力的な事態を回避しえた可能性が高いと考えている。非暴力的介入ＮＧＯの活動家は「コソヴォの悲劇」を痛恨の念をもって想起している。

このような背景のもとに、ハーグ平和アピールにおいて、ＰＢＩなどの非暴力的介入ＮＧＯのそれまでの活動の成果を基礎にして、人道的危機に際して緊急かつ大規模に派遣できる組織――非暴力平和隊（Nonviolent Peace-force）――を立ち上げる提案がなされたのである。

非暴力平和隊プロジェクトの特徴

非暴力平和隊の構想は、基本的にはPBIなどの非暴力的介入NGOの活動の成果に基づいて、派遣するチームの規模を拡大するものである。一〇人規模のチームを派遣するPBIに対して、非暴力平和隊はまず一〇〇人規模のチームを派遣することを目標にしている。PBIが生み出した活動の諸原則――政治的立場をとらない、独立性、不干渉、非暴力――は基本的に踏襲される。PBIも非暴力平和隊も、あくまでも紛争地域の非暴力の運動の要請に応えてチームを派遣するのが原則である。要請がないのにチームを派遣することはない。

PBIのメンバーはどうしてもヨーロッパ、北米など裕福な北の世界の人間が多くなる。そのため、北の人間が南の紛争地へ行くという構図ができる。この構図は、一種の「新植民地主義」に見える余地があり、この点が批判されることがある。非暴力平和隊プロジェクトはこの構図を克服することを重要な課題としている。つまり、北のプロジェクトではなくて、北と南の双方の市民が協力、連帯する真にグローバルなプロジェクトにしようということである。

人道的危機に際して、武力介入はきわめて問題が多いが、NGOによる非暴力的介入であればまったく問題はないのかというと、決してそうとは言い切れない。市民による非暴力的行動であっても、北が南をコントロールするものとならないよう、最大限の注意が要ると思われる。

それから、NGOによる非暴力的介入という手法は、紛争の暴力化を防ごうとするものであるが、紛争に対するより根源的、構造的なアプローチが同時に必要である。すなわち、人道的危機や暴力的紛争を生み出す地域の社会構造に注意を払い、人道的危機を生み出さないような社会に変えていく努力が必要となる。そのためには、公正な経済システムとすべての市民に政治参加を保障する民主制を構築することが課題となるであろう。そして、一人ですべての課題に取り組むことは不可能であるから、NGO間の分業が必要不可欠となろう。この点で、ハーグ平和アピールが作成した「二一世紀の平和と正義のためのハーグ・アジェンダ」は世界の平和NGOが取り組むべき課題の全体と分業の見取図なのである。

非暴力平和隊のかたち、組織構想

非暴力平和隊プロジェクトは、二〇〇一年から〇二年にかけて、国際運営委員会によって運営・推進されてきた。世界各地の非暴力平和運動の支持・協力のもとにプロジェクトを推進するために、国際運営委員会は世界各地の平和活動家・理論家で構成された。米国、カナダ、イギリス、オランダ、日本、インド、タイ、グアテマラ、コスタリカ、パレスチナ、南アフリカから全部で一三人が国際運営委員になった。国際運営委員はそれぞれ、インドのガンディー主義、キング牧師の非暴力運動、クエーカー教徒の絶対平和主義、日本国憲法の非暴力平和主義などの思想を持っており、国際運営委員会は世界各地の非暴力平和主義の協力と連帯を体現したと言えるかもしれない。

二〇〇一年七月末には、ドイツの経験豊かな平和活動家、クリスティーン・シュヴァイツァーを中心とする調査研究チームが、三六四頁に及ぶ「非暴力平和隊の実現可能性に関する研究」を提出して、非暴力平和隊プロジェクトの調査研究段階を終えた。この報告書は、非暴力的介入に関してこれまでに書かれた最も包括的な研究である（非暴力平和隊のウェブサイトからダウンロードできる）。報告書の結論は、非暴力的介入を行う大規模な組織、非暴力平和隊は必要であり、可能である、というものである。

非暴力平和隊のかたち、組織構想はユニークである。世界各地で非暴力平和構築活動に従事しているNGOに非暴力平和隊のメンバー団体になってもらい、メンバー団体の支持、支援の基礎の上に非暴力平和隊を組織しようとするものである。メンバー団体の中には、非暴力平和隊・日本や非暴力平和隊・韓国、非暴力平和隊・カナダなどのようにもっぱら非暴力平和隊の活動をするグループもある。非暴力平和隊は、世界の非暴力平和NGOのネットワークという側面も持っていると言える。

二〇〇二年五月から九月頃にかけて、国際運営委員が世界各地で非暴力平和構築で実績のあるNGOに非暴力平和隊のメンバー団体になることを依頼した。その結果、同年一一月末の時点で、メンバー団体は世界で六八団体になった。その内訳は、アフリカ八団体、中東六団体、アジア太平洋一八団体、ヨーロッパ一四団体、北米一三団体、ラテンアメリカ五団体、国際団体四団体である。

日本のメンバー団体は、今のところ、非暴力平和隊・日本、ピースボート、日本山妙法寺の三団体であり、韓国のメンバー団体は、非暴力平和隊・韓国、平和をつくる女たち（Women Making Peace）、SPARK（Solidarity for Peace and Reunification of Korea）の三団体である。

世界のメンバー団体のいくつかを例示的に挙げると、NOVASC（Nonviolent Action and Strategies for Social Change, ジンバブエ）、市民平和活動フォーラム（ドイツ）、国際平和ビューロー（スイス）、市民平和活動ヨーロッパ・ネットワーク（オランダ）、スコットランド非暴力センター、セルパス（エクアドル）、GIPP（パレスチナ）、国際連帯運動（パレスチナ）、米国友和会、ピースフル・トゥモロウズ（米国）、パックス・クリスティ（米国）などである。メンバー団体の依頼はこれからも継続する。

非暴力平和隊設立総会

世界各地のメンバー団体の代表、四七カ国から一三〇人が集まって、二〇〇二年一一月二九日から一二月三日まで、インド、デリー近郊スラジクンドのホテル・ラジ・ハンスで、非暴力平和隊の設立総会が開催された。非暴力平和構築に従事する人々がこれほどたくさん一カ所に集まったことは、これまでなかったのではなかろうか。それぞれに信念と実績のある多彩な一三〇人だった。

総会は二つの重要なことを決定した。一つは、再びメンバー団体が集まる三年後の総会までの間、非暴力平和隊の運営に責任を持つ国際理事会を選出したこと。もう一つは、非暴力平和隊が最初のチームを派遣する場所として、スリランカ、イスラエル／パレスチナ、グアテマラの三つの候補の中からスリランカを選んだことである。

設立総会まで活動していた国際運営委員会は自発的な集団であって誰かに選ばれたわけではなく、民主的正統性が不足していた。世界各地の広汎な団体の支持、選出によって組織された国際理事会はそれゆえ民主的正統性を持っている。理事の選出は、まず世界の地域ごとにミーティングを開いて、二ないし三名の候補を選び、それに基づいてさらに理事選考委員が調整をして（ジェンダー・バランス、必要な資質・能力を考慮）、世界全体で一八人の理事候補者リストを作成し、設立総会に提案、承認を得た。この国際理事会がこれまで国際運営委員会が行っていた任務を受け継ぐ。

非暴力平和隊設立総会のひとこま。

設立総会の前に、国際運営委員会は非暴力平和隊の最初のチームの派遣地として、スリランカ、イスラエル／パレスチナ、グアテマラの三カ所を候補として絞り込んでいた。これは世界各地の団体から寄せられていたチーム派遣の依頼の中から、国際運営委員会が検討の末に絞り込んだものである。これら三カ所のそれぞれに、調査チームが派遣され、その報告書が設立総会に提出された。報告書および設立総会での口頭の報告に基づき、さらに議論を重ねて、メンバー団体の代表は最終的に投票で最初の派遣地としてスリランカを選んだ。イスラエル／パレスチナに派遣すべきだという意見とスリランカ派遣との票の差は少なかった。そこで、イスラエル／パレスチナについては、ワーキング・グループをつくって、今後も派遣の可能性を探ることになった。

設立総会では、非暴力平和隊の規約（bylaws）についても多少議論されたが、基本的にはこれは国際理事会に委ねられた。今後理事会が国際事務局の場所を決定し、その場所に応じて、当該国の法制度に

非暴力平和隊の国際理事を選出したところ。左は筆者、右は米国のデイヴィッド・ハートソー。

従って規約あるいは定款を作成し、法人化することになる。

設立総会で特徴的だったことは、非暴力平和隊プロジェクトが北米人のイニシアチブで始まったことに対する警戒の念、南の紛争地域においてローカルなNGOによって現に行われている非暴力平和構築活動との共存の問題、ローカル・イニシアチブの重要性の問題が、とりわけ南のメンバー団体から強く主張されたことである。これらの論点については、かなり激しい議論、率直なやりとりがなされた。これらはきわめて健全な議論であり、これらの問題がオープンに議論されたことは、非暴力平和隊を立ち上げるにあたってかなりプラスになったと筆者は考えている。これらはまさに非暴力平和隊が留意すべき点だからである。紛争地へのチームの派遣（および撤退）については、理事会の迅速な決定が必要な場面も多いであろうが、メンバー団体の普段の連携などについては、トップダウンではなく、ボトムアップが重要であり、地域に根ざしたメンバー団体の活動が非暴力平和隊のチーム派遣を有効なものにすると思われる。

スリランカ・プロジェクト

非暴力平和隊は最初のプロジェクトとしてスリランカを選んだ。これからスリランカ・プロジェクトに力を注ぐことになる。調査チームが、二〇〇二年九月および一一月にスリランカで現地調査を行い、スリランカでの非暴力平和隊の活動の可能性について報告書を出している。この報告書は非暴力平和隊の活動形態についての提案も示している。

非暴力平和隊の活動は、地元の人々のイニシアチブによる非暴力平和構築活動を国際的第三者が支援する（エンパワー）するものであるから、非暴力平和隊の活動内容は地元の人々が何を求めるかによる。調査チームは、地元のパートナーとして「自由公正選挙を求める民衆行動」（ＰＡＦＦＲＥＬ、People's Action for Free and Fair Elections）を選んだ。この団体はスリランカの人権・平和団体の連合体であり、この団体の理事会にはスリランカの主要なＮＧＯが相当網羅されており、非暴力平和隊の活動にとって最も望ましいと考えられたからである。現時点での活動形態としては、非暴力平和隊の派遣メンバーが三人一チームでスリランカ全土に（二〇カ所くらいに）展開し、ＰＡＦＦＲＥＬの地域委員会が各地で行う活動（人権侵害を監視することなど）に付き添い、地球市民社会のプレゼンスを示すことで、暴力を抑止しようとすることが考えられている。

スリランカでは、シンハラ人のスリランカ政府とタミル人の武装組織ＬＴＴＥ（タミル・イーラム解放の虎）との間で内戦状態が続いてきたが、ノルウェー政府の仲介で停戦合意ができ、和平プロセスが進行してきた。スカンディナヴィア諸国政府が「スリランカ監視団」（ＳＬＭＭ、Sri Lanka Monitoring Mission）を派遣したり、日本政府が復興支援を表明したりもしている。それに対し、市民社会の動きは今一つ遅い。しかし、市民社会の主体的関与なしに平和構築は困難である。非暴力平和隊のスリランカ・プロジェクトは、政府レベルの和平プロセスを地球市民社会のレベルで支え、実質化するものとして、重要な意義を持ちうると思われる。

フィールド・ワーカーの募集、トレーニング、派遣

スリランカ・プロジェクトは今まさに進行中である。二〇〇三年四月上旬から五月上旬まで、世界中のメンバー団体を通じて、スリランカに派遣するフィールド・ワーカーを募集したところ、三五カ国から一五〇人の応募があった。これら一五〇人から書類審査で一八人のフィールド・ワーカー候補者を選んだ。この中には二人の日本人女性が含まれている。一八人の内訳は、米国人四人（五六歳女性、五五歳女性、五〇歳女性、六〇歳男性）、カナダ人二人（二九歳女性、二六歳男性）、ドイツ人二人（三八歳女性、三〇歳男性）、日本人二人（三九歳女性、二三

歳女性）、ケニア人二人（三五歳女性、三一歳男性）、インド人（二四歳男性）、フィリピン人（四三歳女性）、パレスチナ人（二七歳男性）、オーストラリア人（五三歳女性）、ガーナ人（五四歳男性）、ブラジル人（三八歳女性）である。女性一一人、男性七人、平均年齢は三九・五歳となる。

これらの一八人はまず同年六月二七日から三〇日までタイのチェンマイでアセスメントを受けた。このアセスメントとは、応募書類に基づいて選ばれた候補者が実際に非暴力平和隊のスタッフと会って、プロジェクトと個々の候補者の「適合性」を確認するためのセッションである。このセッションで、非暴力平和隊についてのハッキリした理解が得られ、候補者が辞退することもある。実際に、二三歳の日本人女性はこの段階で辞退した。アセスメントを通過した候補者は、七月二日から一九日までコア・トレーニングを受けた。このトレーニングはこれまでに行われたきたＰＢＩのトレーニングなどを改良・充実させたものである。護衛的同行やプレゼンス、監視などのスキルのトレーニングや、チームワークのためのトレーニングなどからなる。コア・トレーニングを終えた候補者は一度帰国し、九月にスリランカに集合し、現地トレーニングをへて、一一月、実際の活動を開始した。

資金調達

非暴力平和隊が今直面している最大の課題は、資金調達である。ＰＢＩと違って、非暴力平和隊は一〇〇人規模のチームを派遣することを目標とした。が、二〇〇三年九月にスリランカに派遣されたチームが一〇人規模であるのは二つの理由からである。

第一に、非暴力平和隊の活動は、紛争地のＮＧＯ、現地のパートナーが何を求めるかによって決まる。スリランカ・プロジェクトの場合、地元パートナーであるＰＡＦＦＲＥＬが非暴力平和隊に何を求めるかによる。ＰＡＦＦＲＥＬは非暴力平和隊に対して数十人規模の活動を求めており、非暴力平和隊はそれに従うことになる。

第二に、財政難である。非暴力平和隊の一つの特徴は、派遣するフィールド・ワーカーに報酬を支払う点である。ＰＢＩが紛争地に派遣するチームのメンバーはボランティアであった。ボランティアとして一年間紛争地に行けるということは、彼（女）が経済的にある程度ゆとりがあるということを意味する。このためもあって、PBIの場合、「裕福な北のボランティアが南の紛争地へ行く」という構図ができる、そしてそれが新植民地主義と誤解されることがある、ということはすでに述べた。非暴力平和隊はこの構図を克服し、北と南が協働する真にグローバルなプロジェクトにすることを目指している。そのために非暴力平和隊は二つのことをする。まず派遣するチーム・メンバーの構成が北に偏らないようにする。次に、誰でもチームに参加できるように、派遣されるフィールド・ワーカーには報酬を支払う（フィールドでの生活費用はすべて非暴力平和隊が負担した上で、フィールド・ワーカーには一人一カ月八〇〇ドルを支払う）。フィールド・ワーカー一人を一年間派遣するのに、約三万米ドルかかると見積もられている。この派遣費用の調達が大きな課題である。非暴力平和隊の国際事務局は、NGOへ助成金を出すさまざまな財団や政府に申請書類を提出しているが、なかなか十分な資金を調達できないでいる。まず一〇人規模のチームをスリランカに派遣するのは、財政上の制約のためである。これから資金を確保した上で、最終的に派遣するフィールド・ワーカーを五〇人程度にするのが目標である。

非暴力平和隊では、資金調達の一つの方法として、平和債（Peace Bond）を売り出している（一口一〇米ドル相当額）。平和債という名称は国債のような債券を思わせるが、これは満期になったときに投資額が返却される債券ではなくて、普通の寄付、カンパにほかならない。単なる寄付、カンパではなくて、平和債という名称を使うところに一つの主張、メッセージがある。すなわち、平和債は、将来の平和をつくるための投資、将来の世代のための投資なのである。

平和NGOが資金不足に悩まされるのは珍しいことではない。非暴力平和隊が資金不足で苦しんでいるのは、巨大な問題の一部である。これは、今の世界の巨額の軍事費を削減し、それを平和構築のための支出に回すという課題につながっていくのである。巨額の軍事支出から見るならば、非暴力平和隊の活動資金などごくわずかというべきである。軍事力依存の文化から軍事力に依存しない文化へ、軍事支出から平和支出へという思考の転換を引き起こすことも私たちの課題である。

イラク、パレスチナの状況に関連して

非暴力平和隊の設立総会には、イラク平和チーム（Iraq Peace Team）のメンバーとしてバグダッドに滞在していた米国人も参加していた。イラク平和チームとは何か。

ＮＧＯ、市民による非暴力的介入の方法の中には、ＰＢＩのように個人に付き添うことによって暴力を抑止しようとする護衛的同行の手法のほかにもさまざまな手法がある。その一つは、大量の外国市民のプレゼンスによって戦争を抑止しようとする手法である。過去において、この手法は各地で試みられ、成功例と失敗例がある。

成功例はニカラグアにおける「平和のための証人」（Witness for Peace）である。レーガン政権は一九八〇年代ニカラグアの反政府勢力（コントラ）に軍事援助をして、サンディニスタ政権を攻撃させた。ニカラグアの一般市民も襲われ、殺された。この事実を知った米国市民は、「平和のための証人」という非暴力的介入ＮＧＯをつくり、コントラの攻撃の危険にさらされているニカラグアの村に入っていった。米国市民のプレゼンスはコントラの攻撃に対する抑止力となり、コントラの攻撃による犠牲者を少なくする点で効果があった。「平和のための証人」というＮＧＯは、非暴力的介入に加えて、その活動成果を議会制民主主義にフィードバックした点に特徴がある。「平和のための証人」のプロジェクトによって、数年の間に何千人もの米国市民がニカラグアへ行き、米国に支援されたコントラの暴力をつぶさに観察した。彼（女）らは米国へ帰ってくると、コントラの暴力、米国の加担について、各地で報告した。メディアも「平和のための証人」に注目した。合衆国議会では、コントラへの軍事援助が大きな問題となっていた。「平和のための証人」はコントラへ軍事援助するという米国政府の政策をやめさせるために、議員へのロビイングに力を注いだ。最終的に一九八八年に合衆国議会はコントラへの援助を否決した。この議会の決定に対して、「平和のための証人」の活動が一定の影響を与えたのは間違いない（D・ワーナーほか『いのち・開発・ＮＧＯ』新評論、一九九八、三五一—六六頁参照・編者注）。

「湾岸平和チーム」（Gulf Peace Team）とミル・サーダ（ピースナウの意）の二つは、果敢に挑戦したが成功し

たとは言えない事例である。「湾岸平和チーム」は、一九九一年の湾岸戦争開戦前に、全部で約二五〇人の多国籍の市民がバグダッドとイラク／サウジアラビア国境に滞在して、湾岸戦争をとめようとした試みである。このプロジェクトは多国籍軍の攻撃には影響を与えなかったが、湾岸平和チームのメンバーの出身国における平和運動に影響を与えた効果があった。ミル・サーダは、一九九三年にフランスとイタリアの団体のイニシアチブで組織され、ユーゴ内戦をとめようとしたプロジェクトである。多国籍の二〇〇〇人の市民が四週間のプロジェクトに参加した。二〇〇〇人の市民がサラエヴォに行くことを目指したが、見解の相違から統一した行動がとれずに、成果を挙げることができなかった。

「イラク平和チーム」(Iraq Peace Team) は、シカゴで「荒野の声」(Voices in the Wilderness) という平和ＮＧＯ――経済制裁下のイラク民衆を支援することを目的として過去一〇年間活動してきた――を主宰しているキャシー・ケリーのイニシアチブで二〇〇二年秋に開始されたプロジェクトである。イラクに滞在して、イラクの民衆とともに危険を共有し、証人となることを目的とした。バグダッドに滞在していたメンバーはほとんど米国市民であった。イラク政府がビザをコントロールしていたため、メンバーは流動的であったが、たえず二〇人ないし三〇人がバグダッドに滞在していた。イラク平和チームの二〇人ないし三〇人の米国市民のプレゼンスが米軍の行動に影響を与えたとは言えない。しかし、イラク平和チームのプレゼンス、バグダッドからの情報提供が米国の平和運動を刺激し（イラク平和チームのメンバーはバグダッドから米国のラジオインタビューに出演したりした)、米国市民の大規模な反戦の意思表示につながったという側面がある。イラク平和チームのタイプの平和活動をより効果的なものにするのは今後の大きな課題である。

非暴力平和隊のメンバー団体の一つに、国際連帯運動（ＩＳＭ、International Solidarity Movement）がある。国際連帯運動は、イスラエルのパレスチナ占領に抵抗するパレスチナ人および外国人の運動であり、非暴力直接行動を特徴とする。二〇〇〇年に始まった第二次インティファーダ（民衆蜂起）に起源があり、パレスチナ人の非暴力抵抗運動を外国人が支えるものである。ＩＳＭとしての活動は、二〇〇一年八月に始まった。一日半の非暴力ト

イスラエル軍によって破壊されたパレスチナ、ナブロスの街。ここは石けん工場とお菓子づくりで有名な美しい街であった。（写真提供：清末愛砂）

レーニングを受けたＩＳＭのメンバーが、パレスチナ自治区の各都市で、状況に応じてさまざまな活動をする。たとえば、イスラエル軍に家屋を破壊される可能性のあるパレスチナ人に家に住み込んだり、外出禁止令下で登下校する子どもたちに付き添ったりする。

ＩＳＭの外国人メンバーは、ＰＢＩや非暴力平和隊と同じように、外国人の存在がパレスチナ人に対するイスラエル軍の暴力の抑止力になることを期待していると思われるが、最近は、パレスチナ人は言うまでもなく、外国人の活動家もイスラエル軍の暴力にさらされ、犠牲になる事件が起きている。二〇〇三年三月一六日、エジプトとの国境の街ラッファーで、イスラエル軍の家屋破壊に抗議していた米国人レイチェル・コリーが、イスラエル軍のブルドーザーによって轢き殺された。その後も、ＩＳＭメンバーに対するイスラエル軍、イスラエル政府による弾圧が続いている。イスラエル／パレスチナのような状況において、非暴力的介入はどこまで可能か、どのようにして可能か、大きな検討課題である。

おわりに――平和構築はオーケストラである

平和をつくるのは、オーケストラの演奏のようなものである。第一ヴァイオリン、第二ヴァイオリン、ヴィオラ、チェロ、コントラバスの弦楽器群、それに木管楽器群、金管楽器群、打楽器群の分業によって、はじめて音楽になる。「ハーグ平和アピール」で作成された「二一世紀の平和と正義のためのハーグ・アジェンダ」は、オーケストラ演奏の楽譜、平和構築のグランドデザインである。「ハーグ平和アピール」は世界の平和ＮＧＯの会議として最も包括的なものであり、平和をつくるための五〇項目の課題――平和教育から始まり世界経済の非軍事化に至るまで――を体系的に示した「ハーグ・アジェンダ」は世界の平和ＮＧＯの共通認識といってよい。

非暴力平和隊のような非暴力的介入のＮＧＯ活動はいわば平和構築の第二ヴァイオリンである。主旋律を弾くわけではないが、しかしなくてはならない重要なパートである。さまざまな楽器の分業によってはじめてオーケストラは可能になる。また同時に、各楽器が、つまり各ＮＧＯや個々人がそれぞれの領分で責任を果たさなければ、オーケストラにならない。「しない」平和主義も「する」平和主義も必要であり、アドボカシー型ＮＧＯも実働型ＮＧＯも必要なのである。このような平和構築の全体像を念頭に置きながら、武力介入に代わるＮＧＯの非暴力的介入を有効なものにしていくことが筆者の現在の課題である。

第2章　人権を守るために
――アムネスティ・インターナショナルの運動から

(社)アムネスティ・インターナショナル日本
事務局長　寺中　誠

はじめに――人権侵害を食い止めるために

アムネスティ・インターナショナルは、一九六一年に誕生した国際的な人権擁護団体である。英国の弁護士ピーター・ベネンソンが出した「忘れられた囚人たち」という記事を端緒として結成された世界規模のNGOであり、人知れず囚われの身となっている政治囚のことを「忘れず」、暴力を用いていないにもかかわらず、政府と意見が違うというだけで囚われている「良心の囚人」の釈放のために活動する団体として発足した。

その活動の根本は世界人権宣言が遵守される世界を目指すことにあり、現在は、あらゆる差別をなくし、身体の自由と精神の自由のため、また、表現の自由を擁護するために活動している。世界一四〇以上の国々に約一七六万人の会員を擁しているが、各支部が全体の意思を決定するという民主的な意思決定システムを採っており、いわゆる本部は持っていない。ロンドンにある国際事務局は、国際的なキャンペーン活動や調査活動を担っており、各支部による国際的な活動を調整している。日本にも一九七〇年に支部が設立され、現在約七〇〇〇人近くの会員が、各支

ロンドンのアムネスティ・インターナショナル国際事務局の職員たち。2002年10月撮影。

世界中のさまざまな人権侵害をやめさせるために活動している。

本稿ではまず、第一節で、世界人権宣言以降の人権保障メカニズムについて、第二節では九・一一事件以降、急速に増大した人権侵害の背景について、そして第三節では、こうした人権侵害を受けた人々に正義をもたらすための組織であるアムネスティをはじめとする人権ＮＧＯの使命について述べてみたい。

一　世界人権宣言以降の人権保障メカニズム

世界人権宣言の誕生

中世英国のマグナ・カルタ以来、「人権」は「法」の言語に閉じ込められていた。そして近代に入ると、「人権」の規定は国内の憲法問題として取り扱われ、各国では人権の保障を基礎に置く体制づくりを進めていった。近代法の支配を基礎づけたものが「人権」だったわけである。しかし、各国の法体制が別々に整備されたために「人権」は各国ごとに異なるものとなり、個々ばらばらな要素になってしまった。「人権」という言葉は共通でも、その意味する内容が微妙に違ってきたのである。

そのような動きに対して人権概念を統一しようとしたのが、第二次世界大戦後の一九四八年に国連でつくられた「世界人権宣言」である。起草に関わったのは、米国や当時の連合国が中心であった。この世界人権宣言の最終的な採択は国連の場で行われた。以後、国連加盟各国はこの世界人権宣言に署名することとなっている。

世界人権宣言は「宣言」であって、法的な拘束力を持つ文書ではない。しかし、この宣言は「ユニヴァーサルな」宣言と称される通り、世界あまねく普遍的に認められる価値を謳い上げている。第二次世界大戦後にこうした動きが加速した背景には、大規模な人権侵害が大戦中に横行したことが引き金になったと言われる。こうした大規模な人権侵害に対処するためには、国内法の整備だけでは足りず、国際法的な枠組みを構築しなければならないというのがその動機と言える。

主要な人権条約

そこで、そういった国内的な仕組みを補う意味も込め、国際的な仕組みとして、法的拘束力を持つ条約がいくつもつくり上げられている。とくに重要なのは、「市民的、政治的権利に関する国際規約」（自由権規約）と「経済的、社会的、文化的権利に関する国際規約」（社会権規約）という二つの規約とその選択議定書などからなる国際人権規約である（第3章参照）。この二つの規約は、当初、世界人権宣言とともに起草されたが、多国間の溝がなかなか埋まらず、ようやく一九六六年に、多国間条約として採択された。

この二つの国際規約以外にも、人種差別撤廃条約（一九六五年に国連総会で採択、日本政府は九五年に加入[1]）、女性差別撤廃条約（七九年に国連総会で採択、日本は八五年に批准）、拷問等禁止条約（八四年に国連総会で採択、日本は九九年に加入）、子どもの権利条約（八九年に国連総会で採択、日本は九四年に批准）、移住労働者とその家族の権利の保護に関する条約（九〇年に国連総会で採択、日本は未加入）など、主要な人権条約と呼ばれるものがある。こうした主要条約には、それぞれの実施機関が設けられており、加盟各国の人権状況をそれぞれの規定に基づいて、審査し、改善を勧告したり、場合によっては個別の事件についても審査することができる。こうした条約機関を通じた人権状況改善への方策は、重要な国際的努力である。

（1）「批准」というのは締約国になるためのある手続のことを指す。つまり署名期間中に「署名」し、その後「批准」するわけだが、条約発効前は署名をへない「直接批准」も可能である。さらに発効後の条約には「加入」することになる。したがって、一般には、締約国とならず署名をしていない条約の場合、「加入」が行われたとするのが正しい。そのため、日本の場合、人種差別撤廃条約、拷問等禁止条約は「加入」、女性差別撤廃条約と子どもの権利条約は署名をへた上での「批准」となる。移住労働者権利条約については、日本は署名しておらず、発効はしてしまったので「未加入」である。

また、これ以外に、国連の機関として、経済社会理事会のもとに政府代表による国連人権委員会や人権小委員会などが、また事務局のもとには国連難民高等弁務官や国連人権高等弁務官などの役職が置かれている。こうした国連機関などもそれぞれに、国際的な人権状況改善のための努力を積み重ねている。国連ではさらに、総会や経済社会理事会、人権委員会のもとに、個別の国やテーマごとの特別報告者や作業部会などが設けられ、人権状況改善のための検討を行い、勧告を出したりしている。こうした勧告は、単なる助言にとどまるものではなく、国連からの公式の見解として、当該国への強力な圧力となる。

アムネスティ・インターナショナル日本では、東京で拷問廃止国際キャンペーンを開始した際、各地の大使館に拷問廃止の申し入れ行動を行った。写真は中国大使館前にて。2000年10月。

　これだけの努力が重ねられていながら、人権には、どうしても「国策」の障害がまとわりついてきた。世界中どこでも、程度の差こそあれ、人権は政策の道具として利用され、また無視されてきたのである。それは、「国家」というものが持つ一つの大きな限界であるとも言えるかもしれない。なぜなら、いかに世界人権宣言に署名していようとも、各国は普遍的な価値よりも自国の事情や権益を優先する傾向を否定できないからである。

そこで必要になってくるのが、そうした人権状況改善のために国家以外の勢力が政府に行動をとるよう働きかける活動である。

二　九・一一事件と人権

増える人権侵害

九・一一事件以前と以降で人権状況が二分されるという言説に接するときがあるが、たしかに「テロリストの脅威」という言葉を大義名分にした人権侵害が九・一一以降世界中で急増しているのは事実だ。米国が「テロとの戦い」を宣言し、国際的にその流れにのみ込まれ、その結果、基本的自由が脅かされ、さらに各地で人権侵害が加速している。

たとえば、アフガニスタンには、女性を専門に収容する拘禁施設がある。十分な司法が機能しないまま、大勢の女性たちがそこに収容されている。多くは強制結婚から逃れてきて捕まったり、姦通罪に問われた女性たちである。収容状況は劣悪で、食料なども不足しがちである。彼女たちは恐れている。その収容施設から出られないことを。しかし一方で、彼女たちは、その収容施設から出されてしまうことも恐れている。出されても彼女たちには生活の糧がないからである。そして、彼女たちは、しばしば、家の名誉を汚したとして、自分の親族や夫の家族らからいのちを狙われる。施設からの解放は、皮肉なことに、彼女たちにとっては「死」すら意味する場合もある。二〇〇二年一〇月の米軍主導の多国籍軍によるアフガニスタン攻撃で生まれた状況はこうした問題を改善するよりも、むしろそれに拍車をかけた。

米軍が主導する多国籍軍がアフガニスタンを攻撃したことで、タリバン政権は崩壊し、タリバンと長年敵対してきた北部同盟主導の政権が誕生した。しかし、地元の人々の実際の声は、「タリバンも北部同盟もどちらも殺戮者だ」というものだった。治安を維持していたタリバン政権を放逐することで、結果的には刑事司法制度が崩壊したアフガニスタンは、各国に散らばっている難民が帰還できる状況にはほど遠い。

一方、旧タリバン政権に関係しているのではないかと疑われた人々は、米軍に捕らえられ、特別の収容所に入れられている。アフガニスタン各地に点在しているこうした施設の中の処遇状況はきわめて劣悪と言われている。さらに、米軍は、そうした収容者の中から一群の人々を選んでキューバのグアンタナモ基地の収容所に連行している。そこでの処遇は、戦時捕虜の処遇を定めたジュネーヴ諸条約の基準を満たしていない（第3章参照）。米国は、それを「彼らは戦争捕虜ではない」というかたちで正当化しようとした。「テロとの戦争」を掲げる米国だが、こと捕虜の処遇の問題については、「戦争ではない」として除外したのである。そうであれば、一般刑事犯罪者と同じ扱いにするのが当然のはずだが、それに対しては「テロとの戦争に関わる戦争犯罪者である」と使い分けた。明らかにダブル・スタンダードを用いたのである。

また米国内ではアジア系、アラブ系と見なされた人々への風当たりが強く、とりわけ入国管理業務がそうした人々に対してきわめて厳しくなっている。あるいはマレーシアや中国で、自国の反体制派に対する抑圧が、この「テロとの戦い」を旗印として利用するかたちで進んでいる。そしてロシアでも、チェチェン戦争を同じようにして正当化した。世界各国が、反テロ法というかたちで、国内の処罰法制を強化したのもその表れである。

たしかに、かつて「東西冷戦」と呼ばれた時期の人権侵害の構造[2]が崩れ去り、新しいかたちで大きな規模で人権侵害が起こるようになったのは、最近の傾向と言える。しかし、それは決して新しい現象ではない。大規模な人権侵害は、「テロとの戦い」以前から起こっていたし、米国の戦略はずっと以前から、そうした大規模な人権侵害に、あるときには手を出し、あるときには放置することで事態を悪化させ、そして基本的には米国政府の利害によってのみ行動を選択していた。

（2）東西陣営の対立の中で政治的意見の異なる人々を国家が拘禁し、外界との接触を抑止するという形態。その典型例が「良心の囚人」である。

かつて米国が推し進めた「人権外交」もその一環と言ってよいだろう。他国の人権状況に対して介入の姿勢を見せつつ、自国内では、難民対策の不備にせよ、自国内の警察力の不当な使用にせよ、十分な対策をとってきたわけではない。また米国は、「子どもの権利条約」をはじめ、決して少なくない数の人権諸条約をいまだに批准・加入していないのである。

したがって、九・一一が世界を変えた、という言い方はいささか正確ではない。実際には、九・一一以前から、現在のような状況に至るまでの徴候は、あまりにもたくさんあったからである。おそらく、最も象徴的な意味を持つのは二〇〇一年八月、すなわち九・一一のまさに直前に行われた「ダーバン世界反人種差別会議」だろう。会議の最終局面で、イスラエル内のパレスチナ人に対する人種差別問題が取り上げられた際、イスラエルと米国は会議場そのものから退場し、人権問題に対して政治的な党派性を優先させたことを印象づけた。

米国は、決して人権をないがしろにしてきた国ではない。むしろ、それを強調し、国際的な価値として高めてきた国である。それにもかかわらず、米国は、それと同時に、人権という普遍的な価値を貶め、それが国際的な基準として機能しえなくする障害をいくつもつくり出した国でもある。そして、とくに自国が関与する問題については、明らかに政治的な意図を優先させてきた。実際に、ボスニア・ヘルツェゴヴィナやコソヴォでの内戦、ルワンダ、ブルンジ、旧ザイール（現コンゴ民主共和国）などでの継続的な人権侵害では、米国の動静が焦点となった。

たとえば、旧ユーゴスラヴィアに属するボスニア・ヘルツェゴヴィナで起こった、セルビア、クロアチア、モスレムの各勢力による武力衝突や、コソヴォでのアルバニア系住民とセルビア系住民との間の衝突では、大規模な集団強姦を含む、民間人への攻撃、虐殺などが横行した。また、ルワンダとブルンジそして旧ザイールを含む大湖地域でのフツ、ツチの両住民らの衝突では、相互の住民同士がそれぞれ民間人の大量虐殺を起こした。

しかし、これらの状況に対する米国の対応は異なっていた。旧ユーゴスラヴィアの状況に対しては、現地への国連軍の派遣を後押しし、北大西洋条約機構（ＮＡＴＯ）の枠組みでセルビア空爆を実施した。その結果、セルビアの民間人多数が「誤爆」の犠牲となった。一方で、大湖地域に対しては、米国は国連軍による介入を拒み、結果的にその地域での大規模な人権侵害の拡大を放置することとなった。このように、その時々の国際政治情勢に絡み、米国は自国の利害を前面に立てながら、「人権のための介入」を行ってきたのである。

三　アムネスティ運動の歩みと現在

「ニューヨークのツインタワーが崩壊したときに、あなたがた人権ＮＧＯの役割も終わりましたね」。アムネスティ・インターナショナル（以下、アムネスティ）のアイリーン・カーン事務総長は、ある政府高官からそのような言葉を投げつけられたことがある。これほど、現在の世界の政府指導者たちの感想を率直に表している言葉もないだろう。もはや「人権」は、世界の表舞台から退場し、あとは国家による政治の時代となったという認識である。

この言葉は、二〇〇三年八月、イラクの首都バグダッドで、国連ビルが爆破され、セルジオ・デメロ国連人権高等弁務官が死亡したことも思い起こさせる。国連の人権機関のトップが多くの国連職員やＮＧＯ関係者とともに殺害されたこの事件は、「人権」が国家を中心とする政治の世界の中で踏みにじられた例にもなっている。

現在、イラクへの米英軍の攻撃の正当性が盛んに議論されているが、武力の行使に関しては、国連安全保障理事会の役割が大きい。現在、国際法上、戦争は違法である。唯一、武力行使が国際法上可能となるのは、国連憲章第七章に基づくものだけである（第3章参照）。しかし、これらの規定は人権や人道保護の観点から正当化されているわけではない。あくまでも、国際政治の中で動かされる機構でしかない。それが国連という場の限界でもあり、また逆に実効性を持つという可能性でもある。もちろん、人権問題や人道問題は国連によってしか対処できないわけではない。むしろ、現実には別の手段を模索しなければならないのである。

そのとき浮上してくるのがＮＧＯの存在である。ＮＧＯはこれまで長い時間をかけて、国家とは別の立場から積極的に声を挙げ続け、それを各国政府や国連などの場に届けてきた。そして国連などの政府間組織もまた、政府以外の声の重要性を認めて、そうしたＮＧＯに協議資格を認めてきた。

国連におけるＮＧＯのステイタス

国連憲章の第七一条には、政府以外の組織のための規定がある。ここに出てくるのが「非政府組織」、いわゆるＮＧＯである。この第七一条に基づいて制定されたＮＧＯ規程には、国連の協議資格を持つＮＧＯとして大きく分けて次の三種類がある。（1）経済社会理事会の協議項目一般に関わる「一般協議資格」、（2）同理事会の一部の協議項目に関わる「特別協議資格」、（3）「ロスター」（「登録表に載った」の意）と呼ばれる協議資格である。これらは、提出できる文書の量や発言時間などについて若干の違いはあるが、国家以外の主体として国連の会議に出席し、オブザーバとして発言できる点では同格である。また、これ以外にも、国連の専門機関に登録されたＮＧＯや、国連以外（欧州評議会や米州機構など）の政府間機構が認める協議資格など公的に認知されたＮＧＯは数多い。

こうした協議資格を持つＮＧＯは、それぞれのテーマに応じて、国際的な場で活動することになる。一九六一年に設立され、世界中に一七六万人の会員を持つ、人権分野で最大規模のＮＧＯの一つアムネスティも、この経済社会理事会の特別協議資格や他の政府間機構の協議資格などを使って、各種会議でその影響力を発揮している。

国連が主催した世界規模の会議である一九九三年の世界人権会議（ウィーン）や九五年の世界女性会議（北京）などには、国の代表以外に、アムネスティをはじめとする国際ＮＧＯや、各国の人権団体、女性団体の代表多数が参加した。そして、むしろそうした団体が中心となって、会議の最終提言である「ウィーン宣言および行動綱領」[3]や「北京宣言および行動綱領」[4]などが起草され、最終的に本会議にて採択されたのである。とくに「ウィーン宣言」には、国連人権高等弁務官の設置、国際刑事裁判所（ＩＣＣ）の設立など、その後実現するに至った重要な提言の端緒がいくつも含まれていた。そして、この二つの世界会議を通して、先住民族や女性の権利の拡張が図られたことも特筆される。

（3）これはウィーン世界人権会議の最終文書として採択された宣言と行動指針。この中に、今後の人権分野における国際的な方針が包括的に記載されている。

（4）これは北京世界女性会議の最終文書であり、行動指針。その五年後の二〇〇〇年には、ミレニアム女性会議がニューヨークで開催され、北京行動綱領の進捗が協議された。

人権条約を主導するＮＧＯ

アムネスティは、一九七〇年代に拷問等禁止条約の起草に深く関与した。ＮＧＯ主導で国際的な文書を起草するのは、ＮＧＯが具体的に世界の人権基準を目に見えるかたちで変えていくという重要な動きである。条約の批准や加入は、国家の役割であり、責任だが、その文書にどのような価値を盛り込むかという点については、非政府の立場からＮＧＯが果たす役割が大きい。具体的には、政府間で行われる準備会合にＮＧＯ代表者らが出席し、それぞれの立場からの懸念事項を詳細なデータに基づいて述べ、問題を解決するための具体的方策を提案する。その上で、各国政府の代表らと協議の場を持ち、また各ＮＧＯの意見もまとめ、草案作成に関与する。そのようにして出来上がった国際条約や国際文書は、政府間の利害よりも、むしろ、人権という普遍的な価値を表すものとしての性格を強く持つことになる。

近年出来上がった多くの条約は、そうした性格を強く持っている。たとえば、アムネスティは、拷問等禁止条約や子どもの権利条約、死刑廃止を求める自由権規約の第二選択議定書、また二〇〇二年末に成立した、拷問を防止するための立ち入り調査制度を規定する拷問等禁止条約選択議定書など、最近作成された主な条約の作成に関わっている。こうした条約文書の作成の際には、他のＮＧＯとも連携するのが通例である。アムネスティも参加する「国際刑事裁判所設立のためのＮＧＯ連合」（ＣＩＣＣ）[5]は、一九九八年にローマ外交会議で最終的に採択された国際刑事裁判所規程（ローマ規程）の起草に当初から深く関わった。また、国際ＮＧＯ「地雷禁止国際キャンペーン」（ＩＣＢＬ）が主導したキャンペーンにより、九七年に対人地雷禁止条約（オタワ条約）が成立したことも記憶に新しい（一九九七年一二月署名、九九年三月発効）。

（5）アムネスティも参加する「国際刑事裁判所設立のためのＮＧＯ連合」（ＣＩＣＣ）は、全世界の被害者団体や「ジェンダー正義のための女性コーカス」*といった、人権侵害の被害者の立場から発言する人々が関わり、人権侵害事件の真相を究明しつつ、それを司法的正義の場で実現することを望む立場から、準備会合や一九九八年に開催されたローマ外交会議に参加し、各国政府とともに条約草案の策定に関与した。条約草案を策定する際には、そうしたＮＧＯからの情報が、主要な情報源の一つとなるのである。＊「ジェンダー正義のための女性コーカス」は、紛争下の女性への人権侵害に正義を実現することを目的として結成されたＮＧＯ。二〇〇〇年一二月に東京で国際公聴会を実施。女性の視点からの国際刑事裁判所の意義を訴えた。

ものをいう人権情報の蓄積

このように国際文書を成果として生み出すことで、世界の人権状況の改善に寄与することは、ＮＧＯの重要な役割である。しかしその一方で、そうした国際文書を作成するためには、その背景に膨大な量の情報と、それを支える人材が必要である。換言すれば、独自の調査による人権情報の蓄積と国際世論を味方につけることが鍵となる。国際協力ＮＧＯなどが現地の復興支援に参加するケースは近年ますます増えている。その際に、しばしばＮＧＯは特定の国益の代弁者として見られることすらある。それだけに、復興支援を行うＮＧＯにとって最も重要なのは、支援地域の安全確保だと言える。人権保障を最優先としなければ、復興支援ＮＧＯも、また地元のパートナー団体も、安心して活動することはできない。一方ＮＧＯは、その性格上、そうした情報を最初に入手できる立場にもいる。人権状況の調査や情報収集に中心を置くＮＧＯも、地元の情報はまず被害者や地元の人々から収集する。

独自の調査によって裏づけられた個別の人権状況に関する情報は、具体性が強く、問題点も明確になる。それゆえ国連機関や条約監視機関などの場で各国の人権状況が審議される場合にも、政府のより実効的な対策を引き出すことが可能となる。たとえば、日本の人権状況が自由権規約委員会で一九九八年に審議された際、アムネスティはそれに先立ち、警察留置場、入国管理施設、刑務所などでの虐待や拷問と思われるケースを取り上げた報告書を公にした。国内の各団体も、政府が出すであろう報告書に対抗して提出が認められているカウンターレポートをそれぞれ提出し、最終的に自由権規約委員会からの最終見解の中に懸念事項として盛り込まれた。

個別ケースの救済――「あなたは一人ぼっちではない」

その情報が十分な調査に裏づけられたものならば、より直接的なかたちで個別のケースの救済を要請することも可能である。全世界に広がるアムネスティの会員たちは、十分な調査を経た情報に基づいて世界規模での行動をとる。アムネスティが行う緊急行動では、世界のどこかで拷問やいのちの危険にさらされている人のために、参加者たちが関係国政府に対して一斉にアピールを出す。ハガキや手紙、ファックス、電子メールなど、何でもよい。また、使う言語もさまざま。とにかく、そうした危機に瀕している人々に対して、関係当局がただちに行動をとってくれるよう要請するのである。アムネスティはこれまでに、世界中でおよそ四万五〇〇〇件のケースを取り上げ、うち四万件に関して何らかの解決を見ている。

人権侵害というものは、あまり知られていない状況下で密かに行われるのが通例である。しかし、世界中から人権侵害に関するアピールの手紙が当該国の当局に届けられたならば、その圧力のもと、あえて人権侵害を継続することは当局にとっても困難になるし、それを正当化するためには説明責任が発生することになる。抗議の声が多ければ多いほど、こうしたアピールは大きな効果を発揮していくのである。

また、手紙等による行動は、関係当局に宛てるだけでなく、囚われの身となった人々個人に対しても直接送付される。たとえば、一九九三年、メキシコで軍による人権侵害を批判し、軍内に監視機関を設ける改革を主張して投獄された囚人、ホセ・フランシスコ・ガラルド・ロドリゲスさんには、米国、ヨーロッパ、韓国、日本、アフリカの国々など、世界各地から何千通にも上る励ましの手紙が届けられ、二〇〇二年には解放されて念願の家族との再会を果たしている。「アムネスティからの手紙を受けとって、自分が一人ぼっちではないことが身にしみてわかった」という声は、多くの元囚人たちから寄せられている。

表現の自由を行使し、平和的な手段で当局と対立する意見を述べただけで囚われの身となった人々は、往々にして、房の孤独の中で、世界中が自分のことを忘れてしまうのではないかという不安に駆られる。世界中のアムネスティの会員が書く手紙は、必ずしも、そうした囚人を釈放するだけの影響力を持つとは限らない。しかし、そうした囚人たちが感じている孤独感を癒し、厳しい状況の中で生き延びるための励みになっていることは確かである。まさに、こうした人と人との間の私的な関係性から、世界の人権状況の改善につなげていくための道筋ができる。そしてその道筋をつくることこそ、ＮＧＯ自身がその役割を発揮しうる道でもある。個々の人間同士を結ぶ基盤があればこそ、国連などの場での発言にも説得力が出てくる。

アジア的人権への批判

アムネスティの最近の取り組みとして重要なのは、人権の内容を「自由権」や「経済社会権」といったふうに区分けするこれまでの視点から、差別や虐待で社会的に弱い立場に追いやられている人々自身に焦点をあて、彼（女）らの存在そのものを直接的にケアする方向へとシフトしている点である。

たとえば、カテゴリー化された人権をめぐる議論の一つとして「アジア的人権」がある。一九九二年、その翌年に開催される世界人権会議（ウィーン）に備えたアジア地域準備会合がバンコクで開催された。その際、マレーシアやシンガポールといった国々の政府首脳から出た言葉が「アジア的人権」である。それは、アジアにはヨーロッパから輸入された人権とは違ったものがあるという主張であり、ごく簡単に言えば、自由権よりもむしろ経済社会権を、なかでも「発展の権利」（rights to development）を優先しようというものだった。

こうしたアジア的人権論には批判が強い。その一つは、それが一部の政府首脳の政治的な立場や政策を正当化する私的手段として用いられ、その国の人々の一般意思を代表しているわけではないという見方である。しかし、このアジア的人権論は、文化相対主義の衣を身にまとった一種魅力な言葉として、一部の人々に対しては影響力を持った。とくに、これまでの人権論が欧米的な自由権に偏っていたのに対して、もともとアジア地域などでは経済社会権の方に優先順位が置かれていたという論調を生むことになった。

もっとも、アジア的人権論そのものはきわめて政治的な言説であり、人々の現実のニーズに応えうるものとは言えない。また、アジア地域では経済社会権の優先順位が高いという見方も、現実に発生している人権侵害の状況をとらえる限りは、必ずしも正鵠を射た指摘とは言えない。しかし、人権のカテゴリー化をめぐるこの議論は、少なくとも「自由権」と「経済社会権」とを二つに切り離して立てるこれまでの人権論の問題性を浮き彫りにすることとなった。

実際、この二つの領域は人々が有する基本的人権においては切り離すことができない不可分な一体である。つまり、人権とは、一部を与え、一部を与えないといった選択ができるものではない。たとえいかなる状況であろうとも、必ず守られなければならない至上の価値こそが人権なのである。これまでの人権論では、権利の種類を「表現の自由」「結社の自由」「差別からの自由」「人身の自由」などに分類し、その充足の度合いを測るという議論が主流であった。しかし、人々の現実の生活は、そのようなかたちでの権利の擁護を必要としていない。むしろ、先住民族、女性、子ども、移住者、障害者、性的少数者など、特定の集団に属するという理由で差別を受け、経済的に困窮し、人身の自由を奪われ、表現も規制される場合が多く、このようなときには権利のカテゴリーの擁護よりも、グループそのものに対するケアが重要になってくる。認められるべきは、自由権と経済社会権が共にセットになった、総体としての人権なのである。

人権を侵害されやすい人々に焦点

そうした傾向を受け、最近の人権擁護の流れは、権利のカテゴリーを列挙する方式から、具体的に人権侵害を被っている主体別に方策を論じる方式に転換しつつある。つまり、先住民族、女性、子ども、移住者、障害者など人権を侵害されやすい人々に焦点をあて、彼（女）らの人権を具体的に擁護していこうというものである。

そうした国際基準の例としては、先に述べた人種差別撤廃条約、女性差別撤廃条約、子どもの権利条約、移住労働者とその家族の権利の保護に関する条約、そして障害者の権利宣言（一九七五年）などがある。いずれも、少数者として人権を侵害される可能性の高い人々の人権を、主体別に、具体的に擁護することを目的としている。

こうした傾向は、人権侵害の被害者と直接向き合うという態度へとつながる。人権を侵害されている人々の真のニーズを具体的に満たし、その解決に向けて努力するには、被害者の問題を避けては通れない。被害者たちは人権侵害という辛い苦しみを味わわされたことで共通しているが、同時にそれぞれ個別の経験を持った人たちである。被害者としてひとくくりにできるような存在ではない。

真実を明らかにして欲しい

人権侵害を被った人々の声を丹念に聞いていくと、ある一致点につながっていく。それは「真実を明らかにして欲しい」という望みである（第11章参照）。この望みは、事実関係の究明によってのみ成就するものではない。人権侵害の加害者を公正な裁判の場にきちんと連れ出すということも含んでいる。それは、人権侵害の責任を明らかにするという司法的正義の実現の要請でもある。

これまで、あまりにも多くの人権侵害が、対処されずに放置されてきた。大量虐殺が起こっても、その責任者が裁かれることは稀である。政府軍が関与したり、軍によって組織された民兵組織が人権侵害を起こしても、その罪は問われず、無罪放免になることすら珍しくはない。今日でもそれは続いている。コロンビアでは、軍の組織した民兵組織により、組合活動家や人権擁護活動家が次々と殺害されている。グアテマラでも、軍の責任を追及した裁判官が殺害され、検察官が国外退去を余儀なくされた。あるいは、軍の責任を問おうとした検察官や裁判官が殺害されたり、人権団体が標的となって、襲撃されたりすることすら稀ではない。軍の関与によるそうした一連の事件の真相究明に乗り出した人権活動家たちも、殺害されるか、あるいは今でも殺害の脅迫を受けている。

殺人部隊を使って一般市民を殺害し、殺害に直接手を加えた責任者には恩赦法を発して責任追及から逃れさせ、さらには自らの責任もとらずに海外へ逃亡して、そこで国籍を認められて滞在し続けるというペルーのフジモリ元大統領の例もある。彼は、軍の諜報組織に属する殺人部隊によって一九九〇年から九一年にかけて引き起こされた民間人殺害事件や学生、教授らの拉致殺害事件をめぐる裁判に対して、恩赦法で部隊の責任者らを免責した。その後、国外で大統領職を放棄した彼は、滞在中の日本で国籍を認められ、今でも日本に居住している（二〇〇四年二月時点）。人権侵害事件に対する彼の責任は国際的に追及されているが、いまだ日本政府はそれに応えていない。

次のようなケースもある。政府軍が裏で親政府勢力を組織して野党勢力を襲撃させ、故意に両勢力の衝突に見せかける場合である。それによっていのちを失うのは常に一般の市民たちだ。だがここでも、情報が錯綜する中、大量虐殺が人知れず行われる一方で、その責任は誰も問われない。たとえば、一九九九年に東ティモールで起きた虐殺は、明らかにインドネシア軍によって組織された民兵ないし軍自身が民間人を攻撃して起こした惨劇だった。しかし、インドネシア政府は依然これを、インドネシアからの独立を目指す独立派と反独立派との住民同士の衝突だとし、インドネシア軍が阻止し切れなかった事件として取り扱っている。

フジモリ元大統領のペルーでの人権侵害の責任をめぐって行われた講演会。神田パンセにて。2001年３月11日。

国際刑事裁判所の誕生

あまりにも頻頻に起こる数々のこうした例を受け、被害者たちとその関係者は、最後の手段として、こうした最悪の人権侵害を裁くための機関を国際的な枠組みのもとで要求するに至った。それが一九九八年に成立した国際刑事裁判所設置規程（ローマ規程）である。二〇〇二年七月一日この規程は発効し、最悪の国際法上の犯罪、すなわち人道に対する罪やジェノサイド、あるいは戦争犯罪を裁く常設の裁判所が誕生した（発効以前の同種の犯罪は除外）。

二〇〇三年五月、コンゴ民主共和国のイトゥリで住民の大量虐殺が起こった。政府と反政府勢力との対立の中で、ヘマとレンドゥの二つの民族相互の憎悪が増幅拡大され、双方の民間人を巻き込んだ虐殺に発展したのである。この情報は、日本ではまったく報道されていない。しかし、事態はきわめて深刻であり、救援に向かった「コンゴ国連派遣団」（ＭＯＮＵＣ）の部隊は、途中で民兵組織の子ども兵たちによって行く手を遮られ、事態は悪化の一途をたどっている。現在、虐殺を逃れ、流浪の生活を送っている人々の数は二万人に上ると言われている。事実上、人権侵害を止める手段は完全に途絶えている。そうした中、国際刑事裁判所の検察官は、この事件について予備的証拠の収集を開始すると発表した。この悲劇的状況の中で、唯一の希望と言える。

人権侵害を終わらせ、その再発を防ぐには、加害責任者に対して公正な司法的正義を実現することがどうしても必要である。人権侵害の悲劇は、人間自身の手で解決しなければならない。既成の司法システムのみに付託して忘れ去るということはできない。

九・一一事件以後、世界の問題を軍事力で解決しようとする動きに拍車がかかった。しかし真の解決は、人権が守られる世界をつくる不断の努力によってしか生まれ得ない。不断の努力とは、それぞれの状況下で、被害者の声を聞き、加害者の責任を問い、その再発を防止するために司法的正義に沿った解決を目指し、人権擁護のための国際基準を国内外を問わず普遍的な人権の基準として確立させていくことにほかならない。

個人と国際社会を結ぶ

市民社会は常に政府やメディア等によったコントロールされる危険性をはらんでいる。たとえば九・一一の衝撃は、その映像がショッキングであるがゆえに世界中の耳目を集めたが、一方でそれ以上の民間人のいのちがアフガニスタン空爆やイラク攻撃などで失われていることを忘れがちだ。また世界の他の地域で起こっている悲惨な事件はメディアが十分にカバーしていないがゆえに世に知られることが少ない。逆に、そうであるからこそ、各国の政府当局はこれまで国内の市民層の連携を分断し、それぞれに統制を加えて統治することができたとも言える。しかし、新たな情報、真に必要な情報が国境を越えて流入し、各市民社会がそれをもとに自立的な意見を発信できるようになれば、こうした統治の構造は崩れる。この流れは、国家しか国際社会へのチャンネルがなかった状況を大きく変えるものである。

ＮＧＯがその存在意義を発揮できるのは、こうした政府当局以外の情報を使って、市民社会から国際社会に意見を発信できる点にある。また、その流れをつくり上げることこそがＮＧＯの役割である。そのためにも、ＮＧＯはできるだけ多くの人々から支援が得られるよう努めなければならない。

米軍によるアフガニスタン攻撃の際、アフガニスタンの難民の人たちを招聘し、全国各地で体験を語ってもらった。写真は、保育園への訪問の様子。東京にて。2001年11月29日。

九・一一以降の動きに対するアムネスティの行動

九・一一事件が起こった直後から、アムネスティでは「報復ではなく正義を」をスローガンに行動し、「テロとの戦い」を口実に市民的自由を制限しようとする各国の動きを批判してきた。ここで言う「正義」とは、司法的正義のことである。逆に、報復によって他国を攻撃することは、何の問題解決にもならない。それは、被害者の声に応えるものではなく、新たな犠牲者を増やすだけの行為である。

ちょうどアフガニスタンのタリバン政権が攻撃され、各拠点が陥落する頃、アムネスティ・インターナショナル日本では、アフガニスタンとの国境の町ペシャーワル（パキスタン）に難民として居住していた人々を招き、地元の普通の人々の生の声を日本に届ける活動を行った。そもそも、アフガニスタンが旧ソ連による軍事介入（一九七九年）以来二〇年もの間戦乱の地となったのは、冷戦下の米ソ戦略や、天然資源などをめぐる隣接各国、国内各派の政治的利害からだった。私たちとともに日本の各地を巡り、「タリバンも、北部同盟も、米軍も、みな殺戮者だ」と口にした彼（女）らの言葉は、「報復」の名のもとに被害を負うのは常に一般の民間人だということを端的に示すものである。

おわりに——ＮＧＯの最大の使命

先の政府高官が述べたこととは正反対に、九・一一でＮＧＯの役割が終わるわけでは決してない。むしろ、国家という政治権力が、社会的に弱い立場に追いやられている人々の生命と生活を少しでも脅かしている以上、そうした状況を国際的な立場で具体的なかたちで食い止めようとするもう一つの存在として、ＮＧＯの意味はますます重要になってくる。その意味では、「国家以外の目」が今ほど必要とされている時代はない。ＮＧＯには、国と違った立場から人権を語り正義の実現に資する最大の使命がある。それゆえ、すべての人が安心して生きる「もう一つの国際社会」を形成するには、ＮＧＯ活動そのものの質が今後も常に問われていくものと言えよう。

コラム①

公衆衛生と人権
——福祉の両輪

東京大学大学院医学系研究科
国際地域保健学教室
教員　神馬　征峰

「健康」と「人権」をめぐる近年の動き

「健康」と「人権」との関連の歴史は浅い。「健康と人権」が、単に語られるだけでなく、実際の保健政策との関係においてリアルに取り扱われるようになったのはここ約一〇年のことである（Gruskin S., Terantola D., "Health and human rights," Detels, McEwan, Beaglehole and Tanaka (eds.), *The Oxford Textbook of Public Health*, 4th edition, Oxford University Press, 2002）。それは、何もかもがグローバル化しつつある現代、エイズ（ＨＩＶ／ＡＩＤＳ）や重症急性呼吸器症候群（ＳＡＲＳ）の例からもわかるように、一人の患者が社会に及ぼす影響力が、ますます増大してきたからでもある。

この約一〇年の間に「健康」と「人権」をめぐるＮＧＯの動きも変化してきた。アムネスティや人権ウォッチ（Human Rights Watch）は、近年、以前にもまして健康を人権問題の中に取り込むようになっている。また保健開発活動を実施してきたＮＧＯは、人権問題を以前から気にはかけていたが、一九九〇年代に入ってから人権を具体的な活動指針として取り入れるようになってきた。なかでもエイズ／ＮＧＯ国際協議会（ＩＣＡＳＯ、International council of AIDS Service Organizations, 本部カナダ）は九八年、エイズ対策を行うにあたり、人権の推進を基本的な機関理念とすることに決めた。さらに世界の有力なＮＧＯは、九四年の世界人口会議（カイロ）と九五年の第四回世界女性会議（北京）に強い影響を与えた。いずれも「健康と人権」に関する各国政府の義務が明らかにされた重要な会議であった。

夫をエイズで失ったネパール人女性。ネパール極西部の農村にて。

世界各国におけるＮＧＯの実践活動や国連の人権重視の流れと平行して、一九九四年よりハーバード公衆衛生大学院のフランソワ・ザビエル・バグノー「健康と人権」センター（以下、ハーバード「健康と人権」センターと略）はこの「健康」と「人権」との関係を三通りに分類した。第一に、人権侵害が健康に影響を及ぼす場合。第二に、健康に関する政策や事業の不備が人権に影響を及ぼす場合。そして最後に、「健康」と「人権」が、相互に影響を及ぼし合い、健康の改善と人権の保障が獲得されていく場合である（Mann J.M., Gostin L., Gruskin S. et al., "Health and human rights," *Health and Human Rights*, pp. 6–24, 1994：1）。

公衆衛生と人権のバランス

この第三のあり方を具体的に見ていきたい。健康政策の立案や実施に関わる専門分野は「公衆衛生」である。その具体例として、最もわかりやすいのは「予防接種」であろう。予防接種には、個人への感染罹患予防と、集団への感染流行阻止という二つの目的がある。後者の目的を重視し、日本は長らく強制接種を実施してきた。しかしやがて、重篤な副作用に対する社会認識が高まり、国を相手取った訴訟が増えてきた。それまで健康だった人が強制的医療行為によって甚大な副作用を被るのであるから、これはたしかに人権侵害である。人権問題に配慮してか、あるいは度重なる副作用関連訴訟に影響を受けてか、現在日本では任意接種に切り替えてきている。

ところがその結果、麻疹《はしか》の予防接種率は下がり、近年日本では、年間二万人から三万人の麻疹患者が報告されている。未報告例も含めると、実際の発生患者数はその五倍から一〇倍とも推定されている（Nakayama T., Zhou J., Fujino M., "Current status of measles in Japan," *Journal of Infection and Che-*

motherapy, pp. 1-7, 2003 : 9)。こうした公衆衛生と人権のバランスの乱れにより、日本は今や世界各国に麻疹を輸出する汚染国となってしまった。

　個人の健康と社会全体の健康がトレードオフ（二律背反）の状態にあるとき、どうしたらよいのか。村上陽一郎氏は、安全学という視点から、「より衝突の少ない解決法」（less conflicting solutions）の採用を提案している。今ある解決策が最終的なものではなく、当面価値の衝突が比較的少ないものであることを認め合い、さらに、より衝突の少ない方法に乗り換えられる余地を残しておくことを容認し合う、そんな解決法である（村上陽一郎『安全学』青土社、一九八八、二三七―四四頁）。たとえば、麻疹の予防接種について言えば、医療従事者と接種対象者の両親との衝突は目に見えないところで起こっていることが多い。それを顕在化させるため、接種を受けたかどうかの確認プロセスをより厳密にすべきである（米国では学校入学時の確認作業が厳密である）。そして接種を受けていない場合は、なぜ受けないのか、受けてもらうためにはどうしたらよいか、一人一人に対し、医療従事者は十分時間をかけて説得にあたるべきであろう。手のかかる作業ではあるが、それによって、見えざる衝突は一つ一つ緩和されていく。

公衆衛生と人権の協調

　実はこれは、ハーバード「健康と人権」センターで活躍したジョナサン・マン氏らが提案する「最小限の制限つき代替案」（the least restrictive alternative）という原則と類似している。先に示した「個人」対「社会」という構造を、ここでは「人権」対「公衆衛生」という構造でとらえる。そして、公衆衛生目的を達成するために人権侵害を最大限に食い止められるような政策を追求する。人権侵害をともなうかもしれない政策にはよく注意を払い、場合によっては、部分的な政策実施を検討せよ、と主張するのである（Gostin L., Mann J., "Towards the development of a human rights impact assessment for the formulation and evaluation of public health policies," Mann J.M., Gruskin S., Grodin M.A., Annas G.J. (eds.), *Health and human rights : a reader*, Routledge, New York, pp. 54-71, 1999）。

　このような「最小限の制限つき代替案」を実践する際、まず選択すべきは、非強制的な手段である。それが難しい場合は徐々に強制力をともなう方法に切り替えていく。

最近話題になっているＳＡＲＳでは、強制的な手段が目立った。国や地域にもよるが、中国や香港では公衆衛生担当官はＳＡＲＳ患者が病気を他人にうつさないよう、強制的に管理しようとした。しかしそれがあまりにも厳しいがために、患者が逃げたという実例が報告された。そうなれば、公衆衛生担当官は、その患者との接触がとれなくなる。結果として、より多くの人に感染を広めてしまう可能性が高くなる。こうして、人権を無視した強制的な公衆衛生政策は、より大きな公衆衛生問題を引き起こすことにもなりうるわけである。

一方、人権配慮によって患者の協力が得られれば、公衆衛生問題はよりスムーズに解決されうる。多剤耐性結核(1)対策を例に挙げてみよう。多剤耐性結核患者は世界各国の都市で増えており、それに恐れをなした住民は、「強制監視下での結核治療を患者に受けさせろ」、と迫る可能性がある。このような強制は人権侵害にあたる。そしてそれゆえに患者は姿をくらます可能性が高くなってくる。むしろ患者の人権に配慮して、貧しい患者には治療期間の移動交通費、食費、住居費、あるいは必要に応じて子どものケア費用などを支援した方が、はるかにすぐれた効果をもたらしうる（Dubler N.M., Bayer R., Landesman S., White A., *The tuberculosis revival-individual rights and societal obligation in a time of AIDS*, United Hospital Fund, New York, 1992）。そしてこれこそが人権に配慮した公衆衛生政策と言えるのである。

（1）　多剤耐性結核とは、少なくともイソニアジドとリファンピシンという結核治療の特効薬二剤以上に耐性のある結核菌によって発病した結核のこと。不規則な治療や不適切な治療が原因となる。

人権と公衆衛生の両者をうまく活かすことによって、人間の福祉ははるかに向上しうる。そのためにもこの第三の「健康」と「人権」との関係のあり方は、具体的な健康政策の中で今後ますます検討されていく必要がある。

第3章　国際法から見た平和と人権

――「イラク戦争」の違法性、そして差異の共同体

札幌学院大学教員
札幌国際連帯研究会
会長　松本祥志

はじめに――国際法から見た「イラク戦争」への疑問（行間◆は章末条約リスト参照）

米英オーストラリアおよびその同盟国によって開始された「イラク戦争」(1)は、国際法から見たらどうであろうか。戦争の開始は国連憲章◆に違反していなかったか。また米軍による「誤爆」や特殊兵器の使用による戦闘行為は、戦時に適用される「国際人道法」（武力紛争に適用される国際法の総称）に違反してはいなかったか。そしてこれらを、参戦国自身はどう説明しているのか。

（1）本書全体では、今度の米英主導によるイラク軍事攻撃は国際法違反の先制攻撃であり他国（イラク）への侵略行為であるとの認識から、「イラク攻撃」「イラク軍事侵略攻撃」「イラクへの侵略戦争」等の用語を用いている。本章も同様の認識に立つが、国際法における批判的分析の観点から「国際法に違反する戦争」の意味で「イラク戦争」の語を使用している場合がある。

イラク戦争の開始について、米国の説明は二転三転したが、結局その法的根拠は、先制自衛か国連安全保障理事

会（安保理）決議かの二者択一とされた。周知のように、前者の根拠は、イラクの大量破壊兵器がテロリストの手に渡って使われる恐れがあるため、そうされる前にイラクを攻撃し、大量破壊兵器を廃棄させ、米国の安全を守るものとされた。他方、後者の根拠は、クウェートからイラク軍を撤退させる目的で一九九〇年に安保理で採択された武力行使容認決議など三つの安保理決議に基づくものとされた。

国際法では開戦後の戦闘行為や占領に対しても規制を加えているが、軍事目標（軍事施設や軍隊など）以外への攻撃を禁ずる国際人道法に照らせば、今回のイラク民間施設への誤爆は違法ではなかったか。しかし米国の説明によれば、こうした誤爆は、イラクが自らの軍事施設を米軍の攻撃から守るために意図的にこれらを民間施設に近接・配置したせいであり、その責任はイラクの側にあると言う。果たしてそうか。国際人道法では、軍事施設に近接していれば民間の建物も爆撃が許されるとしているのか。

一方、国際人道法では、「不必要な苦痛」を与える兵器の使用が禁止されている。ならば、今回の戦闘で米軍が使用したクラスター爆弾や劣化ウラン弾は許されるか。クラスター（集束）爆弾（一三七頁写真参照）は、筒状の爆弾に内蔵された二〇二個の子爆弾が数百メートル飛散し、不発となる約一割の子爆弾は対人地雷と化す。劣化ウラン弾は、長期間にわたり広い範囲を放射能で汚染し、その大量投下は核兵器の使用と同じ効果をもたらす。これについての米国の説明は、使用が禁止される兵器とは軍事的に効果のない兵器のことであり、軍事的効果のある兵器は禁止されていない、となる。実際、米国は広島と長崎への原爆投下でさえ、米軍兵士に多大な犠牲を出さずに済ませたという軍事的効果を強調し、正当化してきた。

米国がイラクに対して行ったことの国際法上の疑問はまだある。戦闘終結後、戦闘の継続を前提に認められている「軍事占領」は、国際法上どのように扱われるべきか、というのもその一つである。

戦争は平時とは異なる状態であるから、法を超える問題だと思われるかもしれない。だが国際法は古来、正しい戦争とは何で、不正な戦争とは何であるかという戦争の正当原因を軸に発展してきた。

どんな社会でも、正当な理由のない暴力が解決策として許されると、暴力とは関係のない法も弱められる。「AがBとの約束に違反した」という問題が、BによるAへの暴力によって解決されることになったなら、暴力があらゆる法に優位するのである。したがって、さまざまな国益が対立しながら相互に依存し合う国際社会において、戦争に関する国際法の遵守は、国家の存続と発展にとって不可欠であり、また人々の人権を国際的に擁護しようとする「国際人権の保障」にとっても必要条件となる。そして、国際人権の保障を十分に満たすには、戦争被害者による裁判などを通じて救済手続がなされなければならない。

国際人権の侵害は、国際人権裁判所（欧州人権条約◆により設置された「欧州人権裁判所」、米州人権条約◆のもとで設置された「米州人権裁判所」、およびアフリカ人権憲章◆適用のため設置予定の「アフリカ人権裁判所」（アフリカ人権裁判所設立議定書◆に基づく））や国連人権委員会（人権規約委員会、女性差別撤廃委員会、人種差別撤廃委員会、子どもの権利委員会など）のような国際機関だけでなく、国内裁判所によっても救済されうる。果たして、イギリス、米国、そして日本の裁判所において国際人権はどのように適用されているのか。

ところで、平時と同様に戦時においてもＮＧＯの役割は大きい。国際法に違反する戦争という行為をやめさせるには、開戦を監視し、戦争に抗議する主体が必要とされる。それに最も有望な組織がＮＧＯである。というのは、ＮＧＯには戦争をしかけてでも守ろうとする「国益」がないからである。

今回のイラク軍事攻撃でも、世界中のＮＧＯがさまざまな抗議行動を起こしたり、占領軍の行動を監視するなど、重要な役割を果たしている。ＮＧＯの一つ、赤十字国際委員会などによる国際人道法の遵守の確保は、一九四九年の四つのジュネーヴ条約◆および七七年の二つの同条約追加議定書◆の規定ともなっている。

今回のイラク攻撃の場合、とくに世界のＮＧＯによる米国市民との連帯は、米国に国際法を守らせる現実的な方法として考えられた。米国政府にとり、仮にフランスやドイツなど他国からの理解が得られなくとも、自国の市民の支持だけは何としても得なければならなかったはずだからである。

それでは、平和と人権はＮＧＯによってどう構築されうるか。それらは、サダム・フセインやオサマ・ビン・ラディンなど、誰かを排除ないし捕捉すれば戻ってくるものなのか。

そもそも平和や人権という言葉は、それをもって理想状態としての楽園を伝達する記号とはならない。というのは、これらの言葉のもとに、「エデンの園」のような理想的な平和や人権が存在しているわけではないからである。平和と人権の楽園は、いまだ出現しておらず、これから構築されるものである。

したがって、メシア（救世主）が現れ、「エデンの園」を堕落させている異物（かつてはユダヤ人、今はパレスチナ人など）を排除しさえすれば危機がなくなり、けがれなき原初の平和と人権が回帰するという考えは除けられなければならない。それは物語にすぎない。異物の排除により危機が去ったとしても、その後に現れるのは、また新たな危機である。なぜなら、異物の設定によって生じる危機には、それなりの必然性があるからである。

異物とは、一時的で偶発的な無秩序ではなく、必然性によって秩序そのものに書き込まれる性質を持っている。したがって、ＮＧＯによる平和と人権の構築もまた、異物とともになされなければならない。ならば、それはいったいどのようにして構築されるか。

以上のような問題設定に基づき、これらを国際法の視点から検証するのが本章の目的である。

一　平和と国際法

戦争をなくせるか

国連憲章による戦争の違法化　二〇世紀中葉までの三〇年余りのうち、二度も世界大戦を経験した国際社会は、戦後の国連憲章においてあらゆる「武力行使」を違法とした。「戦争」ではなく、「武力行使」という言葉が使われたのは、戦争を事変という言葉に摺り代える口実を与えないためである。

例外として国家が武力を行使できるのは、ここでは自衛の場合だけに限られる。しかし自衛権でさえ、まったく単独に行使できるわけではない。国連憲章は、自衛権を行使する国の義務として、その行使をただちに安保理に報告すべきとし、行使の際においても国連が管理するという体制をとっている。つまり国家には、完全に単独でなされる武力行使は一切認められていない。

およそ例外事項というものは、それが許される条件を厳格に決めておかなければ、原則を圧倒し、事実上、それが原則になってしまう。国連憲章において自衛権という例外が許されるのは、「武力攻撃が発生した場合」だけである。

武力攻撃とは、他国の正規軍の越境、または他国の正規軍のミサイルや砲弾の自国領域への発射などを意味する。そしてこの場合、武力攻撃の主体は国家であり、私人による攻撃は武力攻撃とは見なされない。

自衛権を行使できる場合　では、「九・一一同時多発テロ」と呼ばれているものは、武力攻撃にあたるか。国連憲章に照らした場合、このテロが武力攻撃と見なされるためには、公務員など国家機関に所属する人物がその事件に関与した事実がなければならない。仮に米国が主張するように、ビン・ラディンやアルカイダがこの事件に関係していたとしても、彼らが私人として関係したのであれば、国家責任は問われえず、個人責任を問われるだけとなる。

国連国際法委員会により二〇〇一年に採択された「国家責任条文」◆によれば、テロがアフガニスタンという国家による行為と見なされ、米国への武力攻撃と見なされるには、「その行為を遂行する際に、事実上その国の指示に基づき、またはその国の命令もしくは支配のもとに行動している場合」となる。したがって、九・一一事件を武力攻撃と見なすか否かについての結論は、テロの決定や実行に、アフガニスタン政府関係者など公務員の指示、命令、支配があったか否かに基づかなければならない。公務員の関与を示す証拠が事前に開示されることなくアフガニスタンに対して行使された武力は、不当である。

それでは、米国がイラク戦争を正当化するために主張したイラクによる「テロリストへの援助」は、イラクによる米国への武力攻撃になるか。たとえば、テロリストとされる人物への奨学金や、失業保険・年金の給付、あるいは人道援助なども、「テロリストへの援助」と見なされるのか。仮にそう見なすならば、そうした援助を行うすべての国家に対して、自衛権に基づく武力行使ができることになり、事実上、例外が原則になってしまう状態となる。

実際に存在している国連憲章について見てみよう。自衛権について規定している国連憲章第五一条においては、テロリストへの援助提供という理由をもって、あるいはテロへの報復やテロリスト組織の壊滅という目的をもって、自衛権を行使することはできない。さらには、以下の理由や目的による自衛も認められない。すなわち、武力攻撃される前の先制自衛、大量破壊兵器の所有や開発を阻止するための自衛、条約違反に対する自衛、自由と民主主義をもたらすための自衛など、武力攻撃を行っていない国への武力行使である。自衛権の行使が認められるのは、理由や目的を問わず、実際に他の国家による「武力攻撃が発生した場合」だけである。

九・一一事件、イラクの大量破壊兵器開発疑惑、サダム・フセインの独裁的支配など、国家間の「武力攻撃」以外の問題は、国連憲章第六章のもとで平和的に解決されなければならない。それは、紛争両当事国（今回の場合は米国とイラク）が合意しさえすれば、国連憲章によって設置された国際司法裁判所（ＩＣＪ）によっても審理されうる。国際司法裁判所とは、国家間の紛争に拘束力のある判決を下し、または国連機関の諮問に応え、拘束力のない「勧告的意見」を答申する国連の司法機関であるが、この裁判所において事件が審理されるためには、紛争両当事国がそれに同意していなければならない。

また、国際法違反によって被害を加えられた国（九・一一の場合は米国）が違反国と見なした国（九・一一の場合はアフガニスタン、イラク）に対してとりうる措置について、国連憲章の諸原則を解釈した文書「友好関係原則宣言」◆（一九七〇年）は、「国家は、武力行使をともなう復仇行為を慎む義務を有する」としている。つまり、報復のための戦争は認められていない。さらに「国家責任条文」では、違反行為を防ぐための被害国による対抗措置を認めてはいるが、そこには「武力の行使を慎む義務」に反してはならないという前提がある。

仮に対テロ先制自衛などを認めたならば、超大国がこれを濫用しようとした場合の客観的な歯止めが、国内政策決定過程においても、また戦闘の前線においても、失われる。というのは、国内政策決定過程や前線において、違法な戦争を思いとどまらせる歯止めとして機能しうる法規則のかたちは、「常に～してはならない」という例外のない単純形の法規則だけだからである。

違反を発見できる法規則　法規則はすべて、If X, then Y（Xの要件を満たす事実がある場合、Yという利益や不利益が与えられる）というかたちをとる。Xは法律要件と呼ばれ、「武力攻撃が発生した場合」がそれにあたる。Yは法律効果と呼ばれ、「個別的または集団的自衛の固有の権利の行使」がそれにあたる。

法律要件が一つしかない場合の法規則は、「常に～してはならない」というかたちに書き換えうる。たとえば、国家による武力行使に関する国連憲章の規定は二つあるが、その一つは、あらゆる武力行使を違法とする原則を定めた第一章の第二条四項、もう一つは、この原則に対する唯一の例外として、「武力攻撃」に対する自衛を認めた第七章の第五一条である。これらの規定をまとめると、最初に他国による「武力攻撃」が発生した場合でなければ、武力行使は認められないということになる。つまり、最初の武力行使は常に認められていない。

したがって、国連憲章の法規則は、「常に第一撃をしてはならない」という単純なかたちに書き換えられる。しかも第一撃は、単に「違法な戦争」とされるだけでなく、「侵略」と推定される。実際、一九七四年の「侵略の定義に関する決議◆」は、「国家による国連憲章に違反する武力の最初の使用は、侵略行為の一応の証拠を構成する」と定めている。

理由や目的を問わず、「常に第一撃をしてはならない」というかたちの法規則は、戦争を開始しようとする政府に対して、その国民が、「その戦争は違法です」と断言し、違法な戦争の開始を思いとどまらせる力となる。また「単純な規則に対する違反としての戦争」に反対するＮＧＯの世界的な活動は、開戦国の政策決定にも大きな影響を与えうる。たとえば、ロンドンの中心街を埋め尽くしたイラク戦争反対デモは、イギリスを単独主義から国連中心の国際協調主義に向かわせた。一方、この「単純な規則に対する違反」は、戦闘態勢に入った前線の兵士たちの眼によっても確認することができる。なぜなら前線の兵士が、砲弾や敵兵の越境を見逃すことはありえないからである。

それに対して、「ある国家がテロリストを援助しかつ大量破壊兵器を有している場合」とか、「ある国家で自由や人権が抑圧されかつ民主主義が実践されていない場合」といったように、Xにあたる法律要件が何を意味しているか自明でなく、しかも複数あると、政策決定者や現場の兵士は、危機的状況と情報の不足で極度に緊張していることもあり、自国軍の攻撃命令の法的妥当性をとっさに判断することができない。このような場合、現場の兵士による明らかな虐殺行為についてでさえ、「上官の命令に従っただけです」という抗弁を却下できなくなる。とくに、法律要件の中に「敵の攻撃に違法性があること」といったような、司法官でないと判断できない要件が入れられている場合には、国際法を遵守することは奇跡に近い。

このように、違反の発見が困難な法規則の場合、たとえそれが判明しても、その国は運が悪かったと同情されるか、不公平だとの態度を自らとるだけであり、法的強制力は発揮されず、「共に」平和を構築する方向には向かわない。また、違反が発見されにくい法規則を誠実に遵守する国の者（国家機関や個人）は、違反が見つかりにくいことを悪用する国の政府によって殉教者にされてしまうかもしれない。

たとえば次のような「違反を発見しにくい法規則」は、超大国の単独主義に対する歯止めになりにくい。すなわち、「テロリストへの援助供与」のように極秘扱いにされやすい事実の有無や、「重大な人権侵害の存在」のように捏造されやすい事実の有無を法律要件にする法規則、あるいは、「大量破壊兵器が存在しないことの自己証明」のように証明不可能なことを法律要件にする法規則や、「フセインは危険人物だから」といったように法律要件が拡大縮小されやすい法規則など。これらは、法律要件にあたる事実の有無をめぐるエンドレスな議論に陥りやすく、現実としての殺戮から世論の目をそらさせる性質を持っている。しかも、そうした議論の応酬で主導権をとるのは、これまた、秘匿している情報をマスメディアに小出しし世論操作をする攻撃国側である。本来なら、違法な武力を行使した国からどんな議論が出されたとしても、法規則は常に適用されなければ、法として意味がない。

「違反を発見しやすい法規則」はまた、違法な戦争を起こした国の責任者である政治家や官僚も断罪することができる。第二次世界大戦後、侵略や虐殺の決定・実行に連座した責任ある個人が、国際犯罪を理由に処罰されるようになった。彼らは、侵略のような「平和に対する罪」、虐殺のような「人道に対する罪」、または国際人道法に違反した「戦争犯罪」の容疑で、国際裁判所や国内裁判所◆において処罰された。

これまで、ニュールンベルグ国際軍事裁判所や、極東国際軍事裁判所◆（東京）、旧ユーゴ国際刑事裁判所、◆ルワンダ国際刑事裁判所◆がそれらの犯罪の裁判にあたってきており、二〇〇二年には常設の国際刑事裁判所◆（ＩＣＣ）がオランダのハーグに設置されている。しかし、超大国の指導者を被告とする国際裁判は、これまで実行されたことはない。

超大国の指導者による国際犯罪を審理してきたのは、むしろ市民法廷である。たとえばイギリスの哲学者バートランド・ラッセルの呼びかけで、ヴェトナム戦争における米国指導者の国際犯罪を裁くための「ラッセル法廷」（ストックホルム、一九六七年）が開かれた。また、元米国司法長官ラムゼー・クラークの提唱で湾岸戦争における多国籍軍指導者の戦争犯罪を裁くため、「クラーク法廷」（東京、九二年）が開かれた。そしていずれの市民法廷でも、米国大統領などの責任者が戦争犯罪人として断罪された。これらは、犯罪人を逮捕し処罰することはできないが、国際社会をそうした方向に進めていこうとするＮＧＯの取り組みとして評価することができる。

国連の制裁措置　侵略などによって主権国家の平和と安全が破壊された場合について、国連憲章第七章は、集団安全保障体制により平和と安全を回復する、と規定している。つまりこれは、他国からの侵略に自衛で抵抗している国連加盟国の防衛のために、国連が侵略国に対してとりうる制裁措置を定めたものである。この措置は「強制措置」と呼ばれ、安保理において「平和に対する脅威、平和の破壊または侵略行為」（国連憲章第三九条）が存在すると決議された場合に、経済制裁（同第四一条）や軍事的措置（同第四二条）がとられるとされている。

軍事的措置を実施するためには、各加盟国があらかじめ安保理と特別協定を締結し、提供する兵力の数や種類などについて合意しておかなければならない。そして、安保理決議に基づき、兵力の提供に関する特別協定に従って国連軍を編成し、紛争地域に派兵することになっている（同第四三条）。

この国連軍に対しては、集団安全保障体制そのものが武力による紛争解決を前提するものだとして、「戦争マシーン」であるとの批判もなされてきた。たしかにこの構想は、平和を乱す異物を排除しさえすれば「エデンの園」が回帰するという先の物語を彷彿させる。ただ、これまで実際には、冷戦などのせいでこの特別協定は締結されず、国連憲章の規定通りに国連軍が派兵されたことは一度もない（国連安保理による経済制裁はこれまで二〇回ほど実施されてきた）。

ＰＫＯと多国籍軍の登場　国連憲章に定められた国連軍はまだ実現されていないが、国連の実践の中で、新たなシステムが登場し始めた。国連憲章に明示的に規定されていない国連平和維持活動（ＰＫＯ）と多国籍軍がそれである。

ＰＫＯは、イスラエル建国に端を発した第一次中東戦争の休戦を監視するため、一九四八年に中東へ派遣された「国連停戦監視機構」（安保理決議五〇に基づく）がその始まりである。

また最初の多国籍軍は、冷戦を背景に勃発した朝鮮戦争（一九五〇年開戦、五三年休戦）に対して一九五〇年の安保理決議八三に基づき派兵された。当時、ソ連（現ロシア）は、国連憲章第二三条に安保理の常任理事国の一つとして規定されている「中華民国」の特定をめぐる問題（台湾か大陸中国か）の扱い方に抗議し、安保理を欠席していた。そのため、常任理事国の特権である「拒否権」（国連憲章ではこれを「常任理事国の同意投票」と表現）がソ連により行使されないまま、「武力攻撃を撃退し、国際の平和と安全を回復するために必要な援助を韓国に与えるよう」勧告した安保理決議が採択され、多国籍軍が朝鮮半島に派兵されたのである（ソ連はこの決議の無効を主張した）。

では、冷戦構造が崩壊した今日において、ＰＫＯと多国籍軍はどう評価されるべきか。

間に合わせのＰＫＯと多国籍軍

ＰＫＯとは　ＰＫＯは、平和を脅かす局地的な紛争の拡大を防ぐため、期間を定めて、国連決議に基づき派遣される軽火器装備の軍事組織であり、それには警察官などの文民も参加し、地元の要員も採用される。その任務は、大きく次の七つに分けられる。停戦や軍隊撤退の監視、武装勢力の兵力引き離しの監視、武装解除の監視、警察力の強化支援、選挙監視、難民帰還支援、人道活動支援である。つまり、今回のイラク占領後のような事態に、ＰＫＯが派遣されてきたのである。

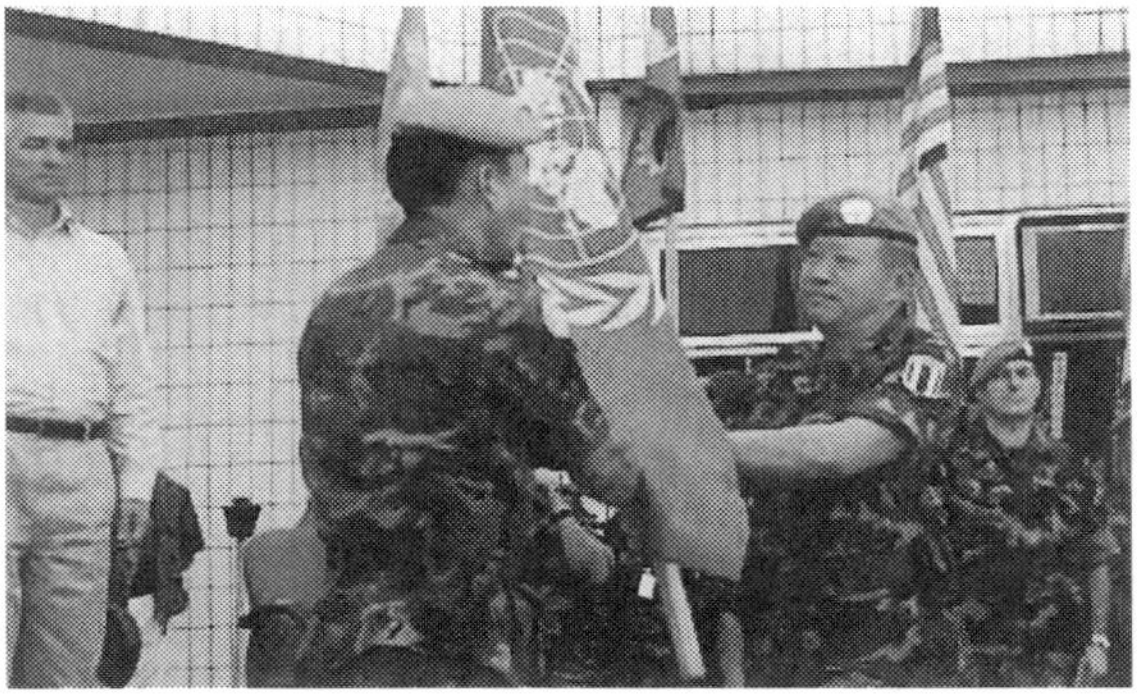

東ティモールに派兵されるタイ国軍によるPKF。2001年８月31日。（出所：NGO「ティモール・エイド」のウェブ新聞「Timor Today」）

　ＰＫＯは現在、その組織や装備などから、大きく二つの部門から成り立っている。高級将校数十ないし数百名からなる「停戦監視団」と、数千ないし数万名の歩兵大隊や兵站支援部隊で編成される「国連平和維持軍」（ＰＫＦ）がそれである。

　ＰＫＦの最初の例は、一九五六年のスエズ紛争の際に、同年、国連総会決議に基づき派兵された「国連緊急軍」である。そこで採用された編成・活動原則は、その後の多くのＰＫＦでも踏襲された。すなわち、受け入れ国の同意が不可欠とされ、現地の内政に干渉してはならず、国連の統括下に置かれ、正当防衛以外の武器使用は許されないという原則である。

　この派兵に対して、フランスやソ連（現ロシア）などは、国連憲章の規定に基づいていないので、その経費に国連の予算が支出されるべきではないと抗議し、国連分担金の支払いを拒否した。そこで国連総会は、この問題について国際司法裁判所に「勧告的意見」を求めた。

勧告的意見とは、国連機関の要請に基づく勧告的性質の意見のことであり、法的拘束力はないが、国際的に最高の司法機関による権威ある法的見解として尊重されている。一九六二年の勧告的意見では、「国連緊急軍」の派兵は紛争の平和的解決という国連の主要目的を達成するためであることは明らかであり、その経費は国連の経費である、とされた。しかし総会は、フランスやソ連（現ロシア）という大国の反対を押し切ってまで、この勧告的意見を実施するという選択肢はとらなかった。総会は、新たに「平和維持活動特別委員会」を設置することで、この問題を含め、PKOのあり方を引き続き検討するものとし、現在に至っている。

PKOの限界　そもそもPKOには、紛争当事者との間に介在して暫定的に武力衝突を防ぐ効果はあるが、その間に政治的解決が図られなければ、パレスチナ・イスラエル問題のように、紛争の最終的な解決には行き着かないという限界がある。政治的解決のためには、外交による平和構築が同時に求められている。

一九九二年、当時の国連事務総長ブトロス・ガリは、『平和のための課題』と題する報告書（国連）において、PKOには平和維持という消極的役割だけでなく、平和構築という積極的役割も与えるべきだとし、武装解除などに際しては正当防衛を超えた発砲を認める平和執行部隊の創設を提唱した。しかし、多国籍軍の任務を引き継ぐかたちで、武装解除のための武力行使が認められた「第二次国連ソマリア活動」（一九九三年）では、PKOがソマリア内戦の当事者になったと批判され、国連創設五〇周年を記念して九五年に発表された『平和のための課題への追補』（国連）では、PKOによる平和執行部隊構想は事実上撤回された。

それでもPKOは、紛争地域の人々によって求められている。今回の米軍によるイラク占領においては、紛争に利害を持つ米国の単独主義的な治安維持活動が一般住民に反感を与え、治安維持に必要な住民の協力を得にくくしたが、これに対して、これまでのPKOによる治安維持活動が紛争地域の住民に与えた反感は比較的小さい。PKOに対するニーズの大きさは、国連憲章が規定している集団安全保障体制が機能しない現状において、その代役への期待を現しているとも言える。しかし、活動の内実に問題がないわけではない。

たとえば、地元の給料をはるかに超えた巨額のドルを支給されるＰＫＯ要員の一部は、売買春という悪習を持ち込むなど、モラルの面で地元の人々の神経を逆なでするような行為を行ってきた。また、要員による地元民への人権侵害もたびたび指摘されてきた。コンゴに派遣された「コンゴ国連軍」（一九六〇年）や、ソマリアに派遣された「第二次国連ソマリア活動」（九三年）においては、国際人道法に違反して多数の一般住民を殺害したと批判されている。そのため国連事務総長は、一九九九年に「国連部隊による国際人道法の遵守」を布告した。その遵守は、地元民への救済手続の完備や国際刑事裁判所による犯罪の処罰によってさらに促進されるべきものであろう。

ところで、これらの問題は、多国籍軍においてはよりいっそう深刻である。

多国籍軍とは　多国籍軍とは、安保理の決議に基づき複数の加盟国が兵力を出し合って派兵される軍隊のことである。安保理の本会議の前に同理事国間の意見調整を行う非公式会議には、紛争地域の情報に詳しいＮＧＯの代表も参加要請されるが、最終的には本会議の場で派兵が決定される。それに基づいて組織される多国籍軍は、国連ではなく、その加盟国の統括下に置かれる。たとえば湾岸戦争の際には、一九九〇年安保理決議六七八において、クウェートからイラク軍を撤退させるため「必要なすべての手段を遂行すること」が認められ、米国が主導権を握る多国籍軍が派兵された。

多国籍軍の任務は、ＰＫＯと違い、攻撃によって敵国を服従させることにあるため、武力紛争に巻き込まれた個人を保護する国際人道法の遵守が不可欠となる。したがって、米国や日本のように、国際人道法違反の裁判を定めた国際刑事裁判所規程に加入していない国による参戦は認められるべきでないし、武力行使を容認する安保理決議にもそれが明記されるべきである。また、今回のイラク攻撃がそうであるように、米国自身も誤爆の可能性を認めていることから、誤爆被害などへの実効的な救済手続についても、今後は安保理決議において完備されるべきである。それらが、多国籍軍の正当性の前提条件となる。

多国籍軍の課題　多国籍軍方式では、今回のイラク攻撃のような米国およびその同盟国による単独派兵と異なり、安保理決定に基づき、複数の加盟国が参加して派兵されるので、論理的には民主主義的になりうる。つまり、派兵決定だけでなく、軍事作戦の遂行においても、参加国同士が対等な関係で影響力を及ぼすことができる。たとえば湾岸戦争の際に、バグダッド侵攻がなされなかった理由の一つは、侵攻を主張する米国の意志に反し、他の多国籍軍参加国がそれに反対したからである。

とはいえ、多国籍軍における最も大きな問題は、その部隊編成ではなく、指揮権の発動元にある。多国籍軍の指揮権は、国連事務総長ではなく、参戦する諸国家にある。かくして多国籍軍への協力や参加は、安保理決定に従うという民主主義的な名目のもとで、参戦主導国の軍事戦略への加担という現実が隠される。

また多国籍軍には、国連憲章上二つの問題がある。第一の問題は、多国籍軍の派兵決定にある。この決定は、「常に第一撃をしてはならない」という国連憲章の法規則を超えて、参加国に「第一撃」という軍事介入を認めるものである。たしかに安保理は、国連憲章第二五条のもとで、「決定」という決議によって、加盟国の権利・義務を変更することができる。しかし、それは国連憲章の枠組み内においてでなければならない。国連憲章によって設置された安保理が、一方的に国連憲章の枠組みを変えることは許されない。

第二の問題は、多国籍軍の派兵目的にある。多国籍軍は、自衛に関する国連憲章の法規則を超え、自衛ではなく「平和と安全の回復」のため派兵されるので、その派兵は、自衛以外の武力行使をすべて違法とする既存の法規則を事実上改訂することにつながる。

このように、多国籍軍派兵決議の採択は、その派兵先の国から「武力攻撃」を受けなくても、本来違法であるはずの武力行使を派兵国に認めるものである。しかもそれは、国連憲章の改正手続を踏まずに、安保理の九理事国だけで決定されたものである。国連憲章には、改正案は加盟国の三分の二（一二六カ国）により批准されなければ発効しないという規定があり、またその批准をめぐっては、各加盟国の国民やNGOによる論議も保障されている。その意味で多国籍軍の存在そのものが国連憲章上の問題であると言える。

かくして、安保理における多国籍軍の派兵決定の仕組みは、国連憲章を岐路に立たせる。その際、三つの選択肢が考えられる。一つめは、武力行使に関する法規則の廃棄、二つめは、その解釈の変更による新たな法規則の構築、そして三つめは、違反の認定による既存の法規則の再確認。いずれの途をたどるかは、関係各国がその決定に対する正当性や、それに従う義務を自覚しているかどうかにかかっている。もしその決定の遵守が、正当性や義務に起因せず、超大国からの政治経済的圧力に屈するかたちでなされるのであれば、武力行使に関する法規則の維持は困難となり、戦争がなし崩し的に解禁されることになる。

しかし、九・一一事件以降、国連加盟国の間で、貴重な動きが現れている。多国籍軍の派兵には安保理決議が必要なことを梃子に、米国の単独行動に異議を唱え、また派兵案をめぐり安保理で米国の侵攻計画を審議し、それを手がかりに外交交渉がなされるという側面である。多国籍軍の役割が、従来の米軍支援部隊的なものから、その横暴への歯止め的なものに転換したと見ることもできるが、もちろん、その意義が認められるのは、実際に横暴な単独行為を阻止する効果が現れた場合においてのみである。それさえできないのであれば、安保理の存在理由それ自体が問われるだろう。

「イラク戦争」と安保理決議　イラク戦争は、安保理の決議に基づいていない。それは、米英オーストラリア三国と日本をはじめとするその同盟国が、国連と関係なく単独で行った戦争であり、安保理決議に基づく多国籍軍方式ではない。米国は、それを正当化するために三つの安保理決議を援用したが、それらはイラク戦争を正当化できるものではない。

米国が援用した第一の決議は、一九九〇年の決議六七八で、これは、当時イラク軍をクウェートから撤退させるために、国連加盟国がクウェートに協力して、「必要なすべての手段を遂行すること」を認めたものである。しかし、イラク軍がクウェートから撤退して一三年も経った時点で、これを適用してイラクに武力を行使することは許されない。第二の決議は、湾岸戦争終結後の決議六八七である。しかしこれは、国連の特別委員会と国際原子力機関（ＩＡＥＡ）に対してイラクでの大量破壊兵器の査察を認めたものであるから、イラクへの武力行使について言及したものではない。第三の決議は、二〇〇二年の決議一四四一であり、これはイラクに対する「最後の機会」として大量破壊兵器の査察受け入れを求め、査察受け入れ拒否などの「重大な違反」は「深刻な結果」を生むと警告したものであり、「重大な違反」があった場合には安保理で検討されるとしたものである。これもイラクへの武力行使にはまったくふれていない。

米国も日本も、これらの決議の関連部分をつなげれば、イラク戦争を正当化できると主張した。しかし、米国による開戦の時点でイラク軍がクウェートに存在していたとする証拠を提出しない限り、どの部分をどうつなげても、この主張は正当化されえない。

安保理決議でイラク戦争を正当化するには、国連憲章に則り、「平和に対する脅威、平和の破壊または侵略行為」がイラクに存在すると決議した上で、「必要なすべての手段を遂行すること」を認めるものでなければならない。しかし、そのような決議でさえ、国連憲章上の問題は解消できていない。多国籍軍による軍事介入それ自体が、「常に第一撃をしてはならない」という国連憲章上の法規制に抵触し、軍事介入を認めるためには国連憲章の改正手続が必要だという、先にふれた問題が残るからである。

「平和とは何か」とは何か

ＰＫＯと多国籍軍との関係　多国籍軍の派兵の目的が敵国の征服を前提とした平和回復にあるとするなら、ＰＫＯの派遣の目的は平和構築（再構築）のための環境づくりにあると言われている。しかしこの二つを並べて鳥瞰すると、それぞれの活動の目的は異なるものの、いずれも超大国の政治戦略のもとで、一体となって「異物の排除によるエデンの園の回帰」を企てているようにも見える。たとえば、一九九二年にソマリアに派遣されたＰＫＯ（国連ソマリア活動）と同年派兵されたソマリア多国籍軍との関係、そしてこの多国籍軍と翌年それを引き継いだＰＫＯ（第二次国連ソマリア活動）との関係のように、その相互関係の実態は、多国籍軍があるからＰＫＯがあるという間柄とも言える。

　もしそうであれば、多国籍軍を否定してPKOだけを活かすといった発想での平和構築は困難であり、もっと根源的なところから平和構築のあり方を考える必要がある。多国籍軍の派兵やPKOの派遣は、武力紛争の発生地域に限られ、貧困や人権抑圧等の武力以外による平和への脅威には適用されてこなかった事実を忘れてはならない。

◆**「平和のとりで」**　「戦争は人の心の中で生まれるものであるから、人の心の中に平和のとりでを築かなければならない」との名言で知られるユネスコ憲章前文は、続けてこう宣言している。「政府の政治的及び経済的取極のみに基く平和は、世界の諸人民の、一致した、しかも永続する誠実な支持を確保できる平和ではない」。したがって、「平和は、失われないためには、人類の知的及び精神的連帯の上に築かれなければならない」と。

　それでは、平和とは何か。平和の意味は一つではない。それは、時代と立場で異なる。平和の意味の多義性を前にして、「平和とは何か」とは何かが問われなければならない。というのは、「平和とは何か」という問いは、一般性を帯びたアンケート調査でもクイズでもなく、何らかの具体的な問題の解決を求める問いかけだからである。問いかける行為そのものにおいて、他者が求められ、他者との共同性が求められている。

◆**問いかけによる平和構築**　たとえば、パレスチナ難民による「平和とは何か」という問いかけは、平和の辞書的な定義ではなく、パレスチナ問題に対する関心の共有を求めるものである。そして、そうした個々の問いを発するのは、イラク攻撃による犠牲者でもありうるし、誰でもありうる。個々の問題を超えて、一般化したかたちでその問いに向き合おうとするならば、何の問題に対して関心の共有が求められているのか、答えられなくなる。答えが得られないときは、問いそのものを立て直さなければならない。「平和とは何か」とは何なのか。この新たな問いは、「平和とは何か」という問いの根源を問いただすものである。

　この問いかけは、その問いを生み出す根源において、それまで見過ごされてきた現実に目を向けることを訴えている。そしてこの問いには、社会にひそむ問題を「共に」えぐることへの訴え、つまり問題の原因を共に追求しようとする共意識への訴えが含まれている。もともと、意識（conscience）という英語には、他者と共に（con）自己も知っている（science）という共意識の意味があったと言われているが（『岩波哲学・思想事典』岩波書店、一九九八、六七頁）、共意識という共同性への要求そのものが、問題を「共に」解決していこうとする共同体の構築への要求に結びついている。そこでは、「ハコもの」としての制度や機構ではもたらしえない平和、すなわち人間の共同性により基礎づけられた「失われてはならない平和」が求められている。

この「失われてはならない平和」は、引きこもりや摺り寄り、そしてそれらによって定立される安全保障戦略では築けない。また、メシアによる「異物の排除」によって忽然と再現されるわけでもない。「失われてはならない平和」をもたらす共同体は、自己が他者を求め、他者をして自己が求められることによって、初めて両者の間に開かれるものである。それはいったいどういう意味か。

死という共同性　人は他者の死には立ち会えても、自己の死は体験できない。通常、死は、肉親や友人、恋人など、目の前で生じる身近な他者のかけがえのない死によってしか、自らのものとして体験されえない。つまり「死の体験」には、複数の身近な他者が自らの周りに存在していることが必要とされる。人はさまざまな「死の体験」によって、人間同士が共同性で結びついていることを知るのである。したがって、「死の体験」には何らかの共同性が存在していると言える。

しかし、「殺す体験」に共同性はいらない。戦争であれテロであれ、「殺す体験」に通底する他者認識は、他者の死と自己の死との断絶の中に生じる。この認識は、「エデンの園」を堕落させた異物が排除されさえすれば楽園が戻ってくるという、例の物語の異物認識と符合する。

また、他者の死は、それが共同体の内にあるとされるか外にあるとされるかによって往々にして差別される。米国にとって、九・一一の世界貿易センタービルでの消防士の死は、「死ぬ」主体として共同体の内にあり、また、米軍の爆撃によるアフガニスタン人やイラク人の死は、「殺す」客体として共同体の外にある。このように、すべての人間に共有されているはずの「死」でさえ、国家という閉鎖的な共同体の枠組みによって断絶、差別されるのが実態である。異物を殺すことによって戻ってくる「エデンの園」など、もともと存在しないにもかかわらず、である。

「失われてはならない平和」を築くためには、「死の体験」という共同性を原点として、自己と他者との知的・精神的連帯が「心の中の平和のとりで」として機能しうる、開かれた共同体の構築が必要となるのである。そしてそのために不可欠となるのが、国際人権の保障である。

二　人権と国際法

国際人権と国際人道法

国際人権の保障　人々の人権を国際的に擁護していこうとする「国際人権の保障」は、第二次世界大戦後、世界人権宣言◆（一九四八年）やジェノサイド条約◆（四八年）、人種差別撤廃条約◆（六五年）、「経済的、社会的、文化的権利に関する国際規約（国際人権A規約）」◆（六六年）、「市民的、政治的権利に関する国際規約（国際人権B規約◆）」（六六年）、アパルトヘイト条約◆（七三年）などにより発展してきた。現在、ジェノサイドやアパルトヘイトなど個人の国際犯罪は、国際刑事裁判所によって管轄されうるが、それら以外の人権侵害を管轄する普遍的な国際人権裁判所はいまだ存在しない。地域的に限定された地域人権裁判所としては、欧州人権裁判所と米州人権裁判所があり、アフリカ人権裁判所の設置も決定しているが、アジアにはない。アジアのように、地域人権裁判所を利用できないところでは、国際人権の侵害は国内裁判所において救済される以外、裁判による救済の方法はない。

個人はいずれかの国家または自治地域の管轄下にあるので、国際人権の侵害に対する救済は、まずその国内・自治地域内の裁判所において求められる。人権規約委員会（国際人権B規約によって設置）に対する個人からの人権侵害通報の手続を定めたB規約選択議定書◆も、「国内的な救済措置を尽くしたもの」でなければ、その違反についての個人通報は提出されえないとしている。日本はこの議定書に加入していないので、日本国民はこの手続を利用することはできないが、国連の通報処理手続（国連経済社会理事会決議一五〇三手続◆）を踏めば、「人権および基本的自由の重大かつ確実に証明された一貫した形態の侵害」を国連人権委員会に通報することができる。

また、個人やＮＧＯによる人権侵害の調査・勧告が、国の政策に影響を与えることもできる。たとえば各締約国政府は、それぞれの人権条約の遵守を監視するために設置された規約人権委員会や人種差別撤廃委員会、女性差別撤廃委員会、あるいは子どもの権利委員会などに、その各条約◆で規定された人権の実現状況についての政府報告を、定期的に、または委員会の要請により提出するが、個人やＮＧＯは、これに対するカウンター・レポートで人権の実態を訴えることができる。

さらに個人やＮＧＯは、対人地雷禁止条約◆（一九九七年）の場合のように、人権条約の作成を提唱したり、戦争被害者や難民の救援活動を行ったりするなど、効果的な救済行動をも行ってきた。国際人権の発展に対してＮＧＯがなしてきた貢献の大きさは、どんなに強調しても、強調しすぎることはない。

戦時における国際人権の保障　こうした国際人権は、戦時においても保障されなければならない。実際、国際法は、戦時における人権の尊重を求めている。冒頭で述べたように、戦争や内戦のような武力紛争に適用される国際法は、国際人道法と呼ばれる。

国際人権B規約などで規定されている国際人権の多くは、戦争や内戦などの緊急事態において制限・停止されうる性質を持つが、たとえ緊急事態と言えども、政治的殺害や拷問などによって生命・身体の自由を侵害されない権利、あるいは人種、皮膚の色、性、言語、宗教、社会的出身によって差別を受けない権利は、侵害の動機、背景、目的などを問わず絶対的に保障されている。つまり、生命・身体の自由を侵害されない権利と差別を受けない権利は、戦時にも適用される国際人権である。また、戦時のみに適用される国際人道法においても、戦闘員によるか一般住民によるかを問わず、それらは絶対的に保障されている。

国際人道法は、一九〇七年のハーグ陸戦条約、四九年の四つのジュネーヴ条約、七七年の二つの同条約追加議定書などの諸条約、および国際慣習法からなっている。

国際人道法に対する違反は、損害賠償責任を発生させるだけでなく、国際犯罪として一定の刑罰が科される。武力紛争のただ中においてあらゆる人権を擁護することは容易でないが、国際人道法の遵守を確保する方法は、現在次の五つである。

ジュネーヴにある赤十字国際委員会。

一つめは、四つのジュネーヴ条約および二つの同追加議定書のもと、紛争当事国の同意を得て、その国およびその国民の利益の保護を中立国に委任する方法である。これは、利益保護国制度と呼ばれる。しかし、この方法が利用された例は少ない（一九五六年スエズ紛争、六一年インドのゴア紛争、七一―七二年インド・パキスタン紛争など）。利益保護国（中立国）を任命できない場合には、ＮＧＯである赤十字国際委員会にその任務を委任することもできる。

二つめは、赤十字国際委員会そのものが、四つのジュネーヴ条約と二つの同追加議定書において決められた役割を引き受け、それらの遵守の確保と、違反に対する苦情の受け付けを行う方法である。この場合、赤十字国際委員会のスタッフが紛争地域に派遣され、傷病者の救護、捕虜の情報伝達、収容所訪問、救援物資の配給などの支援にあたる。これらの支援のために、赤十字国際委員会はたとえば国連の世界食糧計画（ＷＦＰ）のもとで欧州連合（ＥＵ）などと協定を締結することも認められている。もちろんここでも紛争当事国の同意が前提となる。

三つめは、四つのジュネーヴ条約および二つの同追加議定書に違反する行為が生じた場合、国際事実調査委員会による調査と調停がなされるという方法である。この委員会は、ジュネーヴ条約追加議定書によって九三年に設置されたもので、調査の実施には当事国の同意が必要とされている。その有効性は今後の課題である。

四つめは、違反容疑に対して、国際刑事裁判所が戦争犯罪の裁判を行う方法である（米国は世界に約四〇カ所の米軍基地を持つが、各地の米兵が起訴される恐れを理由に、国際刑事裁判所規程に加入していない）。

五つめは、違反容疑に対する同様の措置として、四つのジュネーヴ条約と二つの同追加議定書に加入する締約国の国内裁判所において、重大な違反者を処罰する方法である。たとえば、米軍のバグダッド攻撃で家族を失ったイラク人遺族と、テレビ局「アルジャジーラ」のヨルダン人記者遺族ら一九人は、犯罪人や犠牲者の国籍とか犯罪行為の発生地に関わりなく戦争犯罪や人道上の罪を国内で裁判できるとしたベルギー国内法に基づき、米国中央軍のフランクス元司令官らを戦争犯罪の容疑で告発し、ベルギーの国内裁判所に管轄された。

国内裁判所における条約の適用　国際法の主体[2]としての個人が、国際人権の侵害に対して国内裁判所に救済を申し立てた場合は、国際人権の解釈・適用に関する限り、国際法が適用されなければならず、このとき国内法は、国際法に抵触しない限りで適用されるだけである。条約の遵守、適用、解釈などに関するウィーン条約法条約（一九六九年）でも、条約の不履行を正当化する根拠として自国の国内法を援用することはできないと定めている。

（2）　国際的権利・義務を持ち、その行使のため国際的請求能力を持つ主体。国家・国際機構・個人・人民が国際法主体とされるが、個人と人民には異論もある。

国際法の解釈・適用においては、一般に国内法は、たとえ一国の憲法であっても法ではなく、一つの事実として扱われ、国際義務違反の存在を証明する証拠とされるにすぎない。もし国際義務を免れる手段として国内法の援用が行われたならば、国内法の恣意的な制定・不制定によって国際義務から免れうることになるので、「国内法援用禁止の原則」はあまねく承認されている。かくして、国内裁判所においては国際人権が国内法に優先して適用されなければならない。

ところが実際には、国際法の主体間において法的拘束力を持つ条約でも、国内裁判所で直接適用されないことがある。たとえば、「JAPANESE　ONLY」の看板を掲示した公衆浴場経営者とそれを抑止できなかった小樽市を相手に、定住外国人と帰化日本人が提訴した小樽外国人入浴拒否事件裁判についての札幌地裁判決（二〇〇一年）は、人種差別撤廃条約は直接適用されないとし、この条約を原告が損害賠償請求の根拠として援用した民法規定の解釈基準と見なして間接適用した。しかし、日本国憲法第九八条における条約の位置づけ（条約の誠実な遵守）からすると、それは許されない。

条約が国内において法としての効力を持つか否かについての基準は国によって異なる。そしてその基準はイギリス型と米国型の二つに分けられる。イギリス型は、条約の効力をいっさい認めず、条約と同じ内容に国内法を改正するか新たに国内法を制定することで、初めてそれが適用される。一方、米国型では、一般的に憲法などの国内法規定によって立法措置なしにその効力が認められる（日本は米国型）。英米を比較してみよう。

イギリス国内における条約の適用　イギリスでは、条約は外交官によって作成され、国王の特権によって締結されるため、国民によって選ばれた代表者でなければ国民の権利・義務を変更できないとする（国内での）議会主権の原理から、あくまで条約ではなく国内法が適用され、国内法にない条約内容は議会において自国の法律として制定しなければ適用できないとされている。

イギリスは、欧州人権条約の国内法化を行っていない。その理由は、もし国内でこの条約の人権規定を「イギリス憲法」として成文化すれば、成文憲法がない現在のイギリスの裁判所で議会制定法を違憲・無効にできないのとは異なり、成文化された憲法条文の解釈をめぐり、国民の代表ではない裁判官が、国民の代表である議会が通したその制定法を違憲・無効とし、議会主権を脅かす恐れがあるからだと言われている。かくしてイギリスの国内裁判所は、いわば苦肉の策として、具体的な事件に適用される国内法の条文を解釈するときに、欧州人権条約を斟酌するという方法で同条約を間接適用し、条約違反の発生を予防している。このやり方は、国内法の適用から発生する条約違反を事前に予防し、条約上の国際義務と（国内での）議会主権の原理との実質的な両立を図るものであるが、そこで適用される法はあくまで国内法であり、条約ではない。したがって、イギリス型を適用する諸国では、個人は国際法主体であるか、という問題に消極的である。

米国内における条約の適用　一七七六年にイギリスの植民地から独立した米国は、当初はイギリス型を採用していた。そのため、大陸会議（現在の連邦政府にあたる）は、対英講和条約（一七八三年。独立戦争を終結させた条約）と同じ内容の州法を制定した地域にしか、この条約を遵守させることができなかった。その後一七八七年、アメリカ合衆国憲法（一七八八年発効）のもとで、条約の国内的効力を一般的に認める方式に転換し、条約は立法措置なしに国内的効力を持つようになった。

しかし、買収によってスペインから領土を取り戻すための西フロリダ譲渡条約（一八一九年）が批准されると、同条約第八条にある「一八一八年以前におけるスペイン国王による土地の下付はすべて、同国王により収用される以前の本来の土地所有者に対してもその効果が及ぶ」とする規定がただちに適用され、土地を下付された者にその土地の所有が確定し、本来の土地所有者は自分の土地を取り戻せなくなり、不合理な結果を招くに至った。そこで連邦最高裁は一八二九年、「条約締約国の意思如何では、例外的に、国内法が制定されるまでは国内裁判所で適用されない条約がある」と判示した。以後、条約の個々の規定内容次第で、ただちに国内でも執行できる自動執行的なものと、条約を実施するための国内法の制定を待たなければ執行できない非自動執行的なものとが並存するようになっていった。いずれの場合でも、米国型の諸国では、個人の国際法主体性が前提にされている。

日本国内における条約の適用　それでは、日本の場合はどうか。現代の日本もまた、条約の規定次第で自働執行的なものと非自働執行的なものとがあるとされている。ところが、日本の裁判所では、条約には個人による請求についての明確な手続規定が入っていないという理由で、個人の国際請求が認められないことがある。しかし、国際法は、国内法の場合とは違い、実体法と手続法とを切り離すことなく、実体法上の権利があれば、当然、それを行使するための手続権が国際慣習法上認められるとしてきた。したがって、人権条約上の個人の権利は、非自働執行的でない限り、日本の裁判所で行使できるとしなければならない。

また日本は、米国型を採用しているにもかかわらず国内裁判所において条約の間接適用を行っているが、その受け皿としての国内法がない場合は間接適用もできず、国際人権がないがしろにされる状況にある。このことは、条約に抵触する国内法を無効にできないばかりか、条約違反の国内法を存続させる結果にもつながる。

日本におけるこうした事情は、条約を「誠実に遵守することを必要とする」とした日本国憲法第九八条に抵触しないだろうか。同条は、条約に対して法としての国内的効力を認めたものである。ところが、条約が国内法の解釈基準の一つにすぎないとされたなら、もはやそれは法ではなく、単なる参考資料となるだろう。そもそも、日本国憲法においては、イギリスのような議会主権の原理ではなく国民主権の原理が採用され、しかも条約の批准には国会の承認が必要とされているのだから、条約を間接適用する必然性も、法的根拠もない。むしろ、条約は直接適用できるはずである。米国型の日本国憲法第九八条のもとでは、条約は国内においても法であり、単なる解釈の基準ではないのである。

ところで、条約が国内においても解釈・適用されるべき法であるとするならば、次に問題となるのは、米国の場合と同様、条約規定の自働執行性についてである。条約規定の自働執行性は、「国内法援用禁止の原則」からして、締約国の法務省や裁判官の裁量をともなった国内法上の基準では決められない。それは、国際法上の基準でなければならない。

条約規定の自働執行性の有無は、条約の解釈に関するウィーン条約法条約に従い、個々の具体的な条文ごとに読みとらなければならない。つまり、一般に、条約規定が自動執行されるか否かの判断は、条約全体に対して一括してなされるのではなく、その条約中の個々の内容に基づいて個別的になされなければならないので、それは条約法条約の適用に基づいた個々の条文の解釈の問題となり、条文は原則として自動執行的と解釈されるのである。

しかし、条約規定が原則として自動執行的とされる米国型においても例外はある。たとえば国際人権B規約のように、「法律で定められ…」「法律に基づいて…」「法律で定める制限であって…」「法律で禁止する…」といった文言が条約規定の中に入っている場合は、そのような「法律」が国内で制定されるまで、その部分は非自動執行的となる。こうした例外を別として、国内法上の事情から非自動執行的としたり、間接適用として扱うことは、「人間の権利」としての国際人権を否定し、それを「国家の権利」として回収することになる。

イラクで起こっていること

違法兵器と軍事目標主義　それでは、国家の戦争によって現実に被害者にされる戦闘員や一般住民には、どのような人権が保障されるのか。そしてそれは、実際に守られているのか。再び今回のイラクのケースから検証してみよう。

国際人道法では、残虐な殺傷や無益な破壊を防止する「人道原則」と、敵の軍事力を抑制する「軍事的効果原則」の二つの原則のバランスによって、兵器の種類やその使用方法などが規制されている。そして兵器に関する規制には、次の二つの一般原則がある。

一つは、戦闘員に対して「不必要な苦痛」を与えてはならないとする原則である。この原則のもとで、敵の戦闘員に対する非人道的な兵器の使用が禁止されている。たとえば、敵兵を即死に至らしめない四〇〇グラム以下の弾丸の使用を禁止した一八六八年のサンクトペテルブルク宣言◆では、「不必要な苦痛」を与える兵器とは、戦闘外に置かれた戦闘員に対して苦痛を無益に高めたり死を不可避にするような兵器とされ、「不必要な苦痛」を与えない兵器とは、敵の軍事力に対する抑制効果の面では同等と見なされる兵器のうち、戦闘員に与える傷害が最も少ないと予想される兵器と解されている。今回のイラク攻撃で使用された劣化ウラン弾は、それにより発せられる放射能が、戦闘外に置かれた戦闘員にも苦痛を与え続けることから、「不必要な苦痛」を与える違法兵器とされる。核兵器や生物・化学兵器が違法とされる理由の一つも、この原則との関係で説明される。

兵器に関する規制のもう一つの原則は、無差別効果を及ぼす兵器の禁止である。この原則は、攻撃における「戦闘員と一般住民との区別」および「軍事目標と非軍事目標との区別」を求める諸規定から導き出されたもので、一九七七年のジュネーヴ条約第一追加議定書において明文化された。第二次世界大戦におけるドイツのＶ２ロケットがその典型例とされるが、これはこのロケットが無差別にロンドン市街などを破壊し、一般市民を殺害したからである。

Ｆ‐16から投下されるクラスター爆弾。（出所：U.S Air Force Link）

この原則に照らしてもイラク攻撃で使用された劣化ウラン弾は違法兵器とされる。同様に、イラク攻撃で使用されたクラスター爆弾（子爆弾を飛散させることで被害を広範化する）も一般住民に無差別効果を及ぼす違法兵器とされる。しかもその子爆弾の約一割を占める不発弾は対人地雷禁止条約に違反する対人地雷と同じ効果を持つものである。核兵器や生物・化学兵器が違法とされるもう一つの理由は、この原則との関係で説明される。

かつてこの原則のもとでは、占領に抵抗する都市は防守都市と呼ばれ、無差別攻撃が許される対象とされた（ハーグ陸戦条約第二五条）。しかし、ジュネーヴ条約第一追加議定書の成立以後は、防守都市の基準が廃止、新たに「防備・無防備」の基準が導入されて、いかなる場合にも軍事目標以外の土地や施設に対する攻撃は禁止されるようになった（第4章参照）。したがって、今回のバスラやバグダッドのように、一般住民地区と軍事目標とが混在する都市を一つの軍事目標として扱い、その都市全体を砲爆撃することは国際法上許されない。米軍の「衝撃と恐怖作戦」のもと、バグダッドに無差別に加えられた大規模な砲爆撃は、その違法性を露わにするものである。

ジュネーヴ条約第一追加議定書には、紛争地の国家に対する規定もある。その一つに、人口周密地域への軍事目標の設置は可能な限り避けるべきとする条項がある。しかし、この規定に違反し軍事目標に近接していたからといって、一般住民への攻撃が正当化されるわけではない。したがって、一般の民家が砲撃されたのは軍事目標に近接していたためだ、とする今回の米国の抗弁は、その違法性を阻却しない。同様に、バグダッドの市場に対する爆撃や、報道記者などが宿泊するパレスチナ・ホテルへの発砲も、たとえそれが米国によって誤爆と表現されたとしても、あるいは米国の交戦規定に違反していないと言明されたとしても、その国際法上の違法性を阻却しない。

国際人道法においては、誤爆か否かにかかわらず、いかなる場合にも軍事目標以外を攻撃することは許されない。ジュネーヴ条約第一追加議定書では、攻撃にともなう一般住民への被害予測が明白になった場合、攻撃の取り消しか、停止をしなければならないと規定されている。一般住民に犠牲者を出しながら攻撃を続け、イラクを占領した米軍の行為は明らかに違法である。

このほか、ジュネーヴ条約第一追加議定書では、ダム、堤防および原子力発電所のように、攻撃によって甚大な被害が予測されうる施設に対しても、たとえそれが軍事目標であれ、攻撃の対象としてはならないと定めている。

軍事占領　占領に関する国際法はどうなっているのか。ハーグ陸戦条約、四つのジュネーヴ条約、そして二つの同条約追加議定書などでは、戦時において敵国の領域を軍隊が占領し、支配下に置くことを軍事占領と言う。イラクが米英軍の支配下に置かれた今回のケースがこれにあたる。また、戦闘の終了から平和が回復されるまでの期間になされる占領は、戦後占領と呼ばれる。

軍事占領は、ある地域が事実上占領軍の権力内に置かれたとき、その地域に対して発生する。軍事占領下での占領軍は、戦闘に備えるために、被占領地域の公有施設を使用したり現金などの国有財産を押収したりすることができる。今回のイラクの場合には、米英地上軍のイラク侵攻から数日でバスラが軍事占領され、その後バグダッドが軍事占領された。

占領は征服とは異なり、一時的な支配にすぎないので、主権者の変更はできない。つまり、占領地域を第三国に譲渡もしくは割譲することはできない。占領地域の最終的な帰属は、占領国と被占領国との講和条約で決定される。ハーグ陸戦条約などにおいては、占領軍は敵軍の戦闘員や軍事目標への攻撃など戦争の遂行にとってやむをえない場合以外は、軍事占領地域において現地の法律を尊重し、その秩序を維持することが義務づけられている。したがって、バグダッドで発生した略奪行為などの治安悪化は、米国占領軍がこの義務の履行を怠ったことを示している。

また占領軍は、ハーグ陸戦条約に定められた手続に従い、軍事占領地域の資力に応じて、課税などの徴発やその他の取り立てを許されているが、私有財産の没収や略奪は許されない。あるいは仮に、非戦闘員である一部の住民が、占領軍を攻撃するといった違法行為を行ったとしても、行為者以外の住民に連帯責任を課して、国際人道法上の権利を侵害したり、処罰したりすることはできない。

さらに占領軍は、物資の輸入も含め、住民の食糧、医療品、被服、寝具、宗教上の礼拝に必要な救済品などの供給を確保したり、病院を維持する義務を負う。軍事占領下のイラクで実際に発生した医療品の不足は、この点でも、軍事占領に課せられる米国の国際義務に違反する。

住民への物資の供給が不十分な場合には、占領軍は、赤十字国際委員会のような公平な人道NGOからの救済支援を受け入れ、NGOによる占領地域内での活動を許可し、彼らの保護を保障しなければならない。またジュネーヴ条約第一追加議定書では、各国の赤十字社（イスラム諸国の赤新月社、イランの赤獅子太陽社など）のような救済団体が、占領地域においても傷者、病者および難船者を収容し、看護することを認めなければならないとし、占領軍はそのような人道的行為を理由に彼らを処罰してはならず、むしろ彼らの任務の遂行に必要な援助を与えなければならないと規定している。

戦後占領　戦闘の終了をもって軍事占領は終了する。なぜなら、事実上の戦闘の終了は軍事における特別な必要性をなくし、戦闘を前提に例外的に設定された軍事占領に関する国際法の適用の必然性をなくすからである。したがって、軍事占領の終了とともに占領軍は撤退すべきとするのが原則でなければならない。しかし実際には、軍事占領の終了後も、占領軍が駐留し続けることがある。これを戦後占領と呼ぶ。

　戦後占領の場合は、事実上の戦争は終了しているが、講和条約が締結されていないので、国際法上の戦争状態が続く。これは、戦後占領においても主権者を変更することはできず、原則として軍事占領に関する国際法が適用されることを意味している。戦後占領の例としては、ポツダム宣言◆の受諾（一九四五年）からサンフランシスコ平和条約◆（五一年）までの米国による日本占領が挙げられるが、今回の米国による戦闘終了宣言（二〇〇三年五月一日、日本時間五月二日）後のイラク占領もこれにあたる。

　国際法上、戦後占領は戦争状態にあるので、この時点での第三国の法的地位は交戦国となるか中立国となるかしかない。したがって、今回のイラクの戦後占領において、交戦国でない日本が米英軍（交戦国軍）に対して戦争遂行に関係する直接または間接の援助（自衛隊の派兵や、米英軍の武器・弾薬の輸送など）を供与することは、国際慣習法上の中立義務に違反する。国際慣習法を成文化した一九〇九年のロンドン宣言◆では、敵国のために武器・弾薬等の物品を輸送する第三国の船舶は拿捕できるとしている。あるいは、一九〇七年の陸戦中立条約◆では、中立人（戦争に与しない国の国民）による「交戦者の利益と為るべき行為」は禁じられ、中立義務に違反した中立国は交戦国に対して中立の地位を援用することができないとされている。

　治安維持などのための占領軍の活動は、ハーグ陸戦条約の「現地法律尊重義務」に基づき、占領地域の国内法を遵守しなければならない。この遵守義務に基づけば、今回のイラクのように、戦闘外にある元政府高官やバース党幹部などを戦争犯罪の容疑で逮捕する場合にも、イラク国内法に従った手続きがとられなければならない。したがって、その居場所をいきなりミサイルで攻撃するような行為は、「現地法律尊重義務」を定めたハーグ陸戦条約に基づけば、明らかな違反となる。同時にこの行為は、「戦闘外にあると認められる者、または状況により戦闘外にあると認められるべき者は、攻撃の対象としてはならない」と定めたジュネーヴ条約第一追加議定書にも違反する。

しかし一般に、戦後占領地域においては、被占領国の国民による占領軍への抗議や抵抗は困難になるので、占領軍による国際人道法違反に対して歯止めがきかなくなることが多い。これに対処するには、戦闘終了の時点で国連安保理による占領政策が決定、実施されるか、朝鮮戦争のケースのように交戦当事者間で休戦協定が締結され、そこで合意された取り決めが適用される必要がある。今回のイラクのように、これらのいずれも実現できない場合には、ＮＧＯによる監視活動が、国際人道法の遵守を確保する上で残されたほとんど唯一の方法となる。

日本のＮＧＯによる市民法廷　日本においては、二〇〇三年六月以降、「アフガニスタン国際戦犯民衆法廷」として各地で公聴会が次々と開催され、戦争犯罪の証拠が積み上げられている。一方、イラク侵略戦争に国際法を適用した「民衆法廷」も計画されている。たとえば、二〇〇三年一〇月に「イラク国際戦犯民衆法廷」が計画されたり、同じ月には、世界中の市民が申し立てる国際法事件などの審理を目的とした常設の市民法廷「世界市民法廷」（本部札幌、http://www.wocic.org/）がネット上に開設され、その具体化を検討している。これらは、米国などの指導者による「平和に対する罪」、「人道に対する罪」、そして「国際人道法違反の戦争犯罪」などを裁くためのものである。また、これらの法廷を通して、イラク復興支援のために支出したお金の返還を、加害国である米英に請求することも検討されている。

国家間の問題を解決するために国家間でつくられたのが国際法である。しかしこれを国家が適用しようとせず、代わってＮＧＯが適用しているところに、国際社会における関係の変化があぶり出されている。しかし、「戦争に関する国際法の適用」以前に、戦争状態の回避を求めるのは当然である。戦争のない共同体はどのように構築されるか。そして、その構築において、ＮＧＯはどのような役割を期待されるか。

三　差異の共同体

国際人権の多文化主義

国際人権のほとんどは「多文化的な価値に基づいた人権」である。たとえば、国際人権B規約のほとんどの規定には、先述したように、締約国が国内法によって独自の人権をかたちづくれるよう、条項の中に、「法律で定められ…」「法律に基づいて…」「法律で定める制限であって…」「法律で禁止する…」といった文言がつけられている。この限定がつけられた条項は、クローバック条項と呼ばれる。これにより締約国は、それぞれの社会構造に適合する人権を国内法で形成し、独自の共同体を構築できる。

また、国際人権B規約で規定されている「差別の絶対的禁止」は、宗教差別の根深さも重視し、独自の宗教に基づく文化の発展を保障している。たとえば、「アフリカの女子割礼は性差別である」との非難によってアフリカの伝統的宗教を差別してはならないし、「インドのカースト制は社会的出身による差別である」との批判によってヒンドゥー教を差別してはならない。それぞれの人権の相対性は、「異文化の差異を認め合うことのできる世界」の構築を可能とするものである。これにより、イラクにおける人権や民主主義は米国のそれと同一である必要はない、とする論理も正しく理解しうる。

一方、差異をなくすことにより同一化や均一化を目指す世界では、異質な他者は同化か排除される。そこでは自己という一つの特異な主体は存在しえない。したがって、自己が存在するためには、複数の主体が形成する他者の存在がなければならない。先述した「死の体験」も生の充実も、他者とともに存在することで初めて自らのものとなる。また、他者という差異を認めないと、自己は、差異の刺激によって得ていた自己成熟の機会を失い、固着化し、感性を鈍化させ、自信喪失か自信過剰になって腐敗する。

自己が腐敗し、他者の差異が認められないところでは、共同体は構築しえない。人間をあらゆる絆から解放した近代的自由においては、多様な他者の個有性を認め合う開かれた共同体がそこになければ、異質な他者同士は断絶か対立したままであり、人権や平和はとくに意識したとき以外は守られない。このような現実にあっては、人権と平和は例外か偶然として守られるにすぎないものとなる。

差異の共同体

他者の差異は自己に不快も与えるが、そうした不快は自然によって容赦なく与えられる不快とは違い、自己にもその原因の一端がある。なぜなら、差異による不快は、自己と他者との関係によって生じるものだからである。望まれるべきは、他者に向けて自己を内側から開きつつ、他者との対話の中で、まずは不快の自己原因を解消していくことである。不快の自己原因を解消する際の障害には、権力意志や権威意識がある。したがって、権力や権威と一線を画すＮＧＯによる実践は、その可能性を広げる力となる。その実践においては、征服にも服従にも拠らない自他関係における対話が尊重されている。これは、平和と人権が自然かつ無意識に守られるような開かれた「差異の共同体」の構築へと向かうものである。

平和と人権の構築は、法規則や権威を前提とした義務の履行と見なされてはならない。法規則や権威に基づいた義務の履行は、結局は征服と服従をもたらす「上からのグローバリゼーション」の潮流に回収され、征服と服従に再び帰結する。なぜなら、法規則や権威は、この潮流を強化するために形成されたものだからである。

国家の力だけによって構築される官製型の平和と人権は、権力と権威を前提として、平和と戦争との間を、あるいは人権尊重と人権侵害との間を循環する。国家間の「取引の論理」では、この悪循環から離脱することはできない。そこから離脱するには、非国家・非政府の論理、すなわちＮＧＯの「贈与の論理」が必要となる。

ＮＧＯによる平和と人権の構築

平和と人権を構築する官製型の悪循環から離脱し、「心のとりで」としての平和と人権を構築していくことは、いわば「義務」を超えた人間的義務であり、それは取引も回収も循環もさせない「贈与的行為」によってなされるものである。

ＮＧＯの実践は、見返りを求めない「贈与的行為」のすぐれた実例と言える。平和と人権がごくあたり前に守られる開かれた共同体を構築するには、権力と権威により定立された義務を超え、自らの地位や名誉や財産を求めず、もっぱら自らの意思で他者との対話を求めて差異の真っただ中に飛び込むＮＧＯ的精神が、その可能性を広げることになるだろう。

おわりに――札幌国際連帯研究会（ＳＩＩＳ）

最後に、筆者が取り組んでいる北海道を拠点としたささやかな活動をご報告し、本稿のしめくくりとしたい。世界、とくに発展途上国における国際人権を市民の手によって保障し、促進することを目的に、筆者は多くのＮＧＯの協力を得ながら、アドボカシー（政策提言）を主軸とするＮＧＯ「札幌国際連帯研究会（ＳＩＩＳ〔シーズ〕）」を一九九四年に設立した。そしてこの研究会を軸に、人道支援、戦後補償、アイヌ民族の先住権、在邦外国人の人権、九・一一事件、パレスチナ・イスラエル紛争、アフガニスタン空爆、イラク攻撃などの問題と向き合ってきた。また、それと並行して、なぜ人権侵害がなくならないかを根源から問い直し、人権侵害の抜本的解消や個人・ＮＧＯの役割を追求するために、ＮＧＯのあり方、開発と人間的発展との関係、国家システムの限界、差異と同一との関係、グローバリゼーション批判、異文化理解の意味と方法、共同体の構築など、さまざまな課題について語り合う場を市民・学生とともに設定しながら、人類が目指すべき「地球村」[3]を手探りしてきた。現在、社会人中心の毎週木曜夜の外国語文献読書会、学生中心の月例研究会のほか、講演会、シンポジウムを開催している。ニューズレター『ＩＮＴＥＲ―Ｃ』および随時発行の『ＳＩＩＳ研究レポート』『連帯双書』はその成果の一部を記録したものであり、ホームページ上で読めるものもある（http://www.ashir.net/siis/）。

（3）「地球村」とは、差異と融合する異種混交によって、無限に差異が現れる開かれた「差異の共同体」であるが、その目的（＝終焉）を達成して終焉すべきではなく、常に多義的で流動的でなければならない。それは、対話によって開かれる。

ＳＩＩＳには、札幌から発信するという地理的希少性はあるが、活動の広がりと深まりには限界がある。その限界は、他のＮＧＯやＮＰＯによる協力によって補われてきた。「グローバル・ネットワーク21」（本部大阪、学際的ＮＰＯ）、「世界市民法廷」（前掲）、「北海道アジア・アフリカ・ラテンアメリカ連帯委員会」（本部札幌、国際連帯ＮＧＯ）、「東アジア・ワークショップ」（本部北海道滝川、日韓交流ＮＧＯ）などがそれである。市民とともに北海道から世界を結び、「地球村」を構築することが最大の課題である。

付録　本章で取り上げた条約リスト

（成立年順／2004年2月末現在。＊印は日本未加入）

名称（呼称・正称）	成立年	内容
サンクトペテルブルク宣言	1868年署名 1868年発効	具体的には400グラム以下の弾丸の使用を禁止したにすぎないが、兵器使用の基本原則を定めた
ハーグ陸戦条約 ■陸戦ノ法規慣例ニ関スル条約	1907年署名 1910年発効	陸軍軍隊への訓令、賠償責任を規定。付属する1899年**ハーグ陸戦規則**は交戦者の資格、捕虜待遇、攻撃方法、降伏、占領、休戦について規定
陸戦中立条約 ■陸戦ノ場合ニ於ケル中立国及中立人ノ権利義務ニ関スル条約	1907年署名 1910年発効	中立国およびその国民がしてはならないことについての慣習法を成文化したもの
ロンドン宣言 ■海戦法規に関する宣言	1909年署名 未発効	「実質上一般に承認された国際法の諸原則」として、封鎖、禁制品、中立などを規定
ポツダム宣言	1945年署名 1945年日本受諾	米英中が7月に日本軍の無条件降伏を要求。ソ連は、参戦後に参加
国連憲章	1945年署名 1945年発効	国際連盟に代わる第二次世界大戦後の普遍的国際機構である国連を設立
ユネスコ憲章 ■国連教育科学文化機関憲章	1945年採択 1946年発効	教育・科学・文化の協力により世界の平和と安全に貢献することを目的にユネスコを設立
ニュールンベルグ国際軍事裁判所条例	1945年公布	ナチス・ドイツ幹部を共同謀議、平和に対する罪、人道に対する罪、戦争犯罪で処罰
極東国際軍事裁判所	1946年公布	アジア・太平洋戦争に責任のある日本国指導者を平和に対する罪と戦争犯罪で処罰
世界人権宣言	1948年 国連総会採択	国連憲章の人権規定が保障する人権を具体的に示した「共通の基準」
ジェノサイド条約　＊1 ■集団殺害罪の防止及び処罰に関する条約	1948年採択 1951年発効	人道に対する罪を条文化し、民族殲滅などを国際・国内裁判所で処罰

名称（呼称・正称）	成立年	内容
四つのジュネーヴ条約	1949年署名 1950年発効	
戦地にある軍隊の傷者及び病者の状態の改善に関する1949年８月12日のジュネーヴ条約（第１条約）		戦時において戦意を喪失した傷病兵の保護について定めた条約
海上にある軍隊の傷者、病者及び難船者の状態の改善に関する1949年８月12日のジュネーヴ条約（第２条約）		海戦などにおいて戦意を喪失した戦闘員の保護のための条約
捕虜の待遇に関する1949年８月12日のジュネーヴ条約（第３条約）		戦争や内戦、占領において捕虜と扱われる条件、捕虜の権利などを定めた条約
戦時における文民の保護に関する1949年８月12日のジュネーヴ条約（第４条約）		武力紛争や占領における非戦闘員の保護を定めた条約
欧州人権条約 ▩人権及び基本的自由のための条約	1950年署名 1953年発効	欧州人権委員会と欧州人権裁判所による人権保障を定めた欧州の条約
サンフランシスコ平和条約 ▩日本国との平和条約	1951年署名 1952年発効	日本と連合国との戦争状態を終結させた。ソ連は不参加
人種差別撤廃条約 ▩あらゆる形態の人種差別の撤廃に関する国際条約	1965年採択 1969年発効	人種差別撤廃委員会への政府報告を定め、同委員長は調停委員会を設置し、斡旋できる
国際人権Ａ規約 ▩経済的、社会的、文化的権利に関する国際規約（Ａ規約）	1966年採択 1976年発効	生存権などを国内事情によって漸進的に達成することを約束した普遍的人権条約
国際人権Ｂ規約 ▩市民的、政治的権利に関する国際規約（Ｂ規約）	1966年採択 1976年発効	人権規約委員会による自由権の国際保障を定めた普遍的人権条約
Ｂ規約選択議定書　＊2 ▩市民的及び政治的権利に関する国際規約の選択議定書	1966年採択 1976年発効	国際人権Ｂ規約に定められた国際人権を侵害された場合、個人による規約人権委員会への通報手続を定めた。関係国に勧告を送付できる。
ウィーン条約法条約 ▩条約法に関するウィーン条約	1969年採択 1980年発効	国家間の条約の締結・効力・適用・解釈・改正などにつき、既存の慣習法を成文化

名称（呼称・正称）	成　立　年	内　　　　　容
米州人権条約 ■人権に関する米州条約	1969年採択 1978年発効	米州人権委員会と米州人権裁判所の設置を定めたラテンアメリカの条約
友好関係原則宣言 ■国連憲章に従った諸国間の友好関係と協力に関する国際法の諸原則についての宣言	1970年 国連総会採択	国連憲章採択後の変化を鑑みた現代的・発展的な解釈として、拘束力がなくても有効性がある
国連経済社会理事会決議1503手続 ■人権及び基本的自由の侵害に関する通報を処理するための手続	1970年 国連経済社会理事会決議	国連人権委員会のもとで、差別防止・少数者保護小委員会の作業部会が、大規模人権侵害を査定し、同小委の勧告に基づき国連人権委員会は、事務総長などに当該政府との接触を要請、または公開審議する
アパルトヘイト条約　＊3 ■アパルトヘイト罪（人種隔離罪）の防止及び処罰に関する国際条約	1973年採択 1976年発効	国際・国内裁判所によるアパルトヘイトの処罰を定めた
侵略の定義に関する決議	1974年 国連総会採択	安保理が、経済制裁や軍事的制裁を行うための手続として、国連憲章第39条のもとで「侵略行為」を判断する際のガイドライン
ジュネーヴ条約第一追加議定書 ＊4 ■国際的武力紛争の犠牲者の保護に関し、1949年８月12日のジュネーヴ条約に追加される議定書	1977年採択 1978年発効	従来からの正規兵と不正規兵の区別や「防守」基準を廃止。「防備」基準の導入により，戦闘員、軍事目標に一元化
ジュネーヴ条約第二追加議定書 ＊5 ■非国際的武力紛争の犠牲者の保護に関し、1949年８月12日のジュネーヴ条約に追加される議定書	1977年採択 1978年発効	内戦に適用される国際人道法の規則を充実させた
女性差別撤廃条約 ■女性に対するあらゆる形態の差別の撤廃に関する条約	1979年採択 1981年発効	女性差別撤廃委員会への４年ごとの政府報告を義務化。個人通報を認めた同議定書（99年）は日本未加入　＊6
アフリカ人権憲章 ■人及び人民の権利に関するアフリカ憲章	1981年採択 1986年発効	アフリカ人権委員会による人権および人民の権利の保障を定めたアフリカの条約

名称（呼称・正称）	成　立　年	内　　　　容
子どもの権利条約 ■子どもの権利に関する条約	1989年採択 1990年発効	子どもの権利委員会を設置し、５年ごとの政府報告を義務づけた
旧ユーゴ国際刑事裁判所規程 ■1991年以後に旧ユーゴスラヴィア領域で犯された国際人道法の重大な違反に責任を有する者を訴追するための国際裁判所規程	1993年 安保理決議827	ボスニア・ヘルツェゴヴィナでの民族間の虐殺等を処罰するため安保理が設置
ルワンダ国際刑事裁判所 ■1994年１月１日から1994年12月31日の間に、ルワンダの領域内で行われたジェノサイド（集団殺害罪）並びに他の国際人道法の重大な違反に責任のある者及び近隣諸国の領域内において行われたジェノサイド並びに他の同様な違反に責任のあるルワンダ市民の訴追のための国際刑事裁判所	1994年 安保理決議955	ルワンダにおけるフツ人とツチ人との間の虐殺等を処罰するため安保理が設置
対人地雷禁止条約 ■対人地雷の使用、貯蔵、生産及び移譲の禁止並びに廃棄に関する条約	1997年署名 1999年発効	無差別に被害を与える地雷をなくすためNGOが提唱し、採択に至った条約
国際刑事裁判所規程　＊７ ■国際刑事裁判所に関するローマ規程	1998年採択 2002年発効	集団殺害や戦争犯罪等の個人の国際犯罪を処罰する常設の国際刑事裁判所を設置
国連部隊による国際人道法の遵守	1999年発効	国連部隊が戦闘員として平和維持活動などを行う際、国際人道法を遵守することを国連事務総長が命じた
アフリカ人権裁判所設立議定書 ■人及び人民の権利に関するアフリカ裁判所を設立する議定書	2000年採択 未発効	アフリカ人権憲章実施のため、アフリカ連合設立協定で設置が予定されている人権裁判所のための規定
国家責任条文 ■国際違法行為に対する国家責任に関する条文	2001年採択 未発効	国連国際法委員会が国家責任の発生、内容、対抗措置につき、既存の慣習法を中心に作成

注：日本国政府は、人権条約に加入しない理由として、主に「司法権の独立」を損ねる恐れを挙げ、次のように説明している。

①国内・国際裁判を定めている条約（＊１、＊３、＊４、＊５、＊７）について、国内裁判手続に従って、「第３審まで行った場合に、それによって我が国の制度上尽くすべき手段は終わったとして、その後アピールでき

るのか、あるいは、再審というものまで含めてアピールできるのか。仮に３審が終わればアピールできることになると、３審の上に４審という国際的なものをつくるのではないかという危惧」があるとされる（衆議院法務委員会、1999年３月19日）。

②個人通報権を認める条約（＊２、＊６）について、たとえば規約人権委員会から「勧告が来た場合に、果たして政府は司法権に対してどういう立場においてそれを伝えるのか。もし仮に司法権に全く伝えないとすれば、それはいかなる効果があるのか。司法権に伝えずに、政府においてこれを処理するということができるのか。できるとすれば、司法権が既に確定したものについて、いかなる根拠に基づいて政府がその勧告に従う等ができるのか」（同上）。また、「基本的に司法権の独立の中核は、裁判官が法と良心のみに基づいて自由な立場で判断をする。それをいかにして保障していくかということにある……。その同一の事案について、国連の条約に基づいて設置されている委員会が公式な見解あるいは勧告をするということになりますと、そういうものから全く自由に裁判官が判断をできるのかどうかという点が司法の独立との観点では懸念される」という（内閣委員会、1999年６月11日）。

③比較的新しい条約（＊７）については、「国内法を整備」しなければならないと説明されている（国家基本政策委員会合同審査会、2002年７月17日）。

これらの政府見解は、国内法と異なる国際法体系の存在そのものを否定することになるのではないだろうか。

第4章　憲法第九条の「輸出」

国際民衆保健協議会（ＩＰＨＣ）日本連絡事務所
代表　池住義憲

はじめに――どんな状況であっても戦争はダメだ

「米国による武力行使の開始を理解し、支持する」。これは小泉純一郎首相の言葉だ。二〇〇三年三月二〇日、ブッシュ米大統領が「イラクを武装解除し、国民を解放する」と言って米英軍主導によるイラク軍事攻撃を開始したちょうど一時間後、小泉首相は記者会見でこう述べた。侵略戦争を否定し、いかなる国際紛争であっても決して武力による威嚇や武力の行使をしない、戦争は永久に放棄する、と謳った憲法第九条を持つ国の首相の言葉だ。

米英軍のイラク軍事攻撃は、国家が単独で武力行使することを禁じた国連憲章に違反する。「国際の安全と平和について脅威がある」と安保理が認めた決議もないし、国家や国民が急迫不正な武力攻撃を受けた場合にやむをえず武力を行使するという自衛の場合にも該当しない。他国を先制攻撃した国は国際社会が許さないという世界的な集団安全保障の仕組みそのものの否定だ。

今回の米英軍によるイラク軍事攻撃は重大な国際法違反である。米英両国政府が「差し迫った脅威」として開戦の理由となった大量破壊兵器は二〇〇四年二月現在、見つかっていない。何の正当性もなく、国際社会および国連安保理も認めないまま一方的に他国（イラク）の領土を侵す武力行使は「侵略」である。イラクの主権侵害、民族自決権の否定、内政干渉である。

さらに武力行使の中身も国際法違反だ。劣化ウラン弾やクラスター爆弾（集束爆弾）、デージーカッター（燃料気化爆弾）などの使用により六〇〇〇を超えるイラク民間人を殺し、二万人以上の民間人負傷者を出したことは、民間人への攻撃等を禁じた交戦法規であるジュネーヴ条約に違反する（イラク・ボディー・アカウント発表、二〇〇三年八月）。これはヴェトナム戦争に次ぐ規模の被害であり、明らかに「人道に対する罪」である。国際刑事裁判所（ＩＣＣ）の規程にある戦争犯罪に該当する。

では憲法第九条を持つ日本は、今回の米英軍主導のイラク軍事侵略攻撃や今後考えられる米国の「自衛」という名目による先制軍事攻撃に対してどうすべきか。筆者が過去三〇年間、ＮＧＯ活動を通してアジアの人たちと出会って最後にたどり着いた答えは、日本国憲法第九条を世界のすべての国に「輸出」することであった。日本国憲法の第九条を「世界化」すること、広めることであった。これは私たちの責任である。

戦争で平和はつくれない。戦争でもたらされるのは、殺戮と破壊と憎悪だけだ。「正義の戦争」などありえない。どんな状況であっても戦争はダメだ。私たちはこのことを二〇世紀の一〇〇年間で多くの犠牲を払いながら学んだのである。必要なことは憲法第九条を「輸出」することである。

本章は、はじめに憲法第九条の成り立ちとその意義、とくにアジアにおける、いや世界における意味を振り返る。次に、そうした憲法第九条に対する日本政府の最近の姿勢や有事法制成立の違憲性、憲法「改正」のさまざまな動きを検証する。そしてこれからの日本の役割として、憲法第九条の「輸出」についての想いと具体的な取り組みのいくつかを、「軍隊を持たないことを明記したコスタリカ憲法と平和外交」「ハーグ平和市民アピール会議でのアピール第一項『第九条を世界に！』」「第九条の会オーバービーさんの『地球憲法第九条』提案」「憲法第九条を盾にして『無防備地域宣言』を！」「欧州憲法に『平和条項』を」「米下院議員デニス・クシニッチ氏が提唱する『平和省』構想」「日本のＮＧＯの取り組み」の順で紹介する。

一　「不戦の約束証文」としての日本国憲法第九条

第九条に至る五一年の重み

日本国憲法第九条は、何よりも日本の侵略戦争を抜きにして考えることはできない。一八九四年の日清戦争に始まって一九四五年の敗戦に至る五一年間、日本は取り返しのつかない罪を犯した。

一九三一年から四五年のアジア・太平洋地域への侵略戦争（一五年戦争）だけを見ても、日本軍の侵略によって犠牲になったアジアの人たちの死者は、中国一三〇〇万人、フィリピン一〇〇万人、シンガポール華人虐殺七万人。日本軍の食糧徴発による餓死者は、インド三五〇万人、インドネシア二〇〇万人、ヴェトナム・ラオス・カンボジア二〇〇万人。徴兵・「従軍慰安婦」・強制連行による犠牲は、台湾三万人、朝鮮半島地域二〇万人、中国一万人。ビルマ（現ミャンマー）―タイ間の枕木と同じだけの死者を出したと言われる死の泰緬《タイメン》鉄道労働者で犠牲になったのは五万人など、計二〇〇〇万人を超えた。日本人の死者も、広島・長崎三〇万人を含めて三〇〇万人に及んだ。

憲法第九条は、こうしたアジア・太平洋地域の二〇〇〇万人と日本の三〇〇万人の尊い犠牲の上に成り立っていることを忘れてはならない。第九条は、戦争を深く反省し、二度と戦争を起こす国にはならない・しない、と誓った国際的な不戦の約束証文なのである。沖縄戦や本土への激しい空襲、広島・長崎への原爆投下によって多くの一般市民が犠牲になった戦争の惨禍をもう二度と繰り返したくない、という心からの叫びが第九条であった。

この重みを忘れてはならない。憲法前文には「政府の行為によって再び戦争の惨禍が起ることのないように決意し」と記してあるのはこの重みを受けとめたからである。第九条第一項では、「**日本国民は、正義と秩序を基調とする国際平和を誠実に希求し、国権の発動たる戦争と、武力による威嚇又は武力の行使は、国際紛争を解決する手段としては、永久にこれを放棄する**」決意を表明した。さらに同二項で「**前項の目的を達するため、陸海空軍その他の戦力は、これを保持しない。国の交戦権は、これを認めない**」と誓った。

世界に対して誓った不戦の約束証文としての第九条。これを護り広めていくことは、世界とくにアジア・太平洋諸国に対する私たちの歴史的責任である。第九条そのものが、私たち日本人にとって、過去の戦争責任のとり方の一つなのである。

第九条誕生までの国際的流れ

第九条を理解するには、国際的な流れを理解することが大切だ。第九条は突然にできたのではない。一八九九年、オランダ・ハーグで開催された第一回世界平和会議から「非武装」の理念は脈々と流れていた。第一回会議で残虐な兵器の使用禁止から始まって、一九〇七年の第二回会議では戦闘行動を制約する「陸戦ノ法規慣例ニ関スル条約」（ハーグ陸戦条約）などを調印した。これに付属した一八九九年のハーグ陸戦規則は、不必要な苦痛を与える兵器の使用禁止や、武器を捨てて降伏を求めた敵を殺傷することの禁止、ならびに占領地での略奪禁止などを定めたものである。日本も署名し、一九一二年にこの付属条項を含むハーグ陸戦条約に加入している。

しかし一九一四年に第一次世界大戦が勃発。毒ガス・戦車・航空機など新しい兵器の開発もあって、死者一五〇〇万人以上というこれまでの戦争とはケタ違いの犠牲者を生み出した。世界はこれを機に国際連盟結成（一九二〇年）など、戦争非合法化に向けて歩み出す。こうした動きは、二八年、パリで締結された「不戦条約」（戦争放棄に関する条約）へと引き継がれた。不戦条約の第一条には「締結国は、国際紛争解決のため戦争に訴うることを非とし、かつその相互関係において国家の政策の手段としての戦争を放棄することを、その各自の人民の名において厳粛に宣言す」と戦争放棄を明確に定めた。翌二九年、日本政府は条約中にあった「人民の名において」という一部の表現を留保したがこの条約も批准した。

戦争の回避と戦争の違法化を国際社会が求めたにもかかわらず、一九二九年秋に始まった大恐慌をはさんで世界はまた戦争の道へとひた走る。三一年九月には日本軍が中国東北部（満州）の柳条湖で自ら鉄道を破壊し、それを口実に「満州事変」を引き起こして一五年戦争へと突入する。華北への侵略を進めていた日本軍は北京周辺に五〇〇〇人以上の軍隊を投入し、三七年七月、演習中の発砲事件をきっかけにして中国全土への侵略戦争を開始した。三九年にはヒトラーのナチスドイツがポーランドに侵攻し、第二次世界大戦へと拡大していったのは周知の事実である。

一九四五年四月、連合国側五〇カ国が参加して国際連合創立総会をサンフランシスコで開催し、同年六月に国連憲章を採択する（同年一〇月発効）。憲章の前文で、国際紛争は平和的手段によって解決されなくてはならないこと、すべての加盟国は国際関係において「武力による威嚇又は武力の行使を慎まなければならない」と明記された。国連憲章は人類の何千年の歴史と何千万人もの血の犠牲の上に立って、「正義」のためであれば戦争をしてもよいという従来の考え方を一掃したのである。

1947年５月３日の日本国憲法施行を祝う祝賀会のパンフレット。その表紙には国会議事堂を背にした母子の記念切手が印刷されている。

日本国憲法第九条はこの国連憲章を受け継ぎ、さらにその理念を徹底させた。国連憲章では「武力による威嚇又は武力の行使を慎まなければならない」としていたが、第九条では「永久にこれを放棄する」と言い切った。国際間の紛争については、まず非軍事的手段で解決すること、平和を守る仕組みとして国連の集団安全保障体制を採用することとした。侵略戦争だけでなく自衛や制裁も含めてあらゆる戦争を非合法化したのだ。なぜなら、戦争をしようとする国はいつも「自衛」を主張するからである。

「戦争の違法化・非合法化」という二〇世

紀の世界史の大きな流れの中で、第九条は最も先駆的な到達点を示した条項である。ハーグでの第一回世界平和会議（一八九九年）から国連憲章（一九四五年）に至るまでの長い長い道程であった。その産物が日本国憲法第九条である。世界に誇るべき財産である。

憲法第九条の意義

第九条の第一の意義は、従来、伝統的に認められてきた自衛戦争も含めたあらゆる戦争を放棄し、軍備の意義の喪失を確認したことである。その第一項で侵略戦争を否定していることは疑いの余地がない。そして第二項で戦争のための一切の戦力を持たないし、交戦権も持たないとした。自衛のための武力行使まで否定していないと解釈し主張する人たちが多くいるが、第九条にはそのような文言はない。どう読んでもそのようには書かれてはいない。戦争放棄の目的を達成するためには一切の戦力を保持してはならないとしているのだから、国際法上は認められる自衛戦争も憲法上は不可能なのだ（第7章参照）。これは、今日、学界の多数説になっている。

第二の意義は、第九条そのものが戦争責任のとり方の一つだ、ということである。憲法前文第二段は、私たちは「恒久の平和を念願し」、「国際社会において、名誉ある地位を占めたいと思ふ」と宣言している。侵略戦争をしないということは国際法ではあたり前のことだから、「名誉ある地位を占める」ということは、世界平和の創造のためにそれ以上のことをする、ということである。そして前文第四段で「日本国民は、国家の名誉にかけ、全力をあげてこの崇高な理想と目的を達成することを誓ふ」と国際的に約束した。これは国民に向けてというより、アジアに、世界に向けた約束だ。

日本は、戦前の軍国主義の暴走によってアジア・太平洋地域への侵略を行ったという過去の戦争責任のとり方として、再び同じ過ちを決して繰り返さないと誓った。沖縄戦や本土への激しい空襲、そして広島・長崎への原爆投下によって多くの一般市民が犠牲になった戦争の惨禍を二度と繰り返さない、と誓ったのだ。この誓いを崩してはいけない。

「非武装・非軍事」規定の意味

日本国憲法は平和主義を高らかに謳い、第九条で戦力の不保持と交戦権の否認を宣言した。一部の人たちは第九条の「非武装・非軍事」規定は非現実的だと言うが、筆者はそうは思わない。逆に、「非武装・非軍事」規定の方がきわめて現実的である。

その国に生活するすべての人々の生命や財産を守るためならば、軍備によらない防衛・抵抗の方がはるかに目的に合致する。戦争によって生じる計り知れない惨禍、壊滅的な損害・事態（生産・流通機構の大量破壊、国民の大量死など）と比べたらすぐわかる。莫大なお金を軍備に費やすよりも、雇用創出、教育、福祉、保健・医療、文化交流と国際理解、国際協力・援助活動、貧富の格差是正のための諸策、平和外交などのために用いた方が効果的である。武力に頼らずに平和を維持する策を探る方が現実的なのである。

無意味な戦争をたたかうよりは、第九条の「非武装・非軍事」平和主義の方が有効な安全保障の方策である。もし有事の事態に至ったとしても、非暴力抵抗あるいは市民的不服従の形態による「防衛」の方がはるかに効果的で、少なくとも人々の生命を壊滅から守る点ですぐれた方法である。

軍という組織には自己拡大の本性が内在している。相手方（敵）に勝つことを究極かつ最大の目的としているので、たえず敵よりも優越した力を持とうとして果てしない軍拡競争にのめり込む。二〇世紀の歴史がこれを証明している。こうした状況の中では、日本の防衛関係者が口にする「必要最小限度の防衛力」は無意味な謳い文句になる。相手方が軍事力を強めればそれに応じてこちらの「最小限度」もキリなく上昇していくからである。

国連憲章は集団安全保障措置を詳細に定めている一方で、個別的・集団的自衛権の行使を限定はしたが結局は許容した。しかし日本は、「非武装、非軍事」規定で世界平和に取り組むことによって日本の安全保障を確保する、という選択をしたのである。第九条は、いかなる状況下であっても「非武装・非軍事」という「より徹底した戦争非合法化運動」であり、世界の平和思想を維持・発展させる牽引車の役割と責任を担っているのである。

海上自衛隊が所有するイージス・システム搭載の護衛艦「こんごう」。10目標以上を同時に対処でき、最大射程は100キロメートルを超える。（出所：朝雲新聞ホームページ）

空洞化していく「非武装・非軍事」規定

しかし、「非武装、非軍事」規定は長く続かず、空洞化していく。憲法施行四年後の一九五〇年六月、朝鮮戦争が勃発。戦争のために朝鮮半島に向かった占領軍の留守を補充し、日本国内の治安にあたらせるという名目で、マッカーサー連合国軍最高司令官は超憲法的な指令によって七万五〇〇〇人の「警察予備隊」を設置した（一九五〇年八月）。

一九五一年の対日平和条約（サンフランシスコ平和条約）と日米安全保障条約の締結によって日本は米国と密接な関係になり、米国の対ソ戦略の中に組み込まれていく。米国は朝鮮戦争を機に方針を転換し、日本の「再軍備」に着手するのである。

一九五二年八月に「保安庁」が設置され、陸海警備隊が一本化する。そして同年一〇月に警察予備隊は「保安隊」に改組し、米国が兵器類を支給して装備を拡充していく。そして五四年七月に防衛庁設置法と自衛隊法を制定して「自衛隊」へと「脱皮」していったのである。第九条は国固有の権利としての「自衛権」までは否認していない、だから「自衛のための必要最小限度の実力」は保持できる、という解釈で。

第九条は大幅な後退を余儀なくされる。自衛隊はその後、年を追って世界有数の「軍事力」に育て上げられていく。二〇〇二年度は兵力二五万人、防衛予算は五兆五〇〇〇億円で、米国に次いで世界第二位にまでなっている。「第二の軍事費」と言われる情報収集衛星予算を加えるとさらに多くなる。イージス護衛艦（計六隻）や空中給油・輸送機（計二機）などに加えて、〇三年度は一九九五年策定の中期防衛力整備計画（中期防）に沿って、海上自衛隊の次期固定翼哨戒機（ＰＸ）と航空自衛隊の次期輸送機（ＣＸ）を同時開発する巨大プロジェクトが動き出した。〇四年度には、朝鮮民主主義人民共和国（北朝鮮）の弾道ミサイル「ノドン」の脅威を理由にしてミサイル防衛（ＭＤ）システム導入を目論み、地対空誘導弾パトリオットＰＡＣ３や海上発射型の迎撃ミサイルＳＭ３の整備などのため一四〇〇億円の予算を計上する方向で固まっている。「非武装、非軍事」規定は空洞化されてしまった。

以後日本は、軍備の不保持を明記した憲法第九条と、そして世界有数の「軍隊」である自衛隊の存在という矛盾を抱えて今日に至るのである。これに対して日本政府は「自衛隊は第九条に言う戦力にはあたらない」という憲法「解釈」をし、なし崩し的に自衛隊を既成事実化してきたが、もはやこれは誰が見ても無理がある。

二　第九条に対する日本政府の動き

日本政府の第九条解釈

二〇〇一年四月、自民党総裁に就任した小泉純一郎氏は会見で「九条は将来改正すべきだと思っている。自衛隊が軍隊じゃないというのは不自然だ」と発言した。さらに「国益にとって一番大事なことは日米関係の友好維持、日米安保条約の効率的・機能的運用だ」と強調し、集団的自衛権の憲法解釈見直しについて「研究する余地がある」と述べた。

二〇〇三年五月には、小泉首相は参議院有事法制特別委員会で自衛隊について「実質的には軍隊だろうと〔思う〕」。それを言ってはならないというのは不自然だ」と言い切った。さらに、「いずれ憲法でも自衛隊を軍隊と認め、不毛な議論なしに〔自衛隊に対して〕しかるべき名誉と地位を与える時期がくると確信している」と述べるにまで至った。

政府は憲法第九条と自衛隊の整合性をとるために、第九条は「自衛のための必要最小限度の実力」は認めていると解釈する。自衛のための必要最小限度の実力とは、大陸間弾道ミサイル（ＩＣＢＭ）、長距離戦略爆撃機、攻撃型空母などの攻撃的兵器を保有することは許されないが、その時々の国際情勢、軍事技術の水準その他の諸条件によって変わりうる、としている。

その「自衛のための必要最小限度の実力」は、日本に対する急迫不正の侵害があり、これを排除するためほかに適当な手段がないときに発動できるとしている。自衛権を行使できる地理的範囲に関しては必ずしも日本の領土、領海、領空に限られないが、具体的にどこまでかは個々の状況に応じて異なるので一概には言えない、と曖昧である。

集団的自衛権は「有しているが、行使できない」ものとし、それを行使することは憲法上許されず、また、交戦権についても憲法第九条の下では許されないとしている。さすがにここは憲法に忠実だ。しかし、有事三法（後述）に続いて成立したイラク復興支援特別措置法（イラク特措法）のもとで、自衛隊を米国軍事占領組織「連合暫定当局」（ＣＰＡ）に派遣して米軍兵士や武器・弾薬の輸送を支援するなど、どこまでが集団的自衛権および交戦権の行使・範囲なのかが不鮮明になってきていることを指摘しておかなければならない。

このように政府は、日本の自衛権が否定されない以上、その行使を裏づける自衛のための必要最小限度の実力を保持することは憲法上認められている、と解している。政府はこのような考え方で専守防衛を日本防衛の基本的な方針とし、実力組織としての自衛隊を保持してその整備推進を図ってきた。そして近年の北朝鮮の核兵器・弾道ミサイル開発をきっかけにして平和主義の根幹たる「専守防衛」の国是も変質させようとしている。その端的な動きが、有事法制と憲法調査会である。

有事三法の成立とその違憲性

有事法制は一九七七年、福田内閣のもとで立法化を前提としない研究としてスタートし、防衛庁は八一年と八四年にその結果を公表した。以後、有事法制は棚上げされてきたが、小泉首相は二〇〇一年九月の米国で起きた九・

一一事件や二〇〇二年末の日本海での武装不審船事件などを踏まえて、「備えあれば憂いなし」のスローガンのもとに、歴代内閣として初めて有事法制策定に着手した。

小泉首相は、有事法制関連三法案を二〇〇二年の通常国会と秋の臨時国会の二回にわたって提出する。日本が武力攻撃を「受けた」場合や、その「恐れ」が「予測」される場合の対処の枠組みを定める「武力攻撃事態対処法案」、有事の際に自衛隊が円滑に行動できるようにするための「自衛隊法改正案」、安全保障会議の機能強化のための「安全保障会議設置法改正案」の三法案である。いずれも問題点が多く、野党の反対によって継続審査となっていた。

しかし、阻まれていた有事関連三法案が息を吹き返す。翌二〇〇三年四月に政府・与党が修正案を出し、これに対して民主党と自由党が対案を出して審議が再開された。同年五月一五日、有事法制関連三法案は衆議院本会議を通過。共産党と社民党を除く残り九割の与野党議員の圧倒的多数による賛成での可決であった。そして六月六日の参議院本会議で七割を超える賛成多数で可決、成立してしまった。一九五四年に自衛隊が発足してからほぼ半世紀経って、日本は外国から武力攻撃を受けたときに自衛隊をどう運用し、自治体や民間がそれにどう協力するかを定めた法律を持つに至ってしまった。

有事法制はどう見ても憲法違反である。憲法には、基本的人権を「一時停止してもよい」「多少は制限してもよい」などとはどこにも書かれていない。政府が「武力攻撃予測事態」または「武力攻撃事態」と認定すれば、市民の集会・結社・表現の自由、思想・良心・信仰の自由、移動・旅行の自由や知る権利などが制限される。陣地構築など自衛隊の「円滑」な活動のためには居住・移転・営業の自由も制限され、土地や家屋・物資の所有権や財産権も制限される。こうした基本的人権は、その時々の政府から「与え」られたり「認め」られたりするものではない。日本国憲法が保障しているものなのである。

有事法制は地方自治の本旨に反する。武力攻撃事態対処法では、有事の際、首相は地方自治体に対して事態対処措置を実施するように指示する権限が与えられている。地方自治体がこれに従わない場合、首相は直接自らまたは主務大臣を指揮して自治体の代わりに事態対処措置を実施する。地方自治体の独立性、自主性を否定するこの法律は、当然憲法が保障する「地方自治の本旨」に反する。有事法制は憲法が定めている民主的な統治機構を大きく変容させてしまったのだ。

もう一点、重要なことがある。憲法第九条には、「時と場合によっては武力行使してもよい、戦争してもよい」などとはどこにも書かれてない。有事法制は、一九九九年に成立した周辺事態安全確保法（周辺事態法）と一体になって、米国がアジア太平洋地域で起こす「自衛」のための先制攻撃の戦争に、自衛隊だけでなく地方自治体や民間企業・機関も戦争に協力・加担することに道を拓いてしまった。そして日本が直接攻撃を受けなくても、日本周辺で紛争が起き、このまま放置しておけば日本も巻き込まれかねないという事態（周辺事態）であると政府が認識すれば、日本以外の地域でも武力を行使できるという道を拓いてしまった。これは、憲法が禁ずる集団的自衛権の行使ではないのか。一八九四年の日清戦争から一九四五年の敗戦までの五一年間の重みはどこへ行ってしまったのだろうか。

集団的自衛権を行使するのであれば、憲法を改正しなければならない。憲法を改正するには衆参両院で三分の二以上の賛成で国会が憲法改正案を発議し、それを国民投票において過半数の賛成を得なければならない。わずか衆参両院で過半数の賛成を得て成立する有事法制が、上位法かつ最高法である日本国憲法を否定するような法制・法律は、その存在そのものが憲法違反である。有事法制によって政府は憲法を停止させることになり、有事法制が「憲法」になってしまう。これはどう考えてもおかしい。こんなことを許してはいけない。

立憲主義を踏みにじる有事法制

日本国憲法は、非武装・非軍事の立憲主義、平和主義をとっている。立憲主義とは、憲法によって個人の尊厳を保障する原理であり、憲法によって国家に権力を授け、同時に国家権力を制限することによって個人の自由や基本的人権を保障する、という考え方だ。言い換えれば、国家は憲法上認められた権力だけを行使しうる、というのが立憲主義の基本原則である。現憲法では、たとえ国家が戦争、内乱、大規模災害などの非常事態に際しても、政府や首相に強大な権限を集中したり、国民の自由や権利を一時停止したりする「国家緊急権」を与えていない。

憲法には緊急事態が生じたときの対応を定めた箇所が一カ所だけある。憲法第五四条第二項だ。そこには「衆議院が解散されたときは、参議院は、同時に閉会となる。但し、内閣は、国に緊急の必要があるときは、参議院の緊急集会を求めることができる」と書かれてある。たとえ国に緊急事態が生じたときであっても、日本の憲法は首相に権力を集中させないということを選びとったのである。議会を軽視・無視して議会制民主主義を形骸化させるようなことはしない、と定めたのである。これを忘れてはいけない。

有事法制は、非常時における権力の例外的発動を許す制度のことだ。つまり「戦時」に基本的人権を制限し、権力を集中して国家が非常措置をとるという憲法一時停止の仕組みである。これは憲法の明文の根拠がなければできないことだ。日本国憲法は、戦時または国家事変の際に首相あるいは政府に与えられる国家緊急権のことなど、どこにも規定していない。その代わりに憲法は、戦争放棄の第九条を備えているのである。「有事法制」づくりなど、憲法ではもともと許されていないのである。

戦争放棄および軍備と交戦権の否認を謳っている憲法第九条と、戦時（有事）を想定した有事法制とは相容れない。有事法制は憲法の平和主義、不戦の約束証文としての第九条を決定的に空洞化させてしまう。米国の自衛先制攻撃の参戦に道を開く有事法制は、絶対に許してはならない。憲法違反で非合法な法律（有事法制）に対しては、自らの良心と信条に基づいて、服従する必要はない。筆者は、憲法第九条を「盾」にして市民的不服従、非暴力抵抗で立ち向かい続ける必要があると思っている。

有事法制の完成に向けて突き進むのではなくて、国際法上の「無防備地域宣言」の研究をした方が戦争への究極の抵抗になると思うが、どうであろうか。軍事施設を持たないなどの条件を満たして「無防備地域」であることを宣言すれば、国際法上そこへの攻撃が厳禁されるのだから（後述）。

ドイツは、憲法で戦争非協力者の思想・良心の自由を保障している。ドイツ憲法第四条第三項では「何人も、その良心に反して、戦争の役務を強制されてはならない」と規定し、良心的兵役拒否を基本権として認めている。日本国憲法では第一九条で「思想及び良心の自由は、これを侵してはならない」と規定している。

憲法「改正」の動き――憲法調査会

こうした有事法制の動きと前後して、二〇〇〇年一月、憲法調査会が衆参両院にそれぞれ設置された。憲法論議の高まりを受けたもので、日本国憲法について広範かつ総合的な調査を行い、おおむね五年を目途として報告書を議長に提出することになっている。調査会には憲法改正案などの議案提出権はない。

二〇〇三年五月に開催された参議院の憲法調査会で三人の憲法学者が参考人として招かれ、意見を述べた。そのうち、上田勝美龍谷大学名誉教授は、日本は平和立憲主義をとっていること、客観的・論理的に解釈して自衛隊はどこから見ても違憲であること、日本国憲法の方が国連憲章よりも歴史的先駆性を持っていることを明確に述べた。そして、憲法と現実が乖離しているからと言って憲法を現実に合わせるということは立憲主義への最大の侵害だ、と述べた。また、渡辺治一橋大学教授は、米国など大国中心の武力による平和構想を選ぶか、非武装の自由主義的市民国家構想を継承・強化して武力によらない平和を選ぶかを問うた。

こうした声にもかかわらず与党が現在検討しているシナリオは、二〇〇四年夏までに全条文の検討を終え、「第二次中間報告」を策定。同年秋以降は最終報告の起草に着手し、二〇〇五年初めには改憲の方向性をにじませた最終報告書をまとめる方向で作業が進められている。

こうした憲法「改正」の動きに弾みをつけるかのように、二〇〇三年六月、自民党憲法調査会（会長・葉梨信行元自治相）作成の憲法改正要綱案が明るみ出てきた。要綱案には、「国家の独立と安全を守るため、個別的自衛権及び集団的自衛権を有する」と明記し、「両自衛権を行使するため、国防軍を保有する」と打ち出している。自衛隊を軍隊に衣替えしようというのである。同時に、有事の際に首相の権限を強化し、迅速に必要な措置を国民に命令し、地方自治体を直接指揮できるようにする「国家緊急事態」条項を憲法に明記するとしている。

同年八月には自民党若手議員でつくる「マニフェスト策定研究会」が、憲法改正のための新たな手続きを盛り込んだ試案を作成した。将来、自衛隊の存在や役割を憲法第九条に明記するため、「四年以内に改正手続き法や国民投票法の成立を目指す」と言い切っている。

経済界も動いている。二〇〇三年四月には経済同友会が「日本国憲法の改正が必要だ」とする提言をまとめた。経済団体関係ではこれまで、戦争・軍備の放棄を定めた憲法第九条の解釈をめぐる提言はあったが、事実上の第九条見直しのほかに国民の権利・義務などを含めた包括的な改正について提言を出したのは今回が初めてである。同友会は「憲法を含む国のシステムを改めることをためらうべきではない」と、第九条の見直しを視野に入れた考えを明確に打ち出した。政府・与党は財界とも一緒になって、着々と憲法「改正」の準備を進めている。

三　憲法第九条の「輸出」

コスタリカ憲法と平和積極外交

日本以外の国で軍隊を持たないことを憲法に明記している国は、人口わずか三八〇万人の小さな国、中米のコスタリカだけである。日本国憲法が制定された三年後の一九四九年にコスタリカ憲法ができた。その第一二条に「恒久制度としての軍隊を禁止する」と宣言し、以後五四年間、紛争の絶えない中米で常備軍を持たず、非武装を守り続けている。現在まで六〇回以上もの憲法改正が行われたが、骨格である第一二条だけはまったく変わっていない。

コスタリカは国として決して侵略的行為は行わないことを明示し、米州機構（ＯＡＳ、一九四八年発足）の米州人権裁判所や国連平和大学を誘致して外から攻めにくい環境を整えている。またコスタリカは、米州機構に「軍事協力はできない」ことを条件として加盟した。こうしたコスタリカの非武装・平和は、たしかに米州相互援助条約（リオ条約、四七年採択）という米国の軍事力を中心とする集団安全保障体制に依存したもので、七九年のニカラグア革命（サンディニスタ政権）成立後には米国の後盾てを得た反政府勢力（コントラ）の進入によって中米紛争

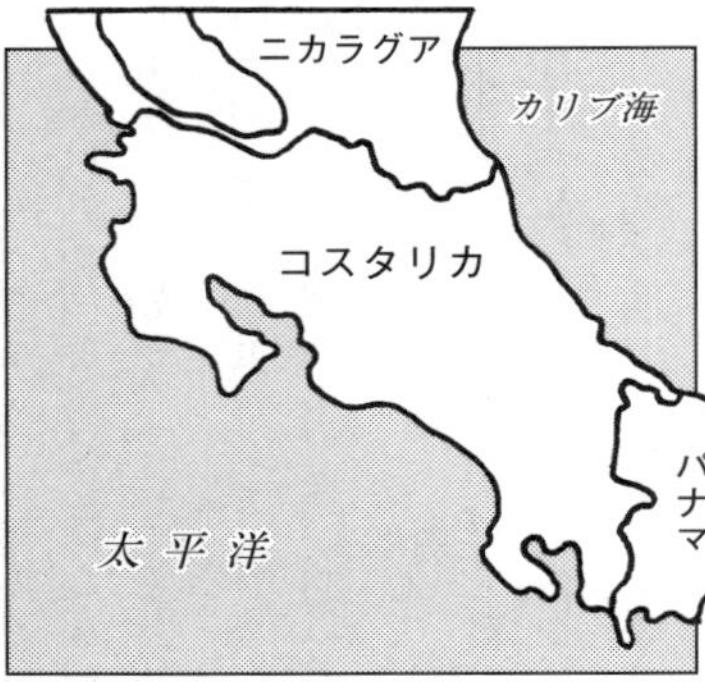

に巻き込まれ、軍事基地を提供したこともある。しかしそれ以後は、八三年に「永世的、積極的、非武装中立に関する大統領宣言」を行い、八六年には自ら中米紛争の仲裁に乗り出して平和的解決に積極的に取り組むなど、今日まで平和中立外交を堅持している。

米国からの基地要請があっても受け入れず、戦闘機一機、戦車一両も保持していない。軍事費がない分、国家予算の四分の一を教育費にあてて、識字率（九七％）、平均寿命（七六・三歳）、一人あたり国民総所得（三八一〇ドル）など中米でいずれもトップだ。

コスタリカ憲法は常備軍を持たないが、自衛・国防のための軍隊は組織できるようになっている。緊急時に大統領は、国会の三分の二以上の同意を得られれば自衛のための軍隊と交戦権を復活することができる。しかし現在まで一度も自衛権復活の発議はなされていない。

コスタリカ憲法は日本国憲法第九条と比べると規範レベルでは徹底性を欠いている。しかし、コスタリカの一般市民の平和意識・憲法意識の水準は、日本よりもはるかに高いという。日本では、「もし攻められたらどうするか」という旧来型の発想から抜け切れず、「必要最小限度の実力」と称する巨大な軍隊（自衛隊）を持っている。その軍隊が今、「自衛」ではなく、「介入」型または後方支援という名のもとの「参戦」型、「戦争加担」型に変質しつつあることはすでに述べた通りである。

日本は厳格な平和憲法を持ちながら現実政治の中で自衛隊を拡大してきた。しかしコスタリカは、憲法には自衛のための軍隊と交戦権復活の可能性を明記しつつも、国民の意思により過去五〇数年間、非武装を選択し続けている。

コスタリカは、戦争を回避するには対話と和解、そして国際的な権利の主張が大事だと考えている。だから、子どもの頃から物理的暴力で解決するのではなく、対話することを教える。実践的平和教育が徹底している。子どもに憲法を知識として詰め込むのではなく、実際に人権問題を解決するための力をつける教育を行う。「家庭の中から平和の実践者になる」という教育が日常的に行われているのである。

軍隊がないということは、国連の軍縮分野で発言力と説得力を持つ。オスカル・アリアス元大統領が一九八七年にノーベル平和賞を受賞したときの言葉は示唆に富んでいる。彼は、「軍隊を廃止し、平和教育を徹底し、清潔な選挙制度を確立して民主的制度を改革し、積極的な平和外交を展開すれば、外国から侵略されることはありません。コスタリカは常備軍を廃止したから、侵略を受けない平和国家になりました」と述べて、平和へ取り組むメッセージを世界のすべての人々に力強く発信したのである。

ハーグ平和アピール市民会議の決議「第九条を世界に！」

一九九九年五月一二日から一五日までの四日間、オランダのハーグでNGO主催の「ハーグ平和アピール市民会議」が開催された（第1章参照）。「戦争のない平和な二一世紀のために」を主題として世界一〇〇カ国以上から七〇〇を超えるNGOが参加し、約九〇〇〇人の平和運動家がハーグに集まった。日本からは広島・長崎の被爆者と両市市長やピースボートなどの市民グループら約四〇〇人が参加した。

この市民会議は一八九九年に第一回ハーグ平和会議一〇〇周年を記念して行われたものだ。会議の目的は特定の戦争を解決するためだけでなく、軍縮、戦争の防止、紛争の平和的解決のための恒久的な国際法をつくり出すことであった。とくに一九〇七年に開催された第二回世界平和会議では今日の国際人道法の基礎がつくられた。現在ハーグにある国際司法裁判所（ＩＣＪ）は、この平和会議で決定された常設国際司法裁判所を引き継いで発展させたものだ。また「非武装都市の攻撃禁止、不必要な苦痛を与える兵器の禁止」が盛り込まれた現行のハーグ陸戦規則もこの会議で改正された。一九九六年に国際司法裁判所が出した「核兵器の使用は一般的に国際人道法に反する」という勧告的意見も、ハーグ陸戦規則が重要な根拠になったと言われている。

市民会議最終日に「二一世紀の平和と正義への課題」と題するハーグ・アジェンダを採択し、その中で「公正な世界秩序のための一〇の基本原則」が盛り込まれた（六七頁参照）。特筆すべきは、一〇の基本原則の第一項に、「各国議会は、日本国憲法第九条のような、政府が戦争することを禁止する決議を採択すべきである」と記されたことだ。日本国憲法の理念が世界の平和憲法の旗印として掲げられたのである。日本国憲法第九条の「世界化」だ。

基本原則では、ほかに国際刑事裁判所規程の批准や対人地雷禁止条約の実施、あるいは武力に訴える前にあらゆる外交手段を尽くすべきであること、もし武力に訴えるとしても国連の権威のもとでなされるべきであること、「戦争防止地球行動」の計画が平和な世界秩序の基礎になるべきであること、核兵器廃絶条約の締結を目指す交渉がただちに開始されるべきであること、などが挙げられた。

こうした動きを受けて日本では市民会議終了後、ハーグアピール日本事務局を組織し、有事法制が着々と進められている日本の危機的な状況を世界に伝えるとともに、「憲法第九条の世界化」に向けた賛同を日本そして世界の市民社会に広く求める運動を起こした。また、日本事務局は二〇〇二年五月、「世界に訴える憲法第九条の危機」と題するアピールを作成し、日本国内の賛同者を多く募って市民会議国際事務局などへ送付した。

地球憲法第九条——オーバービーさんの「第九条の会」

世界のすべての国の憲法に日本国憲法第九条に盛られた諸原則を採択させようと、長期的な目標を立てて活動をしているNGOがある。湾岸戦争直後の一九九一年三月、米国オハイオ州に設立された「第九条の会」（Article Nine Society）だ。

設立を呼びかけたのはチャールズ・M・オーバービーさんで、一九二六年米国モンタナ州生まれの米国人である。現在はオハイオ大学名誉教授。日本国憲法第九条の理念は二一世紀社会の指導原理になるとの確信から、第九条はすべての国の憲法に取り入れるべきであり、まずは各国と国連が戦争防止と非暴力紛争解決についてその方法を真剣に検討するよう働きかける目的で創設した。

この動きに応じて日本でも「第九条の会日本事務局」（愛知県春日井市）が発足し、一九九二年二月に「第九条の会ヒロシマ」が、九三年三月には「第九条の会なごや」が組織された。湾岸戦争における軍事優先の解決方法が莫大な人命の犠牲と重大な環境汚染をもたらしたことを憂慮し、これらの組織は世界のすべての国々と国連に対して戦争防止と非暴力による紛争解決の可能性を真剣に検討するよう働きかけている。

創設者のオーバービーさんはＢ29の副操縦士として朝鮮戦争で嘉手納基地から北朝鮮への爆撃行動に従事した経験を持つ。暗闇にまぎれて地上五マイル（約八キロメートル）の高度から七〇トンもの爆弾を投下。無差別な殺人と破壊に手を染めたことで、戦争という名の組織的な殺人と破壊に取って代わる別の紛争解決の方法はないものかと、初めて思い抱くようになる。一九八一年に広島を訪問し、原爆資料館の展示を見て大きな衝撃を受ける。朝鮮戦争中、空軍中尉として三日に一度沖縄の基地から爆撃に参加していたが、そのとき上空からは見えなかった悲惨な光景と同じものを目の前にして愕然としたという。

1998年11月、名古屋での講演会に来日したオーバービーさんご夫妻。（写真提供：第９条の会なごや）

湾岸戦争のさなか、ブッシュ大統領は「新しい世界秩序」を口にした。その通り、とオーバービーさんも思ったという。しかしブッシュ大統領が描いていた新世界秩序とは軍事中心主義の上に立つものであった。オーバービーさんが必要と思っているのはそれではなく、日本国憲法の戦争放棄の諸原則を手本にした新秩序であった。憲法第九条は戦争防止を目指し、国際的な紛争解決に非軍事的・非暴力的な手段のみを用いるものだからである。

オーバービーさんは私たちにこう呼びかける。日本の人々自身が憲法第九条という誇るべきバッジを胸にして自国政府に積極的に働きかけるならば、日本は「良心的参戦拒否国家」として歴史的な新しい歩みを力強く進めることができるのではないか、と。

日本が「良心的参戦拒否国家」としてできることはたくさんある。たとえば、世界の飢餓と貧困を克服するための取り組み、難民問題への対処、人権抑圧の発生を減らす諸策、核兵器の貯蔵量をゼロにする具体的提案、通常兵器の輸出入による移転をとめる行動、非暴力行動と紛争解決のための啓蒙活動、天然資源を保護保存し環境破壊を少なくするための諸策、持続可能な社会・経済開発協力、などが考えられる。

また日本は、国連憲章第六章「紛争の平和的解決」第三三条に謳われている非暴力的手段を用いることで予防外交や戦争防止の面で世界規模でのリーダーシップを発揮することができる。筆者は、このように非暴力・非軍事的手段を用いて世界の安全と平和を構築していくことが日本の役割であり責任であると思っている。

オーバービーさんは二〇〇三年一月に開催された「第九条の会なごや」の総会に次のようなメッセージを日本にいる私たちに書き送ってくれた。「第九条は日本の憲法です。したがってこれを守ることができるのは、平和を愛する皆さん方日本の人々だけです。この地球上に住む私たちすべての人類のために、皆さんが最大限の努力で第九条を守ってくださるよう、私は皆さんを激励したいと思います」と。

また、オーバービーさんは同年五月、憲法第九条を合衆国憲法の前文にほぼそのまま取り入れて米国の憲法修正提案を準備していることを伝えてくれた。この修正案条項は、米国が国内紛争を自国の「法の支配」のもとで解決しているのと同じように、国際紛争も国際的な「法の支配」のもとで非暴力的手段によって解決することを柱としている。それゆえ、米国が国連、国際司法裁判所、国際刑事裁判所、そしてすべての国々と協力して国際社会で働くことを合衆国憲法に盛り込むよう提案している。多くの国際法、国際協定、条約議定書に従うことを憲法に明記しようと言うのである。もし国際的な警察行動が必要になった場合には、「地球上で最も弱い国から最も強い国まですべての国に公平な管轄権を持った国連警察部隊が対処する」としている。

憲法第九条を盾にして「無防備地域宣言」を！

ジュネーヴ条約第一追加議定書（以下「第一追加議定書」）という国際法がある（第3章参照）。戦時における傷病者、捕虜、文民などの保護を定めた「ジュネーヴ四条約」（一九四九年署名）に追加して、一九七七年に採択された。一五四カ国が署名し、二〇〇三年の時点で一五九カ国が加入している（日本は非署名・未加入）。この第一追加議定書の五九条に、「紛争当事国が無防備地域を攻撃することは、手段のいかんを問わず禁止する」とある。無防備地域となるには、次の四つの要件を満たす必要がある。

（1）すべての戦闘員ならびに移動兵器および移動軍用施設が撤去されていること。
（2）固定した軍用の施設または造営物が敵対的目的に使用されていないこと。
（3）当局または住民により敵対行為が行われていないこと。
（4）軍事行動を支援する活動が行われていないこと。

五九条二項には、無防備地域を宣言する主体は「国」という表記ではなく「適当な当局」となっている。「適当な当局」とは、地方自治体を含む。日本政府はこれを否定しているが、しかし、今日、これは国際的な常識となっている。

一九八五年、奈良県天理市で「無防備地域」を宣言しようという動きがあった。地方自治体として「非核無防備平和都市条例」を制定するための直接請求が行われた。これに続いて八八年には東京都小平市で、また二〇〇一年六月には大阪府泉南市でそれぞれ「非核都市平和条例」制定の動きがあった。いずれもそれぞれの市議会で否決されたが、そのほかにも北海道苫小牧市、東京都豊島区、東京都北区、大阪市（市内八区）などの自治体および市民の間から同様な動きがあった。

その国・地域に生活するすべての人々の生命や財産を守るためには、軍備に拠らない防衛・抵抗の方がはるかに目的に合致する。有事三法に続いて憲法第九条を変え、集団的自衛権をも行使できるようにするのではなく、非軍事・非武装という徹底した平和主義を通すことである。この方が現実的で効果があることは、戦争によって生じる計り知れない惨禍、壊滅的な損害と比べたらすぐわかる。

無防備地域宣言をするということは、自分たちの地域を非軍事化することだ。自衛の戦争も含めていっさいの戦争に協力しない、人殺しに加担しないことを宣言することである。「私たちは戦争する気がありません。協力する気もありません。したがって戦うための道具など持っていません。だから、攻めないでください。もし攻めたら戦犯と見なされ罰せられますよ」と言うのである。第二次世界大戦で沖縄の渡嘉敷村の前島が日本軍の駐屯を断ったため、米兵は上陸したが島は攻撃されなかった例もある。

無防備地域宣言をするためには、その地域にある兵器や軍用設備を撤去し、地域内にいる戦闘員（自衛隊や米軍）を排除する必要がある。「戦争放棄」と「軍備および交戦権の否認」を明確に謳っている憲法第九条を盾にして、これまでに各都市で行われている「平和都市宣言」や「非核都市宣言」をさらに数歩前進させること、そして市町村から戦争システムに反対し、戦争加担を地域で拒否する運動を起こし、第九条の理念を地域レベルで実現していくこと、これらは「平和は私たちの地域から」の実践である。

欧州憲法に「平和条項」を！

欧州連合（ＥＵ）が欧州憲法をつくろうとしている。ＥＵ加盟国は現在（二〇〇三年）一五カ国だが、二〇〇四年五月には中東欧の一〇カ国が新たに加盟して計二五カ国になる予定である。欧州憲法は、そもそもどんな欧州を実現させたいのか、意思決定の仕組みをどうするか、国際社会で欧州が発言力を高めるためにはどういう政策立案が必要かなどの基本原則をつくろうとする試みである。

二〇〇三年七月、ジスカールデスタン元仏大統領が議長を務めるＥＵ諮問会議は欧州憲法草案をまとめた。同年一〇月に政府間会合で最終案を作成し、〇四年五月頃に加盟国が署名したのち、各国で批准するという手続きが考えられている。

欧州憲法草案の骨子は、基本権憲章で民主制を基本にすること、欧州議会を設置しEU大統領の任期を二年半とすること、EU部隊は平和維持と人道支援などに貢献すること、各国議会はEU政策への修正意見を提出できること、労組・教会やNGOと定期的な対話をして一〇〇万人以上の署名で新政策を検討すること、などである。これに対してフランスの平和運動を担う市民グループは、欧州憲法の第一条に次の「平和条項」を盛り込むように提案している。

「欧州は、戦争を国際紛争解決の手段とすることを拒否し、平和の権利を基本的権利として認める。欧州は平和的、民主的国際秩序の創出を促進し、国連の強化・民主化および国際協力の発展を支持する」。

なんと日本国憲法第九条に似ていることか。前半の「戦争を国際紛争解決の手段とすることを拒否し」は、第九条第一項の「国権の発動たる戦争と、武力による威嚇又は武力の行使は、国際紛争を解決する手段としては、永久にこれを放棄する」と類似している。さらに、それに続く「平和の権利を基本的権利として認める」の文言も素晴らしい。「平和の世紀」と謳われてスタートした二一世紀の「地球是」としたい。

各国に「平和省」の創設を！——グローバルピースキャンペーン

二〇〇三年末から〇四年初めにかけて、グローバルピースキャンペーン（千葉県鴨川市）のきくちゆみさんは「米国に平和の大統領を」という名のキャンペーンを行った。次期大統領選（二〇〇四年一一月）でブッシュ現大統領（共和党）が再選してしまうと、米国の「戦争中毒」は続き、グローバル化は加速してさらなる貧富の差が拡大し、環境悪化をもたらす。それを阻止するために大統領選にオハイオ州下院議員デニス・クシニッチ氏（五六歳）が立候補できるように、ここ日本からも応援しよう、と呼びかけたのである。

クシニッチ氏は二三歳で市議に初当選し、三一歳でクリーブランド市長に当選。米国の大都市では最年少の市長となった。そして一九九六年に下院議員に初当選し、これまで四期務めた。彼は原発の撤廃と全世界の核兵器や大量破壊兵器の廃絶、そして「平和省」の創設などを訴え続けている。

クシニッチ氏は、イラク市民の健康と生活を破壊するのに何千億ドルも使うのになぜ米国国民全員に保健医療システムを充実する金がないのか、米国はサダム・フセインを引きずり下ろすのに何千億ドルも使うのになぜ自国民の退職保険を保護する金がないのか、イラクのユーフラテス川の橋を爆破する金はあるのになぜここクリーブランドのクヤホガ川に橋を建設する金がないのか、と問いを投げかけている。そして、米国がとるべき道は「繁栄を導くような平和」で、それは健全な経済システムのもとですべての人々が基本的な生活環境や人間の価値を保障する平和構造を構築することだ、と主張する。そのために米国政府内に「平和省」を創設しようと提案し、米国が非暴力を基本原則としてその第一歩を歩んで、マルティン・ルーサー・キング牧師の仕事を現実のものにしようと呼びかけている。

結果的にはクシニッチ氏が数ある有力民主党候補の中から指名されることはなかったが、しかし、きくちゆみさんが言うように、彼が指名されなくてもそれに向けて健闘するだけで、彼のメッセージや政策・ビジョンが米国の主要メディアで取り上げられた。「この〔贅沢な〕暮らしを守るには戦争〔人殺し〕も仕方ない」と考えている大多数の米国人に大きな影響を与えるだろう。

市民の手による平和づくり――NGO非戦ネットの呼びかけ

二〇〇二年七月、日本のNGO関係者有志が集まって対テロ戦争と有事法制に反対する「NGO非戦ネット」が発足した。武力によらない紛争解決を求め、NGOだからこそ発信できる声を広く市民に呼びかけるNGO有志によるネットワークである。NGO関係者一四人が呼びかけ人となり、二〇〇三年一二月現在で賛同者は一七三人、二九のNGOが賛同団体となっている。

紛争や貧困、飢えの問題に取り組む個人や団体が共に行動し、対立を対話に変える努力を積み重ねることで、真の平和創造が可能になると呼びかけ、非戦・平和のためのさまざまな行動や海外の平和ネットとのつながり、また、賛同している団体・個人の非戦・平和のための行動を支援している。

ＮＧＯ非戦ネットは、憲法制定の歴史的経緯と意味、とくに平和憲法と非戦の思想は日本が世界の平和に貢献する比類ない資源であり財産であることを指摘した上で、自分たちの役割を次のように表明している。「しかし、私たちはこの財産を活用して平和づくりの実践を積み上げていくことを怠っていました。政府のみならず私たちＮＧＯも市民の立場でもう一度非戦の理念に立った平和づくりに取り組まなければなりません」（市民のつくる「ＮＧＯ非戦ネット」声明『真の平和と安全保障を――紛争と貧困の現場から』二〇〇二年八月発信）。

この声明は、ＮＧＯの今までの取り組みの反省であり、これからの日本のＮＧＯ活動の基盤および指針づくりの出発点になるものである。二〇〇三年三月、ＮＧＯ非戦ネットは対イラク武力行使への反対と非協力を日本政府に要請する署名活動を行い、個人一万三六九四名、ＮＧＯならびに市民団体など一四九団体から賛同を得てこの要請を外務省に提出した。同年五月には「有事法制に反対するＮＧＯ非戦ネット緊急声明」を出した。しかしこの緊急声明はＮＧＯに限定したこともあってわずか二二団体の賛同にとどまった。その後、イラク特措法成立とそれに基づく自衛隊派兵など状況がより緊迫したが、ＮＧＯ非戦ネットは「ワールド・ピース・ナウ」という、より大きな反戦運動の一構成員として、平和・人権問題に取り組んでいる。

国民保護法制や米軍の行動に関する特別措置法などの有事法制集大成、さらには憲法「改正」へと走る今の政府の行動に対して、「非」政府組織であるＮＧＯはどういう姿勢でのぞむべきか。どういう視点、どういう歴史認識・歴史観に立って活動を進めていくかが問われている。

平和づくりは、政府や国連だけに責任を預けるのではなく、私たちの課題であり責任である。国境を越えた交流と協力を通して、地域における平和・共生の運動を網の目のように無数に張りめぐらそう。そう呼びかける必要がある。そうすることが、市民の手で市民の安全保障、平和を築いていくことにつながる。ＮＧＯの存在意味と役割はまさにそこにある。ＮＧＯ間のネットワークまたは連帯・協働は、そのためにあることをもう一度想い起こしておきたい。

おわりに――剣と槍を置き、鋤と鎌に打ち直そう

二〇〇三年五月一日（日本時間五月二日）、ブッシュ米大統領は太平洋上の空母エイブラハム・リンカーン艦上で、「イラクにおける主要な戦闘作戦は終了した」と演説した。得意げに演説しているブッシュ大統領の後ろには「任務は成し遂げた」（MISSION ACOMPLISHED）と書かれた横幕があった。その数時間後、小泉首相は訪問中のギリシャ・アテネ市内で記者団の質問に応えて、「多くの犠牲者を出しながら、イラクの自由のために戦った連合軍に敬意を表したい」と語った。

筆者だったらこう言う。「ブッシュ大統領、国連憲章に違反したあなたの罪は重い。国際法に従って、あなたを国際刑事裁判所の審判に委ねよう。もう、戦争はやめよう。日本はどんな国際紛争があっても、その解決のために武力を使うことを永久に放棄した国です。武器を置いて、世界の貧困と取り組む道を一緒に探そう。武器に使ったお金を、これからは平和をつくるために用いよう」。

ニューヨークの国連本部の建物に面した小さな公園の壁に旧約聖書の言葉が刻まれているのをご存じだろうか。こう書かれてある。

「彼らは剣を打ち直して鋤とし、
槍を打ち直して鎌とする。
国は国に向かって剣を上げず、
もはや戦うことを学ばない」

（「イザヤ書」二―四）

まさに国連憲章の精神を表現している。日本国憲法第九条の「輸出」とは、すべての国に向かって、剣と槍を置き、鋤と鎌に打ち直そうと呼びかけることだ。もはや戦うことはやめよう。非暴力で平和を創ることを学ぼう。

コラム②

人権とNGO
——人間存在のかけがえのない可能性の発見へ

日本福祉大学
教員　生　江　明

復讐の禁止

九・一一事件のあと、しきりに思い出す人がいる。その人の名は日本山妙法寺の藤井日達《にったつ》上人。一九年前（一九八五年）に一〇〇歳で亡くなった。南無妙法蓮華経と大書されたうちわ太鼓を叩いて、日本国内だけでなく、米国の大地をインディアンの人々と原水爆禁止を訴えて行進することもあった（コラム⑤参照）。その太鼓を打ち続ける姿で非暴力の平和を主張して、長年にわたり世界の人々の前を歩き続けた。そして今、絶望の淵にいてもその太鼓を叩き歩き続けるその幻の姿をトマホークが飛び続けたアフガニスタンやイラクの大地になおも見る思いがする。

「目には目を、歯には歯を」というイスラム法の原則は、復讐がそれ以上に発展することを神への罪とする。「右の頬を打たれたら左の頬を出しなさい、汝の敵を愛せよ」と呼びかけるイエスの言葉もまた復讐の拡大を戒める。復讐がもたらす際限のない殺戮が未来を食いつぶすが故である。ともに大天使ガブリエルの啓示によって生まれた二つの宗教が世界宗教へと発展していったのは、憎しみに満ちた現実の中で人間が人間であることに踏みとどまるための勇気と誇りのありかを敵・味方の両者に示したからだと私は思う。

人間の歴史には、己の主張や欲望を、相手の意思をお構いなしに踏みにじり押し通そうとする人々が繰り返し繰り返し現れた。その中で、近代の科学技術文明は、己の主張や欲望そのものをとらえ直すことなく、効率的に欲望を達成する道具のみを急速に発展させてしまった。まるで自分

藤井日達上人（先頭の車椅子）ら日本山妙法寺の僧侶たちによる平和行進。
1982年８月12日、セントラル・パークへ向かって。（写真提供：日本山妙法寺）

の欲しいジュース缶を自動販売機の前ですぐ手に入れようとするかのように。欲望がすぐに満たせられない場合、自動販売機は「間違ったもの」として攻撃されるか、「役に立たないもの」として遺棄される。さらに、こうした攻撃性を正当化するための根拠や理屈に「理念」「理想」という名を与えようとする。

こうしたこらえ性のない自己肯定によって決めつけられた敵の存在は、その自己肯定が続く限り、あるいはその敵が殲滅されるまで消えることはない。なぜならその敵は自己肯定が生み出したものであり、敵の存在は肯定されるべき自己を脅かすものだからだ。この固定化・絶対化された自己肯定は同時に敵の固定化を生む。それは終わりのない戦いと相手の殲滅へと向かう。

寛容の思想

二五年前、カンボジアのポル・ポト政権は自らが敵と見なした人々、僧侶や教師を含む一〇〇万人余りを粛清抹殺した。「敵は殺せ、効率的に殺せ」とまるで近代工場の生産性向上に見まがう原則を社会に適用したのである。

敵・味方、善玉・悪玉、正統・異端という二元論は人々を自己肯定の陶酔に誘い込む。世界は今、強者が声高に叫ぶ「自分たちに従うか、否か」という問いかけの正当性こそを吟味しなければならない。

二者択一の議論を超えるものとして人類の歴史の中で育まれてきたのが「人権」である。他者との違いをあるがままに受容する「寛容」の思想が生んだ「人権」は敵・味方の双方を乗せる舞台だ。

「ヒューマン・ライツ」（基本的人権）は人間をして他者を軽んじたり、差別したり、殺したりすることに都合のよい如何なる理由も与えないための「平和」の言葉である。

この言葉が生まれた一七世紀のヨーロッパは三〇年戦争に代表される戦争の世紀と呼ばれていた。ドイツのカトリック教会とプロテスタントの争いに端を発してヨーロッパ諸国を巻き込んだこの戦争では、さまざまな理由から人によって人が殺され続けた。「プロテスタントの信者だから」「ゲルマン民族だから」「フランス人だから」「貴族階級の人間だから」などの理由からだ。人々を区分し、差別化することによって敵味方や貴賤を峻別し、相手への攻撃を合理化する理屈が飛び交う中で、それらの差別を無化する概念として生まれたのが「ヒューマニズム」（ユマニスム）の思想である。ヒューマン・ライツとは小春日和の温和な風土から生まれたものではない。寛容という言葉とともに、血塗られた大地に咲き出でた希望の思想だったのである。それは他者との違いを前提に共存・共生する「平和」のツールでもあった。

第二次世界大戦終結から三年経った一九四八年に国連が「世界人権宣言」を採択したことの意味は大きい。人が希望を持って生きる権利はすべての人々が生まれながらに有したものであり、それを蹂躙する権利は国家を含むいかなる存在にも認めないと宣言したのである。言い換えれば、いかなる種類の殺戮や支配、弾圧もその正当化を許さない原理として確立されたのである。これを踏みにじるものは人類そのものを否定することになる。

個の尊厳

人間が生きていることの意味は生きていることそのものの中にある。富、名誉、地位あるいは偏差値の中にはない。生きていることの意味を富や名誉の中に求めるのは、それらがその人にとって人生の指標となっているからである。その指標の獲得に熱中するあまり、人生の努力目標がいつのまにか人生の目的そのものにすり替わる。誰よりも速く、大量の目的を達成することを望む。求めるものへ無駄なく一直線に突き進む。この目標設定は、言い換えれば、自分自身を自己の目的にとって「役に立つ」人間に仕立てていく競争でもある。

その対極の世界を痴呆性老人の中に見事に描いてみせたドキュメンタリーがある。「心を開いて笑顔を見せて」というタイトルのＮＨＫ松江放送局制作の番組（一九九五年秋）である。島根県松江市に精神科医が開設した痴呆性老人デイケアセンターを記録したものである。そこには一五人の重度の痴呆老人が通ってくる。主な症状は記憶障害である。数時間前のことがどうしても思い出せないのである。このセンターでは薬物療法などは行わず、忘れても忘れても楽しい時間を共につくるプログラムに力が注がれている。ある高齢者の女性は、ごみ箱の中からまだ使えると思われる箸袋の紙や紙くずを集めるのを日課としていた。

一般にはその行為は「痴呆による異常行動」と見なされがちである。そしてそれらの行動を「異常」と見たときから、そうした行動をとる人々の人間性は「正常者」の側から見えなくなる。痴呆者としてしか見えなくなる。「何をしでかすかわからない人」に仕事は与えられなくなる。何か問題の部分があると「異常」と見なし排除するこうしたやり方は工場の不良品検査と酷似している。イジメ、落ちこぼれ、リストラ、過労死、女性・高齢者差別、そのいずれにも不良品排除の原理という日本社会の病理が見える。

しかし、私の目にはその行為は異常とは思えない。そもそも何をごみと見なすのか。それはすぐれて主観的な判断である。他人が捨てたものはごみ、ごみ箱に入っているものはごみ、というのはお手軽な理屈でしかない。他人が捨てたものを彼女が拾い集める行為は、役に立たないものとして社会が捨てた「痴呆」という名の彼女自身を、「いいえ、私はごみではないよ」と拾い集めている作業にも見える。ごみは自らを定義しない。捨てる人が何がごみかを決定する。言い換えれば、何を捨てるかでその人自身が逆に見えてくるのである。

人間はそれぞれすぐれて個別的であり、かけがえのないもの（代替性のないもの）である。「役に立つか、立たないか」の二元論を受け入れたとき、「役に立つもの」だけが選ばれ、「役に立たないもの」は不必要とされ視野から消えていく。「役に立つもの」と自負していた自分が、「役に立たないもの」とされたときに、人は自らの論理で自分自身をごみ箱に捨てることになる。

ごみを捨てることで美しくなった社会は、ごみの山に立つ女神のようなものである。女神とごみが不可分なのは両者がかつては一つのものだったからである。効率性という女神をつくり出す原理は同時にごみをも生み出した。

冷戦が終わって世界はますます不安定になっている。かつての高度成長期時代の日本の政治の役割は利益をいかに人々に配分するかであった。しかし、環境問題が地球上の至るところで先鋭化している今、これまでの生産性至上からの脱却が求められている。環境への負荷や社会福祉の負荷をどのようなレベルで人々がそれぞれ担っていくのか、その負荷負担の配分こそが今の政治の仕事である。しかし、この負担を求める前提には応分の負担に見合うだけの社会がいかに展望されているかをまず明らかにしなければならない。

利益の大きさや収入額だけを示せば事足りる時代ではすでにない。生産性向上のために闘う戦士に早い老いがやってくる。ごみとして捨てられる軍事戦闘型の社会モデルから、多様性をエネルギーとする社会モデルへのパラダイム転換が求められている。そして、次の時代を託す子どもたちに、これまでの時代の問題とこれからの時代の希望をどう伝えていくのかが問われている。「役に立たない者」を「ごみ」として選別し捨て続ける限り、今度は私たちがごみとなるのは必然である。

人々を力とする

一見客観的で、その実は、画一的な主観による既成基準を以って、その基準に適合しない人間をごみとして排除し続ける世界。こうした社会を変えるためにＮＧＯは何をなすべきであろう。それは、「社会の底辺に押しやられた人々」あるいは「ごみ」扱いされている人々に職業訓練を施し、「有用性」を高め、パワーアップする（「人々に力をつける」）ことではなく、そのように排除されてきた人々をエンパワメントとする（「人々を力とする」）ことではないのか？　一人一人が持てるものを出し合い、そこから相互に生み出される多様な可能性が個々の状況にしなやかに対応していくとき、私たちはこれまで気づいていなかった互いの潜在的可能性までをも目のあたりにすることができるだろう。

そして、その人がその人であることによって輝くとき、私たちは、共にかけがえのない人間であることを知る。人は不足しているものを与えられて輝くのではない。自分が他者や社会にとってかけがえのない存在であることを知るとき、その能力の高さによってではなく、人とつながりゆくその深さによって、人には誇りと自信が満ちてくるのである。ヒューマン・ライツは、復讐や敵の殲滅からではなく、その断念によって人類が手にした誇りと自信のありかを示すものだ。ＮＧＯは、「敵を殺せ」「敵を沈黙させろ」という暴力的圧倒性に頼ろうとするこらえ性のない精神の中にではなく、異なる相手（ヒューマン）にさえ合意と協力を生み出す排除を拒否するしなやかな精神の中に、自らの未来の展望を見出す必要がある。

そう考えるとき、日本のＮＧＯが着手すべきは、この日本社会が果たしてヒューマンたる人間の幸せを実現しようとしている社会なのか、それとも「自動販売機のような人間」を至上の存在として目指す社会なのかを今一度深くとらえ返す作業である。そしてＮＧＯによるこのとらえ返しは、平和的な世界へ向けて打ち鳴らされる一本のうちわ太鼓のばちとして、まずは自分たち自身の身体に響かせなければならない。強者になった指導者でなく、この世にあるものの可能性とそれゆえの人間存在のかけがえのない可能性の多様な発見に向かって、平和的な世界を形成していく存在となることが、現代のＮＧＯに課せられた使命であると私は考える。

　愚直なまでにその太鼓を打ち続け、敵味方に分かれた人々の目の前を歩き始める藤井日達上人の存在は、敵か？味方か？ではなく、両者を共に照らす第三番めの極の象徴として現れる。それはパンドラの箱に最後に残っていた「希望」という名の、絶望の淵においても人間が失うことのできないもの。人は、自らの内にこの第三極を持つことによって、悪無限な敵対関係の桎梏から離れることができる。

第Ⅱ部

「平和」と「人権」を脅かすもの

その根本原因にいかに立ち向かうか

実情

他者を受け入れ、お互いの人権を認め合うことでつくり上げられるべき平和への試みを、いったい誰が脅かしているのか。第Ⅱ部では「戦争の世紀」と言われた二〇世紀へ退行する現実に目を向け、暴力を生み出しているさまざまな構造を明らかにする。貧困と教育不足によって母子感染が広がるエイズ問題と、その治療薬を独占する多国籍企業と途上国政府との壮絶な闘い。ダイヤモンドやコルタン（携帯電話の充電池などの原材料）といった希少鉱物の資源占有をめぐる部族間・隣国間の激しい対立と、その原因となっている紛争経済。開発と環境をめぐって生じる人権侵害。世界を圧倒的な武力で支配しようとする米国一国主義。女性が戦争の中で受けてきた戦時性暴力の構造。これらの事例が取り上げられる。

第5章　ＨＩＶ／エイズ対策と世界の健康
――子どもたちとの出会いを通して未来を考える

アフリカ日本協議会
代表　林　達雄

はじめに――生き延びる子ども、死を待つ子ども

ここに二葉の子どもの写真がある。一人はブラジルに住み、一人は南アフリカ共和国に暮らすが、二〇〇二年四月現在で、ともに一一歳の子どもたちだ。この二人には共通点がある。大きな共通点は二人とも親からエイズウイルス（ＨＩＶ）をもらったことである。そして二人とも、それぞれの国の中でも決して裕福な家庭に生まれたのではない。しかし、二人には大きな違いがある。一人は将来の夢を語ることができ、もう一人は自分が大人になる前に死ぬことを知っている点である。

ブラジルの女の子は、国からただで薬がもらえるため、ウイルスを体の中に持っていてもエイズとして発病しないで生き続けることができる。毎日決まった時間にたくさんの薬を飲まなければならないし、副作用も気になる。今使っている薬もいずれ効かなくなるかもしれない。医療上のことだけでも、簡単ではない。学校でも彼女の素性が知れわたっているため、同じクラスの仲間たちから避けられ、心を許せる友達は数えるほどしかいない。しかし、

ブラジルの11歳の少女。エイズウイルスに感染しているが、治療を受けることができる。

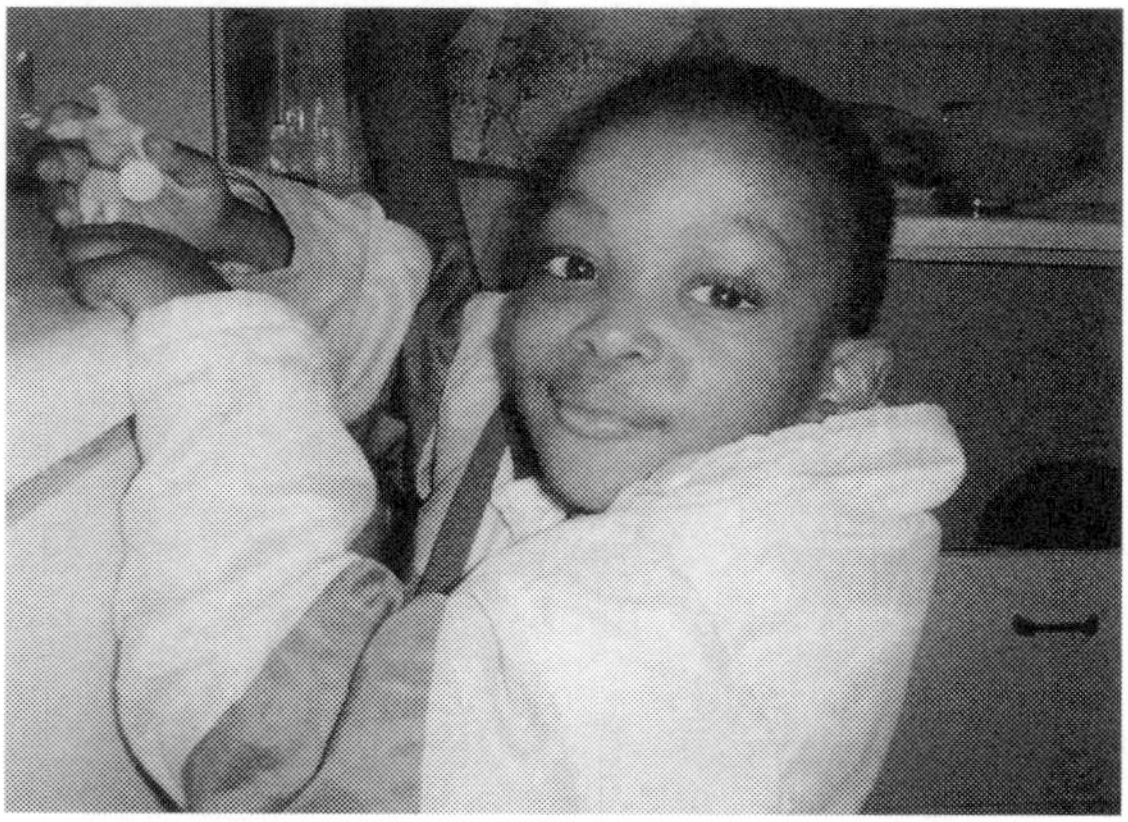

南アフリカの11歳の少年。エイズウイルスに感染している。ヨハネスブルクの施設にて、死を待たざるをえない。

そんな諸々の問題がすべて小さく思えるほど、南アフリカの男の子との差は大きい。少なくともブラジルの女の子は、もっと良い治療法ができることを待つことができる。客観的に見ても彼女が二〇歳まで生き延びる可能性はかなり高い。何よりも、彼女自身がそう信じ、希望を持っている。

一方、南アフリカの男の子は、死を待つ施設にいる。彼は治療薬を与えられていない。私と出会った時点ですでにエイズの症状が出始めていた。エイズウイルスを体に持ちながら生きている人間の最期はあっけないほど早い。本稿の草稿を書いていた二〇〇二年一二月までの八カ月間にすでに死亡している可能性すらある。私のエイズを訪ねる旅の中で最もショックを受けたのは、子どもたちがホスピスに入っていることだ。また、そうした施設に入れる子どもはほんの一握りで、見えないところで多くの子どもたちが死を待っていることだ。そしてこうした状態は今後も確実に増え続ける。

エイズは不治の病だと思っている人が多いかもしれない。しかし、それはもはや過去のことだ。治療薬の進歩により、先進国では生き延びることができる病気になっている。一九九五年を境に、エイズウイルスに感染しても、薬さえ飲み続ければエイズとして発症せずに生活できるようになったのだ。当時のことを日本の薬害エイズの当事者の一人、花井十伍さん（薬害エイズ訴訟大阪原告団、ネットワーク医療と人権）は、「奇跡が起きたかと思った」と語っている。しかしその奇跡は途上国に暮らす貧しい感染者の多くには届いていない。九五年を境に、エイズに感染しても生き延びることのできる者と、死を待つしかない者との間に「寿命の格差」が生じたのである。その原因は貧富の格差によるだけではない。九五年に設立された世界貿易機関（ＷＴＯ）の政策が途上国のエイズ治療を大きく妨げた。これは国や世界に影響力を持つ施政者たちの問題だと言える。

エイズは大人たちの問題だと考えている人も多いかもしれない。たしかにその大半はセックスによる感染や日本の薬害エイズのように血液を介した感染であり、大人の問題である。しかし、母親がエイズウイルスを持っていると、三分の一程度の確率で、生まれてくる子どもに感染する。写真でここに示した少女少年のように、子どもが直接の被害者になりうるのだ。エイズを免れたとしても、エイズの親を持つ子どもたちは両親を失う可能性が高い。こうしたエイズ孤児たちの数は、二〇〇一年末の段階で一四〇〇万人にのぼっている（UNAIDS, *Report on the global HIV/AIDS epidemic*, 2000）。

私たちはこうしたアフリカの子どもたちを待ち受ける現実の前で、この状況を変えることができるだろうか？答えはイエスである。正直に言うと私自身も実は敗北者になりかけていた。口ではイエスと言いながら、内心揺れていた。しかし、今は確信を持ってイエスと言える。そのきっかけをつくってくれたのが、このブラジルの少女との出会いであった。私にも写真の二人と同じ年頃の甥っ子がいる。独身で子どものいない私にとってこの甥っ子は、私が死んだあとも生き続けてくれるはずの、未来の象徴である。写真の二人も同様に未来に向けて生き延びて欲しいと願っている。しかし、もし私が甥っ子と南アフリカの男の子だけしか知らなかったら、南アフリカの子どもたちのことはあきらめていたかもしれない。

南アフリカと日本を一人あたりの平均所得で比較すると一対一〇の差がある。アフリカ地域で最も経済水準が高い南アフリカでさえ先進国日本と比べればかなりの経済格差がある。日本に住む甥がもしエイズに罹ったとしても、最新の治療がもちろん可能だ。しかし南アフリカでは無理、ましてや他のアフリカ諸国では絶対に無理という気持ちになりやすい。ところが、南アフリカとブラジルの平均所得は一対一・四程度の差である。現在のブラジルは決して先進国と肩を並べるほどの経済大国ではない。それにもかかわらず、先進国にも負けないエイズ政策を断行し、この写真の女の子に象徴されるブラジルの多くの子どもたちに、将来への希望を与えた。ブラジルの政策は子どものいのちを守ったのである。ブラジルについて詳しい小貫大輔さん（チルドレンズ・リソース・インターナショナル代表）の言葉を借りれば、それはまさに革命であった。ブラジルはまず、米国や製薬会社からの圧力に屈せず、薬の国産化を図り、ブラジルを世界で最もエイズ治療薬の安い国にした。さらに税金を投入してエイズ治療薬を無料化したのだ。

ブラジルが行ったことは世界に勇気を与えた。ブラジルにできたことなら、他の途上国でもという希望をもたらした。実際アジアでは、タイがブラジルに近い政策をすでに実施している。たしかにブラジルやタイよりもさらに経済的に貧しいアフリカの国々がこうした政策を一国単位で行うのは困難だが、しかし国を超えて世界が力を合わせれば決して不可能なことではない。私は根拠のない夢物語を話しているわけではない。その証拠に、二〇〇一年から〇二年にかけての世界規模の運動により、貧しいエイズの子どもたちを守るための第一段階はすでに突破しつつある。それは薬の値段を下げるために世界の仕組みを変えることであった。南アフリカで起きたエイズ裁判（後述）での勝利はＷＴＯの規定を変更させるきっかけとなった。その勝因は大きく見て二つある。一つはエイズに感染している当事者（大人たち）が立ち上がったこと、もう一つは一〇〇万を超える署名が世界各地から集まったことである。エイズをめぐる世界の状況は、その二年間に急速に変化したのだ。どこかの偉い人が変えてくれたのではなく、それを望む人の意志が変えたのである。

戦いは今、第二段階に入っている。それは、「未来の生存」を必要としている世界の貧しい人々に薬品等を無料で届けること、そして、お金の流れを含めて世界の仕組みをその方向に変えていくことである。二〇〇二年七月にバルセロナで行われた世界エイズ会議では、開会式の壇上に上った主催者たちが、「世界が結束してこの課題に立ち向かおう」と呼びかけた。その前年には、これを実行するための「エイズ・結核・マラリアと戦う世界基金」が設立された。残念ながら、日本をはじめとする先進国の政治指導者たちは、エイズ対策を含む政府開発援助（ODA）を政治的駆け引きの道具として使おうとしているため、この問題に本気で取り組むことには消極的だが、状況はある日突然変わるかもしれない。「政治」に関わる問題は、変革を望む人々の数が一定数を超えたとき、逆転しうるものだ。だから勝敗の鍵は、今この文章を読んでいるあなたを含めて、世界の一人一人が握っていると言えるのである。

今の世界はとても強固で、動かすことなどとても不可能に見える。しかし世界人口の一人一人は目には見えない確実な一票を持っている。たとえばある署名に、ある一定数以上の人々が応じれば、事態は一変する。至るところでマスコミが動き出し、弁護士や裁判官が本気になり、良心的な国の政府がそれに呼応するようになる。そうなれば勝利は近い。そしてもし勝利し、ルールや枠組みが変われば、それまで否定的だった学者や専門家、官僚たちも掌を返したように動き始める。変化のきっかけをつくった人やそのグループは、最初は世間に奇異な印象を与え、危険な活動家（アクチビスト）として警戒される。しかし変化が起きたあとは、一転して壇上に祭り上げられ賞賛を浴びることになるだろう。

もちろん、重要なのは、世界を変化させ、目的を遂げることにある。ここではエイズの子どもたちのいのちを守ること、そして子どもたちが孤児として取り残されないために、その両親のいのちを守ることである。それはエイズ問題だけにとどまらず、戦争や環境破壊から人々のいのちを守ることや、地球上の子どもたちの未来に希望を与えることにもつながっていく。繰り返せば、その鍵はあなたが握っている。専門家でも医者でもなければ、政府高官でも国連職員でもない、世界人口六〇億を構成する私たち一人一人が握っているのだ。

二〇〇二年末の時点で、世界では三〇〇万人の子どもを含む四二〇〇万人がエイズに感染し、それ以前にすでに二〇〇〇万人が同じ理由で死亡している。しかも、この状況は感染爆発の初期段階と言われ、感染者、死者ともに増加を続けている。ケニアの女性感染者グループ「エイズとともに生きる女性たちのネットワーク」の代表アスンタ・ワグラさんは、〇二年一一月にアフリカ日本協議会の招待を受けて来日した際、「私たちはすでに第三次世界大戦の渦中にいる」と語った。途方もない現実である。私も医者の端くれである。しかし、医者一人が治療に赴いたところで、できることは限られている。私は日本のNGOの一員でもある。しかし、NGOが行う小規模な現場活動だけで解決し切れる問題ではない。「エイズの現実に対して、いったい何をしたらよいのか」。途方にくれながら、尋ねてみた。すると、ウェスタン・ケープ大学のデイヴィッド・サンダース教授は、「日本を変えてくれ。日本の人口一億二〇〇〇万人が変えてくれ」と答えた。彼は今、アフリカ地域のエイズ問題に立ち向かう医療従事者たちを育てているが、毎年二〇〇人の関係者を育てたとしても巨大な現実の前では微力でしかない。それ以上に求められるべきは日本人すべての意識変革だと彼は語ったのである。

そこで私はこの課題に本気で取り組むことにした。それ以前からアフリカ日本協議会のメンバーやエイズ関係の友人たちとともに準備は始めていた。二〇〇〇年秋頃から始めた世界のエイズ対策に対する政策提言書の作成や、アフリカをはじめ世界のエイズの動向を足とネットワークで調べて世界に発信する作業などである。また、ささやかながら署名活動も行ってきた。しかし、本気で行動に出ようと決意したのはサンダース教授をはじめとするアフリカの友人たちから、「日本を変えてくれ」という言葉を投げかけられた時点である。情報を集め、限られた数の関係者に伝えるだけでは不十分、あるいは政策をつくり行政官たちにそれを見せるだけでは不十分であることを認識したのだ。これからの行動はたとえて言うならば、選挙戦のようなものだ。つまり、すべての人々に投票権があることを知らせて、賛意を問うていくための行動である。

私はこれまでに何度も、「戦い」とか「勝敗」という表現を使ってきた。ＮＧＯ活動においてはなじみのない表現である。しかし、あえてこれらの表現を使うのは、意見の異なる相手が存在するためだ。選挙にたとえて言うと、対立候補が存在するのである。しかも彼らはすでに日本の税金を使って行動を起こしている。二〇〇二年の八月から九月にかけて開かれた第三回世界環境開発会議（ヨハネスブルクサミット）に日本政府代表団の顧問として参加した私は、日本政府の中に対立候補の存在を発見した。川口順子外務大臣と一握りのトップ官僚である。彼らは米国政府と連携しながら、日本の「国益」を守ろうとしていた。エイズ、環境破壊、戦争から未来を守ろうとする人々とは正反対の方向に動いていた（後述）。

残念ながら日本のマスコミは、日本政府が国際社会でどのように動いているのかをしっかりと伝えることができていない。記者が把握していないだけでなく、記事を采配するデスクの方も本気でこの問題を取り上げようとはしない。日本政府の公式見解をそのまま書いてしまうことが多い。国会議員もまた、金銭的な不祥事については追及できても、政策的内容にまで踏み込むことはしていない。ＮＧＯとして行動に出る必然性はここにある。

世界は急速に動き始めている。すでにブラジル南部のポルトアレグレ、ヨーロッパ、インドでは、多くの人々が結集している。米国を中心とする一部の国々の暴挙を封じ込め、皆が生き延びられる世界をつくろうとしているのだ。日本のＮＧＯとしての新しい行動はこうした世界の輪に加わることである。すでに何人かのＮＧＯの友人たちは、最近の日本政府の動き、たとえばＯＤＡの方向性に対して警戒を深め始めている。私たちの「選挙戦」は、税金を使って行動している対立候補たちの動きをしっかりと監視し、彼らに代わる政策を多くの人の前に示すことから始まる。そして、子どもたちの未来を決する一票を私たち一人一人が握っている事実、これを知ってもらうことにある。

一　エイズとの出会い――時代の生んだ悲劇

タイでの経験

二〇〇〇年一月、私はタイの友人宅で病後の静養をしていた。その八カ月前、直腸にかなり大きな癌が見つかり、日本で手術を受け、運良く命拾いしたものの、便通のコントロールがきかず、垂れ流してしまうことを気にかけながら暮らしていた。かつてのようにNGOの最前線で活動できるだけの体力がないことに滅入っていた。病気というものはもちろん生死が一番の問題になるが、本人にとって最も辛いのは社会復帰の問題だと身をもって感じていた。私がエイズを抱える人々と出会ったのはそんな時期だった。

彼（女）らも私と同じように生活面、社会面での困難を抱えていた。しかし彼（女）らは、平均年齢二五歳ぐらいで私よりもずっと若く、社会的な差別を受けていた。あるいは周囲から何らかのかたちで避けられていた。それにもかかわらず、彼（女）らは写真付きのメッセージ集をつくり、エイズとは何かを同世代の若者たちに伝えようとしていた。「エイズが問題なのではない。生きること自体が問題なのだ」「この娘とともに希望をもって生きたい」「人生とは機を織るように、一つ一つの出会いと経験をつむぎ合わせていくことです」などなど、何人もの笑顔と言葉からなるこの美しい冊子をつくった彼（女）らとの出会いは、一人で思い悩んでいた私に生きる勇気を与えてくれた。そんな彼（女）らが、一人また一人とこの世から静かにいなくなっていくのである。

今でこそタイはエイズ対策の成功国として、ブラジルやウガンダと並び三本の指の一つに数えられている。しかし、タイ政府もまた、多くの国の政府が犯してきたことと同じ誤ちをかつては繰り返していた。タイのエイズNGO協議会代表のプロンボーンさんは次のように語っている。「エイズを国の恥として隠そうとした時期があった。医療関係者だけがやっきになって、すでに感染している人たちの声を聞こうとしなかった。感染の広がりを防ごうと急ぐあまりに、エイズに対する恐怖感をあおり、感染者に対する差別を助長させてしまったのだ。そのため感染者数は増える一方だった」。

病気のことは病気に罹った本人たちが一番よく知っている。本人たちにその経験を語ってもらうことが、病気の広がりを防ぎ、また、彼（女）らを隔離したり迫害したりせず、彼（女）らが苦痛なく社会の一員として暮らせるようにすることが、エイズ対策の成否の決め手となる。タイでは一九九〇年代半ばに、時の首相アナンがエイズ対策についての政策転換を国民の前で宣言した。もちろんこれはアナン一人の功績ではない。アナンの背後には、すでに死亡している感染者たちを含め、エイズと闘ってきた多くの人々や、彼（女）らを支えてきたＮＧＯ関係者たちの努力があった。彼（女）らこそが政府を動かし、政策を変えさせたのだ。たぶん後世の歴史には、時の施政者が何をしたかということだけしか記されないだろう。しかしその背後には歴史を変えるために行動した人々の意志が確実に存在しているのだ。動かしがたいように見える制度や政策も、ある時点でがらりと変わる。私たちはそんな歴史の渦中に生きている。

タイではこのときから、政府を変え、歴史を変えることがＮＧＯの役割の一つとして認識されるようになった。その国の代表者に国民の前ではっきりと宣言させることによって、国全体の雰囲気は一新できると確信したのだ。その後タイのＮＧＯは、「若者たちにエイズ対策を呼びかけること」や「感染者たちを支援すること」とともに、「政府を変えること」にも力を注ぐようになる。それから五年後の二〇〇〇年秋、再びタイで静養していた私は、ＮＧＯの中心人物の二人が上院議員選挙に当選したことを地元の新聞で知った。

しかし、現在のタイにおいてすら、こうした陰の努力が決め手となったことを知る人は少ない。今なお、「売春宿に対して徹底的にコンドームを配ることで、タイはエイズ感染者の数を減らすことに成功した」と認識している人が少なくない。無理もない。患者が主体となって対策を練るという考え方は、これまでの医療の常識では考えられないことである。医者は医療を施す側で、患者はその指示に従う側。あるいは、専門家は対策を立案する側で、一般人はその対象となる側。こうした古い常識から抜け出し切れていないのが実情だ。

エイズはこうしたこれまでの医療や感染症対策のあり方を根本から変えつつある。というよりも、医療を含む社会政策を、本来のかたちに戻しつつある。医者としての私自身の体験から見ても、病人のことは病人に聞いてみるのが一番である。また、病人は病人である前に、一生活者であり、一社会人である。考える力も社会を変える力も持っている。そして多くの病人たちは、自分の受けた苦痛を隣人や子どもたちに味わって欲しくないと考えている。周囲の人々の温かさにふれれば、なおさら人の役に立ちたいと思うようになる。たとえ限られた時間しか与えられていない人生になったとしても、自信を持って生き、誇りを持って死にたいと思うのだ。

その後私は、こうした誇り高い友人たちと世界各地で出会うことになる。

出会い

ここで話は横道にずれるかもしれないが、私がエイズに取り組むようになった直接のきっかけを少し話しておこう。実はエイズ対策に奔走していた女性国連職員に恋をしたことが始まりであった。私の恋はたったの二週間で失恋に終わるが、最初に書いた感染者たちとの出会いも、感動的な冊子にふれることができたのも、彼女からの紹介であった。私は彼女に好かれたいがために、知恵熱が出るほどの勢いで文献を読み漁り、たまたまタイで開かれていたエイズ関係の会議にも足を運んだりした。

私がなぜこんな話をするかと言えば、エイズの最も大きな感染ルートは恋愛や結婚を含めての性に関わるものだからだ。セックスは生き物としての人間にとって大切な行為であるとともに、相手との関係性の中で微妙に始まるものでもある。このようなときは、コンドームさえ着ければエイズは防げる病気だとわかっていても、生身の人間である以上危険は避けられない。かつてエイズは、同性愛者や売春にまつわる特別な人が罹る病気のように言われてきた。しかし今や、普通の恋愛や結婚の中に忍び込み、誰が罹っても不思議でない病気になっている。地球上に生きるすべての人々にとって決して他人事ではない。セックスは卒業したから関係ないという人にとっても、子どもや孫がエイズに感染する可能性はゼロではない。そのときあなたは自分の子どもや孫をしっかりと受けとめられるだろうか。

エイズはセックスとの関係が深いからこそ、語られにくく、避けられやすい。自分の問題ではなく、他人事として扱われやすい。モラルを問われやすい。不正確な情報や偏見に支配されやすい。そして拒絶や迫害を受けやすい。そうした傾向の中で、エイズは世界の隅々に広がっていく。エイズウイルスの思う壺にはまっていく。

性という人間存在に関わる大切な問題であるからこそ、親子や友人たちの間でオープンに語り合う雰囲気をつくりたい。子どもや友人たちにとっての性が、自分とはまったく異なるものだったとしても、まずは相手の現実を見つめるところから始めたい。ブラジルがなぜエイズ対策に成功したかと言えば、これまで話してきたような「政治」の力とともに、そこに住む人々が「性」をフランクに語る楽しさを知っているからに違いない。

二　ＷＴＯの発足とエイズ対策の後退

広がる世界、狭まる希望

この世界はグローバル化と称されるように、国境を越えて広がっているように見える。世界の都市という都市は近代的で清潔になった。情報通信技術（ＩＴ）や医療の進歩も著しい。しかし、その一方で未来への希望は逆に小さくなっているように見える。この一五年、ＩＴ革命の風雲児ビル・ゲイツ氏のように一国の国家財政をしのぐお金持ちが生まれた反面、一日一ドル以下で生活する絶対的貧困者の数は確実に増えている。昔ながらに貧しいのではなく、貧しくなったのだ。

世界の広がりとともに、エイズウイルスは都市と農村の境界を越え、国境を越えて、世界の隅々にまで広がった。しかし、エイズ治療薬に象徴される科学技術の成果は、世界の隅々に行きわたるどころか、逆に一握りの人々にしか届かなくなった。これは、そのように世界をリードし、仕組みを変えてきた者がいるからだ。その仕掛け人こそ、一九八〇年代のレーガン米大統領であり、多国籍企業の親玉たちだった。

格差の中での貧困、それはともすれば身体や生活だけでなく、心まで貧しくする。そして格差は今、持てる者と持たざる者の寿命を分かつまでに広がった。本節では、このような寿命の格差を招いた者、そしてそれに立ち向かった者たちの話を記すことにする。

読者は文中で、特許、知的所有権（序章・第九章参照）などの耳慣れない言葉に戸惑われるかもしれない。私自身やNGOの友人たちにしても、これらに関する暗号のような文献については、ネットワークを駆使して、ようやくたどり着いた内容である。とくに過去一五年における世界の変化のありようについてあまりにも無知だったことを、この作業によりあらためて痛感することになった。

WTO――米国の世界戦略と特許

一九八〇年代、アジアの繁栄とは対照的に米国は不況のただ中にあった。当時米国に滞在していた友人によれば、今の日本社会の状況と酷似していたという。中小企業は倒産に追い込まれ、失業者が増えていた。その一方プロパティという言葉がささやかれるようになった。プロパティとは財産という意味だが、ここでは知的所有権、それまで特許と呼ばれていたものを指している。この特許・知的所有権を梃子に米国は八〇年代の不況を乗り超え、九〇年代の繁栄と国際的な覇権を築いていった。

特許とは、もともと発明した人へのご褒美のようなものであった。発明品によって得られる利益を一定期間保護し、独占することを特別に許す法律だった。その保護期間中は、他の人が勝手にその発明品を真似て製品化してはいけない、つくって売りたければ発明者に特許料を支払わなければならない、そんな制度であった。特許には科学技術の発展を促すという長所がある。その一方で、一番早く作って登録した者だけが優遇される制度であるため、発明者や科学者がお互いに情報を交換し合って、のびのびと研究開発することを疎外する欠点もある。また、一時的とは言え、独占を許すものであるため、その発明品の価値が高く、一刻も早く一人でも多くの人に届けた方がよいものでも、それを真似てつくり、広めることを困難にしてしまう。近代的な特許法の成立以後、そんな欠点が二〇〇年以上の経験の中で取り沙汰されてきた。

そのため第二次世界大戦後は、特許制度を強めすぎないことが国際社会における暗黙の了解となった。つまり特許制度とは、それぞれの文化や考え方によって各国ごとに異なる国内法であったのだ。とくに医療や農産物、食料品など、人々の生活に欠かせない分野には、特許の適用を見合わせる国も存在していた。

しかし、一九八五年以降、特許は知的所有権と名前を変え、それまでとは別のものに変身する。米国がレーガン政権（一九八一―八九年）の時代に、世界に巻き返しを図るために変身させた特許（知的所有権）は、分野を超えて広く適用されるものとなり、国ごとの違いを超えて、世界に通用するものとなる。また、九五年のＷＴＯの設立により、加盟国はその国の特許法を世界標準に合わせて改定することが義務づけられるのである。

ＷＴＯは国連機関ではない。米国が中心となって、有志を募ってできたグループである。貿易のみに影響を及ぼす機関ではなく、その名称の範囲を超えて、世界規模のビジネスネットワークをつくり出すためのものである。加盟しなければ、ありとあらゆるビジネスから取り残される仕組みとなっているため、世界中のほとんどの国が先を急いでこれに加盟した（二〇〇三年一〇月現在、一四八カ国）。これによりＷＴＯは、国連など足元にも及ばぬ力を持つようになる。そして今、世界のビジネスの方向は、人間の生存を左右する基本的な分野にまで広がっている。医療、食料、水など、生存に直結する分野こそが、最も旨みのある儲け口となっているからだ。そして、儲けを確保するために米国は特許をＷＴＯと合体させた。こうして特許の持つ本来的な欠点は世界規模で拡大し、「いのちの格差」をも生じさせることになったのである。

ブラジル、タイの反撃とＷＴＯ

一九八〇年代の終盤から世界のあちこちでいのちの格差が始まる。これまでなら、新薬の値段は初めは高くても、徐々に下がるのが市場経済のなりゆきであった。ところがタイやブラジルでは高値を維持したままの状態が続いた。ブラジルで行われた健康調査では、それが理由で医薬品が国民に行きわたっていないことが報告された（Bermudez J. A. Z. et al., *The WTO trips agreement and patent protection in Brazil*, WHO/Oswaldo Cruz Foundation, Rio de Janeiro, 2000）。エイズをはじめとする新しい感染症の流行が途上国に押し寄せ、薬の必要性が以前にも増して高まっていた時期に、輸入薬の値段が下がらなくなったのだ。そこでブラジルやタイの政府は、国民により安い値段で薬を供給する必要に迫られ、先進国企業の製法を真似し、治療薬の国産化に踏み切ることにした。(1)

（1）　ブラジルやタイ、インドで製造されているこの治療薬は、ジェネリック薬と言われる。特許の切れた製品が対象。特許権のもとで開発された「先発品」であるブランド薬と薬学的にはまったく同等だが、先発品に費やされた開発費を省けるため、格安で製造・販売できる。

ところが思わぬ妨害を米国政府から受けることになる。経済制裁である。そんなことをすれば米国との輸出入を差し止めるぞ、という脅しである。これは冷戦時代、米国を中心とする西側諸国が旧ソ連圏に属する国々に対してとった方法と同じである。当時はキューバや朝鮮民主主義人民共和国（北朝鮮）がその対象となり、経済的に孤立させられた。途上国に対する経済制裁はその国の貧しい人々の生活をいっそう悪化させる非人道的な手法として悪名高いが、米国は「特許破り」に対しても、議会の承認さえあれば経済制裁を発動できるよう国内法を改正していたのだ。

しかし、ブラジルやタイはこの脅しに屈しなかった。ブラジルは、すべての国民に健康の保障を謳った憲法を盾に、米国に立ち向かう。法には法をという対抗である。米国が知的所有権の保護を掲げた通商法でくるなら、こちらは憲法で押そうというわけだ。

「ブラジルが強く戦えたのは、政府の政策がすぐれていたというよりも、市民が政府を動かしたからだ」とエイズ感染者NGO「いのちを励ます会」の代表アラウージョさんは言う。民政移管後（一九八五年以降）のブラジルでは、亡命帰国者たちと住民組織とが共同して新しい社会を築いていた。世界のことを知りぬいた国際派と、国内の地域を自らの手で改善しようとする生活者たちとがこのとき結束したのだ。こうしてブラジルは世界一エイズ治療薬の安い国となる。エイズ治療薬の国産化に加えてその無料化に踏み切り、一九九六年から九九年までの間にエイズによる死亡者数を半減させるまでに至った。一方タイは、一九八〇年代後半から米国との粘り強い外交交渉を続け、段階的に薬の国産化を図っていった。

ところがこうしたブラジルやタイの努力もむなしく、ＷＴＯの設立によってさらに多くの国々が特許の壁を味わうことになる。知的所有権を保護する米国流の新しい特許が、世界的なルールになってしまったからだ。米国一国にならば抵抗できたブラジルも、ＷＴＯの加盟国すべてを敵に回すわけにはいかなくなった。ＷＴＯの影響は特許のみならず、世界中のあらゆる人々の生活や生存条件をも規定してしまう。人々のいのちや生活環境は、一国内のルールを変えるだけでは守り切れない時代に突入したのである。

三　二一世紀の幕開け――アフリカからの出発

新しい世界規模の市民運動

エイズと健康の問題は、二〇〇〇年から〇一年の間に開かれた世界のあらゆる国際会議で議題にのぼった。同時に世界の世論は、人命の尊重か知的所有権の保護かで真っ二つに割れた。

問題を世界に伝えたのは、新しい市民運動である。世界のことを知りぬいたブラジルの亡命帰国者たちがかつて果たしたような役割を、今度は国際ＮＧＯが果たすようになっていったのである。国境を越えたビジネスネットワークがＷＴＯという巨大組織になった以上、いのちを守るためのもう一つのネットワークが必要とされていた。環境問題に対してはすでに行動が始まっていた。一九九九年に米国のシアトルで行われたＷＴＯ閣僚会議では、世界中から集まった環境活動家や組合労働者が会議場を囲み、その機能を一時停止させた。日本では「シアトル暴動」と報じられたが、新しい世界規模の市民運動の幕開けであった（第9章参照）。このときすでにエイズ関係者も運動に参加していた。エイズと知的所有権の問題を調査し、広く世界に伝えるといった新たな役割を果たすため、保健分野におけるＮＧＯの再編成が始まっていた。

私自身もまた、世界を飛び回る中で知りえた情報を日本に伝えようと躍起になっていた。しかし、関連情報を新聞社等に何度投書しても、この時期はほとんど取り上げられることがなかった。日本のＮＧＯの反応も鈍かった。そのため新しいＮＧＯを立ち上げることも考え始めていた。そんな矢先、アフリカ日本協議会のメンバーが関心を示してくれて、その後、同協議会内部に感染症研究会という一種のシンクタンクを発足させることになった。アフリカを中心に世界から情報を集め、分析や意見を加えてＥメールに流す活動である。当初はコンピュータ上の作業に抵抗があったものの、反応がすぐに返ってくるので励みにもなった。Ｅメールを使った議論のやりとりは、遠くアフリカに住むメンバーとも可能だし、何よりタイムリーに情報を共有してもらうことができる。大病をへて体力のない、私のような者にも参加しやすかった。

エイズ感染者による運動

この地球はすでに未曾有の伝染病の時代を迎えていた。二〇〇一年九月にアフリカを訪問した私は、各地で多くの感染者たちと出会う。すでにふれたケニアのアスンタ・ワグラさんもその一人だ。彼女が代表を務める「エイズとともに生きる女性たちのネットワーク」のメンバーたちは、自らエイズ感染者でありながら、他の感染者や孤児たちの世話を献身的に行っていた。学校やスラムの酒場に出かけ、自らの体験を若者たちに伝えていた。繰り返し述べよう。病気のことは病人自身が最もよく知っている、と。アスンタさんたちは感染者自身による予防啓蒙活動を実践していた。

彼女たちは歌と踊りで私を出迎えてくれた。ところが、そのとき出会った女性たちのほぼ全員が次の一年間に亡くなっているのだ。エイズは若者や子どものいのちだけでなく、エイズ対策の担い手たちのいのちをも奪う。二〇〇二年の来日時にアスンタさんは、「私たちはすでに第三次世界大戦の渦中に生きている」と語ったが、決して大げさな表現ではない。しかしアフリカの人々の取り組みは確実に実を結んでいる。

二〇〇〇年七月、南アフリカ・ダーバンで開かれた第一三回世界エイズ会議の会場周辺は、衣服の胸元に「ポジティブ」とプリントした人々によって埋めつくされていた。ザキ・アハマットさん率いる感染者ＮＧＯ「南アフリカ治療キャンペーン」の面々である。幾重にも連なる「薬よこせ！」のシュプレヒコールと行進は、夕闇の中、異様な迫力で柵の中の会議場をにらんでいた。会場では世界中の医者、科学者、ＮＧＯ、感染者など二万人が集まって、開会式典の真っ最中である。製薬会社もブースを連ね、新薬の宣伝にぬかりがない。しかし、それらの新薬は柵の外にいるアフリカの人々には届かない。窮状を訴えに来た地元のある女性は、エイズの息子に一年間薬を飲ませたが、そのために貯金を使い果たし、もうどうしようもないと語っていた。

南アフリカでは国民の八人の一人がエイズウイルスに感染しているとする報告がある。ザキ・アハマットさんもその一人である。彼はアフリカのすべての感染者が治療を受けられるように願って運動を始めた。当時のアフリカではエイズを語ることはタブーであり、アフリカでのエイズ治療は不可能だと言われていた。しかし彼はあきらめず、テレビの前で堂々と自らのエイズを語った。そんな彼のもとに感染した若者たちが集まり、デモ行進へと運動が発展していったのである。彼（女）らの行動は非常識に見えるほど奇抜であった。しかし、こうした彼（女）らの行動が世界を動かし、南アフリカで行われていたエイズ裁判を勝利に導く一方で、ＷＴＯのルール改正にも突破口を開くことになる。

二五万人の署名――エイズ裁判の勝利

南アフリカ政府が「より安い薬を国産したり、輸入したりできるよう」法律改正に踏み切ったのは一九九八年のことである。ところが、ＷＴＯの協定に違反した法律という理由で、欧米の多国籍企業をはじめとする三九の製薬会社が南アフリカ共和国政府を相手どり訴訟を起こした。米国の政治的圧力も加勢し、当初は製薬会社側が有利な戦いを進めていた。そのため、訴訟期間中はせっかくの法律も適用できない状態にあった。そこでザキさんたちは、「裁判の友」として、被告である南アフリカ政府とともに法廷に立つことになる。そして裁判に勝つために必要な情報を政府に代わって裁判所に提出した。こうした感染者自身の裁判への参加が話題を呼び、アフリカのみならずヨーロッパのマスコミでも取り上げられて、世論の盛り上がりが裁判の流れを変えていった。

世界中から集まった署名。

この裁判は裁判官にとっても、これまで経験したことのないタイプのものだった。当初、裁判官は「これは私の手に負える裁判ではない」と及び腰だった。しかしザキさんたちからエイズの実情と特許の問題を学ぶにつれ、正面から対応するようになっていった。そして、製薬会社側に証拠の再提出を求めた。これにより製薬会社は、薬の開発や売り上げに関する収支決算書の提出を余儀なくされた。二〇〇一年四月二八日、ついに製薬会社側はこの裁判から手を引いた。ザキさんたち感染者が勝利したのである。

上の写真を見ていただきたい。ここには、この裁判にあたってザキさんたちを支援した世界中の人々の名前が記されている。二五万人の署名である。これは初期に集まったものであり、最終的には一〇〇万人に上ったという。こうした声の数が後押しすることによって、南アフリカ政府（感染者側）は裁判に勝ったと言えよう。

南アフリカにおけるこの裁判の結果は、アフリカ地域にとどまらず全世界に影響を与え、世界のルールをも変えることになった。二〇〇一年一一月、カタールのドーハで開かれたＷＴＯ閣僚会議では次のように宣言された。「知的所有権の保護を理由に、公衆の健康を保護するための政策を妨げてはならない」。知的所有権の保護かいのちの尊重か、という論争はこうして決着が着けられた。

勝利には三つの鍵があった。一つめは、当事者である感染者自身が声を挙げたこと。二つめは、ＮＧＯが情報を広く世界に伝えたこと。三つめは署名というかたちで世界中から「人の数」が集まったことである。この三つの条件が揃えば、誰も予想しえなかったような変革が起こりうるのだ。三つめの「人の数」の結集は、最も軽視されがちながら最も重要なものである。米国政府や企業のリーダーたちが一五年かけてつくり上げてきたこの強固な仕組みは簡単には変えられない。しかし、声を挙げる人の数が一定数を超えたとき、突然に変わりうる。この地球上に住む誰もが、新しい世界を築きうるのだ。死を待たざるをえなかった子どもたちの未来は、私たちの手で共に切り拓くことができる。

四　世界よ蘇れ、日本よ甦れ

二〇〇二年、エイズ関係者の希望の年

二〇〇二年をあと三日で終えようとしている年の瀬に本稿の草稿をケニアで書いた。ケニアでは二四年続いた政権が交代しようとしていた。大統領選挙をはさむこの期間、日本の政府関係者の多くは国外に避難し、ケニアにはいなかった。突発的な暴力を恐れてのことである。しかし、彼らの心配をよそに、事態はきわめて平和的に進行した。投票所に集まる人々は整然と並び、静かな微笑みを浮かべていた。「これでケニアは蘇る」と、ケニア人たちの目は自信と誇りに満ち輝いていた。新しい大統領に対する過剰な期待に熱狂していたわけではない。明日は自分たちでつくるんだという気概が、静かな喜びの中から伝わってきた。一人ではできないことでも、多くの人が力を合わせれば、不可能だと思えていたことが可能になる。今度は日本の君たちの番だ。そう言われているようでも

あった。

二〇〇二年は世界のエイズ関係者にとって、未来への希望を実感した年であった。ブラジルに続いてタイが、本格的なエイズ治療に乗り出した。その前年に設立された「エイズ・結核・マラリアと戦う世界基金」はアフリカの大地にも希望をもたらしつつあった。「エイズ・結核・マラリアと戦う世界基金」の理事の中にはウガンダの感染者女性の名前が含まれていた。この基金は感染者自身によるエイズ対策にもお金を出し、途上国におけるエイズ治療の強化をはっきりと視野に入れていた。エイズ対策二〇年にして初めて本格的な、世界ぐるみでの対策に乗り出す仕組みができたのだ。この基金が充実すれば、アフリカの子どもたちも死なずに済むようになる…。

世界の情報を追い、それを日本に伝えるだけで精一杯だった私たちも、世界に向けて発信する準備が整った。二〇〇二年一一月には、冒頭でふれたようにケニアのアスンタ・ワグラさんをはじめ、南アフリカ、ブラジル、タイからも感染者とNGO関係者を日本に招き、東京と神戸でアフリカ日本協議会主催によるシンポジウムを行った。過去の対策の成功と失敗を明らかにし、次の二〇年、何に力を注ぐべきかがはっきりと示された。注ぐべき方向性はすでに本稿で明らかにされたが、その多くはまさにこのときのシンポジウムの成果から引き出されたものと言える。世界の友人たちの助けを借りつつ、今度は日本に住む私たちが行動を起こす番だ。

二〇〇二年、日本政府の姿勢

二〇〇二年はまた、世界の中で日本が占める位置を知る年でもあった。世界は今、未来に向けて方向性を模索し続けている。途上国、欧州連合（EU）諸国、米国がそれぞれの立場からせめぎ合っている。そんな中で日本は、どのような姿勢で未来に臨むのか？　今なお世界で第二位の経済力を持つこの国の国際的影響力は大きい。日本の姿勢はエイズの子どもたちの運命や世界の未来を左右する鍵を握っている。

そこで、二〇〇二年に私自身が直接見て感じた日本政府の姿勢を最後に記すことにしたい。

日本の外交姿勢を肌身に感じたのは、この年の八月の終わりに南アフリカのヨハネスブルクで開かれた第三回世界環境開発会議に参加したときである。私は日本政府代表団の顧問としてこの会議に参加した。この会議は「環境サミット」と日本では呼ばれたが、環境だけでなく、農業、保健、教育など人々の生存や生活に欠かせない分野のすべてを含む、二一世紀を迎えてからは最大の国連会議となった。しかし、その結果は多くの途上国やNGOにとって残念な内容となる。エチオピアの環境大臣は、「人類の未来にとって禍根を残す結果に終わった」と述べ、満場の拍手を浴びて退場した。それとは対照的に、最大規模の代表団を派遣した日本の川口外務大臣は、「会議は成功に終わった」と記者会見に応えた。

会議はG77と呼ばれる途上国と、EU諸国、そして非EU諸国（日本・米国・オーストラリアなど）の三つのチームによる対抗戦であった。日本と米国が緊密な連携をとっていることは誰の目にも明らかだった。日米を中心とするチームは、あるときはG77を孤立させ、あるときはEU諸国を孤立させるようなかたちで、自分たちの言い分を押し通していった。基本的にそれは、米国が引いた路線、つまりWTOに象徴される国際ビジネス優先の方向に向けられた。内容の是非が問われるというよりも、力の強い者が勝つという、パワーゲームの世界である。沈みゆく国土（地球温暖化による）を守りたいとする島嶼国の願いは踏みにじられ、遺伝子組み換え食物など未来の危険を防ぎたいとするEU諸国の有権者たちの希望は無視された。米国代表は会議の最後に次のようなダメ押し発言をしてブーイングを受けた。「今回の国連会議の決定には何の法的拘束力もない」と。今日の世界で国際的に通用するルールはWTOの規定だけで、国連決議はもはや国際ルールとしては通用しないと言わんばかりである。

米国だけでなく、日本に対する風あたりも強かった。たとえば中国の代表は、日本は自国の国益だけを考えていると非難した。日本政府代表団の一員であった私自身も、直接非難を受けた。あるNGO関係者から、「あなたは地球の未来のこともアフリカのことも考えていないのですか？」と詰め寄られた。とても悔しかったが、顧問として来ていながら小泉首相や川口外務大臣を説得できる力量がなかったのだから、いたしかたない。

これまで日本は、国際社会の中でお人よしで、損ばかりしていると言われてきた。しかし、この会議を見る限り、決してお人よしではなかった。しっかりと作戦を立て、実行に移したのである。代表団に配られた内部資料を見て、びっくりした。今回の会議に臨む日本の作戦の要は、日米が結束して、アフリカ諸国を取り込み、そしてEUを孤立化させることにあったのだ。どこまで裏工作があったかは定かでないが、その作戦は見事に成功した。NGOとの懇談会の席上で外務省のある課長は、「当初、日本が孤立することを恐れていたが、EUが代わりに孤立してくれた」とうれしそうに報告した。

EUは、日本よりずっと真剣に途上国のことを考えていた。たとえば、エイズ対策や環境保全を国際的に推進する新しい財源として為替税（トービン税）を提唱した（第9章参照）。為替税とは世界経済を不安定なものにする投機的な為替取引に歯止めをかけ、同時に医療、教育など世界の誰もが必要とする分野にお金を回そうというアイデアで、エイズ対策だけをとっても、数百万人規模のいのちを助けうる可能性を秘めた方法である。こうした「いのちを救う」可能性を日米が結束して潰したのである。一方、日米は自らの意向を通すために、アフリカ各国にそれぞれ個別の支援をちらつかせ、途上国同士が結束しないよう裏工作をしたと国際NGOの間では言われている。日本はODAを外交上の手段として活用することを米国から学び、実行に移し始めたようである。これに対してアフリカのNGOからは、「日本はこれまで、途上国の抱える問題に理解ある国だと考えてきたが、今回の会議を通してそうではないことがわかった」との声が挙がっている。

また、WTO絡みでは、日本は医薬品の規定に関して米国以上に非人道的な強硬態度をとったと言われている。前節で述べたように二〇〇一年一一月、ドーハで開かれたWTO閣僚会議では「知的所有権の保護を理由に、公衆の健康を保護するための政策を妨げてはならない」との宣言が出された。しかし、ドーハでの議論で決着のつかなかった部分が、〇二年から〇三年にかけての争点となった。ドーハの宣言では、医薬品の国内生産は特許の有無にかかわらず可能になったが、医薬品の輸出入に関しては決着がついていなかった。国内生産力のない途上国、たとえばアフリカ諸国に、ブラジルやタイで生産された薬が届けられるかどうかの問題である。世界の健康の問題は、エイズや結核、マラリアなどの感染症に限らない。先進国で問題になっているさまざまな病気も途上国には存在する。そのため多くの途上国は、宣言文の内容がより広い範囲で適応されることを求めた。しかし、米国、日本、スイスは、「人命尊重」のために安価な医薬品の導入を望むこの要求に厳しい制限をつけようとし、なかでも日本が最も強硬な態度をとったとされている。世界が結束して未来を築こうというときに、逆にその結束を分断し、妨害を図るこうした態度への非難の声がヨーロッパのＮＧＯから上がった。

米国政府の場合、その背後には製薬会社など大企業からの圧力もあれば、ＮＧＯ、議会、マスコミからの監視の目もある。しかし日本では、残念ながら国内での監視の目は行き届いていない。日本政府が国際会議の場でいったい何をしているのか、日本のマスコミによって詳しく報じられることは少ない。マスコミにしてみれば、読者の関心が薄いからだという理由になるだろう。また、国会が日本の外交政策のあり方を問うことも少ない。国際問題は選挙の票には結びつかないからである。これをよいことに日本の指導者たちは、強硬派で知られるブッシュ政権ですら手をつけられないことを強行しうるのである。世界に希望をもたらすためには、まずこの日本を変えることが重要なのだ。ヨハネスブルクでの会議はそのことをあらためて実感させるものとなった。

ＷＴＯに絡んだ今回の件に関して、私は二〇〇三年一月、日本政府の意向を聞くためにＮＧＯの仲間たちと外務省を訪問した。ところが外務省経済局の実務担当者は、「迅速に国際的な合意を得る必要がある」と言うばかりで、はっきりした態度は表明しなかった。彼らの言う国際的合意とは、日米の意向に沿うよう途上国を取り込むことなのだろう。実務担当者といくら話しても平行線をたどるだけだ。むしろ国際問題全般に決定力を持つ政府閣僚と直接向き合わなければならない。ただしその際には、多くの人が一緒に声を挙げることが重要である。どんなに有効な意見を政府閣僚に提供したところで、人の数が後押ししなければ効果がない。それはヨハネスブルク会議の経験からすでに明らかである。

ブラジルやタイ、ケニアの人々にできたことを私たちは目指さなければならない。不可能に思えることでも力を合わせれば可能になるということだ。それは、日本に住む私たち自身が国際社会に対して自信と誇りを取り戻すことでもある。

おわりに――二〇〇三年私たちの総選挙に向けて

二〇〇二年七月、世界保健機構（ＷＨＯ）は「二〇〇五年までに三〇〇万人を治療する計画」を提案した。これによって、途上国でのエイズ治療は飛躍的に前進した。ケニア、ナイジェリア、カメルーンなどのアフリカ諸国が先を争うように国家計画を作成し、「エイズ・結核・マラリアと戦う世界基金」は資金提供を始めた。アフリカの子どもたちの生存は射程距離に入った。

その一方で、二〇〇三年には米国によるイラク軍事攻撃が行われた。力で相手をねじ伏せる米国の政治姿勢は、先進国・途上国を問わず、各国政府を強硬派へと変えた。「政府」は市民の声を無視するようになったのだ。そんな「政府」をいかに動かすかが、ＮＧＯの共通の課題となった。そこでアフリカ日本協議会はアフリカのＮＧＯと協力して、お互いの政府に外部から圧力を掛け合う、外圧作戦を試みた。

二〇〇三年四月、南アフリカのザキ・アハマットさんたち感染者グループは、南アフリカ政府に対して「エイズ治療計画」の策定を求め、国会や政府機関での座り込みを行った。ザキさんたちからの呼びかけに応え、私たちも日本での行動に出た。在日本南アフリカ大使館に対し、日本の国会議員とともに抗議行動を行った。その後南アフリカ政府は方針を変えた。南アフリカの当事者たちによる直接行動と、外からの圧力が併せ技となって、流れを変えることに成功した。

イラク侵略戦争はエイズ対策にも多大な影響を与えることになった。世界のお金の流れを変えたのである。「エイズ・結核・マラリアと戦う世界基金」は動き始めて一八カ月の時点で、資金不足に陥ることになった。エイズ対策という世界規模の公共事業を実施するためには、各国がその経済規模に応じた資金を拠出しなければ成り立たない。しかし、先進国がお金の出し渋りを始めたのだ。とくに日本政府の反応は悪かった。そこで私たちは、アフリカの感染者から日本政府に圧力をかけてもらうことにした。二〇〇三年七月一六日に行われた世界基金支援会議

（パリ）の席上で、ザキさんは日本政府を批判した。その翌日の日本の主要新聞には、世界基金の重要性と「日本の沈黙」が報じられた。この作戦はわずかではあるが、成功を収めた。しかし、小泉首相はその後も何一つ反応を見せていない。やはり、外圧だけでは政府は変わらない。有権者としての日本の市民の意識が変わり、その意志が集まらなければ日本は変わらない。

同年八月、外務省は援助方針を変更する。平和と戦略援助がその目玉となる。イラクやアフガニスタンなど「戦争」の後始末と途上国工作のためＯＤＡを優先的に使うことを宣言し、世界が結束しなければ機能しえない世界基金のような取り組みからは手を引く方向である。一〇月に行われた衆議院総選挙は、こうした外交問題が問われぬまま終わることになった。

ブッシュ政権のやり方を真似たのは日本ばかりではない。アジア諸国ではテロ対策を理由に、「政府」による市民・ＮＧＯの排除が始まった。これまでエイズ対策の主役であった感染者が、売春・ドラッグ・移住労働などの社会悪を理由に迫害される。そんな危険も迫っている。彼（女）らとともに戦い、政府を監視してきたＮＧＯも財政的な困難に陥っている。これらの状況は、やっと治療開始までこぎつけた世界のエイズ対策をも後退させかねない。

少なくとも今言えることは、エイズという一分野だけではもはや戦い切れないということだ。これからは平和と人権などあらゆる分野で戦っている当事者およびＮＧＯとともに、「総合」で立ち向かうしかない。私たち一人一人の意志を集める「選挙」も「総選挙」で行くのである。

第6章　紛争と経済
——私たちの日常が問われている

日本国際ボランティアセンター（JVC）
調査研究担当　高橋　清貴

はじめに——なぜ、紛争経済か？

「戦争は政治的手段とは異なる手段をもって継続される政治にほかならない」という有名なテーゼをクラウゼヴィッツが書いたのは、最初の国民戦争と言われるナポレオン戦争終結の一年後にあたる一八一六年のことである（『戦争論』上中下、篠田英雄訳、岩波文庫、一九六八）。ヨーロッパ世界では、国家と国家以外の活動領域の区別、国内と国外の区別、経済と政治の区別、民事と軍事の区別、そして戦争とそれ自体と平和の区別によって、国家という枠組み概念が形成され、その結果として国家単位による紛争の政治的解決が目論まれた時代であり、クラウゼヴィッツのこの主張は、まさに国民国家が始まろうとする時代の戦争論であった。その頃から比べると今日の戦争のやり方はずいぶん変わったが、権力に預かる人間たちは今でも戦争を政治的駆け引きの道具と見る考え方を変えていない。しかし、二一世紀の幕開けを迎えた今、二つの世界大戦から朝鮮戦争、ヴェトナム戦争、パレスチナ・イスラエル紛争、そして一九九〇年代に入って多発した地域紛争という戦争の時代をへて、人々は戦争を「政治の継続」とする見方が現実と違うことに気づき始めている。つまり、戦争の開始時には政治的に決着させる方法として妥当に見えたものが、実は戦闘が進行するにつれ、その異常な暴力性によってたちまち所期の目的はどこかに追いやられ、別の目的で武力行動が継続することを私たちは知り始めている。操作されたメディアの裏側で、戦争の名のもとに数々の残虐行為が行われてきたことは、歴史の検証でも明らかになってきた。そして、このような事実が明らかになったのは、悲惨な歴史は繰り返してならないという、とくに紛争地で傷つけられた人々の真の正義を求める強い意志と努力に負うところが大きい。彼（女）らは、戦争というものが政治のみならず、経済、社会、文化などさまざまな諸相が折り重なって現れた暴力行為であることを、そして暴力の連鎖の中で所期の政治目的が相対化されていく過程を、いやと言うほど見てきた。私たちは、そういう犠牲者の平和を願う強い思いを受けて、ようやく戦争・紛争の本質を見抜くことができるようになったのである。人道《ヒューマニティ》の視点に立つとき、すなわち人類という概念からこの地球を考えるとき、「正義の戦争」などはありえない。

「軍事的戦闘そのものは〔…〕戦争としての、独自の戦略的・戦術的その他の規則や視点を持つものであって、ただ、これらの規則・視点はすべて、誰が敵なのか、という政治的決定がすでになされていることを、前提とするものなのである」（『政治的なものの概念』田中浩ほか訳、未來社、一九七一）というカール・シュミットによるクラウゼヴィッツ批判（一九二七年）は、戦争は法や理性の空白の中に露呈する力によって支配されることを示している。これを私なりに解釈すると、戦争とは、敵対する相手との関係を最終的に決める政治的手段なのではなく、戦争を行う目的が先にあって（＝理性の空白に露呈した力による誘惑）、そこから「敵」を探すものだということである。だとすれば、戦争とは、外交や政治交渉の延長線上にある正当な帰結として現れるのではなく、もっと別の動機や目的が戦争を始めるドライビング・フォース（推進力）として働いていると言うことができる。

このことは、二〇〇三年二月一四日に行われたイラクの大量破壊兵器査察をめぐる国連安保理での議論にも端的に現れている。武力行使を急ぐ米英の主張は、「敵（イラク）を定めるための論理」をもって早期の武力行使を主張し、一方の査察継続を主張する独仏は、「敵をつくらない国際社会」を目指す政治として、武力行使をともなう「敵」の定め方に、慎重を求める論理を展開した。この政治論理に対する両者の姿勢の明確なコントラストは、国際協調や欧州連合（ＥＵ）構想に批判的だった国がいかに「敵」の捏造に駆り立てられていたのかを明示するものとなった（もっとも、独仏にも卑小な権益についての計算があったことは否めないが）。

このとき約一〇〇〇万人の市民が反戦・非戦を訴え街頭に出た。この事実は、あることを暗示している。各国レベルの政治家ではなく、世界中の市民が、「敵」を明示して戦われる戦争に反対したのである。それは、もし国民や民族よりも上位にある「人類」という概念を用いるなら、国家・地域間の戦争という概念そのものもなくなることを訴える運動であったと言える。一方、九・一一事件以後、アフガニスタンへの空爆を「新しい戦争」と位置づけた米国の、とくに軍需産業に携わる者たちは、グローバル化する世界で起こったこうした市民の力の台頭を見ながら、敵がいなければ成立しない「戦争」という概念が消滅していく危機感を覚えたに違いない。それゆえ彼らは、その傾向に対抗して、軍隊に新しい役割、すなわち「テロとの戦い」という概念を持ち出して、世界の警察たる米国の使命という新しい言説を確立しようとしたに違いない。もし、この仮説が正しければ、米国は戦争のための戦争という逆転した思考の中で、確信犯的に武力行使を強行したと言える。すなわち米国にとって戦争は、自国の軍需産業を維持・成長させて生き残るための経済戦略の一つであり、自国主導の国際社会体制を打ち立てるための道具として位置づけられるのである。

本稿のテーマ「紛争と経済」は、このように戦争・紛争を広い視座から考えるための問題提起、およびその材料を提供するものである。日本ではまだ馴染みの薄いテーマだが、ここでは単に戦争・紛争の特殊な側面を説明するだけでなく、今日のグローバル化の中で発生するさまざまな戦争・紛争を横断的に考察する重要な手がかりとして扱いたい。つまり、戦争や紛争を「誰が悪いのか」という悪玉捜しとして見るのでなく、現代国際社会の一現象としてとらえ、それを許す構造とメカニズムを分析し、それへの対応策を練り上げる試みである。こうした切り口は、私たち市民が国際社会から戦争・紛争をなくしていくための長期的な活動の基礎になるものと考えられる。

一　紛争経済とは何か

定義

「紛争経済」(War Economy) という言葉は、大きく次の三つのケースにより定義することができる。

(1) 戦時における経済状態を指し、戦時下の統制経済や、戦争特需と言われるような、一時的な景気浮揚状態を含むケース。

(2) 戦争や紛争に関わる経済活動一般 (いわゆる軍需産業) を指すケース。

(3) 現代の紛争、とくに地域紛争の特徴として現れるもので、紛争が政治的道具の最終手段としてでなく、経済活動の一環として発生するケース (その意味で紛争の原因ともなりうる経済活動を指すケース)。

この三つの定義は、それぞれ「経済」を、(1)紛争の結果としてとらえる、(2)紛争に関わるものとしてとらえる、(3)紛争の原因 (あるいは加速要因) としてとらえる、というそれぞれ異なった意味合いのもとで説明するものである。このように「紛争経済」という言葉は、それを使う側が紛争と経済との連関でどの部分に焦点をあてるかで、異なる意味を持つ。この小論では、これまであまり考えられてこなかった三番めの「紛争の原因としての経済」、つまり「経済利益だけの目的で長引かされる戦争・紛争」に注目し、「紛争経済」を考察することにしたい。

紛争経済の事例 (コンゴ民主共和国)

二〇世紀が戦争の時代と言われたのは、世界で大きな戦争がいくつかあり、その後も「冷戦」というかたちで一触即発の危険な状態が続いていたからだけではない。冷戦が終結した一九九〇年代に至っても、地域紛争と言われる国家内部や隣国間での紛争はあとを断たなかった。しかもそれは一向に減少する気配を見せないまま、二一世紀に突入していったのである (資料表1参照)。

表１　地域紛争の数

	ヨーロッパ	中東	アジア	アフリカ	ラテンアメリカ
'92	9	7	20	15	4
'93	10	7	15	11	3
'94	5	5	15	13	4
'95	5	4	13	9	4
'96	1	5	14	14	2
'97	0	3	15	14	2
'98	2	3	15	15	2
'99	3	2	14	16	2

出所：平井照水「アフリカの事例から予防外交への教訓」（NIRA・横田洋三共編『アフリカの国内紛争と予防外交』国際書院、2001)。

紛争と経済の結びつきには、冷戦終結が大きな背景要因となっている。冷戦時代の紛争（独立闘争も含む）は米国や旧ソ連などのバックアップを受けて行われていた。しかし、冷戦後その援助がなくなると、必然的に紛争当事者自らが資金を調達しなければならなくなり、それが「紛争の原因としての経済」を新たにつくり出す要因となった。冷戦後のアフリカで地域紛争が急増した背景要因の一つは、まさにアフリカが世界でもとくに自然資源に恵まれた経済圏を持つからだ（だから植民地化されたのだが）。

資源への支配欲が主要因となって紛争の長期化を起こした国としては、スーダン、アンゴラ、シエラレオネ、コンゴ民主共和国などのアフリカ諸国がよく知られている[1]。これらの地域の主な資源は、木材、石油、ダイヤモンド、コルタンなどである。この資源戦争により過去一〇年間で約二〇〇〇万の人々がいのちを落とすか故郷を追われ、コンゴ民主共和国だけでも、一九九八年から二〇〇二年までの四年間に、約二五〇万人が死亡したと言われている（最近の試算では、この数が三三〇万にまで上っているという（国際救援委員会、二〇〇三年四月のデータより））。

（1）コルタンを精製すると〝タンタル〟ができる。タンタルは小型コンデンサーの製造や携帯電話の充電池などに使われており、現代テクノロジー社会に欠かせない素材として米国が三五―四〇％、ヨーロッパが二五―三〇％、日本が二〇―二五％消費している。コルタンの鉱山はオーストラリア、カナダ、ロシアにもある。コンゴ民主共和国は一九六五年から九一年まで米国から一五億ドル以上の経済的軍事的援助を受け、その見返りとして米国の企業は多くのコルタン資源の所有権を与えられた。

ここで、コンゴ紛争（一九九八―二〇〇二年）の概略を述べておきたい。一九九七年までザイールと呼ばれたコンゴ民主共和国は、サブサハラアフリカ（サハラ以南のアフリカ）の中で三番めに広い国である。あり余る鉱物資源に恵まれていながら、現在この大陸の中でも最悪と言われる貧困を抱えている。コンゴ盆地に囲まれた領土は、一九世紀にきわめて残忍なやり方で、ベルギー皇帝を潤す個人的な封建領土（私有地）とされた（コンゴ自由国、一八八五―一九〇八年）。その後ベルギー領に編入され、半世紀後の一九六〇年にはコンゴ（七一年にザイールに改名）として独立するも、その後も外国勢力は選挙に介入し続け、そうした状態はモブツ（在任六五―九七年）という反共主義者が米国、ベルギー、その他の勢力の支持を得て政権を握るまで続いた。モブツはきわめて残忍な略奪行為を行い、コンゴ＝ザイールをさらに貧困に貶めた。そして九八年八月、コンゴ＝ザイールは「アフリカで最初の世界戦争」と言われる状態に突入する。表向きは政治的な目的を掲げながら、実際にはコンゴの富を切り刻んで分割するために、反政府勢力軍をルワンダとウガンダが支援し、政府軍をアンゴラとナミビアとジンバブエが支援するかたちで、六つの国の兵士が互いに殺し合う事態となったのである。この紛争は二〇〇二年七月、和平合意が結ばれて終結し、ルワンダ、ウガンダ、ジンバブエの軍隊は撤退した。また、政府、反政府軍、コンゴ民主共和国市民の三者間で交渉を実現するための政治プロセス（国民対話）が進展し、同年一二月には暫定政権成立に関する「プレトリア包括合意」が成立した。その後、同合意に基づき〇三年七月、暫定政権が成立。二年間の暫定期間中に大統領選挙と国民議会選挙を実施し、民主的政権への移行が予定されている。

コンゴ盆地の南、「東カサイ州」「西カサイ州」「カタンガ州（ザイール時代は「シャバ州」）」はアフリカ随一の鉱山地帯で、なかでもカタンガからは、ダイヤモンド、コバルト、銅などの鉱物資源が豊富に産出され、この地域をめぐる利権争いが紛争の主たる原因をなしてきた。モブツ大統領同様、それに続くカビラ大統領（在任一九九七―二〇〇一年）も、この資源を私物化したり密輸したりする

自然豊かなコンゴ民主共和国の農村風景。

シエラレオネ南東部ケネマのダイヤモンド鉱山。ダイヤモンド含有の砂利を採掘する地元民。
©OXFAM（GB）

ことによって、私腹を肥やした。また、コンゴ民主共和国南部で一九九八年八月から続いている武力紛争の資金源はダイヤモンドによる収入であり、その紛争の中心は東カサイ州である。この紛争の結果、自国民による開発は妨げられ、広範囲にわたる飢餓や食糧不足を招き、教育は崩壊してしまった。このように、この地に住む人々は度重なる紛争によって生活や未来が破壊され、常に恐怖にさらされながら生きてきた。ダイヤモンドによって得た利益が保健や教育に使われれば、豊富な自然資源に

表2　紛争経済による影響（三国比）

	コンゴ民主共和国	アンゴラ	シエラレオネ
難　　民	31万人（2000年1月近隣諸国での推計。コンゴ民主共和国は逆に近隣諸国から33万5800人の難民を受け容れている）	34万人以上（2001年11月推計）	49万人（2000年9月近隣諸国での推計）
国内避難民	180万人（2000年11月推計）	270万人（2000年7月推計）	50万—100万人
死　　者	170万人（1998年8月—2000年5月までの推計）	少なくとも65万人（1974—99年の推計）	2万—5万人（1991年の紛争に関与した数）
子ども兵	数値なし	5000—7000人（1997年推計）	5000—5400人が直接戦闘に関与。5000人以上が後方支援
軍事予算	4億ドル（1999年）	10億500万ドル（1999年）	1100万ドル（1999年。国連はUNAMSIL*の平和維持活動に4億7600万ドルが必要と推計）
人道支援	1億3940万ドル（2001年に必要な国連による見積り）	2億200万ドル（2001年に必要な国連による見積り）	7900万ドル（2001年に必要な国連による見積り）

出所：筆者作成。
*：UNAMSIL＝国連シエラレオネ・ミッション。

よって豊かな生活が確保できるはずなのに、実際には人々を苦しめるための紛争に使われているのである（表2参照）。

さらに、紛争当事者たちがダイヤモンドの輸出などから利益を享受している限り、平和を求める動機もまた希薄になる。厄介なのは、ダイヤモンドのような物資は原石のまま取引ができ、専門家以外には見分けがつかないために、誰がどのような方法で産出したかがわからず、国際市場での取引が容易なことである。そのため、コンゴ民主共和国のような国は、収入を得るために暴力的な方法に頼りがちになるのである。

二　紛争経済の問題点

民間人がまずは犠牲となる

コンゴ紛争のような地域紛争は、とくにアフリカで頻発した。表3（次頁）は、二〇世紀のアフリカで五〇〇〇人以上の死傷者を出した紛争をまとめたものである。驚

表3　20世紀アフリカにおける地域紛争

国名	1900–1970	1970–80	1980–90	1990–
アンゴラ	1961–75	1976–95		
ブルンジ		1972	1988	–95
カメルーン	1955–60			
中央アフリカ				1996–97
チャド			1980–94	
コンゴ民主共和国	1960–65			1993,1996
コンゴ				1993–
ジブチ				1990–96
エリトリア		1974–91		1998–
エチオピア	1935　1941	1974–79　1976	–83	1998–
ギニア・ビサウ	1962	–74		1998–
ケニア	1954–56			1991–96
リベリア			1985–88	1990–97
マダガスカル	1947–48			
マリ			1988	–94
モザンビーク	1965	–72　1976–92		
ニジェール				1991–96
ナイジェリア	1967–70		1980,1984	1991–
ルワンダ	1956–65			1990–97
セネガル			1982	
シエラレオネ				1991–
ソマリア				1988–95
スーダン	1963	–72	1983–	
南アフリカ	1899–06	1976	1983–94	
ウガンダ	1966	1970–78	1980–87	1992–
ザンビア	1964			
ジンバブエ		1972–79	1983–84	

出所：Luckham R. et al., "Conflict and poverty in Sub-Saharan Africa : an assessment of the issues and evidence", *IDS Working Paper* 128, Institute of Development Studies, Brighton, March 2001.

注：ガーナ、ガボン、コモロ、レソト、モーリタニア、ナミビア、西サハラ、ザンビアなども独立後、小規模紛争（5000人以下の死傷者）を経験している。

くべきは、一九九〇年代に入ると、独立をかけた戦いが激化した一九七〇年以前を上回る勢いで紛争が頻発したことである。植民地からの解放というそれまでのきわめて政治的な戦争の時代から二〇年をへて、アフリカの武力紛争の性質は変わった（武内進一編『現代アフリカの紛争』ジェトロ、二〇〇〇）。大きな変化は、紛争の残虐性、長期化に加え、かつては戦闘員だけにとどめられていた負傷者が、九〇年以降は膨大な数の民間人を巻き込んでいったことである。

犠牲者の多くが民間人であるというのは、アフリカに限らず現代の紛争の特徴の一つである。イギリスの国際政治学者メアリー・カルドーによれば、二〇世紀初頭の戦争犠牲者の八五―九〇％は軍人・兵士であったが、一九九〇年代後半にはそれとほぼ同じ割合が民間人の犠牲者となっている。ユニセフの『世界子供白書』（一九八六）も、今日の紛争犠牲者の九〇％以上が民間人であると指摘している。また、その多くが女性と子どもで、とくに子どもは子ども兵として動員されるケースも増えている。八六年から九五年の一〇年間で、世界中の武力対立で死亡した子どもは二〇〇万人、負傷した子どもは六〇〇万人、精神的障害を受けた子どもは一〇〇〇万人、孤児になった子どもは一〇〇万人と言われ、その凄まじさに圧倒されるが、子ども兵（一八歳未満）は現在も世界四〇以上の国々で約三〇万人が動員され、武器を手に戦っている（『世界子供白書』二〇〇二）。

コンゴ紛争に動員された子ども兵たち。

子どもたちを兵士に駆り立てることを可能にしている条件の一つに、小型武器（小銃、ライフル、手榴弾など）の存在がある。冷戦終結後の地域紛争の死者四〇〇万人のうちの九割はピストル、小銃、ライフルなどの小型武器による犠牲者で、冷戦期には襲撃銃だけで七〇〇〇万丁以上（カラシニコフだけで二〇〇〇万丁以上）が生産された。これらの武器は小型で扱いやすく、安価な上、耐久性があるため、とくに紛争地のように管理体制が崩壊しているような地域では金さえあれば簡単に手に入る状況となっている。しかもこれらの武器は、闇ルートを含めて次から次へと紛争地へ回され、世界各地に出回っている五億以上の小型武器の四―六割が非合法に流通されたものと言われている。これらの武器は小型ゆえに、子どもたちを武装させることにも容易となる。しかし、小型で安価とは言っても、これらの武器を買うためには資金が要る。その資金源を獲得するために、ダイヤモンドやコルタンなどの稀少資源の採取地の確保が戦略上の目的となり、それがまた紛争をいっそう激化させるという悪循環を招いている。その結果、紛争が進めば進むほど資金源の確保という経済的側面がより重要な目的となり、時間の経過とともに所期の政治目的よりも経済的目的が色濃くなっていくのである。

紛争経済が民間と軍との境界を曖昧にする

紛争経済を考えていくと、なぜ地域紛争が途上国で起こりやすいのかが見えてくる。一つの説明は、途上国の貧困層の存在である。普段から仕事もなく困窮生活を余儀なくされている人々にとって、武装勢力への参加は生きる糧を確保する手段になるというものだ。貧困層の人々にとって紛争は、政治的意志や目的とは無関係の格好の〝職場〟なのである。一方、武装闘争を組織する側からすれば、安価に兵士を集められるというメリットがある。このように、貧困は、人々に対しては「大義」とは無関係に紛争に参加するよう促し、また武装組織側に対しては安価に兵士をリクルートする状況をつくり出している。貧しさは、そのあまりの苦しさゆえに「悪魔と手を組む」と言われるが、まさに悪魔と手を組む人々を潜在的に増やし続けているところに、現代の紛争が抱える構造的な問題があると言えよう。

加えて、この問題は、民間人と軍人・兵士との区別を曖昧にするという新たな問題ももたらしている。紛争における、いわゆる民兵の存在は、現代の紛争の新しい要素である。私たちが「紛争による民間人の被害」と言うとき、誰が武力攻撃の加害者で誰が被害者であるのか、また誰が保護すべき民間人で誰が戦争犯罪者として取り扱うべき兵士なのか、それを知ることは単に統計上の問題としてだけでなく、国際法上必要な手続きを踏む上でも重要である。ところが民兵という存在は、その判断を難しくさせる。その結果、たとえば難民キャンプなどで人道支援を行う場合、その判断が迅速にできなくなるという制度上の問題に加え、犯罪を犯した兵士を見逃したり、あるいは保護したために、結果的に紛争の長期化に手を貸すという実際面での問題も発生しかねない。

軍紀の乱れからエスカレートする暴力

民兵の存在がもたらすもっと深刻な問題は、軍としての統制や規律が乱れることであり、とくに、子ども兵や、職業軍人として特別に訓練されたわけではない成人兵士たちが経済的動機づけによって入隊することになればなおさらである。統率のとれない軍隊による武力衝突は、軍事訓練を受けていない者に大きなストレスを与え、強奪、略奪、強姦などの行為に走らせる傾向がある。このことは紛争心理学上よく知られている。

軍紀を乱す要因は政府側にもある。アフリカで行われた多くの紛争を見ると、紛争によって資源を確保し、その資源で獲得した資金が政府を腐敗させてきた。こうしたケースは今もあとを絶たない。公共予算として使われるはずの利潤や税収を政治エリートが横領するのである。そのため軍隊の内部構造も腐敗する。軍隊の役割が政治目的の達成ではなく、経済的な利益追求に陥ったとき、軍紀は失われる。この状況において、軍の目的は略奪そのものに成り下がり、時に犯罪組織を招き寄せ、利権で結びついた企業や個人の代理人として、領土や資源の支配を目指すようになる。

たとえば、コンゴ民主共和国の場合は、十分に自立してやっていけるだけの豊富な資源（国力）を持ちながら、モブツ大統領（当時）はそれを私物化し、経済を破綻させて国民を窮乏に陥れた。彼の不正蓄財は、各国から送られた支援金（経済破綻の救済金）の着服を含め、総額およそ五〇億ドルと言われている。一ドル一二〇円で換算して約六〇〇〇億円という気の遠くなるような数字である。

軍としての規律の乱れは、投降兵士や捕虜など非戦闘員の扱いにおいて国際法の遵守を妨げ、その結果、暴力の連鎖を生んで武力衝突をいっそうエスカレートさせ、所期目的を後景に追いやっていく。規律を失った兵士が己の私利私欲を求めて武器を乱用し、無秩序な殺戮や略奪を繰り返すと、無辜の民間人の犠牲はますます増えていく。現代の地域紛争が、規模は小さくとも残虐で多くの死傷者をともなうのは、こうした数々の要因が重なっているからである。そして状況がエスカレートすればするほど、紛争解決への道は険しくなる。

三　紛争経済から平和構築へ——結論に代えて

立ち向かうべき課題

国際協力ＮＧＯとして他国の人々の暮らしづくりに協力し、共に学び合っていると、国民である前に市民として付き合う視点が育ってくる。その視点のもとでは、民族の違いや国境など意味をなさず、戦争という問題解決の手段はもちろんのこと、たとえそれが「警察的行為としての武力行使」だったとしても、紛争当事者でない一般市民が犠牲者となることに心を痛めないわけにはいかない。とくに未来を担うべき子どもたちが紛争に巻き込まれ、犠牲者になってしまう事実を前にしては、どのような政治的信条や大義にも正当性を与えることはできない。そうした子どもたちの中には、生きるために兵士とならざるをえなかった者も多い。たまたま生まれ落ちた社会状況の中で紛争に巻き込まれてしまった子どもたちである。

二〇世紀は「戦争の世紀」と言われるが、しかし次の時代に継承していくべき大きな遺産も国際社会に残した。国際人道法や国際人権法など理性的な国際法の整備と、国連など国際的な政治制度の確立である。だが、今日の私たちにはもう一つの課題がある。現代の紛争を特徴づける経済的側面に焦点をあてるとき、暴走する経済のグローバル化と自由貿易をどのように規制するかという課題である。コンゴ民主共和国における長引く紛争の背景には、ダイヤモンドやコルタンといった稀少鉱物の不正取引と、それによって得られる莫大な収益がある。この問題に立ち向かうため、国際社会は協力して紛争当事者を監視する国際的枠組みをつくろうとしている。

国際法と制度の強化

二〇〇〇年七月一九日、ダイヤモンド業界は世界ダイヤモンド会議をベルギーのアンベルスで開催し、アフリカの紛争を激化させているダイヤモンド不正取引の防止策について合意した。この会議では、どのようにすれば売買されるすべてのダイヤモンドが紛争とは無関係なものであることを確証をもって承認できるかについて話し合われた。大手企業の一つであるデビアス社（ダイヤモンドの貿易、加工、販売を担う最大手。原石市場の六割を占める。本部南アフリカ共和国）は、すべての輸入国がダイヤモンドの産出元の証明基準を設けるよう、世界ダイヤモンド会議に要請した。これが施行されれば、産出されたダイヤモンドが紛争国から他地域へと闇取引されることなく主要なダイヤモンド研磨所や輸出センターに輸送できるだろう。ダイヤモンド・ハイ・カウンセル（ＨＲＤ。ベルギー・ダイヤモンド業界の調整を行う総括団体、公社）やイスラエル・ダイヤモンド取引所（テルアビブにあるダイヤモンド取引所）、そしてインド政府なども、デビアス社同様、アフリカの反政府組織経由のダイヤモンドを取り扱うディーラーとは取引しないとする見解を示している。

キンバリー・プロセスの策定の中心となった世界ダイヤモンド会議。写真は2002年３月12—13日のミラノ会議の模様。

しかし、紛争ダイヤモンド(2)をなくすためには、一部の企業が取り組んだだけでは抜け穴ができてしまう。ダイヤモンドの採掘・研磨業者や、輸出入国を含めたダイヤモンド関連アクター全体が、こうした紛争ダイヤモンドを削減するシステムを構築していかなければならない。そして、そのようなシステムをつくるためには、ダイヤモンド産出元を明確に示す方式によって透明性を確保することが大切である。

（2）　紛争ダイヤモンドとは、シエラレオネやアンゴラ、コンゴ民主共和国などで紛争や人権侵害に関わる組織が密輸などの違法な手段によって売買しているダイヤモンドのこと。

このように、経済の視点から紛争の解決を図るには、国際機関が協力して監視体制をつくる必要がある。しかもそのためには、国際法に基づいた制度的枠組みが必要となる。したがってこれらを達成するには、何よりも国際社会全体が紛争をなくしていこうという一致した政治的コミットメントを確立しなければならない。

紛争経済に対する日本の課題

最後に、国際社会で今起こっている「紛争経済」と日本とのつながりから、私たちの役割について考えてみたい。

私たち日本人は、自分たちの生活と途上国の生活とを結びつけて考えることを得意としない。食糧配給を待つ難民の長い行列や、ごみをあさる途上国の子どもたち、あるいは紛争でいのちを落としていく妊婦たちの存在を知って、「かわいそう」とは思ってみても、自分の暮らしとの因果関係から、これらの問題を考えようとする思考回路はあまり持っていない。「かわいそう」という一時の感情の発露でわずかばかりの施しをしても、なぜそのような問題が起こってしまうのか、その構造を論理的に考える習慣がないために、日々の忙しさの中で、一度は寄せた関心もいつしか移ろいでいってしまう。食糧の九〇％を輸入し、木材需要の八〇％を外木に頼り（そのうちの二〇％が途上国からの南洋材）、石油の八〇％を中東に依存している日本こそ、対外関係、とくに途上国との関係に注意を払わねばならないのではないか。紛争経済が重要な問題として浮かび上がってきた背景には、近年の急速な経済のグローバル化が挙げられる。人やモノの移動が以前に比べてはるかに自由になってきたため、必然的に闇や非合法な取引ルートも増えてくる。すなわちそれは、私たち日本人が直接的に貿易取引をしなくても、いくつものルートをめぐって私たちの生活に入り込んでくるモノが増えていることを示唆している。その中には、私たちが日常的に使っている携帯電話の充電池の原材料となるコルタンという鉱物資源のように、武器を調達するためのお金に化けるモノもあるのだ。私たちの暮らしは直接的、間接的に世界の問題と結びついている。

世界で売られているダイヤ製品の七九％は指輪である。紛争ダイヤモンド問題を追い、キンバリー・プロセス(3)を推進してきたイギリスのNGO、グローバル・ウィットネスによれば、ダイヤ製品の市場規模は一九九九年で五六〇億ドルにのぼり、その後も拡大の傾向にあるという。シエラレオネやアンゴラ、コンゴ民主共和国からくる不法ダイヤの大半は、ダイヤ貿易の中心地であるベルギーのアンベルスかイスラエルのテルアビブに運ばれたあと、インドをはじめタイ、モーリシャス、米国など三〇カ国の工場で加工され、世界の店頭に並ぶ。ダイヤ消費国の筆頭は米国だが、日本はそれに次いでおり、その輸入量は年間二五〇万カラットを超えている。毎年これほどのダイヤモンドが輸入されてきた結果、現在日本に眠るダイヤモンドの量は鉱山の何十個分にも相当する膨大な量にのぼっていると指摘されている。

（3）　二〇〇〇年五月に政府関係、ダイヤモンド産業の関係者、そして世界中のＮＧＯが南アフリカ共和国のキンバリーに集まり、紛争とは無関係なダイヤモンドのグローバルな認証制度の設立に向けて話し合った。話し合いは〇二年五月まで続き、合意された〝キンバリー・プロセス〟は、〇三年一月に日本を含む四〇カ国が署名し、発効された。

鉱物、木材、石油、水など、本来人々の暮らしを豊かにするはずの自然資源が、戦争や紛争の原因となり、資金源となって殺戮行為の一大要因になっているとしたら、これほど皮肉なことはない。二〇〇三年、京都で世界水フォーラムが開催されたが、二一世紀は「水の世紀」と言われ、今後、生物や人間の生存には欠かせない水資源をめぐって壮絶な争いが増えていくとも予想されている。そして、アジア地域はその主要舞台と目されている。経済協力開発機構（ＯＥＣＤ）の開発援助委員会（ＤＡＣ）が発表した「紛争と開発に関わるガイドライン」（一九九八）においても、インドシナ地域を走り抜けるメコン川が紛争の潜在的な原因になるだろうと指摘している。大国の代理戦争とも言われたインドシナ紛争（第一次一九四五―五四年、第二次六四―七三年）とそれに続くカンボジア内戦（七〇―九八年）を必死で生き延びた人々の頭上に、再び大国の資源争いのために爆弾を降らせるようなことがあってはならない。世界から戦争・紛争をなくし、根本から平和をつくろうとするならば、この「紛争経済」の視点から自分たちの暮らしを見つめ、変えていくことが必要なのである。

コラム③

経済開発に生活を脅かされる人々
――フィリピン伝統社会への日本の関与

国際環境NGO　FoE Japan（旧・地球の友ジャパン）
開発金融と環境プログラム ディレクター　松本 郁子

　フィリピン、ルソン島北部を南北に走るコルディリエラ山脈から流れ出るアグノ川。この川の上流には、多くの金・銅の鉱山があり、二つの発電用のダムが建設されている。アグノ川上流に住むイバロイと呼ばれる先住民族は、アグノ川や地域の山々とともに生活を営んできたが、これまで鉱山開発、ダム開発、森林開発など多くの開発の犠牲となってきた。この川に、日本企業や日本政府によってさらなる開発がもたらされることとなった。世界最大級のダム、サンロケ多目的ダムである。ダム建設によって川沿いの耕作地を失った人々は、自給自足に近い生活を奪われ、小作農は土地を失った代償さえ受けとっていない。また、地域の重要な現金収入の手段である砂金採取も、ダム建設によってまったく不可能になってしまった。イバロイの人々はこれまでの開発で次々に村を追われ、最後に残された集落さえも新たな開発計画によって奪われようとしている。

　環境問題について考えるとき、開発の問題抜きに考えることはできない。日本でも幹線林道やダム建設、空港建設等の大規模開発は、同時に大規模な環境破壊を引き起こしている。途上国における大型経済開発においても状況は同じである。途上国においてさらに深刻なのは、そこに生きる人々が地域の自然資源に大きく依存した生活をしているにもかかわらず、人々の生活の権利が十分に保障されていないということだろう。地域の森や農地、川や海は人々の生活、文化そのものである。それを開発によって破壊、略奪してしまうことは、人々から生活の権利を奪うことである。筆者はこれを基本的人権の侵害だと思っている。とくに地域の自然環境とのつながりを大切にしてきた先住民の人々が自分たちの文化を失うことは、生きる尊厳を失うことにもつながっていく。

これは一時的な金銭補償で代替できるものではない。土地の収用など直接的な影響であればまだ補償の対象となるだけましである。しかし、地域の森林資源の破壊や川の流量の変化、地域生態系の微妙な変化など開発による生活への影響が間接的である場合、自然資源をもとに生計を立てている人々への影響がどれほどのものか、開発する側の人間に正確に把握されていることはほとんどない。なぜなら、開発する側は開発によるプラスの経済効果しか計算しておらず、開発による地域経済・社会へのマイナス効果についてほとんど調査していないからである。つまり、地域住民への影響について十分な対策をとらないまま、開発を進めてしまうのである。

地域の人々が川や森の資源をどのように活かし、生活に役立てているのか。雨季や乾季によって川と人々との生活の関わりはどのように変化しているの

フィリピン、サンロケ多目的ダムに反対する地元住民。2002年11月。

か。こうした地域の生活文化について調査することなしに進められる開発は、開発という名の暴力であると言える。土地の権利がもともと明確でない先住民や少数民族の居住地は、土地収用が容易であるなどの理由から、これまできわめて多くの開発において潰されてきた。

経済開発によって脅かされているのは生活の権利だけではない。生活への不安から政府が進める一大事業に疑義を唱える地元住民のリーダーやＮＧＯは、政府からの弾圧や脅しという重大な人権侵害を被っている。時には、いのちを狙われることもある。あのＮＧＯは住民を煽動している、あのグループは左翼ゲリラの一味だ、といったうわさは、反対運動を孤立化させて潰していくための開発側の常套手段である。武装警察による地域の監視は、反対運動の激しいコミュニティを弾圧するために行われている。マレーシアではいまだに治安維持法があり、反政府的行為と見なされれば、いつ何どき警察に連行されてもおかしくない状況にある。開発のあり方に疑問を持つ住民やＮＧＯは、そうした状況の中で活動を行っている。

日本の政府開発援助（ＯＤＡ）として進められる開発プロジェクトにおいても、多くの人権侵害が指摘されている。たとえば、ケニア西部のソンドゥ・ミリウダムの反対運動では、地元の活動家がいのちを狙われたあげく逮捕され、留置所でひどい拷問を受けた。インドネシア・スマトラ島中部のコトパンジャンダムでは、開発プロジェクトに関する地元住民によるヒアリングが、独裁政権下の軍や警察による監視のもとで行われ、住民の自由な発言は当然ながら規制された。

経済開発は、地域内の紛争や、家族・親戚間での争いを引き起こす原因にもなっている。政府や事業者からの弾圧に抗して反対の意思を貫こうとする人々と、開発による経済的利益に希望を見出そうとする人々との間に亀裂をつくり、住民同士を分断してしまうのである。経済開発はこうして地域社会の崩壊さえ生み出している。

私たちは、人々の生活の権利を奪い、平和な社会を乱し、人々を危機に追いやるこのような経済開発を前に、なぜそれが進められているのかをあらためて見極める必要がある。そして、誰がこれを押し進めようとしているのか、誰がこの開発によって利益を得ているのかを知る必要がある。誰のための開発か。前述のフィリピンのダム建設に反対するイバロイのリーダーはこう話してくれた。

「これは単にダムの建設をめぐる住民の闘いではありません。開発は自らの意志で進める、という闘いでもあるのです」。

＊フィリピンのサンロケ多目的ダム、ケニアのソンドゥ・ミリウダムについては、http://www.foejapan.org/aid 参照。インドネシアのコトパンジャンダムについては、久保康之編『ODAで沈んだ村――インドネシア・ダムに翻弄される人びと』（インドネシア民主化支援ネットワーク、自費出版ニンジャ・ブックレット、二〇〇三）に詳しい。

第7章　米国一国主義を超えて

政治学者　ダグラス・ラミス氏（談）

＊本稿は二〇〇三年四月末に行ったダグラス・ラミス氏へのインタビューをもとに、編者の三好が同年八月にまとめたものである。また、本文中の注記は三好が付したものである。

はじめに――米国の現政権の意思

二〇〇三年四月一六日、イラク軍事攻撃を沖縄から考える緊急ティーチイン「イラク戦争と沖縄」（『琉球新報社』主催）が那覇市で開かれた。私も沼田貞昭氏（外務省沖縄大使）、仲宗根正和氏（沖縄市長）、當山智士氏（かりゆしアーバンリゾート那覇総支配人）、平良夏芽氏（牧師）ら四名とともにパネリストの一人として参加した。

まず私の印象に残ったのは、仲宗根沖縄市長が嘉手納基地を抱える自治体の立場で、「イラク戦争は残念至極で、県民挙げて反対すべきだ。基地は戦争をするためではなく、戦争抑止で機能して欲しい」と発言したことである。また、沼田大使が「軍事行動になったのは残念だが、結果としてイラク戦争はイラク国民を抑圧から解放した。イラクが国連決議の大量破壊兵器破棄を履行せず、停戦条件の基礎が崩れたので武力攻撃はやむをえない」と発言したことも印象的であった。フセイン政権が事実上崩壊し、米軍が駐留を始めて一カ月以上経ったが、依然として大量破壊兵器の影すらない。私には残念ながら両氏とも米国が今、何を目指そうとしているのかが見えていないように思えた。米国の現政権は世界を支配しようとする明確な意思を持っている。

一　戦争をする権利とは何か

憲法第九条の「交戦権の否認」の意味

九・一一事件以降、アフガニスタン攻撃、イラク侵略・占領をへて米国はさまざまな変化を見せているが、その中でも最も大きなものは、米国が世界に君臨する「帝国」になったことを米国自身がきわめて肯定的に受けとめている点だ。『ハーバード・マガジン』『フォーリン・アフェアーズ』といった米国の外交政策に影響を与える有力誌も、「アメリカが帝国になった以上、その責任を果たさなければならない」と書いている。かつて一九六〇年代から七〇年代にかけて、ヴェトナム反戦運動の盛り上がりの中で「米国帝国主義打倒」を叫んだときの「帝国」とはニュアンスが違っている。米国の現政権が目指しているのは何であろうか。

国会議事堂前で開かれた「ワールド・ピース・ナウ」主催のティーチインにて熱弁を振るうラミス氏。2003年４月28日。

ここで、そもそも軍事力の行使とは何かを考えてみたい。周知の通り、日本国憲法第九条（戦争の放棄、軍備及び交戦権の否認）は次のように述べている。

「日本国民は、正義と秩序を基調とする国際平和を誠実に希求し、国権の発動たる戦争と、武力による威嚇又は武力の行使は、国際紛争を解決する手段としては、永久にこれを放棄する。

前項の目的を達するため、陸海空軍その他の戦力は、これを保持しない。国の交戦権は、これを認めない」。

このように「国際紛争を解決する手段としての武力を永久に放棄する」と明確に述べている。わかりやすく言えば、「日本は、武器を持たない。戦争はしない。戦争の準備もしない」のであり、「国家は戦争をする権利がない」と宣言しているのである。

明治憲法は、天皇から国民へ与えられたというかたちになっていたが、現憲法は、主権在民が基本だ。さらに、憲法とは単なる理念ではなく「実定法」であるため、憲法に「できない」と書いてあれば、現実にできないのである。すなわち、憲法によって国民は政府に対して「政府にできることと、できないこと」を命じているのである。

この憲法第九条の文言で意見が分かれるとすれば、最後の「国の交戦権は、これを認めない」の部分である。憲法で言う「交戦権」とはいったい何だろうか。政府はそれを「侵略する権利」と解釈している。つまり、「交戦権は放棄しても自衛する権利はある」と述べている。しかし、残念ながらその論理は成り立たない。一九四五年一〇月二四日に国連憲章が発効して以来、そもそも交戦権＝「侵略する場合に行使されてきた交戦権」は国際法上いかなる主権国家にも認められていないからである。

（編者注）国連憲章は以下の場合に限定して軍事的な行動を認めている（1については異説あり。第3章一二四頁参照）。
1、国連安全保障理事会の決議がある場合（国連憲章第二五、三九条）。多国籍軍のケース。
2、先に攻撃された場合
●安全保障理事会が、国際平和を回復するために経済制裁では不十分と認め、又は不十分なことが判明した場合の軍事的強制措置について（国連憲章第四二条）。憲章に基づく国連軍のケース。
●武力攻撃が発生した場合の、個別的又は集団的自衛の固有の権利について（国連憲章　第五一条）。被攻撃国のケース。

もし侵略戦争を起こせば、それはすぐさま「戦争犯罪」である。たとえば、第二次世界大戦後の東京裁判を思い出して欲しい。アジア太平洋戦争開戦時の首相であった東条英機らは「A級」戦犯として裁かれた。これは、国際法上初めて適用された「侵略戦争を計画・遂行した」責任を問う「平和に対する罪」に相当する。

この意味において、国連憲章がすでに存在している以上、その後に成立した日本国憲法でわざわざ侵略戦争を行うための交戦権の放棄を取り立てて訴える必要はまったくない。憲法第九条の先進性はむしろ、もし仮に侵略戦争が起きたとしても、あらかじめ自衛をする権利としての交戦権を放棄している点に尽きる。日本国憲法は自衛権としての交戦権を放棄しているのである。

周辺事態法にも、イラク特措法にも、自衛隊に武器使用が認められているのは（1）「正当防衛」と（2）「緊急避難」の場合だけである。もちろん、これは軍隊に限らず、すべての人が有している権利である。正当防衛、すなわち自分の生命が危くなり、ほかに方法がない場合にのみ、武器を使って戦う権利があるのだが、現在の自衛隊に許されている権利もそれと同様である。現実にはこの権利だけでは軍事行動も戦争もできない。

（編者注）二〇〇三年六月に成立した有事法（武力攻撃事態法）では、「武力の行使は、事態に応じ合理的に必要と判断される限度においてなされなければならない」（武力攻撃事態法　第二条三項）と規定され、自衛隊法第八八条が述べた国際的な法規や慣例への配慮が消えている。ここではいかなる事態が武力行使を正当化するものか明確にされておらず、脅威の一人歩きが強く懸念される。

人を殺す権利が国家にあるかどうかについて、マックス・ウェーバーは国家と国家以外のあらゆる組織との明確な相違点に注目し、「正当な暴力を独占しうる唯一の組織、それが国家である」とした。国家だけは、人を監禁したり傷つけたり殺したりしても罪にならないという特権を持つというわけである。また、ウェーバーの「正当な暴力」（ゲバルト）には三種類ある。まず「警察権」である。物理的に同じ打撃を与えても暴漢のそれと警察とでは意味が違う。二番めは「処罰権」である。犯罪者に対して監禁し、刑に処し、死刑さえ認められる。その執行者は逮捕されず、法的にも社会的にも罪を問われない。そして三番めが「交戦権」であり、戦争で兵士が人を殺しても殺人犯にならないというものだ。これら三つには、同じ「暴力」であっても罪にならない「国家の魔術」が存在する。ウェーバーに従えば、日本はこの三番めの「交戦権」のみを否定しているわけで、完全非暴力主義を唱えているのではない。それは第二次世界大戦の敗戦から学んだ現実的な選択と言える。

二〇世紀のホッブス理論の実験は失敗に終わった

それでは、世界を見渡した場合、一般的に、主権者である国民はなぜ国家に交戦権という権利を付与するのであろうか。それは、ごく簡単に言えば、「渡した方が安全だから」と考えるからだ。政府にその権利を与えることで、暴力を減らし、自分たちのいのちがより守られるとの計算からだ。しかし、本当にそうだろうか。

一七世紀の政治思想家、ホッブスはその著作『リヴァイアサン』で次のように述べている。「政府がなければ人間は自然の状態に置かれる。すると、お互いに延々と殺し合っているだろう。個人と個人の間の戦争は終わらないだろう。だから政府に暴力の権利を渡し、政府が秩序をつくるべきだ」と。もっとも、ホッブスがこのように論じたとき、それはまだ理論にとどまり、事実、当時の多くの人間が「国家」にすら属していなかった。しかしやがて、国民国家が広がっていき、ほとんどの人間がその枠組みの中に入るようになった。この事実を見れば、人類は二〇世紀を通じてホッブスの理論を実験してきたとも言える。そして、この実験は失敗に終わった。

国民国家が増えたことで暴力によって死ぬ人間は果たして減少しただろうか。逆である。二〇世紀ほど人が殺された世紀はなかった。誰が人を殺したのか。一番人を殺したのは「国家」である。正確な数字を出すことは難しいが、二〇世紀において世界ではおよそ二億の人々が国家によって殺されたと言われている。しかも、国家が誰を最も多く殺したかと言うと、戦闘員ではなく一般市民であり、それも自国の国民である。仮に、殺したのが敵国の戦闘員なら、ホッブス的な考え方に一定の筋が通っているように見えなくはないが、事実はそうではない。実は国家が最も恐れているのは自国民そのものである。

現在も、いまだかつて自国民しか殺していない軍隊を持つ国は少なくない。たとえば第二次世界大戦以降のフィリピン、インドネシア、メキシコでは、軍隊は結果的に自国民を殺すために機能してきた。

日本ではどうか。「自衛隊法」を読むと、どのようなときに武器を使用できるかについて、次のように規定している。（1）国を守るとき、（2）国内の秩序を守るとき、の二つである。この「国内の秩序を守る」ために武器が使われるとしたらどうであろう。そもそも自衛隊は、朝鮮戦争時における駐留米軍の不在にともなって、日本国内の治安維持を名目とする警察予備隊から誕生したことを忘れてはならない（第4章参照）。

二　帝国化した米国

イラク侵略戦争の非正当性

ここまで「交戦権＝戦争をする権利」について検証してきたが、それでは今回のイラクへの侵略戦争はいったい何を意味するのであろうか。

いわゆる「聖なる戦争」となると、人を殺すことが目的となる。相手は悪だから殺すことが正しいという論理的飛躍である。こういう戦争になると、その終結が最も困難な課題となる。手段としての戦争ならばやがて終わるとしても、戦争そのものが目的化すれば、もはや敵の殲滅以外にそれを終わらせる方法はなくなるからである。

ブッシュ大統領が九・一一事件以降しきりに口にしてきた言葉は「悪に対する戦争」である。アフガニスタン攻撃の作戦名に当初つけようとした「無限の正義」は宗教的な文脈の言葉だが、最近連発している「悪」（evil）も宗教的な言葉で、神に敵対する悪魔という意味である。相手が悪魔だったら対話の余地はなく、打倒するしかない。

まず米国がイラクを攻撃する根拠はどこにあったのか。当初はイラクを攻撃する理由として、同政府とアルカイダなどテロリストとのつながりを挙げたが、証拠と言えるものはなく、また次に掲げた「イラク政府が所持する大量破壊兵器の廃棄」についても根拠は薄弱だ。パウエル国務長官は国連安全保障理事会の場で、イラク政府がナイジェリアからウランを購入しようとした書類を示し、同国が大量破壊兵器を所有している証拠としたが、後日、それは偽造されたものと判明した。イラクがかつて保有していた大量破壊兵器は一九九八年まで継続された国際原子力機関（ＩＡＥＡ）による査察により、その九〇—九五％が検証可能なかたちで廃棄されている。専門家によれば、二〇〇二年一一月に再開された査察を続けていけば残りの兵器も廃棄可能というのが大方の見方だ。

こうして二転三転する米国政府の言い分を聞いていると、本音は、米国にたてつく「悪の枢軸国」の一つであるイラク政権の打倒にある。口実は何でも辻褄さえ合えばよいのだ。ブッシュ政権の本当の狙いの一つは世界第二位とも言われるイラクの石油資源を手中に収め、石油輸出国機構（ＯＰＥＣ）の影響力を決定的に減少させることではないだろうか。

米国による国際法の逸脱

国連憲章は軍事行動について次の二つの例外を除いて禁止している。「国連安全保障理事会の決議がある場合」と「先に攻撃された場合」である（前出編者注参照）。しかし今回のイラク侵略はどちらにもあてはまらない。ところが、なお米国は戦争を遂行した。この影響は大きい。米国は今や三つの点で従来の国際法を変える方向に踏み出したと言える。その一つは、国際法で禁じられている先制攻撃＝侵略の正当化である。これまで、他の国には「平和に対する罪」として禁じられている侵略を、米国なら行ってよいとしたことである。二つめは、米国は国家の主権を気にすることなく、自由にその国の政権交代を行ってもよいという前例をつくったことである。そして三つめは、アフガニスタンへの侵略の際にとられた、拘束された人々への処遇に関するものである。すなわち、米国政府は彼らを一九四九年のジュネーヴ条約で保護を受けられる「戦時捕虜」と見なさず、「不当な戦闘集団」「抑留者」などと位置づけ、キューバのグアンタナモ米海軍基地に拘置を続けている。その数はおよそ数百名とされている。彼らは米国憲法にも刑法にも定めのない大統領令による特別軍事法廷で裁かれることになっている。その上、ラムズフェルド国防長官は、「彼らの一部に軍事法廷で無罪判決が出たとしても、釈放せずに、対テロ戦争終結まで拘置を続ける」方針を明らかにした（二〇〇二年三月二八日）。さらに米国における最近の対テロ国家戦略によれば、テロリスト容疑者はどこの国に居ようとも米中央情報局（ＣＩＡ）や軍部を使って拘束し、米国に監禁しても構わないとしている。これらは戦時捕虜の人権を保障する現行国際法を明らかに逸脱する行為である。

三　日本人に求められること

反戦の声を挙げ続ける意味

「戦争はいやだ」の声は二〇〇二年秋以降、イラクへの国連査察団による調査に対する米国の強硬姿勢と比例して高まっていった。〇三年二月一五日には全世界で実に一五〇〇万の人々が反戦デモに参加したと報道されている。侵略を行った当事者である米国でもイギリスでもヴェトナム反戦運動を超える規模のデモが繰り返し行われた。日本でも東京、大阪、広島、福岡、那覇などさまざまな都市でデモや集会が活発に行われたことは記憶に新しい。まさに史上最大の反戦運動が世界規模で展開されたのである。

それにもかかわらず、戦争は起きた。「私たちは戦争をとめられなかった」と落胆する声をよく聞く。しかし失望するのはまだ早い。たとえ、今回の戦争をとめられなかったとしても、私たちが「この戦争は間違いだ」とプラカードを掲げ歩いた意味は決して小さくない。私たちが戦争に反対した事実は歴史に残り、イラク侵略を正当化しようとする動きを絶えず牽制するからである。米国という帝国の方針を変えるには及ばなかったものの、皆が皆、諸手を挙げて賛成したのではなく、私たち個人一人一人が反対した事実を抹消することはできない。「ほぼ全員が戦争に賛成した」のとは質的にまったく異なる歴史がそこに刻まれたのである。

有事法制には不服従で対抗

国民の自由と権利を制限するなど、戦時体制を包括的につくり上げようとする有事法制関連三法案が二〇〇三年六月六日に成立した。事実上の憲法改正である。

こうした事態にどう対処するか。私は非暴力主義で知られるマハトマ・ガンディーを思い出す。一九一九年、イ

「有事法制など人権を抑圧する法律には不服従を貫くことが大切」と語るラミス氏。

ンドがまだイギリスの植民地だったとき、イギリスはインドで独立運動を抑制しようと同年三月にローラット法を発布し、逮捕令状なしの逮捕、裁判抜きの投獄を行う権限をインド総督に与えた。それに対してガンディーの組織は全国的な反対運動を繰り広げた。イギリス商品のボイコット、イギリスの行政機関への非協力、公立学校の生徒の退学、商店の自主的休業、地租支払い拒否などの運動が全インドに広がった。その中で一番効果的だったのが次の宣誓文であろう。「この法律は人権を侵害するものであり、私はこれに従わないことを誓います」。非暴力・不服従（サティヤーグラハ）と呼ばれる運動の象徴的多くの人々が声を挙げてこれを宣誓したのである。シーンである。

今度の有事法制にしても、「守りません」と言う人たちが多数になるだろう。

メディア・リテラシーを磨く

ブッシュ政権がイラク攻撃を始めた直後、大統領への支持率はほぼ七割だった。この数字は高いと思われるかもしれないが、私は決してそうは思わない。たとえば第二次世界大戦中、米国大統領への支持は常に一〇〇％近いものであった。そうでなければ国の総力を挙げて闘う戦争はできないからである。しかし今回は、かなりの数の米国人がこの戦争の胡散臭さを嗅ぎとっている。その数はブッシュ大統領がイラクに存在すると断言した大量破壊兵器の未回収状態が続くにつけ増え始めている。

私は沖縄の米軍基地のゲート前で、「自分の意識をチェックしてみよう」と題した次のようなチラシをつくり配っている（章末資料参照）。たとえば設問の一つは「今までの人類の全ての歴史の中で、イラクがアメリカ合衆国を侵略しようとした、または侵略した回数は？」というものだ。兵士の多くはチラシをただ受けとるだけだが、なかには「これは自分の戦争ではない」「自分の国を信じない」と書き込んで返してくる兵士もいた。自国のやり方に疑問を感じ、心中、動揺している気配が伝わってくる。

一方、「フセイン憎し、米国の力を見せつけてやる」とばかりに戦争を支持した人々の場合は、マスメディアを巧妙に使ったブッシュ政権の手法に惑わされていることが多い。たとえば、ある世論調査によれば、「九・一一のテロ事件にイラク人の何人が関わったか」という設問に、「ゼロだった」と正解したのは一七％にすぎなかった。また「テロはサダム・フセインが計画したものか」の問いには四二％が「はい」と答えている。これは、米国政府がこうした情報を流しているわけではないものの、テロリストとサダム・フセインとの関係をほのめかすようなコメントを政府高官が繰り返し行うことによって、それが事実そのものにすり替わっていった結果と言える。

こうした情報操作は大方の日本人の朝鮮民主主義人民共和国（北朝鮮）に対する否定的なイメージを醸成する面でも威力を発揮している。北朝鮮の問題になると日本人はパニックと言ってもよい。「北朝鮮は得体が知れない」「何をしでかすかわからない」から始まり、「北朝鮮の脅威から身を守るためには引き続き米国の核の傘に入るのが現実的」という論理展開になるのが一般的だ。韓国の金大中前大統領が進めた「太陽政策」は北朝鮮政権が変わることを期待したもので、外交上維持する価値を持つものだったが、ブッシュ政権の登場で一変した。ブッシュ大統領は北朝鮮をイラン、イラクとともに「悪の枢軸国」と名指しし、先制攻撃も選択肢の一つと言明したからである。こうした危機に際してとった北朝鮮の対応が、「わが国は核兵器を保有している」という宣言である。それに対して米国は、「武力ではなく対話によって問題の解決を図る」と表面上は態度を宥和させた。北朝鮮による「核の抑止力」はまさに効いたのである。しかしそのことによって北朝鮮は、三八度線を南下しても、あるいは日本にミサイルを発射しても、米国に攻撃の絶好の口実を与えることになる。したがって、北朝鮮は核をちらつかせながら軟着陸を図るしかないが、米国は表面的な大義名分さえあれば、アフガニスタンやイラクに仕掛けたように北朝鮮を攻撃する危険がある。

こうした状況に対して日本はどういう対応をとるべきか。米国が北朝鮮を攻めるときは東京の横田基地などから戦闘機が飛び立つ。日本は戦争の真っただ中に突入することになる。

日本の平和運動が今こそ掲げるべき目標は、「日本から北朝鮮に向けての攻撃を許さないこと」と、「北朝鮮と米国が不可侵条約を結ぶこと」の二点であり、これを日本と米国の双方の政府に求めていくべきだと思う。「どうせ何をしても現実は変わらない」と思い込めば何も変えることはできない。多くのごく普通の市民たちが希望を失わず力を合わせれば、必ず帝国のパワーを覆すことができると信じている。

資料1　**沖縄の米軍基地の前で兵士に配ったチラシ「自分の知識をチェックしてみよう」。ラミス氏らのグループが作成。**（編者注）

これらの質問のうち、あなたは何問に正確に答えることができますか？

（1）今までの人類の全ての歴史の中で、イラクがアメリカ合衆国を侵略しようとした、または侵略した回数は？

（答え…0）

（2）湾岸戦争に負けてから、イラクが他国を侵略した、侵略しようとした、または侵略すると脅した回数は？

（答え…0）

(3)九・一一WTC(世界貿易センタービル)攻撃事件のときに、飛行機に乗っていたイラク人ハイジャッカーの数は?(答え…0。最近行われた世論調査でこの質問に正確に答えられたアメリカ人は全体のわずか一七%だった)

(4)イラクとアルカイダの関係を証明しようとしてパウエル国務長官が最近国連で発表した主要な証拠とは?(答え…アブ・マサド・アルザカウィという、アルカイダのメンバーではないが何か同組織に関連があるらしい人物が、バグダッドの病院に二カ月くらい入院していたということ。〔病気だったので〕)

(5)アルカイダとイラクは「何十年も」協力してきていたというパウエルの発言の間違いは?(答え…アルカイダができたのは一九八八年。それ以前にはアルカイダは存在せず、オサマ・ビン・ラディンはCIAと協力していた)

(6)パウエルが、イラク政府はナイジェリアでウランを購入しようとしたことがある、ということを証明しようとして提出した文書の問題点は?(答え…その文書は、偽造だったということが判明した)

(7)国連査察団がイラク査察時に発見した大量破壊兵器の数は?(答え…0)

(8)「先制攻撃」を国際法の正確な法律用語で呼ぶと?(答え…侵略)

(9)第二次世界大戦後に東条英機を始めとする七人の日本の軍人が裁判で有罪判決を受け、絞首刑になったときの容疑は?(答え…侵略)

(10)ブッシュ大統領が国連管理下の常設国際刑事裁判所を設置するための条約の調印を拒絶し、合衆国はこのような裁判所の設置には協力しないと言った理由は?(答え…米軍関係者が戦争犯罪に問われて裁判にかけられる場となる可能性があるから)

(採点方法は、裏を参照)〔編者注・以下裏面〕

正確に答えられた質問が六問以下で、あなたがイラク侵略を支持しているなら、あなたの支持は虚報に基づいたものである可能性があります。ぜひもう一度、事実関係を吟味してみてください。

正確に答えられた質問が七問以上で、なお合衆国のイラク侵略を支持している場合は……えーと、もうちょっと時間をかけてとくと考え直してみてはいかがでしょうか？

あなたが良心と照らし合わせてこの石油戦争に参加できないと決め、早期除隊などGI〔Government Issue, 米軍兵士の俗称・編者注〕の権利に関する情報が欲しい場合は、GIの権利ホットラインへお電話を。＋1－800－394－9544／＋1－215－563－4620．このチラシに書かれた見解は、GIの権利ホットラインのものと必ずしも同一というわけではありません。

コラム④

ジェンダー・平和・人権
――平和構築への女性の貢献

（財）アジア女性交流・研究フォーラム
主任研究員　織田由紀子

女性は本質的に平和愛好家ではない

長い間、女性も男性と同様、平和を希求し、戦争や軍事主義に反対し、人権が保障される社会の構築を求める闘いと運動を進めてきた。たとえば、一九八〇年代のイギリスのグリーナムコモン米軍基地前でのピースキャンプは、女性による非暴力の行動的な平和運動である。核ミサイル配備を撤去させることに成功したばかりでなく、女性解放運動とも結びついて平和運動の新しい地平を切り拓いた。黒衣の女性（Women in Black）も非暴力による積極的平和運動の国際的なネットワークである。一九八八年、パレスチナのインティファーダ（民衆蜂起）を支援し、イスラエルによるパレスチナ占領に反対の意思を示すためにエルサレムのユダヤ人女性が始めたこの運動は、黒衣を着た女性が無言で街頭に立って抗議の意思を示すもので、その後セルビアをはじめ世界に広がり、日本でもアフガニスタンやイラクでの侵略戦争に反対する女性の運動として各地で行われてきている。

平和運動や反戦運動において、女性は平和の象徴であるとされたり、戦争の被害者としてのみ扱われることが少なくない。たとえば、女性は子どもを産む性であるから本能的にいのちを大切にし、それゆえ生命を脅かす戦争に反対するといった言い方がされることがある。また、女性や子どもを戦争の犠牲者として前面に出し、戦争の残酷さや悲惨さを強調したりすることは、今日でもしばしば見られる。このように女性を男性が主導する武力闘争のかわいそうな被害者として扱い、女性の平和運動を母性に結びつける論

2002年12月６日、黒衣の女性（Women in Black）による新宿での定例ヴィジル。ヴィジル（Vigil）とは徹夜の祈り、追悼の意味。現在日本では無言で立って抗議の意思を表すことを意味して用いられている（http://www1.jca.apc.org/fem/wib/vigil.html）（写真提供：女性たちの非暴力 アクション Women in Black Tokyo）

調は少なくない。

しかし、歴史を振り返り、世界の現状を見渡すと、女性も男性同様に反植民地・独立戦争をはじめとする多くの戦闘・戦争に参加し、武器を持って闘ってきたし、現在もパレスチナによる反イスラエル武装闘争や米英軍によるイラク侵略戦争での女性兵士のように直接戦闘に参加している。また兵器製造工場の労働者、兵士の妻、戦争を称揚する世論形成を担うメディアの一員として、間接的にもさまざまなかたちで戦争に加担してきている。日本の女性が「銃後の守り」というかたちで第二次世界大戦に加わってきたこともフェミニストの研究により明らかにされている。このように女性は直接的、間接的に戦闘に加わり、戦争を遂行してきたのであり、女性だから平和愛好家が多いということはない。

性別により異なる戦争や紛争への関与と影響

戦争や紛争への関与の仕方やその影響は女性

と男性では異なる。たしかに戦士となる女性は男性より少ない。したがって、戦死者や戦闘に起因する傷病死者の数は圧倒的に男性の方が多い。これに対し、女性にとって戦争は女性に対する暴力というかたちで表れることが多い。戦争の一環として女性に対する性的暴力が組織的に行われたことは、旧ユーゴスラヴィア、ルワンダ、そして旧日本軍によるいわゆる「従軍慰安婦」の例など枚挙にいとまがない。また、戦争中、強制避妊や強制妊娠なども行われ、女性のリプロダクティブ・ヘルス／ライツ（性と生殖に関する健康と権利）が犯され、女性の体が戦場とされてきた。さらには戦闘終了後も武器が町に氾濫し、治安の悪化だけでなく、元兵士による女性に対する暴力が増加することも報告されている。

このような紛争下の女性に対する暴力や、紛争下であるか否かを問わず夫や恋人など親しい関係の男性から受けるドメスティック・バイオレンス（DV）が人権侵害であると国際社会で広く認識されるようになったのは比較的新しく、一九九〇年代になってからである。九三年の国連世界人権会議（ウィーン）の採択文書で、長年の女性運動を受けて、「女性の権利は人権である」というあたり前のことがようやく確認された。これを受けて同年の国連総会で「女性に対する暴力撤廃宣言」が採択された。

女性の人権、紛争下における女性への暴力は、一九九五年の国連第四回世界女性会議（北京）の採択文書「行動綱領」でも人権侵害であると再確認され、これに対する取り組みが議題にのぼった。戦争だから女性が暴力を受けても仕方がない、家庭内のことには政府は干渉しない、として長い間放置されてきたことが、女性への人権侵害としてようやく正面から取り上げられるようになったのである。

なお、紛争下の女性に対する暴力については、北京の世界女性会議に参加した沖縄の女性たちが、「沖縄における軍隊・その構造的暴力と女性」というワークショップを持ち、基地に象徴される軍事化こそが女性に対する暴力の根源であると訴えたことは特筆されるべきである。この会議の直後、沖縄で少女が三人の米兵に強姦される事件が起こり、これに対する抗議がその後の基地反対を求める大きな運動につながった。このように、女性たちの働きかけにより、女性に対する暴力と軍事化の関係が明らかになり、その廃棄の必要性が人々に理解されるようになったのである。

男女で異なる平和構築への視点

戦争への関与の仕方や影響の受け方が性によって異なることは、前述の女性に対する暴力やリプロダクティブ・ヘルス／ライツに限らず、あらゆる場面で見られる。戦闘参加のため男性兵士が留守の間、その家族員である女性たちは家族のために食糧を調達し、子どもを育て、コミュニティを維持する責任を担ってきた。これは世界各地で見られたことであり、第二次世界大戦中の日本においても経験されてきた。こうした性別役割分業のために、女性は男性とは異なる戦争体験をしており、それゆえ男性とは異なる平和構築への視点を持っている可能性がある。

しかしこのような、女性の男性とは異なる視点や経験は、和平および戦後の平和構築の過程でほとんど無視されてきた。反政府闘争を果敢に闘った女性たちは、新政権の樹立に際しては中枢部分から排除され、しばしば固定的な性別役割分業を押しつけられてきた。たとえば、一九九〇年代、エルサルバドルの和平により、元兵士や農民の男性は土地の配分を受けたが、元ゲリラ兵士の女性は子宮内避妊具（ＩＵＤ）を取り外すよう圧力をかけられ、「妊娠する役割」を与えられた。ピノチェト軍事政権を倒すのに貢献したチリの女性たちは、一九八八年の民主選挙で一五八議席のうち八議席しか得られず、ピノチェト政権以前よりも低い議席数にとどまった。第二次世界大戦後の米国では、女性たちは戦時中に担っていた労働の現場を帰還してきた男性たちに明け渡し、中産階級の妻として家庭に戻った。これらは、血を流した男性こそが報われるべきとの考えに基づいた結果である。戦争への女性の参加は、不平等なジェンダー関係（社会・文化的性差に基づく関係）を変えるものではなかったばかりか、時として既存の性の不平等を強化するよう働いたことさえあったのである。

女性は平和を構築する

それでも女性たちは、世界の各地で女性同士の連携に基づき和平をつくり出し、平和を構築してきた。たとえば、シエラレオネのフリータウン市郊外の村の女性は、近所の戦争孤児の世話をすることで平和を構築した。ボスニアの女性たちは、強姦の被害女性のための移動クリニックを創設した。二〇〇〇年に行われたソマリア和平会議では、女性たちは氏族の垣根を越えてまとまり、暫定議会の議席の二五％を女性に割り当てることや、女性、子ども、少数者の人権を保障することを憲章に入れることに成功した。また、ルワンダの寡婦は、エイズ（ＨＩＶ／ＡＩＤＳ）に脅えながら強姦によって生まれた子どもたちを育てるため、互いに助け合っている（Rehn and Sirleaf, pp. 76-8）。これらの草の根の女性たちによる活動こそが、新しい平和を構築してきているのである。

国連主催による世界女性会議は、分断された世界の女性たちに対話の場と連帯の意識を育む機会を提供し、平和構築の動きを支援してきた。地球規模のジェンダー不平等への闘いが、平和構築の機会を広げてきたのである。二〇〇〇年一〇月の国連安保理決議一三二五号の採択は、このような女性たちによる実践に基づくものであった。ここにおいて初めて、国際社会は紛争予防や平和構築における女性の役割の重要性を認め、ジェンダーに敏感な平和構築の重要性を明示したのである。戦争の犠牲者としてだけではなく、平和な社会を構築する担い手としての女性の役割が、ようやく明文化されたわけである。それはまた、女性たちがジェンダー平等を実現するための新しい道具を手にしたことをも意味する。

参考文献

アジア女性資料センター『女たちの21世紀』（特集「反戦を超えて――「平和」を創るフェミニストたち」No.33、二〇〇三年一月）

シンシア・エンロー／池田悦子訳『戦争の翌朝――ポスト冷戦時代をジェンダーで読む』（緑風出版、一九九九）

グリーナムの女たち『グリーナムの女たちの闘い――核ミサイルを止めた十年』（オリジン出版センター、一九九二）

サリー・ヘイトン＝キーヴァ編／加地永都子ほか訳『戦争を生き抜いた女たち』（新宿書房、一九八九）

松井やより『愛と怒り戦う勇気』（岩波書店、二〇〇三）

Rehn, Elisabeth and Ellen Johnson Sirleaf, *Women, War and Peace*, The Independent Experts' Assessment on the Impact of Armed Conflict on Women and Women's Role in Peace-building, UNIFEM, 2002.

第Ⅲ部

NGOの使命を問う

敵—味方の二元論を超えて

行動

第二部で明らかにされたきわめて困難な現実に対して、第三部ではNGOがこれらにどう立ち向かってきたかに焦点をあて、NGOの使命を改めて問う。一方には日本政府が唱える官製「平和構築」論に同調し、戦争による難民発生の報を聞くや、ただちに現地に駆けつけ対症療法のみに力をそそぐNGOの膨張がある。他方には、緊急救援のみならず、戦争や紛争の根本原因に迫り、経済のグローバル化によって発生する構造的暴力を食い止めようとするNGOや、長期にわたる内戦によって心身ともに疲弊した人々が平和を取り戻せるよう、和解と司法的正義の実現のために地道な支援を粘り強く続けているNGOがある。私たちは今こそ、後者の立場を明確にし、他者性を欠いた「敵か、味方か」の二元論の罠に陥ることなく、あらゆる種類の暴力からの解放を目指す本来の使命に回帰し、人々とともに歩んでいくことが求められている。

第8章 「平和構築」とは何か？

――市民が創る平和への一考察

日本国際ボランティアセンター（JVC）
調査研究担当 高橋 清貴

はじめに――「開発」と「平和」

平和とは何か？ 私は二〇年以上、国際協力に携わってきたが、今ほど「平和」について人から聞かれ、「平和とは何か」と自問したことはない。それほど、私たちの生きる環境が平和だったのであり、日本が平和であることを空気のようにあたり前に考えていたことの証でもある。たしかに国際協力を取り巻くこの一〇年の環境は、冷戦終結もあって「平和」という開発の大前提を所与のものとして考えてよい時代だったかもしれない。しかし、だからと言って、この一〇年間に紛争がなかったわけではない。バルカン半島ではたがが外れたように民族自決を求めて独立紛争の連鎖が始まり旧ユーゴスラヴィアを崩壊させたし、アフリカでもシエラレオネやコンゴ民主共和国など自然資源の奪い合いから長期化した紛争も数知れない。またインドシナ地域では、冷戦の終結とともに表だった武力衝突が少なくなり紛争の火種は消えたかのように見えるものの、武装解除・武器回収が遅々として進まないカンボジアでは森林伐採権や漁業権をめぐる争いが武力衝突に至ったこともある。

一方、この一〇年は、地域紛争が頻発する中で国際社会が開発問題を真剣に議論し始めた時期でもあった。一九九二年にブラジル・リオデジャネイロで開かれた地球サミット（世界環境開発会議）は冷戦の終結を象徴したが、そこでの議論はまさしく「平和の配当」をめぐるものだったと言ってよい。サミットを契機に、人々の環境に対する意識が高まり、先進国も政治的コミットメントを進めるようになった。また、ＮＧＯの台頭により、開発分野でも「住民参加」や「説明責任」などの概念が進化し、制度も少しずつ整えられていった。実際、米国の軍事予算は九〇年に三八五〇億ドルだったのが、九八年には二八〇〇億ドルと二八％も減少したし、米軍の現役総兵員数も九〇年から二〇〇〇年までの一〇年間に二〇〇万から一四〇万へと三二％減少した。軍事予算の方は国民総生産（ＧＮＰ）比で表しても九〇年の五・二％から九九年には三％に減少しているのである。しかし、ブッシュ大統領が政権をとると、これが再び上昇に転じ始める（軍事予算増加は九・一一事件以前から計画されていた）。

米国が軍事力増強に転じたのは、自らの経済的脆さを拡大させてしまったからだという説がある。すなわち、国際社会への経済的依存度を高め、一個の国民国家として経済の相対的独立性を低下させてきた米国にとっては、自らの経済を支えるための推進力として、何らかの強制力が必要だったというわけである。そうだとすれば、軍事的強制力の増強は、世界に米国的消費文化と新自由主義的経済制度を拡大させ、米国自身が置かれた依存的経済（具体的には米国への資本の集中）を確実にするために生まれた必然ということになる。

こうした経済のグローバル化が世界の周縁において貧困に苦しむ人々の数を増加させ、そのことが自分たちの経済的破綻を招来しているという米国の強迫観念に結びついて米国を戦争に駆り立てているとしたら、これほど皮肉なことはない。九・一一事件に端を発して米国がイラクとアフガニスタンの二つの侵略戦争を始めたのも、世界貿易センタービル（ＷＴＣ）が単なる米国の象徴だったからではなく、実質的な米国の弱点であったからだと言える。「恐怖からの自由」と「欠乏からの自由」は、米国では自由主義市場経済を介して一つのものとしてつながっている。

軍事力と自由主義市場経済へのこの強い信奉は米国一国だけのものではない。したがって、窮すれば他国によっても同じように戦争がつくられる可能性がある。現に九・一一事件以後、開発の主要ドナーであるG8諸国（日本を含む先進八カ国）は、揃って自国の安全保障に公的資金を充てようと目論んでいる。そのG8が進めてきた「開発」というものが、もし途上国への市場経済化の拡大を狙うものならば、私たちは「平和」の観点から「開発」のあり方を改めて考え直さなければならない。今日の開発と平和の関係は、「ミレニアム開発目標」(1)や「エイズ・結核・マラリアと戦う世界基金」（二〇〇一年（第5章参照））など国際的〝開発〟への資金が滞っている中で、本来なら世界の貧困や環境問題に使われるべき金とエネルギーが、再び「安全」というキーワードで絡めとられた「平和」の問題につぎ込まれてしまう流れをつくり出している。しかし、直接的な安全を求めて潜在的脅威を武力で叩くというこうした近視眼的な手法は真の解決策と言えるだろうか。私たちはむしろ、たとえ間接的であれ、貧困や環境問題に力をそそぎ、長期的視点に立って「開発」と「平和」に寄与する道を選択すべきではないのか。

（1）　貧困の削減や保健・教育の改善、環境の保護に関して、二〇〇〇年七月に国連で採択された達成目標。

「平和」とはいったい何なのか？　この章では、「平和構築」に関わってきたNGO職員の一人として、この問いを考える上での論点と手順の明確化を試みる。その理由は、上記のような視点を含めて、もっともっと「平和」についての議論を市民の間で活性化すべきだと考えるからだ。カナダでは毎年、外務省やNGOなどの開発協力関係者ばかりでなく、学校の教員や弁護士、時には軍人も含めた多様なアクターが一堂に会し、平和構築について真剣な議論を行っている。そこでは、たとえば旧ユーゴスラヴィアに対する北大西洋条約機構（NATO）の空爆の是非など、きわめて重要な問題をオープンに議論し、自国の平和構築のあり方について文字通り国民参加によって政策決定を行おうとしているのである。今、日本の市民やNGOに必要なのはこれではないのか。すなわち、政府から平和構築についての解釈と資金が一方的に与えられ、それに従うのではなく、それらについて私たちが自ら考えて、意見し、議論し合いながら、望ましい「平和構築」の姿をつくっていくことではないのか？　「透明性」と「市民の意味ある参加」が確保された対話こそ、「祈る平和」とともに「創る平和」（＝平和構築）へ向かうための第一歩であろう。また、政府と市民との対話の必要性を強調することは、さまざまな暴力に苦しむ人々の声に耳を傾ける重要性をいささかも減ずるものではない。苦しんでいる人々に寄り添う姿勢を高く掲げ、それを実行していくことは、ＮＧＯにとってすべての議論の前提であるからだ。

一　イラクで考える

被災民は「平和」の意味を一番よく知っている

二〇〇三年五月上旬、戦闘終結宣言後まもないイラクを訪れた。また、同年七月にはアフガニスタンを訪れ、イラク軍事攻撃の影響を受けて悪化している治安の中で、アフガニスタンの人々やＮＧＯとともに、米軍による人道支援の地方展開について話し合ってきた。本節ではまず、平和とは何かを議論するための課題を整理する上で、イラクでの個人的な体験から記してみたい。国際政治学者が語る理論よりも、矛盾を抱えながらも平和のあり方を考え続けようとしている当事国の人々の声の方が、はるかに「平和」について教えてくれると思うからである。

赤十字国際委員会が国際人道法のキャンペーンの一環で戦争体験国の人々にアンケートを行ったことがある。そのアンケートの中には、〈家族を殺した敵兵であっても降参してきたら保護しなければいけない〉という国際人道法の規定を知ってもらうための質問項目の一つとして、もしそのような場面に遭遇したら「あなたはどうしますか」というものがあった。国別の集計結果によれば、「その通りだ」（すなわち敵兵を助ける）と答えたトップはカンボジアで、次はソマリア、最も低かったのはロシアと米国だった。ロシアと米国のこの結果は、アンケート当時、両国が軍事強国として冷戦状態にあったこととおそらく関係するだろう。また、カンボジアやソマリアの結果は、被災民として戦争を体験した人々ほど敵味方の区別なく個人の人命の大切さを重んじる傾向が強いことをあらためて私たちに知らせるものとなった。彼（女）らこそ「平和」の意味を最も知っている人々であると言うべきだろう。

被災民としてそこに住み続けざるをえない人々は、今何をもって「平和」をとらえているのだろうか。私は自らの議論の立脚点をそこに置きたいと考えている。

私が所属するNGO、日本国際ボランティアセンター（JVC）が私をイラクに派遣したのは、緊急人道支援とともに、復興支援のあり方を検討する材料収集が目的であった。それもできるだけ現場に近いところで。私たちJVCは、米英軍によるイラクへの「戦争」は国際法や国連決議を無視した侵略戦争であるとして、一貫して異を唱えてきた（第10章参照）。それは武力攻撃開始以前からイラクを訪れ（戦争に反対し、イラクの人々に日本市民の声を伝え、日本の人々にイラク市民の声を伝えるため）、湾岸戦争後一〇年近くも続く経済制裁の中、人々がぎりぎりの生活を続けていることを知っていたからであり、また、もし再び戦争が始まれば、これら多くの無辜の市民の頭上に爆弾の嵐が降りそそぎ、イラク社会、とくに最も脆弱な女性と子どもたちの生活が窮地に陥ってしまうことを十分に予測しえていたからである。

五月のイラク

初めて見るイラクは、圧政、経済封鎖、戦争、そして略奪の四重苦を背負って、二〇年くらい時計の針がとまっていたような印象を与えた。走っている車の古さ、街の汚れと破壊、電話も電気もほとんどないに等しい生活、職業なし、収入なし。それに治安の悪化が加わっていた。刑務所から解放された囚人が街中に紛れ込み、戦闘に使われた武器は回収されずに至るところに蔓延し、警察も法律もないために、略奪・強盗の類なのか夜ごと発砲音が鳴り響いていた。和平直後のカンボジア（一九九〇年代初頭）がこんな感じであった、と同僚は言う。将来のイラクを今のカンボジアに重ね合わせ、これほどの無秩序・無法状態にあっても、いつかは必ず人々が安心した暮らしを取り戻せるはずだと感慨にも等しい気持ちを抱いたが、同時に、カンボジアの人々が平和を実感するまでには一〇年近くの年月を要したように、このイラクでも途方もない作業がこれから始まるのだと、あらためて気持ちを引き締めた。

訪れたバグダッドでは、毎日、少しずつ復興への道を歩み出していた。ごみ回収キャンペーンが始まり、トレー

電線のビニール皮膜を剝して銅を取り出すイラクの子どもたち。
バグダッドにて。2003年5月。（撮影：筆者）

ニングを終えた警察官が交差点に戻って交通整理を再開する中、誰によって運営されているのかわからないが乗り合いバスも走り出していた。商業部門では、市場《いちば》はもちろん、本屋やアートギャラリーなど、生活にゆとりを持たせる店も開店し、いかに治安が悪化しようと正常な暮らしを取り戻したいとする人々の気持ちが手にとるように伝わってきた。

公共サービスの崩壊は、さまざまな問題を噴出させる。ごみ回収の遅れは、日ごと暑さを増すこの時期、ハエの大量発生による衛生状態の悪化を導いた。イラク南部のバスラで一七件のコレラ患者が出たというニュースが入り、これから夏に向かってどう対応すべきか、検討が始まっていた。

また、石油が出る国でありながら、ガソリンスタンドには給油を待つ長蛇の車列が至るところで見られたが、通勤用に使うガソリンはこうして平均二―三時間待ちの状態にあった。タクシーの需要が増加しても、同時にその料金も跳ね上がる。教師の多くは異常に高いタクシー代を払っての通勤を余儀なくされるが、ガソリン待ちの長蛇の列に道を阻まれて渋滞に巻き込まれ、ようやく再開された学校も授業が滞りがちになる。復旧したガソリンスタンドの数が圧倒的に少ないのだ。これは治安のためか、石油消費コントロールのためか、いずれにせよ占領軍が給油を制限しているためである。炎天下、自国の石油を買うためになぜ並ばなければいけないのか、人々は当然の疑問を抱くが、占領軍からは十分な説明がないために対米感情は高まっていた。

復興への期待と現実のギャップ、人々に対する占領軍の接し方など、対米感情を悪化させる要素はいくつもあった。電気も、裕福な家庭やホテルなどは発電機で賄えるためにまだましだが、一日二―三時間しか配電されない一般市民には大きな問題である。夏が近づくにつれ、電気需要が高まる中で、占領軍もこの問題を意識して発電所の整備を急いでいたが、配電用の電線を盗む事件があとを絶たず、完全復旧までの道のりが予定通りに進んでいないことは誰の目にもわかった。復興の遅れから失業し、電線を盗んではビニール皮膜を剝して銅を取り出し、それを換金して生計を立てる人々の姿を見ると、占領軍のやっている復興がいかにちぐはぐなものかがわかる。占領軍がそれを自覚していないだけに厄介な問題へと発展するのではないかと懸念されていたが、実際、その数カ月後に起きたバグダッド国連代表事務所爆破事件や赤十字国際委員会への攻撃は、まさしく占領軍の活動に対する見せしめ的行為とも言えるものとなった。

イラク人自身による復興が問題解決の鍵

イラクの人々は政治に飽き飽きしていた。米軍にはすぐに出て行ってもらいたいが、次の政権に対する不安もある、といった声が圧倒的に多い。反体制派のイスラム・シーア派[2]によるパレスチナホテル前広場（バグダッド中心）での集会でも、そこに集まった人々の多くは一様に冷ややかな目で政治演説を観察していた。

（2）　フセイン政権では、少数派のスンニ派が政権の要所を固め、人口の六〇％の多数を占めるシーア派は抑圧されていた。

イラクという国は、技術とテクノクラートを大事にする国である。英語を話せるエンジニアが数多くおり、科学や技術への信頼は根強く、かつてイスラムが科学技術においてすぐれた文明を持っていたことを思い出させる。日本がイスラムの人々に一目置かれるのは、この科学技術信奉のためだと言えなくもない。

テクノクラートをこれほど大事にする国において、他者が復興に入り込む余地はない。失業者が溢れ、治安の悪化を招いているのに、なぜ占領米軍は、技術も能力もあるイラク人自身に復興のための仕事を手渡すという簡単なことができないのか？　米国は、イラク人による評議会をつくってイラク人の主体性を尊重すると言っているが、イラク人による復興とはそのような政治レベルだけの話ではない。もっと卑近に、まずは具体的な復興事業をイラク人自身の手で進められるようにすることではないだろうか？　イラク人による仕事ぶりの一つを紹介しよう。

ＥＤＭ（Enfant de Monde, 世界の子どもたち）というフランスのＮＧＯによる支援活動を視察した。ＥＤＭではイラク人のソーシャル・ワーカー四名を支援して、パレスチナホテル前広場に集まってくるストリート・チルドレンのケアを行っている。子どもたちはワーカーが来るのを楽しみにしており、一生懸命、何ごとかを話す。炎天下、イラク人のワーカーたちが子ども一人一人と膝を突き合わせ話を聞いてあげる姿を見たとき、自分のことを気にかけてくれる大人がいないということが、小さな心を少しずつ傷つけていくのだなと、あらためて感じるとともに、スタッフたちの親身な取り組みに頭を下げずにはおれなかった。この子どもたちの一部は、ダールラハマというバグダッド市内の収容施設から逃げ出してきた子どもたちである。施設で職員に殴られたからもう戻りたくないと言う子もいれば、学校に通えるようになるから本当は戻りたいと言う子もいる。そういう一人一人の複雑な気持ちを真剣に聞きながら、ゆっくりと状況の改善を図っていくのが彼（女）らワーカーの仕事である。

ここでは「忍耐強く」というのがキーワードである。ワルのリーダーに教わったのか、シンナーを吸っている子どもも何人かいる。しかし、力でやめさせることはしない。父親が誰かわからない胎児を抱えてお腹を大きくしている女の子もいる。しかし、あせらずに、ゆっくりと話を聞いてあげる。子どもたちは、このイラク人のおじさん、おばさんがどういう人か知っていて、名前を呼んで慕っている。歌が好きだという一五歳の男の子が、このワーカーたちと一緒に来た私を受け入れてくれて、歌を披露した。そのタイトルは「忍耐」（Patience）。これほど、この言葉がすてきなものだと感じたことはなかった。子どもたちと別れる前に、広場に移動してサッカーをしたが、皆生き生きとしていた。たばこもシンナーも手放して、安心して遊びに熱中することが日常となるまで、子どもたちは、あとどれくらい待たなければならないのだろうか。

米軍と国連の対応

イラクの復興事業をイラク人の手に取り戻せない理由には、米国の戦略が立ちはだかっている。私がイラクを訪れた五月は、国連スタッフが戦闘による一時撤退からイラクに戻り始めた月である（同年八月の国連爆破事件により、結局彼らはわずか三カ月しか活動できなかったが）。五月に国連スタッフが復帰して開いた初のNGO向け説明会では、国連と占領軍との関係についての質問が彼ら国連スタッフに殺到した。当時、国連と占領軍の関係を明確に規定するための安保理決議が出ておらず、国連の役割・権限・責任についての範囲が決まっていなかったからである。国連は、米軍主導の連合暫定施政当局（CPA）のやり方はイラク人の主体性を尊重していないとし、占領に対するイラク人の反発を懸念していた。しかし、基本的には併存型の別システムはつくりたくない、けれどもイラク人主導の復興はどうにかして進めたい、と強調していた。占領軍がその責任を果たすべきことはわかっている。しかし、膨大な復興ニーズという現実に直面して、機能する体制をどうつくればよいのか、国連としても悩んでいた。貧困と無法と戦争と略奪による破壊の修復という膨大なニーズがありながら、どのセクターでもイラク人協力者を特定できないために、具体的な事業へとつなぐことができないからである。それは、米国と国連との間の政治レベルの話ではなく、現実問題として、人々から信頼される業務能力の高いイラク人をどのように確保するかといったレベルのものである。たとえば、イラク人自身による暫定的な新しい行政体制づくりにおいて、病院の復興に携わる保健省の大臣としてサダム政権時代のナンバー3が候補に挙がったとき、バース党（旧フセイン政権の支配政党）を嫌う米国や現場で働くイラク人医師からは、サダム時代と同じ規則を適用されてしまっては困ると、猛反発が出た。しかし国連を責めるわけにはいかない。本来これは、占領軍がこのようなことも含めて練り上げておくべき事柄である（戦争を容認しているわけではない）。にもかかわらず当の占領軍は、当惑はしても、悪化する治安の中で自らの安全確保と旧サダム政権の残党狩りに忙しく、本気で復興事業に取り組んではいなかった。その間、暑さは厳しさを増し、人々の期待が裏切られ続ける中で、イラクの市民たちは占領軍に対する怒りをつのらせていった。

治安の悪化が進み、「復興」への対応が遅れれば遅れるほど、イラクの人々はフラストレーションを溜めていく。

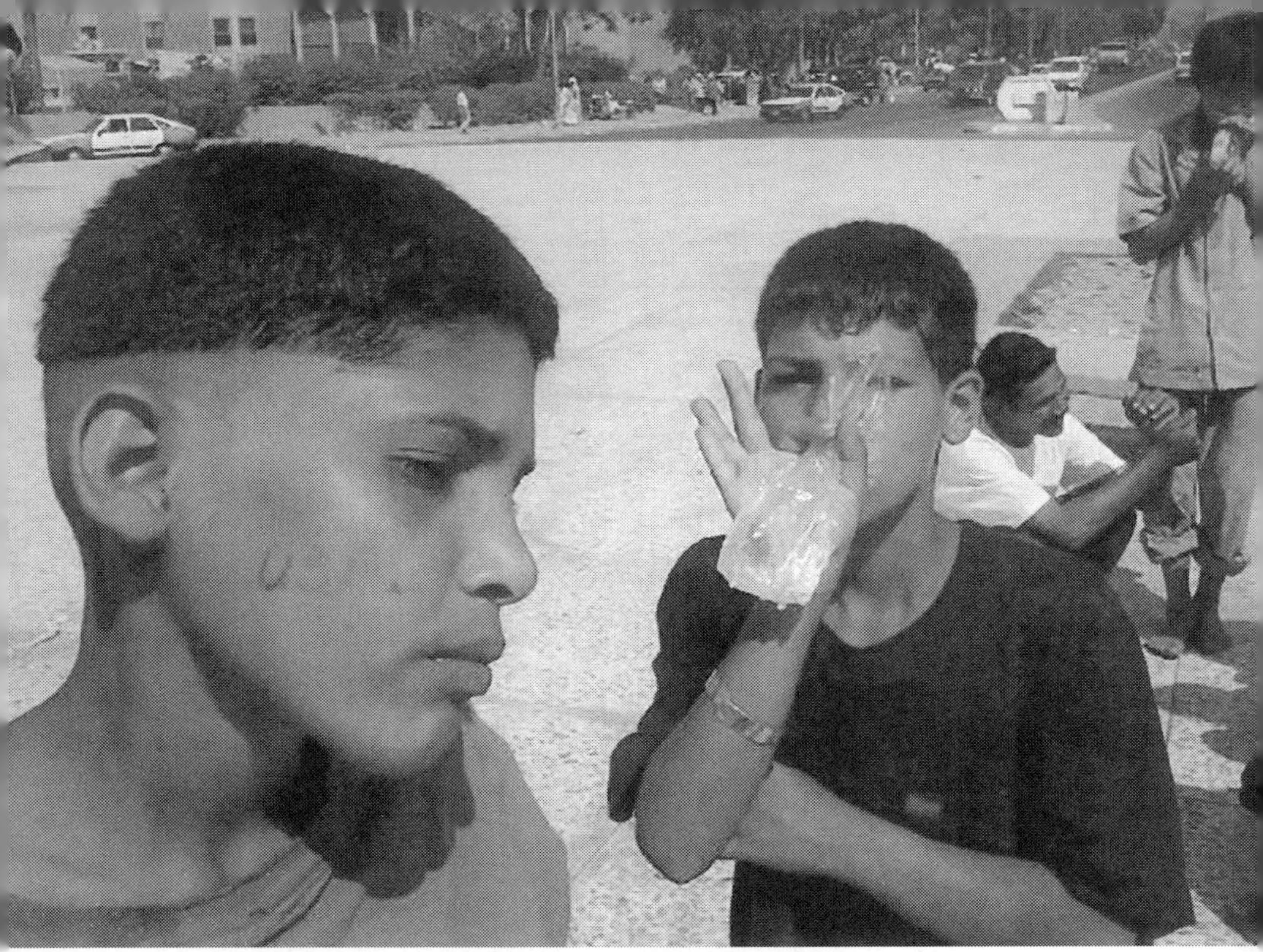

シンナーを吸うバグダッドの少年たち。頬には米兵にいたずら書きされた「USA」の文字がかすかに見える。2003年5月。（撮影：筆者）

「米国がもたらそうとした自由とはこのことか?!」という怒りや失望の声を滞在中に何度も聞いた。ストリート・チルドレンの散髪をするのも米軍ならば、ストリート・チルドレンの頬に「USA」といたずら書きするのも米軍である。彼ら米軍がイラク人の主体性や文化を尊重しながら復興を進めているとはとうてい思えない。米国的個人主義を広めるからには、長い歴史に根ざした文化や社会システムはおろか、現代の国際ルールさえも彼ら米軍にとっては障害としか映らない。米国のラムズフェルド国防長官はイラクで起きている社会の混乱状態を「自由」と言ったが、これほど傲慢な名づけ方はない。この発言には「自由」を共につくっていくといったセンスはどこにも見られず、人権侵害もなりゆきによってはありうると言っているようなものである。これでは、イラクの人々が米国の「自由」を疑ったとしても当然である。

宗教コミュニティの重要性

イラクを西洋的民主化モデルにはめ込もうとする米国の思惑に反し、治安の悪化は、皮肉にも宗教指導者を中心としたコミュニティの結束を強めた。そこでは社会福祉の提供システムが機能し始めていたのである。シーア派の盗人の巣窟と言われるサドル・シティの医療クリニックは、ＡＰＮ（Architecture for People in Need）というドイツのＮＧＯから医療物資の支援を受けながらも、その運営は宗教コミュニティがボランティア・ベースで行っていた。実は、視察の帰り道、私は同コミュニティの無法者たちに襲われてカメラを奪われたが、その後、コミュニティ内のモスク（イスラム寺院）に行き、宗教指導者に事の一部始終を話し相談したところ、小一時間して彼はそのカメラを取り戻してきてくれた。盗人を捜しに行った宗教指導者の親切に感謝しつつも、カメラを返した盗人とモスクとの関係に、考えざるをえないものがあった。盗人が私のカメラを奪った動機は知る由もないが、単なる物欲からだけでなく、彼が住むコミュニティを守りたかったこともその背景にはあったのではないか？　そして、このコミュニティは、宗教というものを通してお互いに助け合うことで、米軍や私のような他者から自分たちを守ろうとしたのではないか？　盗人の集まりであっても、そこには暮らしもあれば、女性や子どももいる。社会福祉に対して高い意識を持つイスラム教では、政治的背景にかかわらず施しをする。このコミュニティでも宗教を中心に人々が互いに守り合っていたのだろう。皮肉にも、米国の侵略戦争によって苦しめられた人々は、より強くイスラム教に回帰し、自分たちの砦を高く築き、排他的になっていたように思える。

社会は固定的なものではなく、困難な状況にあっては、それに合わせて生き物のように動く。ところが私たちは、社会をつい静態的にとらえてしまう傾向がある。今回の一件は私にそれをあらためて考えさせる出来事となった。復興や平和構築の活動で何よりも重要なのは、社会や共同体のダイナミックな動きを常に注視しながら取り組むことであったのだ。

この話には後日談がある。私のバグダッド滞在中、日本の外務副大臣との懇談会が開かれた。一般的な情報交換が主だったが、その席で私は、サドル・シティでのこの経験を話し、人々が宗教コミュニティを重視しつつあるからコミュニティとの協力関係が大切だと述べた。ところが、外務省側は、占領軍がイスラム原理主義の台頭を喜んでいないので「認識（recognize）はしてもよいが、支援（encourage）は差し控えてくれ」と答えたのである。繰り返せば、イスラム圏では宗教と社会福祉との結びつきはごくあたり前に存在する。しかし、イスラムとテロとの関係を連想する政治環境下で働く外務省にとっては、サドル・シティでの医療クリニックは支援対象から外さざるをえない。平和構築という耳障りのよい「援助概念」の裏側には、このようにしっかりと政治的な思惑がはり付いているのである。私たちが官製「平和構築」論とは異なる視点、つまり市民の視点で活動しなければならない理由は、まさにここにある。

米国の政治的思惑を読みとる重要性

今回イラクに行ってみて何よりも実感したのは、「戦争」をめぐる政治的思惑に常に人々は翻弄されるということだ。イラクへの侵略戦争を進めた米英の国内では、ブッシュ大統領やそれを支持したブレア首相に責任追及（「大義」を工作したという疑い）を迫る動きが出始めているが、実際、今回の侵略戦争では、当初はイラクとオサマ・ビン・ラディンとのつながりを断つテロ対策として、次にイラクに存在するであろう大量破壊兵器の廃棄を目的として、そして開戦直前には、独裁者の追放とイラクの民主化を最大の目的として、いずれも正当化され、米英による安保理での多数派工作が繰り広げられた。戦争の目的を二転三転させていたことからもわかるように、米政府にとってこの「戦争」は、戦争目的の達成よりも、戦争自体の達成を目的として行われたと言わざるをえない。四月九日にバグダッドを陥落させたあと、ブッシュは今回の戦争目的がサダム政権の転覆にあったことを述懐しているが、だとすればこれは、国際法をまったく無視した戦争である（第3章参照）。しかも、サダム・フセイン捕捉後の状勢は何ら変わっていない。何をもって戦争の終わりとするかは、何をもって戦争を始めたかと一致しなければ泥沼に陥るだけだ。そのことはソマリアやヴェトナムなど、これまでの歴史を見ても明らかである。疑わしきままの「大義」のもとで始められた戦争が出口のない戦争となり、イラクの普通の人々に長い苦しみを味わわせるこ

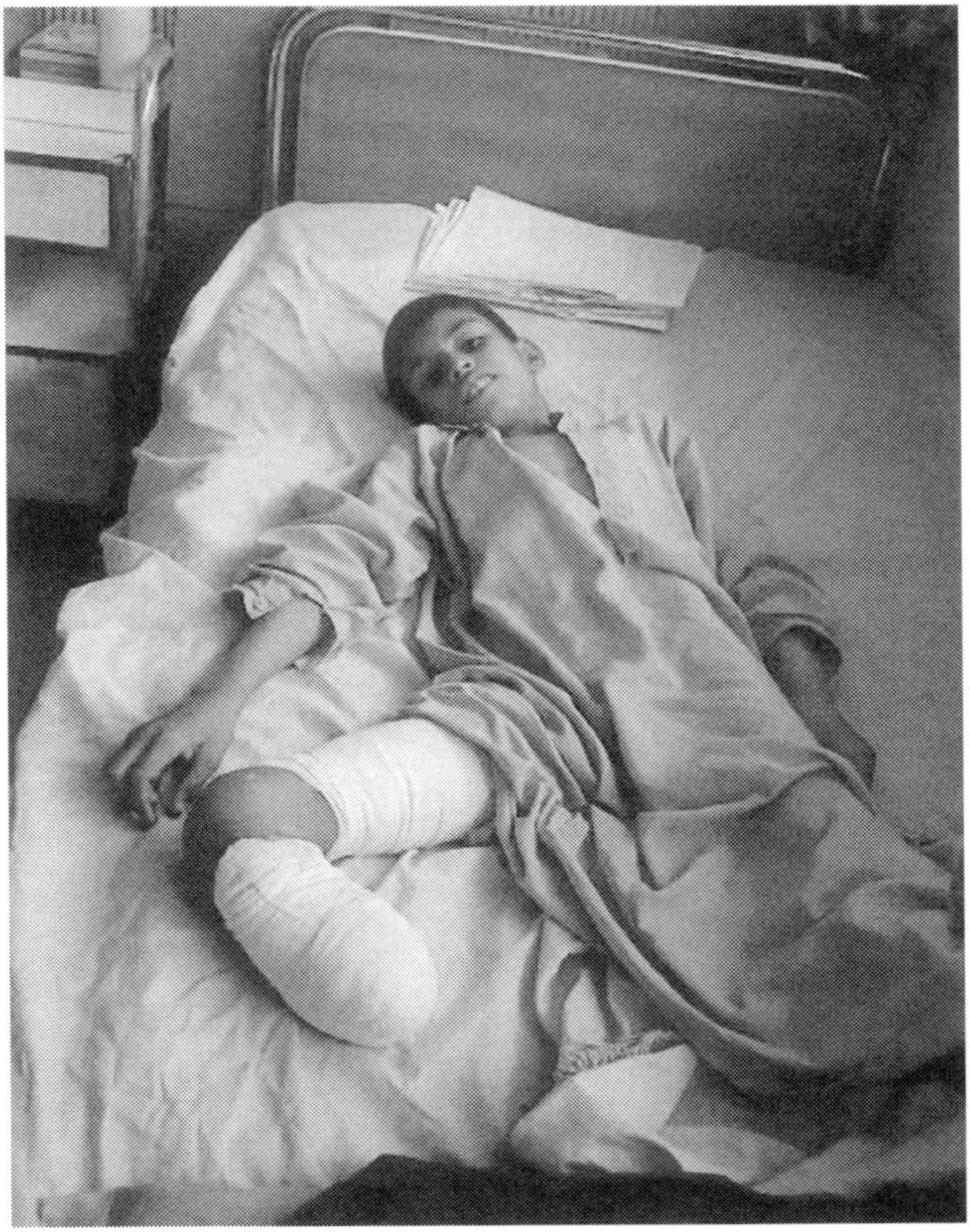

戦闘に巻き込まれ片足を失ったイラクの少年。国際 NGO が支援するバグダッド市内の病院にて。2003年５月。（撮影：筆者）

とになるのを、戦争支持者たちはどれだけ理解していたと言えるだろうか。

イラク侵略戦争が実際にもたらしたもの、それはフセインなきあとの権力の空白期に生じた治安悪化と生活不安である。ただでさえ圧政と経済制裁で苦しんでいたイラクの人々の頭上に爆弾の恐怖が降りそそぎ、それが終われば今度は強盗・略奪・誘拐といった混乱の嵐が全土を席捲した。こうした三重苦が生んだ社会混乱をラムズフェルトは「自由」と呼んだのである。このセンスには、たとえ政権に立つ人間が国家的観点から戦争の必要性（正当性ではない）を説明するためであったにせよ、そこには人間としての倫理と責任の欠如を認めざるをえない。

単純で、すべてを暴力的に決着させようとするこの思考は、一分一秒で投機相場を操って収益の獲得に腐心する新自由主義者のセンスと重なるものだ。日本政府は今回のイラク軍事攻撃を「国益」のためとし、日米同盟を金科玉条にして性急に米国支持を表明したが、おそらく米国の政策決定者たちは日本ほど日米同盟という〝かたち〟にはこだわっていないであろう。むしろ目的に向かって直線的に進み、必要ならばかつての友を敵に回しても突進するところが今の米国にはある。そのような米国を相手に、日本は自らの主体的意見を持たず、国会での十分な議論さえ果たさないまま、政治的意思決定を行った。こうしたやり方に多くの国民は憤った。ところがそれに対する小泉首相の説明は、「世論に従って政治をすると間違うこともある」（二〇〇三年三月五日、参議院予算委員会での発言）という民主主義を冒瀆する発言だった。この驚くべき発言は、戦争に反対した八〇％近い現在の国民だけでなく、将来世代の国民にとっても、日本の恥としてしっかりと歴史の記憶に刻まれるだろう。

二　平和構築という政治――アフガニスタンPRT（地域復興チーム）

米国による復興とテロ掃討作戦

二〇〇三年四月九日、「大規模な戦闘は終わった」と米国が発表してからイラクの復興は始まったが、その後の情勢は混乱を極め、占領軍に対するゲリラ的戦闘も日に日に増加していった。自己中心的な理由から戦争を始めたのが米国ならば、「戦争は終わった」と一方的に宣言したのもまた米国である。しかし戦闘行動はいまだ続いている。ところで、もう一つの「テロ戦争」であるアフガニスタンでも、一方的に空爆を開始し、そして戦闘終結を宣言した米軍が今でもアルカイダ掃討作戦を続けている。こちらも、いまだ具体的な成果を挙げることができず、後述するように、あらかじめ設定された復興への政治プロセスの期限に対して時間だけが迫ってきており、憲法制定や総選挙を無事行うことができるかどうか予断を許さない状況にある。

イラク報道の陰に隠れてあまり知られていないが、アフガニスタンの治安も悪化の一途をたどっている。二〇〇二年一月に行われた日本政府主催の「アフガニスタン復興支援・東京会議」に続き、〇三年二月には再び東京で治安問題を話し合うドナー（支援者）会議が開かれた。そこでは、カルザイ大統領出席のもと、アフガニスタン側から提示された計画を支援国が承認するかたちで、復興においてはＳＳＲ（Security Sector Reform, 治安セクター改革）を最優先の課題とすることが確認され、それがアフガニスタンで活動する国際協力コミュニティ（支援国、国連およびＮＧＯ）の共通認識となった。

ＳＳＲでは、「麻薬対策」「ＤＤＲ（武装解除、動員解除、社会復帰）」「警察」「司法」そして「国防省の改革と新国軍の創設」を主要な取り組みとして掲げているが、それぞれ上から順番に、イギリス、日本、ドイツ、イタリア、米国が主導的役割を果たすことになっている。このうち日本が担うＤＤＲは、米国が担う新国軍創設と密接にリンクしており、現在、特定の軍閥と結びついている国防省をいかに改革するかが焦眉の課題となっている。もともと、ケシ（麻薬）栽培や国境貿易で経済力を持つ軍閥に既得権益を捨てさせてまで復興に協力させることは相当に難しく、本当に実現できるかどうかは予断を許さない。米国は新国軍の主要一四ポストを均等に地方軍閥に割り振ろうとしているが、配置換えされる国防省の要人の受け入れ先（たとえばどこかの公使など）を確保するのに時間がかかる。米国にとってアフガニスタンの復興は重要で（後述）、実際にコミットする姿勢を崩してはいないが（たとえば、国防省改革後に溢れ出る要人の受け入れ先を積極的に提供している）、一方で「テロ掃討作戦」も依然として続けており、その戦術として一部の軍閥を支援している状況の中にあって、敵対する軍閥であるファーヒム国防大臣に国防省を手放すよう説得するのは容易なことではない。しかし、すでに決められている憲法制定、総選挙の政治プロセスを遅らせたくない米国は、どうにか国防省を改革しようとやっきに取り組んでいる。

PRTの存在理由は何か

米国が決められた政治プロセスに拘泥するのは、ブッシュ大統領が二〇〇四年の大統領選挙で「アフガニスタン復興」を材料として使いたいと考えているからだ。イラクの復興が思惑通りにいかない今、何としてもアフガニスタンだけは成功事例としたい。こんな中、治安確保と復興を同時に進め、目に見える成果を挙げる手段として米国が考え出したのが二〇〇二年一一月に発足したPRT（Provincial Reconstruction Team, 地域復興チーム）である。PRTの定義自体をめぐってはアフガニスタンで活動する支援関係者の間で議論が分かれるが、活動の形態としては次の二つの特徴を挙げることができる。

---

(1) 米軍が始めた

PRTは国際協力コミュニティのコンセンサスによって始められたものではない。そのため、PRTの政治的な目的や、PRTと国連との間の「援助調整」などが曖昧で、NGOをはじめとする国際協力関係者は米軍にその目的を明確化するよう、とくに治安維持への貢献という目的に特化した活動をするよう提言している。PRTに参加する国は二〇〇三年四月から増え始め、イギリス、ニュージーランド、ドイツ、韓国なども参加している。これによって、PRTのための有志連合が国連とは別に創設され、併存型の復興枠組みがつくられていくことに関係者は強い懸念を抱いている。

(2) 軍隊が中心的役割を担う

PRTは五〇―一〇〇人規模の部隊が実施する活動である。併存型システムの弊害に配慮して、PRTは下部組織としてCMOC（Civil Military Operational Coordination，部外連絡協力調整室）という調整機関をつくった。復興ニーズの調査などは、さらにその下の組織であるCAT（Civil Affair Team，文民事業チーム）という実施部隊によって行われている。しかし、意思決定および中心政策は、ペンタゴン（ワシントン）―タンパ（フロリダ）―バグラム（カブール）―PRT（各現場）という命令系統で下されていく。このような方式は、たとえ個別プロジェクトの決定が各部隊ごとになされているとしても、決してアフガニスタン主導の復興と言えるものではない。あくまで治安に気を配りつつ、短期に実現できる目に見える復興成果物（たとえば学校への机や椅子の供与）をつくることが、PRTの政治的・軍事的主目的なのである。たしかに、部隊の中には「援助機関」（USAID〔米国国際開発庁〕やDFID〔イギリス国際開発省〕など）からの参加メンバーもいるが、兵士の多くは国際協力活動の経験に乏しく、「バラマキ援助」にならざるをえない。

現在のアフガニスタン、とくにカブール以外の治安確保にあたり、軍によるどのような活動が有効かは不明だが、治安の空白地域となっている地方で復興事業を進めるのに軍のエスコートもしくは軍の介入に頼らざるをえないという現実的な考え方が存在していることは事実である。しかし、その場合彼らは何をすべきなのか？　どのようなニーズに応えるべきなのか？　軍隊に対しては、国際法の理念・原則に従って最低限の人道ニーズに限って人道支援活動を認めてよいとする意見もあれば、人道ニーズに限らず治安悪化改善に寄与する復興、たとえば警察署の建設や警察官の訓練などまで認めてよいとする意見もあり、NGOの間でも見解は一致していない。

軍が行う復興事業は、一九六〇年代型のトップダウン方式援助という未熟なものであって、非効率的なものだが、打つ手がない中で容認せざるをえないというあきらめの心境がアフガニスタンにおける国際協力関係者の間で広まり始めている。しかし先にも述べたように、米軍は一方でアルカイダ掃討作戦を続けているのであり、それゆえ彼ら米軍に対するタリバン（イスラム原理主義に基づいて活動するアフガニスタン人によるゲリラグループの一つ）やアルカイダによる攻撃が活発化し、NGOなど国際協力関係者が米軍と同一視され、テロの標的とされている事態も無視できない。復興のためのＰＲＴは、むしろ復興そのものを遅らせる恐れさえ生み出しているのである。

ＰＲＴの問題点とＮＧＯのジレンマ

米国はあせっている。二〇〇三年七月にはアフガニスタンの治安と復興に素早い効果を上げさせるため、一〇億ドルの追加支援を決めた。また、これにともなってシニアレベルの人材も復興事業の促進のために米国から送り込むこととした。追加支援の資金の一部はＰＲＴにも使われるであろうが、試験的に三カ所で始まったばかりのＰＲＴに対して、その評価も定まらないうちにこれを強化することが、果たして治安・復興の両面において人々のプラスになりうるだろうか。アフガニスタンがイラクと違うのは、復興の中心を国連が押さえていて、ＰＲＴという連合軍による活動が付随的な位置づけしか持っていないことだ。しかし、今後ＰＲＴが拡大され、イラクのように国連による復興枠組みが相対化されていくとしたら、状況はより厳しくなっていくだろう。恐れるのは、米国のＰＲＴ強化が呼び水となって他国によるＰＲＴへの参加が加速することだ。ＰＲＴは有志連合による活動であるから国際的な合意に基づくものではない。そのためＰＲＴの独断的行動も懸念されうる。事実、国連やＮＧＯとの十分な調整が行われなかったために、たとえばバーミヤンでは、イギリスの国際ＮＧＯセーブ・ザ・チルドレンが支援を予定していた学校に、知らぬ間に机と椅子が入っていたり、教師の確保も確認しないまま校舎の新築や修復が行われたりしている。

ＰＲＴに対するさまざまな懸念の中で最も憂慮すべきは、このような国連決議をへない有志連合による復興のやり方が今後の紛争地における一つのモデルとして恒常化していくことである。有志連合は文字通り、そこに政治的統一意思や目的があるのであって、ＰＲＴもあくまでその目的を達成するための手段である。したがって、ＰＲＴによる復興支援は有志連合間の政治目的達成のための手段にほかならず、現場のニーズに応えるための支援とはまったく方向性を異にしている。そのためＰＲＴにおいては、政治目的が達成されれば、ニーズが残っていても引き上げるということが十分に予測しうる。

国際支援におけるこうした政治性については、日本ではあまり議論されることがない。それは国際支援の政治目的が隠されてきたからであり、あるいは国際支援というものが別の文脈で語られてきたからである。しかし、ＰＲＴの取り組みは、国際支援のあり方と政治との関係を議論する上で格好な事例であるばかりか、復興支援や人道支援に対する考え方を大きく変える性質を持っている。したがって私たちは、できるだけ早い時点でこの取り組みへの考察や検証を始めるべきである。ＪＶＣも、政府開発援助（ＯＤＡ）による「復興」「平和構築」の指針・原則をチェックする上で、引き続きＰＲＴの調査研究を続けていくことにしている。

ＰＲＴについての調査研究においては、ＮＧＯとしてＰＲＴをどうとらえるかが問われるだろう。重要な指標は、地元の人々がＰＲＴをどう受けとめているかということである。しかし、ここでもイラクのときと同様、現地で活動するＮＧＯの心境は複雑である。アフガニスタンでも、日に日に反米意識が高まっている。米国に早く出て行ってもらいたいと思っている。しかし同時に、治安確保のためには、地方展開をしていない多国籍軍（ＩＳＡＦ）では不十分で、米英の連合軍（Coalition）、すなわちＰＲＴに頼らざるをえないとも感じている。こうした背景から、たとえ米軍によるテロ掃討作戦が続いていても、地方の治安確保と復興を進めるには米国中心の軍隊しかないというリアリズムが力を持ち始めている。この考え方に賛同を示す国々、たとえばイギリス、ニュージーランド、韓国などはすでにＰＲＴに積極的に参加しており、これによりＰＲＴは復興プロセスにおいて実質的な影響力を持つのではないかとの見方もある。治安・人道原則・国連決議という正当な〃壁〃によって活動範囲に限界を持つ国連やＮＧＯなどの人道支援関係者には複雑な心境と言える。

人道主義を理念レベルまで高めた平和主義者にとって、武力を用いた治安維持は当然除けられるべきものである。しかしＮＧＯの間では、現場の「リアリズム」に立って効果的な人道支援を行うにはＰＲＴを受け入れざるをえないとする意見もある。ただ、先にも述べたように、ＰＲＴが本当に現場重視なのかと言えば、必ずしもそうではない。現場レベルのリアリズムを作り出す背景には、国連という枠組みを軽視してまで連合軍をつくって政治目的を達成しようという九・一一事件以後の米国のリアリズムが立ちはだかっており、この米国のリアリズム外交を具現化したのがPRTだと言える。日本はイラクに自衛隊を派兵したが、この背景にも米国外交に従うのが一番というリアリズムがある。そしてこの日本のリアリズム外交が、今度は他の紛争地域にまで拡がり、紛争後の復興、平和構築において連合軍と足並みを揃えるという考え方が出てこないとも限らない。

私たちNGOはここで大きなジレンマを突きつけられる。理念レベルまで一貫させた真の人道主義的平和構築というものはありえないのか？　紛争後の復興、平和構築はリアリズムでしか解決しえないのか？　この大きなジレンマをどう解決すればよいのか？　たとえば、アフガニスタンやイラクに米国が介入するのは自らの政治的な意図によるものだが、米国が介入しない地域紛争もある。そのような紛争地の場合、他国の意向に大きく依存せず、国連の枠組みで中立性を保つという条件さえ整えば、軍（たとえば国連軍）との協力で進める人道支援もありうるのか？　すなわち軍隊による非軍事的な国際協力はありうるのか？　日本にとって軍との関わりはどうあるべきか？　PRTの問題は、このようなさまざまな問いを私たちNGOに投げかけている。

イラクとアフガニスタンの「終わらない戦争」は、有事（戦時）と平時の境界の曖昧にした。この境界の揺らぎは、爆撃という暴力と、非戦闘時においてじわじわと真綿で首を絞めるような暴力との二つが、切れ目なくつながっていることを示している。住民の視点に立った真の「平和構築」を進めるには、このつながりをしっかりととらえておくことが何よりも大事である。そして、そこから見えてくるさまざまな構造的矛盾の中に、私たちは紛争や戦争をつくり出している原因を見出していかなければならない。

米国の無謀ぶりは何も今回のイラクやアフガニスタンへの武力攻撃に特化されるわけではない。むしろ一連の武力攻撃は、ネオコン（新保守派）と呼ばれる一部の狂信的ナショナリストの主導による「米国の暴力性」の発現であり、このことはすでにさまざまなところで語られている（ジョエル・アンドレアス『戦争中毒』きくちゆみ監訳、合同出版、二〇〇二ほか）。私たちが注視すべきは、こうした政治文化の背景のもとで米国政府がつくり出そうとしているグローバル・スタンダードのおかしさについてである。そしてこのグローバル・スタンダードを進めるために、他の大国も直接・間接的に関与してはいまいかと疑ってみることである。もし、日本政府が進めようとしている官製「平和構築」が、このような構造を強化することに棹さすようであれば、私たちはそれにはっきりノーと言わなければならない。現代の戦争・紛争は、あらゆる暴力装置を生み出している構造的問題に取り組むことなしに、未然に防ぐことはできない。

おわりに――「平和」のために人々と共に働くということ

二〇〇一年の九・一一事件から〇三年のイラク侵略戦争にかけて、国際関係、日本政治、市民運動はそれぞれにおいて大きな歴史的転換を経験した。米国による不当なイラク軍事攻撃をめぐる一連の出来事は、社会のさまざまなレベルにおいて新たな亀裂をつくった。国際社会は、一方的な価値観のもとで時には国際法を無視してまで「力による変革と支配」を推し進めようとする一部の国々と、理想的解決を理性と対話で実現しようとする国々とが真っ向から割れた。

日本では、政府が国際社会の中の主体的地位を放棄し、議論せず、事なかれ主義を通して、無法な武力外交を成り行きまかせで進めた。また、国民に対しては説明責任を果たさないまま、いつしか世界に冠たる平和憲法を持つ国としての理念も長所も捨て去った。国際協調か日米安保かという単純な議論ではないと言い放ちつつも、結局政府は、国内レベルでも国際レベルでも二者択一を迫られ、国際協調をないがしろにしてしまったのである。そして今、唯一の外交ツールであるODAは、開き直ったように日米安保という〝狭い国際益〟としての新たな位置づけのもとで押し進められようとしている。

一方、こうした日本の「外交」のあり方にかつてないほど市民の関心が集まったことも、九・一一事件以後の大きな変化と言える。それまで外務省が独占的に進めてきた外交という分野に、多くの市民が世界的視野で関心を寄せるようになった。このことは、国際社会が恐怖と力の時代へ逆行しようとしている今、一筋の光明かもしれない。とは言え、こうした関心の高まりも、市民の側が外交について積極的に議論し、提言をつくり、それが外交政策に反映しうるメカニズムとして機能しなければ、具体的な変化を生み出すことはできない。政治と市民のギャップはいつの時代にもあるものだが、今回のように、民意を無視した決定を政府が下したのは一五年戦争（一九三一―四五年）以来の歴史的な暴挙である。しかし、その溝をどう埋めるのか、まだ日本社会には答えがない。とくに私たちＪＶＣは、国外と国内をつなげる絶好の位置づけにある国際協力ＮＧＯとして外務省との定期協議に関わってきただけに、そのような「意味ある対話」の場をつくり出せなかった責任を感じている。

「平和構築」という言葉[3]を最近よく耳にするようになったが、言葉が一人歩きしている感がある。「平和構築」は英語の Peace Building という造語の直訳である。カナダ政府がポスト地雷廃絶の平和外交の柱として打ち出した取り組みを国際社会に広めるために、日本とのパートナーシップを求める狙いから使われた言葉として日本では記憶されている。一九九九年に日本・カナダ共催で平和構築シンポジウムが行われたが（一九九九年、東京）、おそらくこのときが日本のＮＧＯや開発関係者がこの言葉の概念にふれた初めての機会である。当初は外務省関係者でさえよく把握していなかったこの言葉だが、今では開発に携わるほとんどの研究者・実践家が、あるいはメディアがごく普通に使用する用語となっている。しかし、この「平和構築」という用語がどのような意味で、どのような文脈で使用されているのかに気をつけなければならない。言うまでもなく、平和構築、すなわち紛争に関わる国際協力は、その状況の性質上、きわめて政治的色合いが強い環境下で実施されるものとなる。それだけに、ちょうど強い磁場で鉄が磁石となってしまうように、支援内容自体が何らかの政治的効果を持ってしまうことになる。したがって何よりもまず、政府と市民の間でこの言葉の定義や目的について議論し、いわゆる「平和のビジョン」に関する市民の意見を政策に反映させていくことが重要だと言える。

（3）　Peace Building という用語は、一九九二年、ガリ国連事務総長（当時）の報告書「平和への課題」において、国連による紛争への関与を予防外交、平和創設、平和維持、平和建設（peace building）の四局面に分け、紛争の予防から紛争後の平和再建までを総合的に対処する構想を提起した際に、初めて用いられた。（編者注）

NGOとしては今後、「平和構築」をめぐるさまざまな課題を踏まえつつ、市民との関係を問い直し、自らの位置づけと担うべく活動について再考していくことが必要となろう。そして現場と政策レベルの両方で、市民とともにこれまで以上に協力し合いながら運動を展開することが重要になってくるであろう。そのために私たちNGOも、国内外情勢の情報収集と分析、現場と政策レベルでの具体的な実践モデルの作成、そしてこれらを支える調査研究など、幅広い活動をいっそう充実させる必要がある。具体的には次の三点の見直し、強化が求められている。

（1）変化する国際協力、国際関係に対応した情勢把握と分析能力の向上。**（調査研究活動）**

（2）日本国内における外交と国際協力に関するアドボカシー（政策提言）のあり方の見直しと、市民型「平和構築」活動の提案。**（政策キャンペーン・ロビー活動）**

（3）盛り上がりつつある反戦・非戦運動と連携した新しい市民社会形成のためのネットワーキングの構築と、新たな人材との交流。**（ネットワーク構築活動）**

これらはいずれも難題であり、それぞれ長期的な視点からの改善・強化策を要するものである。そして最終的には、これらを包摂するより大きなテーマの一つ、すなわち「外交という政策決定に民意を反映させるためには、どのような仕組みを構築すべきか」という命題にアプローチしていくべきだろう。おそらくそのためには、今の〝国際開発業界〟の一部にがっちりと組み込まれている国際協力NGO群のあり方そのものを変えていくことが必要だが、これについては別の機会に論じてみたい。

最後に、NGOが平和構築に取り組む場合の基本姿勢についてあらためてふれておきたい。前述の赤十字国際委員会のアンケートでも明らかになったように、被災民として戦争を体験した人々ほど、敵－味方を超えて、人間一人一人のいのちの大切さを認識している。この事実を私たちは重く受けとめなければならない。「平和構築」という言葉が発せられた途端、官ばかりでなく、NGOも、ともすればその言葉だけを独り歩きさせ、紛争の当事者を置き去りにして、支援する側だけの一方向な「復興」や「平和構築」に走りがちである。この陥穽に陥ることなく、私たちＮＧＯは困難な状況にある人々が真に何を望んでいるのか、その声に耳を傾け続けなければならない。

第9章　グローバル化に立ち向かうATTAC運動

ATTACジャパン（首都圏）
事務局長　田中　徹二

はじめに――反グローバル化運動の流れ

一九九七年夏、タイの通貨バーツは大暴落し、それを契機として通貨危機がアジア各国に連鎖的に波及した。アジア各国は大変な経済危機に陥り、失業者が街頭に溢れた。この通貨危機の原因は、金融のグローバル化とそれにともなう金融の規制緩和にあった。アジア各国は十分な金融システムが整備されていない状態で急速に規制を緩和したため、海外の金融機関や投資家の思惑に左右されることになったのである。

金融の規制緩和は、海外からの投機的な短期の資金がどっと入り込むことを可能にする。投資家はひとたびその国で儲けが得られないとなると、すぐに投資を引き上げて出て行く。さらにヘッジファンドと呼ばれる国際投機集団は、バーツの下落を見越し、巨額な空売りを浴びせるなどして、タイの通貨を大暴落させた。この通貨危機はタイからマレーシア、インドネシア、そして韓国へとドミノ的に広がっていった。ヘッジファンドが登場したのは一九四〇年代後半頃である。当初は買いと売りの組み合わせでリスクをヘッジ（回避）するファンドであって、小規模のものが多かった。しかし近年では、世界中の株式、為替、債券市場すべてに及んで、手持ち資金の何倍、何十倍もの巨額な資金を運用して利ざやを得ている。

皮肉なことに、規制緩和に抵抗していた中国やインドなどでは通貨危機は起きなかった。これは、金融のグローバル化をバラ色に描いていた国際通貨基金（ＩＭＦ）や世界銀行の政策がいかに間違っていたかを物語っている。

通貨・経済危機はアジアにとどまらず、翌年一九九八年にはロシア、ブラジルへと波及した。そしてその年の夏には、回りまわってついに米国にも波及した。ロシアの国債を大量に購入していた米国の巨大ヘッジファンドＬＴＣＭ（ロングターム・キャピタル・マネジメント）が、ロシア国債の価格暴落によって数百億ドルもの巨額な損失を出して倒産したのである。この倒産は、先進国の金融システムを大きく揺るがせ、あわや世界恐慌に突入かを心配する事態を生み出した。日本でも山一證券や拓殖銀行の倒産があり、金融危機の端緒となった。このように、九七年から九八年にかけての世界経済は大変な危機的状態に陥っていたのであった。

金融のグローバル化の落とし子とも言うべきヘッジファンドはその後も不気味に成長した。この一〇年間でヘッジファンドは資産を一〇倍に増やし、今や六〇兆円の資産を保有するようになっている。一九九七年のアジア通貨危機に端を発した世界的な経済危機は記憶に新しいが、今再び、より大規模なかたちでヘッジファンドが金融危機の引き金を引きかねない状況となっている。

金融のグローバル化と言われる中で、どれほどのカネが動いているのだろうか。世界の貿易総額は年間六・六兆ドル（一九九八年）、国内総生産（ＧＤＰ）の世界合計は年間三一・五兆ドル（九九年）である。これに対して為替取引総額は一日あたりで一・八兆ドル（九八年）にもなっている。すなわち一年間の貿易取引総額は、為替取引総額のわずか四日分にも満たない。為替取引がいかに巨額であるかがわかる。しかもその取引の九五％以上が株や通貨などに投資された短期の投機的資本であった。「カジノ資本主義」と呼ばれる所以である。

情報通信（ＩＴ）技術を駆使して巨額な金融資本が瞬時に世界を駆けめぐる「経済のグローバル化」。その中心地と言われるニューヨーク株式市場では、二〇〇〇年一月、ついに頂点に達して、ダウ工業株の三〇種平均株価が

シアトルの闘い。警察によるデモ隊の封鎖に抗議して座り込む人々。1999年11月30日。（撮影：上林裕子）

一万一〇〇〇ドルを超えるという史上最高値となった（二〇〇三年には七〇〇〇—八〇〇〇ドル台へと急落）。同時に一方ではこの年の前後に、いわゆる反グローバル化運動が世界的規模で盛り上がり、国際政治の舞台に登場してきた。

一九九九年、米国シアトルで開催された世界貿易機関（WTO）第三回閣僚会議に対する抗議の集会・デモは、今日の反グローバル化運動の転換点となった（後述）。国境を越えて、環境・人権NGO、労働組合、農民団体、消費者団体などから七万を超える人々が、経済のグローバル化を推進するWTOに異議を申し立てることで一致し、結集した。この闘い以降、WTOはもとよりIMFや世界銀行などのグローバル化推進機関に抗議する運動が「シアトルのように」を合言葉に世界各地で巻き起こった。

反グローバル化運動の盛り上がりは、二〇〇一年七月、イタリア・ジェノバで行われた主要国首脳会議（G8サミット）への異議申し立て行動として集約していった。「彼らは八人、私たちは六〇億人」というスローガンのもとに全世界から三〇万人以上の人々が結集した。この抗議行動は、主催者の予測をはるかに超えた参加者数の多さとともに、イタリアの青年一人が射殺されるという痛ましい犠牲者を出したことで世界中を驚かせた。

この運動の盛り上がりにブレーキをかけたのは、その二カ月後に米国で起こった九月一一日の事件である。九・一一事件以降、それまで守勢に立たされていたグローバル化推進勢力は、反グローバル化運動がテロリズムの温床だという悪質なキャンペーンを執拗なまでに行った。

しかし、これは一時的反動でしかなく、長くは続かなかった。翌二〇〇二年一月、ブラジル南部の都市ポルトアレグレ市で反グローバル化運動の国際的結集軸である第二回世界社会フォーラムが開催された（二九二頁参照）。地元メディアの報道によれば、そのフォーラムには「アジア、アフリカのＮＧＯから米国の先住民代表まで、パレスチナの戦士からイスラエルのＮＧＯ代表団まで」、世界一三一カ国から約八万人が参加した。反グローバル化運動のうねりは衰えるどころか、ますます高まっていったのである。

反グローバル化運動の規模は、二〇〇一年で一〇―二〇万人という状況であったが、〇二年三月の反ＥＵ首脳会議デモ（バルセロナ）には五〇万人、同年一一月のヨーロッパ社会フォーラム主催による反戦行動（フィレンツェ）には一〇〇万人もの人々が結集した。こうした運動が核となり、他のさまざまな平和運動と重なり合って、〇三年二月一五日、全世界で計一〇〇〇万人とも一五〇〇万人とも言われる空前の人々が参加したイラク侵略戦争反対のデモへとつながっていった。このイラク侵略戦争反対の国際的同日行動は、世界社会フォーラムのヨーロッパ版であるヨーロッパ社会フォーラムが最初に声を挙げ（二九六頁参照）、これがグローバル化し、〇三年一月開催の第三回世界社会フォーラム（ポルトアレグレ）において行動的グループが全世界に呼びかけることで実現したものである。イラク侵略戦争反対の国際的同日行動は、かつてのヴェトナム反戦運動をはるかに上回った。

一　グローバル化に対抗するＡＴＴＡＣ

フランスで生まれたATTAC

反グローバル化運動の国際的な軸の一つが、ATTAC（Association for the Taxation of financial Transactions for the Aid of Citizens，アタック＝市民を支援するために金融取引への課税を求める協会）である。ATTACは一九九八年六月、多くの市民団体や労働組合、農民団体、メディアによってフランスで創設されたNGOである。

一九九〇年代後半、競争社会を強いる新自由主義的な経済のグローバル化がフランスでも急速に進んだ。国営企業の民営化、規制緩和、大企業のリストラなどの人員削減、外国資本による企業買収などの政策が相次いで実行された。大企業の収益と株価は上昇したが、一方で失業率は上昇して一二％を超え、若年層に至っては二五％にもなった。人々は、文字通り株価などの金融資本が人間を労働現場から排除するという現実を目のあたりにしたのである。

フランスの著名な作家ビビアンヌ・フォレステール女史は、その著書『経済の恐怖』（一九九六）の中で、フランスは企業がリストラを行って社員を排除すればするほどパリの株式市場で株価が上がる弱肉強食の社会である、と指摘した。そして、「労働者を搾取する段階を超えて、労働者を排除しようというのが、今の経済ではないのか」と告発した。こうした非人間的政策に対する市民の抵抗は、一九九七年六月の総選挙で社会党が勝利してジョスパン第一書紀が首相となるといった状況をつくり出したり、ATTACなどの社会運動を活性化させる動きへとつながっていった。

ATTAC運動の特徴は、その組織名にも示されているように、投機を目的とした短期の金融取引に課税を求めるいわゆる「トービン税」導入を目指していることである。トービン税とは、すべての外国為替取引にわずかな税金を課すことによって金融市場を安定させ、課税による収入を国際社会の利益のために活用しようというアイデアである（後述）。ATTACは、このトービン税の導入を具体的糸口にして、経済のグローバル化そのものに異議を申し立てて活動する世界的ネットワークである。

ATTACの設立は一つの社説がきっかけであった。一九九七年一二月、フランスの月刊誌『ル・モンド・ディプロマティク』のイグナシオ・ラモネ編集長は、「市場を解体しよう」という社説を掲載した。ラモネ編集長はここで、九七年に起こったアジア通貨危機が全世界に脅威をもたらしていると指摘し、金融のグローバル化を進めてきたＩＭＦや世界銀行、ＷＴＯなどの「権力」を解体することが、弱肉強食という「ジャングルの掟」による支配を阻止するための最優先課題だと主張した。

巨額な資金が世界を駆けめぐる金融のグローバル化は、投資や金融政策を自由化した規制のない世界市場を前提とする。その大部分は為替や株の利ざやを狙った投機的資金であり、マネー資本主義ともカジノ資本主義とも呼ばれている。その市場をつくるのは、米国やヨーロッパ、日本などの先進国が支配しているＩＭＦ、世界銀行、ＷＴＯなどの国際機関である。今やそれらの機関が途上国や旧社会主義圏の国々のみならず、先進国内の市民・労働者の前に「権力」としてそびえ立っている。ラモネ編集長は、その「権力」を解体・解除することがＮＧＯや労働組合など社会運動団体の任務であると主張した。

ラモネ編集長はその後も、地球規模で市民を支援するトービン税の導入と、それを求める具体的行動の必要性を強調している。そして、もしＡＴＴＡＣが労働組合や文化的・社会的・エコロジー的な目標を掲げる他のアソシエーションと結びついたなら、各国政府に対する市民的圧力グループとして力を発揮しうる、と指摘している。

社会、市民に開かれた「アソシエーション」として

前段までは、ＡＴＴＡＣ設立の背景に、グローバルな通貨・経済危機におけるヘッジファンドなどの金融資本の横暴や、国内での株主・大企業優遇という社会状況があったことを述べたが、ここでフランスの社会運動の特徴である「アソシエーション」についてふれてみよう。

「アソシエーション」とは日本で言えば非営利の市民団体であるＮＧＯやＮＰＯにあたるが、フランスでのそれは、その数の多さと歴史の長さで際立っている。日本は、法人格であるかどうかを問わず約一〇万の市民団体が存在していると言われるが、フランスでは八〇万団体を数えている。日本でＮＰＯ法（特定非営利活動促進法）が施

行されたのは一九九八年とまだ歴史は浅いが、フランスでは一〇〇年を超えている（ATTAC編『反グローバリゼーション民衆運動』杉村昌昭訳、柘植書房新社、二〇〇一参照）。

一九九〇年代に入るとフランスでは、失業や移民問題などに取り組む「アソシエーション」が相次いで設立される。社会的排除と闘う反失業闘争、ホームレスの住居占拠闘争、移民労働者のサンパピエ運動（アムネスティ要求運動＝一斉合法化措置）、あるいは女性の権利を求める運動など、新しいタイプの運動が次々と誕生した。この流れが九五年の公務員大規模ストライキを行った労働組合と合流して、運動内容や課題の垣根を越えて結集する新しい潮流となり、社会的に定着していった。こうした運動にメディアや知識人が加わり、より開かれた「アソシエーション」として設立されたのがATTACである（クリストフ・アギトン、ダニエル・ベンサイド『フランス社会運動の再生』湯川順夫訳、柘植書房新社、二〇〇一参照）。

設立から二年後の二〇〇〇年四月、ATTACの会員は二万一九〇〇人に達した。個人加盟が中心であるが、労働組合が四六二、「アソシエーション」が二九一あった。そして〇二年初頭にはATTACのフランス国内の会員は三万人を超え、地域組織も二三〇ほどを持つに至った。またヨーロッパ全体では二〇カ国を超え、ラテンアメリカでもブラジル、アルゼンチン、チリ、ボリビア、コロンビアへと組織が拡大し、アフリカでは主にフランス語圏の諸国を中心に広がっている。ATTAC運動がかくも短期間のうちに拡大してきたのは、今日の危機が金融のグローバル化にあるとした明快な分析と、それに対する代替案のわかりやすさがあったからである。またATTAC自体、当初からこの運動を世界中に広めたいと志向していたからである。

「民主主義的空間」を取り戻す

金融のグローバル化は、人々の自由な選択や公共の利益を守るはずの民主主義的諸機関あるいは主権国家の地位を低下させた。そして投機の論理を持ち込むことで、金融資本を含む多国籍企業に巨大な収益をもたらし続けている。その一方、市民には雇用不安や貧困の増大をもたらし、南北間の不平等を生み出している。市民の運命は市民の手で決める、という基本的な権利が奪われているのである。

ＡＴＴＡＣは一九九八年六月の結成大会で、「世界の未来を一緒に取り戻そう」と題する基本綱領を採択した。この基本綱領は、金融のグローバル化システムに「取って代わるオルタナティブ（代替案）」としてトービン税の導入を提唱し、それによる税収を貧しい国々の持続可能な発展のために使おうと提案したものである。したがってトービン税は、暴れ回るジャングルの怪物を市民の手で捕捉できるという意味で、市民の抵抗の論理を育てるものともなる。金融界の利益優先の動きによって失った「民主主義的空間」を奪回し、世界の未来を一緒に取り戻そうと呼びかけるものである。

ＡＴＴＡＣは、最初から国境を越えたグローバルな運動を目指してきた。「民主主義的空間を世界的規模でつくり出すこと」をＡＴＴＡＣの国際運動綱領とし、国際市場および金融機関の民主的統制のための国際的運動を展開してきた。その内容は現在、インターネットを通じてフランス語、スペイン語、英語の三カ国語のニュースレターにまとめられ、毎週全世界に配信されている。

一九九八年、世界のＮＧＯとともに多国間投資協定（ＭＡＩ）という国際協定に抗して闘ったＡＴＴＡＣは、九九年にはフランス中小農家組合「農民同盟」の指導者ジョゼ・ボヴェ氏らによる米国系ハンバーガーチェーン・マクドナルド店破壊事件（二九八頁参照）の裁判闘争を全力で担った（詳細は『ジョゼ・ボヴェ――あるフランス農民の反逆』柘植書房新社、二〇〇二参照）。また同年一一月には、第三回ＷＴＯ閣僚会議が行われた米国シアトルに大動員をかけ、フランス国内でも七万人の反ＷＴＯ行動を実現させた。さらに二〇〇〇年には、グローバル化推進勢力の経済的・政治的エリートたちの年次大会である世界経済フォーラム（ＷＥＦ、通称ダボス会議、二九一頁参照）への抗議行動を呼びかけるなどして、翌〇一年一月に開催された第一回世界社会フォーラム（ポルトアレグレ）では、その有力な主催団体となった。

オルタナティブとしての「トービン税」

金融のグローバル化に取って代わるオルタナティブとしての「トービン税」とは、いったいどのようなものなのか。トービン税を提唱したのは、ノーベル経済学賞受賞者のジェームズ・トービン博士（二〇〇二年三月没）で、一九七二年のことであった。

トービン税とは、すべての国際的な資金の移動（外国為替取引）に〇・〇五―〇・二五％という低率の課税を行う国際通貨取引税のことである。一回あたりは低率でも取引を何回も繰り返せば高率・高額な税金となるのがミソで、これによって毎日のように取引を行っている投機目的の短期の資金移動にブレーキをかけるという仕組みである。

しかしこのトービン博士のアイデア（トービン税）は、経済のグローバル化・自由化という流れに反するとの理由で過去二〇年以上も無視され続けてきた。注目されるようになったのは国際的な金融危機がたびたび起きた近年のことである。とくに一九九八年以降はＡＴＴＡＣなど国際ＮＧＯから強い支持を得るようになり、その評価が高まっている。

「黒い潮（石油で汚染された海のこと）：
全額石油会社が支払うこと！
ATTAC 経由のこと！」

ATTACのシール。このパーセントマークは世界共通。トービン税の税率を何「パーセント」にするか、からきている。

国際ＮＧＯがトービン税を支持した理由は二つある。第一は、巨額な投機的資本に対して市民の手でそれに網をかぶせることができること。第二は、その税収が莫大な金額（年間で五〇〇〇億ドルから二五〇〇〇億ドル）になり、それを主に途上国の貧困撲滅や環境破壊対策、保健プログラムなどの資金に振り向けることができることである。ＡＴＴＡＣの主張はまさにここにあった。

九・一一事件以降、国連はもとより世界銀行でさえ、経済のグローバル化（貿易と投資の自由化推進）の陰で途上国の貧困が進んでいること、そしてそれが国際社会の不安定要因につながっていることを認めている。実際、この一〇年間で地球上の貧困がいっそう深刻化し、そのことが国際テロなどの遠因になっていることは否めない。

国際社会はこうした不平等の深刻化、貧困の増大という問題への対策をサボタージュしてきた。一九九二年にブラジル・リオデジャネイロで開催された世界環境開発会議（地球サミット）では、危機的事態となっている途上国の貧困や環境破壊への対策費として、サミット事務局は年間一二五〇億ドルの資金が必要との試算を出した。そしてその資金源として先進国の政府開発援助（ODA）資金を国民総生産（GNP）の〇・七％に増大させるとの努力目標を掲げた。しかしこの一〇年、ODA資金は年々減り続け、今日では平均して〇・三％にも満たず、五〇〇億ドルほどでしかなくなった。

トービン税は、そのような国際社会のサボタージュに対する市民の側から出されたオルタナティブである。今まで、トービン税はグローバル化推進論者のみならず多くの経済学者からも規制緩和の流れに反するとか、技術的に困難で実現性がないとして片づけられてきた。ところが、二〇〇一年一一月、フランスの国会はヨーロッパ連合（EU）諸国が同時に行うという条件つきではあるが、トービン税導入を採択した。これは三年余りにわたるATTACの粘り強い活動の成果であった。政治的意思さえあれば実現できる、ということが証明されたのである。トービン税制定の運動はイギリス、ドイツ、スペイン、イタリアなどのEU諸国で活発化し、米国、カナダでもNGOが精力的にキャンペーンを展開している。

一方、日本は社会運動全般が停滞している状況を反映してか、一九九五年の世界社会開発サミット（コペンハーゲン）時に一定の運動はあったものの、それ以外はトービン税導入に関する運動はほとんど起きていない。外国為替市場での取引量を見ると、東京は、ロンドン、ニューヨークについで第三位である。これら三大市場でトービン税を導入できれば最も実効性を挙げることができるのだが、日本ではトービン税導入の運動は起きていない。なぜか？

第一の理由はこうである。トービン税導入の運動は、ＮＧＯと経済学者との協働作業を必要とする。しかし日本ではそれが難しい。グローバル化を信奉する経済学者は多くいるが、反グローバル化の視点に立ってＮＧＯや社会運動団体と一緒に活動している経済学者は驚くほど少ないのである。

日本の経済学者の多くは、経済のグローバル化の根幹をなす規制緩和や市場原理という米国型の新自由主義を信奉している。と言うのも、これまで日本の経済政策は、霞ヶ関官僚に牛耳られ、ポスト「バブル経済」の危機に際しても旧態依然とした公共事業中心の政策以上のことは打ち出せてこなかったからであり、しかも省庁益を守るために、たとえば巨額な道路財源改革など諸改革に反対し（これは同時に自民党族議員の利権でもある）、ことごとく時代に対応できない政策を繰り返してきたからである。

こうした時代遅れの官僚主義的経済政策への対案として日本の経済学者が飛びついたもの、それが新自由主義であった。これは、国が経済に過度に介入するのでなく、個人の自由と責任に基づく競争と市場原理を重視することによって、経済の安定と回復は図れるとする考え方である。日本の経済学者の多くは、この新自由主義がこれまでの日本の経済政策の誤りに対する代替案だとするのである。こうした状況の中では、トービン税はおろか社会運動に貢献しようという経済学者が出るはずもなかった。

日本でトービン税導入の運動が起きない第二の理由は、トービン税に関して継続的に活動するＮＧＯが存在しなかったことである。それゆえ、先進国と呼ばれる側にある日本のＮＧＯにとって、トービン税の運動は焦眉の課題となっているのである。

二　なぜ国家を超えた運動なのか

経済のグローバル化による必然的な運動

反グローバル化運動の転換点は、一九九九年、米国シアトルで展開された反ＷＴＯの闘いであった。シアトルでの闘いの特徴は、第一にそれが国家を超えた運動であったこと、第二にそれが環境、労働、人権など個別の課題を超えた運動であったことにある。

これまでの反グローバル化運動は主に国家内に限定され、しかも個別課題への取り組みに限定されていた。しかし、経済のグローバル化が進行したことにより、反対運動側も必然的に国家や単一課題を超えた闘いとなり、自らの運動をグローバル化せざるをえなくなっていったのである。

経済のグローバル化とは、多国籍企業が文字通り国境を越えて進出することを可能にする。多国籍企業は海外投資を自由に行い、国家と対等な権利を得ることによって自らの活動を「保障」していく。一九九四年に成立した北米自由貿易協定（ＮＡＦＴＡ）はその最初の協定であった。このＮＡＦＴＡを一挙に世界レベルで適用しようと目論んだのが、先にもふれた多国間投資協定、すなわちＭＡＩという国際協定である。ＮＡＦＴＡとＭＡＩ、この二つに対する闘いが反グローバル化運動の前史であり、これが九九年のシアトルでの闘いへとつながることになったのである。国家を超え国境を越えたこの反グローバル化運動を理解するために、以下にその前史を見てみよう。

投資の自由を最優先するＮＡＦＴＡ

ＮＡＦＴＡは一九九四年に発効した米国、カナダ、メキシコ三国間の貿易協定である。これは、八九年発効の米加自由貿易協定にメキシコが加わるかたちで成立した協定で、一〇―一五年で加盟国間の関税を段階的に撤廃することを目指して発足されたものである。

一九九七年、ＮＡＦＴＡ体制下で米国の鉛関連大手メーカー、エチル社がカナダ政府を訴えるという訴訟事件が起きた。同社の製品であるＭＭＴというガソリン添加物の輸入をカナダ政府が禁止したことに対し、エチル社がその規制によって甚大な損害を受けたと損害賠償を要求したのである。ＭＭＴはマンガンなどを含有し神経毒性が疑われていることから、すでに多くの国で規制されていた。そのため、カナダ政府もその危険性を考慮し、輸入を禁止した。ところがＮＡＦＴＡ第一一条の投資に関する規定では、「外国投資家と投資の保護」が謳われ、「利益の損失をもたらす条項違反について、外国投資家は、当該国の政府（州であれ連邦であれ）に対して訴訟を起こすことができる」としている。エチル社はこの規定を根拠にしてカナダ政府を提訴したのである。訴訟の結果、九八年、カナダ政府はMMTの危険性を科学的には証明できないという理由で規制を自主的に撤回し、エチル社に一三〇〇万ドルの和解金を支払った。

ＮＡＦＴＡ第一一条は、民間の私企業も主権国家と同じレベルにあることを示すものである。これまで私企業が国家を相手にする場合には、行政かまたは国会議員を通じてしかその道はなかった。その国の国内法に従うしかなかったからである。しかしＮＡＦＴＡのもとでは、民間の私企業は国籍に関係なく、いきなり国家（自国政府であっても他国政府であっても）と同じ権利を有するようになった。

エチル社のこの一件は、ＮＡＦＴＡ体制下での訴訟事件の一角である。そこに見られるのは、国や地方自治体によるさまざまな環境・社会政策よりも投資や投資家の自由が優先されるという構図である。米国やカナダ、メキシコの人々は、これまで国内の環境・社会政策については国内の法律や条例等に基づいて運動を起こしてきた。しかしＮＡＦＴＡ体制にあっては、もはやそれでは闘いえなくなった。国家を超えた運動を志向せざるをえない状況になったのである。

投資家・多国籍企業を優先するＭＡＩへの取り組み

エチル社の件で揺れていた一九九七年、米国とカナダのＮＧＯは経済協力開発機構（ＯＥＣＤ）で秘密裏に交渉されていたＭＡＩ草案を入手した。

ＭＡＩはＮＡＦＴＡを雛型とし、外国企業が国内企業と同等以上の立場・条件で投資できるようにと定めた協定で、投資の完全な自由化と投資家の保護を目指すものであった。協定の中にはＮＡＦＴＡ同様、投資と投資家の保護が盛り込まれていた。たとえば現地政府が国有化など外国企業を収用・没収する際、その企業への補償が義務づけられていた（この協定がなければ外国企業は現地政府の法律に従わざるをえず、補償の義務は生じない）。また、現地政府や自治体の新たな環境・社会規制などが企業活動を制約する場合には、それも収用と同等に解釈され、規制によって生じた企業損失を政府が補償しなければならないとされていた。MAIはさらに、外国企業が現地展開する際に、たとえば現地部品調達要求など、国内企業保護のためのさまざまな条件づけを禁止するとした。これは巨大な外国企業が現地展開した場合、途上国の弱小産業はもちろんのこと、先進国の地場産業さえをも太刀打ちできなくするものである。まさに、「多国籍企業のための権利憲章」と言われる所以である。

米国とカナダのNGOは、秘密裡に進められていたこの投資協定を前に、一国の政府や議会を相手にしているだけではこの流れは食い止められないとして、当時爆発的に広がっていたインターネットを使って全世界にMAI草案を公開した。その結果、ヨーロッパなどから反対運動が広がり、環境、人権、開発など、さまざまな課題で活動しているNGOが共同してこの問題に取り組むようになった。

日本でも、環境NGOである市民フォーラム二〇〇一（二〇〇一年に組織解散）が中心となって一九九七年から九八年の二年間にわたり「MAIにNO！　日本キャンペーン」を繰り広げた。そして九八年、MAIは全世界の反対キャンペーンに抗し切れず頓挫した。このとき、OECD諸国の中で最初に交渉打ち切りを宣言したのがフランス政府である。それはATTACに結集してくるNGOや労働組合の力がフランス政府に大きな影響を及ぼした結果であったと言える。

シアトルでの反WTO運動

MAI反対闘争に勝利したNGOの次のターゲットは、一九九九年、米国シアトルでのWTO新ラウンド交渉に定められた。結果としてこの交渉もまた、失敗に終わった。その理由としては、米国とEUの間で農業の自由化ルールに関して対立が深かったこと、また、アフリカ諸国など途上国側が経済大国主導の意思決定プロセス（いわゆるグリーンルーム交渉方式＝大国の意向を受けたWTO事務局長が非公式の会議を重ねて合意をつくっていくやり方）に異議申し立てを行ったことなどが挙げられている。しかし理由はそれだけではない。

この交渉を失敗に追い込んだもう一つの大きな要因は、シアトルの閣僚会議会場を包囲した市民や労働組合の大規模なデモである。これが途上国代表を勇気づけた。このシアトルでの反WTO運動は、国境を越え活動分野を超えて、これまであまり出会いのなかった組織労働者と環境NGOの二つの運動体をつないだという点で画期的であった。国際的な経済会議を実際にとめたという類例のない成果は、市民パワーの存在を全世界に印象づけることになった。

WTOやMAIの動きの特徴は、国のさまざまな経済社会政策をその国自身が決めるのではなく、頭ごなしに国際的に決めてしまうところにある。実際、WTOは法的拘束力を持つ国際機関であるので、加盟各国は貿易の自由化の障害となる国内法を撤廃または改正し、新たな国内法を制定しなければならない。もし国がしかるべき措置をとらない場合は、WTOに常設されている「紛争解決機関」によって罰金の額が決められ、制裁を余儀なくされるという仕組みである。

こうして環境、社会、経済政策などの変革を求めるNGOや労働組合の運動も、国を超えて国際的にものごとが決められていく一連の動きに対して、一国内で完結することなく、必然的に国際化、グローバル化せざるをえなくなっていったのである。

三　反グローバル化運動と「世界社会フォーラム」

シアトル以降盛り上がった世界的な反グローバル化運動を意識的に結集していこうと立ち上げられたのが「世界社会フォーラム」（二〇〇一年）であり、その前身は、経済のグローバル化を推進する世界経済フォーラム（ダボス会議）に対抗してつくられた「オルタナティブを目指した討論のためのフォーラム」（一九九九年）である。

ダボス会議は、スイス・ダボスに各国の経済人が毎年集まる私的な会議として一九七一年に発足された。冷戦集結後には政治指導者も加わって、各界エリートのフォーラムとして華々しく開催されるようになっていく。これに対抗して、一九九〇年代後半から各国の知識人などが中心となってヨーロッパ各地で行ってきたのが反グローバル化の運動であり、シアトル以後はダボス会議自体もそのターゲットとなっていった。

二〇〇〇年一月のダボス会議に際しては、ATTACフランスの呼びかけで、雪深い現地においてこの会議に抗議するデモが行われた。その後ATTACの中心的担い手たちは、この動きを単なる抗議行動に終わらせず、経済のグローバル化に代わるオルタナティブを自ら探っていくために、それにふさわしい場を求めていった。そしてダボス会議に対抗するフォーラムを第三世界（途上国）で開こうと企画し、ブラジルの社会運動団体と協議を行った。こうして、翌〇一年一月、ブラジルのポルトアレグレ市で第一回世界社会フォーラムを開催するまでに至ったのである。

「もう一つの世界は可能だ」

この第一回世界社会フォーラムには、ブラジル組織委員会を主催者として、一二〇カ国から一万二〇〇〇人が参加した。組織委員会の構成は、ブラジルのNGOブラジル協会（ABONG）、労働組合のナショナルセンター（CUT）、土地なき農業労働者運動（MST）など七団体で、ATTACフランスもこれに加わった。組織委員会は「基本原則憲章」を発表し、フォーラムの性格を次のように規定した。

（1）新自由主義に反対する団体や運動体が相互につながるための開かれた会議・討論・経験交流の場であること（決議を採択したり、決定を下す場ではない）。
（2）「もう一つの世界は可能だ」という確信を持ってオルタナティブを追求する場であること。
（3）世界的な広がりを持つ場であること。

二〇〇二年一月には第二回世界社会フォーラムが開催された。第二回フォーラムは、その前年に九・一一事件やアフガニスタン空爆開始（一〇月）などが起き、開催までには多くの困難がともなった。シアトルの闘いのもう一方の当事者であった米国の労働組合、ナショナルセンター労働総同盟産別会議（ＡＦＬ―ＣＩＯ）は、反グローバル化運動から一歩退くことになった。また、ＷＴＯ側は「自由経済、自由貿易を守れ」の大合唱のもとに先進国主導の貿易体制に抵抗する途上国を巻き込んで、翌〇二年一一月にはカタールのドーハでＷＴＯ第四回閣僚会議を開催し、〇五年一月一日を最終期限とする新ラウンド（途上国側は「新ラウンド」と認めていないが）の立ち上げを決めてしまった。

こうした状況から、第二回世界社会フォーラムの開催にあたっては、とりわけ現地ブラジルの組織委員会側に相当なプレッシャーがかかった。しかし結果としては、一三一カ国から約八万人の参加を得、運動のエネルギーの健在さを内外に示すこととなった。討論テーマは二一〇、ワークショップも七〇〇以上に上った。オルタナティブを追求する公式の討論のほかに、ＡＴＴＡＣフランス、ブラジルのＣＵＴ、ビア・カンペシーナ（農民への道。ラテンアメリカとヨーロッパを中心に約一〇〇カ国の農民団体を組織している国際組織）、フォーカス・オン・ザ・グローバルサウス（タイのＮＧＯ）などの呼びかけで、世界社会フォーラムに参加した大多数の社会運動団体によって「新自由主義、戦争、軍国主義への抵抗を――平和と社会的公正のために」という共同宣言が自主企画として採択され、向こう一年間の国際的共同行動を決定した。また、同じく自主企画の一つとして、フォーラム期間中にＡＴＴＡＣ世界総会を二度開催し、各大陸ごとの具体的運動課題についての報告と情報交換が行われた。

「反グローバル化運動」の国際的な広がりと多様性

第三回世界社会フォーラムに至るまでの目立った特徴としては、第一回フォーラムの時点からすでに提起されていた「世界の他の国々でも世界社会フォーラムのようなフォーラムを開催しよう」という呼びかけが現実したことである。

地域別にはイタリアのフィレンツェでヨーロッパ社会フォーラム（二〇〇二年一一月）、インドのハイデラバー

第3回世界社会フォーラムの風景。パレスチナとイスラエルのNGOが一堂に会した平和の集い。その後ポルトアレグレ市長が平和宣言を読み上げた。2003年1月27日。（撮影：筆者）

ドでアジア社会フォーラム（〇三年一月）、エチオピアのアジスアベバでアフリカ社会フォーラム（同）、ブラジルのベレンで第二回汎アマゾン社会フォーラム（同）が開催された。テーマ別ではアルゼンチンのブエノスアイレスでアルゼンチン問題についての社会フォーラム（〇二年八月）、パレスチナのラマラでパレスチナ問題についての社会フォーラム（〇二年一二月）が開催された。

　このような地域別・テーマ別の各種社会フォーラムの開催の成果を得て、第三回世界社会フォーラムが二〇〇三年一月に開催された。参加者は一五六カ国から一〇万人以上という空前の規模となった。「民主的で持続可能な発展」「価値観・人権・多様性と公正の原則」「メディア・文化と対抗権力」「政治権力、市民社会、民主主義」「民主的世界秩序、軍事主義との闘争と平和促進」という五つのテーマ・論点で討論が行われた。全体会議が一〇回、パネルディスカッションが三六回、個人講演会が二二回、そしてセミナー・ワークショップは一二〇〇企画を超えるという膨大なものであった。

　フォーラムの最後には、自主企画としての「世界の社会運動団体」による次の三点を軸とする声明が採択された。

（1）社会運動の国際的ネットワークを強化すること。
（2）累積債務帳消し運動やＧ８サミット、ＷＴＯ閣僚会合など新自由主義的グローバル化に対抗すること。
（3）軍事主義とあらゆる戦争に反対すること。

これを軸にして向こう一年間、あらゆるネットワークや大衆運動・社会運動団体に呼びかけて共同行動を起こしていくこととした。

第四回世界社会フォーラム（二〇〇四年一月一六―二一日）の開催地は、これまでのポルトアレグレからアジア大陸に移し、インドのムンバイ市となった。総括はこれからなされなければならないが、世界社会フォーラムのムンバイ開催は、二つの面でこれまでとは違う意義を持った。一つは、反グローバル化運動が最も盛り上りを示しているのはラテンアメリカとヨーロッパであるが、やや運動が遅れているアジアで開催することによって、アジア地域での運動の活性化につながったこと。もう一つは、今までラテンアメリカの政治的文化の中で培われてきた反グローバル化運動の方法論や参加のあり方が、アジア化（インド化）されて、質的転換が図られ、運動の多様性がさらにつくり出されるということである。

国を超えての連帯を！

ところで、先の第三回世界社会フォーラムでは、このフォーラムの出身と言ってよいブラジルの大統領を迎え、ポルトアレグレの町中が歓喜に包まれた。これまでフォーラム開催に多大な支援をしてきた労働者党（ＰＴ）のルーラ・ダシルバ氏が、同国の近代史上初の労働者階級出身の大統領となったからである。また、ベネズエラではウーゴ・チャベス大統領、エクアドルではルシオ・グティエレス大統領が相次いで社会的底辺から押し上げられ、国のトップとなった。後者二人は共に軍人出身であり、政権の汚職・腐敗を批判しつつ国民の八〇％以上を占める貧困層の圧倒的支持を受けて当選したという共通点を持つ。チャベス氏はルーラ氏に続く二人めの大統領として第三世界社会フォーラムに参加した。

このようにラテンアメリカでの世界社会フォーラム勢力を中軸とする反グローバル化運動は、ついに自前の大統領を持つに至ったが（と言ってもＩＭＦや米国の圧力もあり、経済危機や社会的混乱を乗り越え持続可能な発展を勝ちとれるかどうかは予断を許さない）、もう一方の旗頭であるヨーロッパでも運動は盛り上がっている。

二〇〇二年のヨーロッパは、それまでいくつかの国の政権党であった左派（社会民主主義政党）が選挙で相次いで右派に敗れ、左派から右派への政治的転換が進行した。しかし同時に、規模を拡大した反グローバル化運動が、イギリス、ドイツ、イタリア、スペインなどの労働組合運動と連携を高めることになった。賃上げや労働者解雇規則の緩和に反対するストライキが数多く行われるなど、運動が活性化した。

イタリアでは、ＡＴＴＡＣイタリアなどいくつかの社会運動団体が連合して「社会フォーラム」がつくられ、イタリア各都市にくまなく組織されている。このフォーラムの原型は二〇〇一年七月の「ジェノバ社会フォーラム」であるが、各社会フォーラムには市民、ＮＧＯ、農民団体、宗教団体、マイノリティー団体、その他あらゆる社会運動団体が結集している。そして労働者解雇規制の緩和攻撃と闘っている労働組合と連帯して運動を進めている。

ドイツでは、最大・最強と言われている金属関係の労働組合ＩＧメタル（組合員二八〇万人）がＡＴＴＡＣドイツと運動の提携を始めており、巨大な労働組合も反グローバル化運動の担い手になりうることを示しつつある。

このように新たな局面を迎えたヨーロッパのさまざまな社会運動は、二〇〇二年一一月にフィレンツェで開催された第一回ヨーロッパ社会フォーラムに結集した。このフォーラムには全ヨーロッパから六万人の活動家が集まり、フォーラムが主催した反戦デモには一〇〇万人が参加するなど大成功を収めた。これまで反グローバル化運動と一線を画していた各国の大きな労働組合（ナショナルセンター）も多数参加した。

この動きは反グローバル化運動の「第二ステージ」と見ることができる。強大な資本力、官僚群、政治家を有する新自由主義的グローバル化勢力と闘う、「社会フォーラム運動と労働組合との協働」という新しい連合に基づいた対抗勢力の台頭である。ＡＴＴＡＣフランス国際関係部の責任者の一人で、著名な社会運動家でもあるクリストフ・アギトン氏は、「グローバル化のありようを変えるには、労組、農民、その他さまざまな社会運動が国を超えて連帯することだ」と述べてている。

ヨーロッパでの反グローバル化運動は新たなステージへと突き進み、先に述べたように五〇万人、一〇〇万人の巨大なデモはあたり前という盛り上がりを見せている。しかし、こうした動員力にもかかわらず、自前の政権を持つには至っていない。これを突破するには、先進国内だけの運動に終わらせることなく、先進国と途上国とを結びつけるグローバルな運動が求められている。

利益・利潤追求を第一とする今日の資本主義の主人公は金融を含む多国籍企業である。彼らは今、莫大な政治献金を駆使して政府を意のままに動かしながら、IMFや世界銀行、WTOなどの国際機関をも牛耳っている。巨大製薬会社においては、エイズ治療薬にアクセスできない途上国の人々が何百万人死のうと、薬の特許権を守り利益を得ることが優先されている（序章・第5章参照）。

今や彼らは、国際的な環境会議や経済会議で自前の「NGO」を用意したり、弁護士や専門家を多数動員して市民運動を凌駕するロビー活動を展開している。そうした状況下にあっては、残念ながら大資本と市民社会とが理性と対話によって事態を解決していくかたちにはなっていない。かつて地球サミット時にキーワードとなった「パートナーシップ」は幻想でしかなかったことが明らかとなってきた。

だからと言って、私たちはそうした状況に絶望し自暴自爆となって暴力による非理性的態度に陥ってはならない。あくまで理性による展望を抱きつつ、民主的手段をもって困難に立ち向かわなければならない。ATTACフランスの前代表であるベルナール・カッセン氏は次のようにATTACの運動を位置づけている。「ATTAC型の活動家は、まず資料に没入する者であり、同時に街路に繰り出す者である」と。

オルタナティブは常に必要である。ただし、それが国際機関、国家、多国籍企業の意思決定過程に影響を及ぼすためには、多数の市民が街路へ繰り出すこと（デモ）が前提となろう。今日、日本においてもATTAC型の運動が強く求められている所以である。

一九九八年フランスから始まったATTAC運動は、その組織自体を先進国と途上国との結びつきの中で広げ、世界社会フォーラムという文字通りグローバルなネットワークを構築する中心的な存在として成長してきた。そして今、このフォーラムが全世界の社会運動の結集軸となりつつある現実を前に、ATTAC運動はいっそう責任ある役割を担い始めている。

四　今後へ向けて――日本でのATTAC運動の課題

日本でのATTAC組織

ATTACジャパン（首都圏）は二〇〇〇年一二月に設立された。その一カ月前にATTAC関西が設立されていたので、日本では二番めのATTAC組織となる（アジアではほかに韓国で設立の準備が進められている）。この年の五月にATTACフランスの代表（当時）ベルナール・カッセン氏が来日し、日本での組織化を訴えたことが設立のきっかけとなった。このほかにATTAC京都（二〇〇二年設立）があり、宮城と北海道でも設立の準備が進められている。

ATTACジャパン（首都圏）の運動の基調は、新自由主義的グローバリゼーションに抗する運動と反戦平和運動である。会員は二〇〇人強で、専門部会として公共サービス研究会とCTT（金融取引税、トービン税）部会があり、学術委員会も準備中である。

ボヴェ氏の招聘をきっかけとして

二〇〇二年一〇月、ATTACジャパンの設立を記念してフランス農民同盟の指導者、ジョゼ・ボヴェ氏を招いた講演会が東京の文京区民センターで開かれた。定員五〇〇人の会場には六〇〇人以上が詰めかけ、異様な熱気に包まれた。講演会の数日前から事務所の電話は鳴りっぱなしとなり、最後は事前申し込みを断る状態となった。東京はじめ全国五カ所での講演会には合計二〇〇〇人が参加した。

先にふれた通り、ボヴェ氏はフランス南部ミヨー市に建設中のマクドナルド店を破壊した事件（一九九八年）で一躍世界中に名を馳せた農民であり、その後も逮捕・懲役にも屈することなく、GMO（遺伝子組み換え作物）反対運動をはじめとして反グローバル化運動の先頭に立ってきた。フランス農民同盟はATTACフランスの有力な団体会員であり、ボヴェ氏自身ATTACの執行役員でもある。日本での講演会でボヴェ氏は、遺伝子組み換え作物、とりわけ組み換えイネに対しての闘いを、そして、利潤追求のためには食物・水・医薬品など生存のために必要なものまで売り物にするWTOに対しての闘いを訴えた。

ボヴェ氏の感動的なスピーチの余韻がまだ残っている中、ATTACジャパンもまた、単なるスローガンではないWTOに抗しての運動づくりを準備していくことになった。また、ボヴェ氏招聘に賛同してくれた市民・NGO団体、労働組合、消費者団体、農民団体が引き続いて反WTO行動に参加していけるよう、組織や課題別の垣根を越えた運動づくりを目指すことになった。

運動の多様性と国際性

二〇〇三年二月、ATTACジャパンはWTO非公式閣僚会議（東京）に対して三日連続の異議申し立て行動を行った。そして同年六月には、メキシコのカンクンで開催されるWTO第五回閣僚会議（二〇〇三年九月）を前に、日本での運動を盛り上げようと「脱WTO草の根キャンペーン全国実行委員会」を設立し、地域職場での草の根交流、タイ農民を招聘しての全国キャンペーン、対政府（省庁）との話し合い等を行った。カンクンでの閣僚会議には現地へ代表団を派遣し、また同会議開催中の九月一三日には全世界規模で取り組む「グローバリゼーションと戦争に反対するグローバル・マーチ」を東京で行って八〇〇人ほどがこれに参加した。

今日、経済のグローバル化を最も強く押し進めている国際機関はWTOである。これに対抗するには、NGO・社会運動団体からのオルタナティブと大衆運動の活性化が求められている。ヨーロッパでは公共サービス防衛を掲げた反GATS（反サービス貿易）運動を軸に、またアメリカ大陸ではNAFTA拡大版構想を阻止する反米州自由貿易協定（反FTAA）運動を軸に、そしてインド・タイ・フィリピン・韓国でもそれぞれの課題を軸にしながら、反WTO運動が盛り上がり始めている。

一方、日本では社会運動全般が沈滞化していることもあり、とくに近年の反ＷＴＯ、反グローバル化関係の運動はきわめて脆弱であった。これは、日本が展開するグローバル企業の利害と、減反・過疎化・高齢化を強いられている日本農業の利害とを比較した場合、世論的には前者の利害を容認する傾向が強かったことの表れとも言える。また、これに対抗すべき日本のＮＧＯは、海外の進んだ理論と運動の紹介にとどまる傾向があり、海外の関係者からは、「世界第二位の経済大国でありながら日本のＮＧＯや社会運動団体からの発信がない」との不満も表明されてきた。

こうした中で、ボヴェ氏招聘以後の日本での反ＷＴＯ運動は、その取り組みにおいて注目に値するものと言えるだろう。運動の中心に位置してきたＡＴＴＡＣジャパンのこれからの課題は、運動にいっそうの多様性と国際性（とくに日本からの発信）を持たせることにある。

おわりに――知識の結集とオルタナティブ研究

ＡＴＴＡＣジャパンのもう一つの緊急課題は、知識人へのアプローチである。ＡＴＴＡＣフランスの設立を支えた人的構成要素を一言で言えば、諸社会運動団体プラス知識人グループであった。諸社会運動団体とは失業者運動、移住者運動、あるいは新しい労働運動（既存のナショナルセンターの枠にとどまらないで、自分たちの労働条件を守る運動とともに、他の社会運動と結びついての運動を志向する労働運動）に参加するグループや「持たざる者たち」であり、知識人とはたとえばリベラルな月刊誌『ル・モンド・ディプロマティク』などに執筆している人たちである。悪しき分業やエリート主導の運動に陥ってはならないが、ＡＴＴＡＣフランスでは知識人がオルタナティブを構築する際の理論的側面を担い、「もう一つの世界」の可能性を広げてきた。

先にも述べたが、これに比して日本では、知識人がＮＧＯなり社会運動団体なりに関わっている例は驚くほど少ない。新自由主義的グローバリゼーションを信奉する知識人が圧倒的多数であるとすれば、「もう一つの世界」が志向されることも難しい。日本の運動はそのような背景のもとで、理論面でも沈滞を余儀なくされてきた。

とは言え、このような日本の現実に、今日ようやくさざ波が立ち始めている。日本の知識人が最近相次いでATTAC運動や世界社会フォーラムについて言及し始めたからだ。内橋克人著『もうひとつの日本は可能だ』（光文社、二〇〇三）、暉峻淑子著『豊かさの条件』（岩波新書、二〇〇三）などがそれである。霞ヶ関官僚がつくる経済政策への対案であったはずの新自由主義は、結局企業のリストラや首切りの激化に典型的に見られるように社会的な亀裂をいっそう深めることになった。そのような中で、対案に対する対案（「もう一つの政策」）が必要になり、単なる理論や理屈を超えて市民が具体的に参画していくATTAC型または世界社会フォーラム型のオルタナティブな社会運動に、知識人たちも注目するようになったのである。

二〇〇三年二月一五日、全世界で同時に一〇〇〇万人以上の人々が起ち上がったイラク侵略戦争反対のデモは、その主軸を担った世界社会フォーラムの潮流の中で実現したと言えるものだが、このこともようやく日本で知られるようになった（『現代思想』二〇〇三年六月号ほか）。文字通り「もう一つのグローバリゼーション」の実現として、この面からも新たな社会運動のあり方が注目されつつある。

日本の知識人界の先端でもATTAC的運動が認知され始めている。これは日本の社会運動における理論面での深化を予感させるものである。ATTACジャパンとしても、オルタナティブ研究の分野での知識人の結集や、それにともなう知的活動の活性化が今後の大きな目標となってきている。

コラム⑤

「関わりの場」からの深化

――「CHANCE！」（平和を創る人々のネットワーク）の活動を通じて

環境・サイエンスライター
小林一朗

「ピースウォーク」――新しい行動のかたち

米国で起きた二〇〇一年九月一一日の事件を機に、インターネット上でつながった人たちによって「CHANCE！」（平和を創る人々のネットワーク）は展開された。その多くは、これまで市民運動、反戦活動に参加したことがなかった普通の人たちである。それがCHANCE！の大きな特徴の一つとなった。戦争に反対する行動を起こす際、過去の凄惨な反戦運動のイメージが脳裏をかすめる人は老若男女を問わず決して少なくないと言われる。そのネガティブなイメージを一新しなければ、平和運動の輪を一定以上に広げることはできないのではないか、CHANCE！の発足に関わった私はそう考えた。もちろん、すべての反戦運動が暴力的だったわけではないが、そうしたイメージが、既成の運動から人々の参加を遠去けてきたことは否定できない。しかし、一方では、今何かしなければ、と考える層も少なからず存在しているはずだ。そうした人たちの輪を広げていくためには、ごくあたり前に「戦争反対」の声を挙げることのできる場づくりが必要とされた。九・一一事件以降、CHANCE！では従来の「デモ」というアピール行動の用語を使わず、「ピースウォーク」という名称を定着させ、「平和は自分の中から広がる」というメッセージを発信してきた。平和を求める意思が自分の内側から湧き起こるような、気軽に参加できるウォークにすることを意図し、主にインターネットでつながった人たちが各地で「ピースウォーク」を呼びかけることで、新たな平和運動が始まった。

2002年８月３日に東京・渋谷の町をゆく「ピースウォーク」。高校生も浴衣姿で参加。（撮影：三好亜矢子／写真提供：家庭通信社）

しかし、私たちの思いに反し、アフガニスタンへの「報復戦争」のみならず、イラクへの理不尽な軍事攻撃も強行されてしまった。たしかに、「平和への思い」を集めただけでは戦争を止めることは難しい。大国は戦争をする前から周到に計画を練り、国民を欺き、国際的に孤立しないように準備し、その上ではじめてそれを遂行する。そこにあるのは、人々の思いや犠牲、破壊などお構いなしに行われる「最大の公共事業」（利権の獲得や軍需産業の成長）としての戦争の姿だ。戦争の根を断つためには、私たちは戦争の本当の目的がどこにあるのかを見抜かなければならない。気軽さとは一見矛盾するようだが、だからこそ、CHANCE!では「自分にできることをやろう!」と呼びかけた。CHANCE!のメーリングリストで交わされた意見の数々に勇気づけられ、「自分にできること」を始める人が次々と現れた。背伸びをしない等身大の主体的な行動が、自分たちのすぐ周りにいる人たちの自由な表現・行動を尊重する気持ちへとつながり、問題への探求心とあきらめない気持ちを培っていくものと信じたい。

ピースウォークを生んだ背景

こうしたスタンスは、長年活動を続けている方々からすれば生ぬるく、無知で無責任な態度に映るかもしれない。しかし、私たちは「一歩踏み出す」ハードルを下げることにこだわった。運動に距離を置いている人たちに向かって、「こういう反戦運動の場があるのだから」とか「自分たちの団体ではこれだけのことをやってきた」といくら自分流にアピールしたところで空回りしてしまう。ある種のマーケティングが必要であった。

できることなら、九・一一のような大事件が起きなくても、経済の仕組みが引き起こす構造的暴力や貧困などについて、こうした人たちともっと話し合いたい。だが、平時にそのような機会を準備しても、閑古鳥が鳴いてしまうか、毎回同じ顔が並ぶだけだ。そこで私たちは、九・一一以降の世界に対する人々の関心が高まっている間に、集まった人たちとコミュニケーションを深め、一時の関心、感情をより構造的な理解や実践的な行動につなげられるようにしようと画策した。ピースウォークはそれを模索するための場となった。

「ピースウォークをやろう!」と呼びかけたとき、「反対運動」を起こすイメージはなかった。むしろ、参加することで自分の感情と深く向き合えるような、次に、自分が主体的に何かをやっていけるような機会にしたかった。参考になる先例がある。それは、一九七〇年代に米国で展開されたアメリカインディアン・ムーブメントから始まる「セイクレッド・ラン」（聖なる走り）だ。七七年にカナダのバンクーバーに集ったアメリカインディアンの長老たちは、白人との戦いを続ける方針を改め、自らの伝統文化を再び育てていくことで、白人社会、そして世界に対し、現代社会が抱える問題について伝えていこうと決断する。彼らは一歩一歩、祈りを捧げながら歩み、大陸を横断した。

声を揃えて「報復戦争に反対！」と叫ぶだけでは、かえって自分の感情を深く省みて考えるという機会が一人一人の中から失われてしまうのではないか。そういう危惧が私にはあった。「ピースウォーク」では、歩き始める前に、目をつぶって呼吸を整え、まずは何も語らず、声も挙げずに歩き出し、少し時間を措いてからはじめてマイクのスイッチを入れた。

私の中にはもう一つ、これから起こしていく運動は戦争やテロへの反対にとどめてはならないという問題意識があった。憲法第九条を無視した政府の暴走は許しがたいが、こうした状況も相対的にとらえる必要があるのではないか。今、真に問われているのは、「日本で暮らす私たちはこれからどのように未来を築いていくのか？」ということではないのか。多くの人がすでに気づいているように、日本は行き先を見失っている。また、残念ながら財政破綻も時間の問題だろう。そうした事態を視野に入れて、将来につながるような活動が必要ではないのか。

戦後、順調に伸び続けた日本経済は、バブルの崩壊により、再び同じ路線で立ち上がる術を失ったと言えるだろう。公共投資により地域産業を興そうとしても、急速に日本を追い上げてきた台湾や韓国、中国とのコスト競争には勝てない。そのため、現在の日本政府は、弱い者は淘汰され、競争力のある強い者だけが生き残ればよいという新自由主義的な政策をとっているように見える。また、万難を排してでも米国とともにあり続けることが国益にかなうと考えているようである。しかし、残念ながらいくら米国に忠誠を誓ったところで、使い道がなくなれば日本は捨てられるだけだろう。そのとき、最も犠牲を強いられるのは、ほかでもない私たち市民だ。税収の落ち込みと財政赤字の拡大により、これまでのように大きな政府を続けることは難しく、本当に改革しようと思えば、にじみ出てくる膿の多さに人々は耐えられないかもしれない。混沌とした、将来予測の難しい不透明な時代に生きる私たちは、特定の誰かが打ち出した方針に乗っていれば安泰というわけにはいかない。むしろ私たちに必要なのは、自分が暮らしているところから行動を起こすこと、自分たちが次の時代を切り開いていくのだと決意することにある。そのためのきっかけをつくろう、どのような時代に生きているのか的確につかんでオルタナティブをわかりやすく示していこう、自立を促せるような活動にしよう、それがＣＨＡＮＣＥ！の呼びかけとなった。きっかけは素朴かつ気軽に。自分にできることに取り組みながら、できることの質と幅を変えていく。今がそのチャンスなのだと考え、私たちは活動を続けてきた。

今回、インターネットを使って情報交換をし合った人たちは、メディアや情報というものに対して、これまでとは違う感じ方をしたのではないだろうか。テレビや新聞、雑誌など流れ去ってしまうメディアと異なり、ｗｅｂやメーリングリスト、ＢＢＳ（電子掲示板システム）には情報がアーカイブされていく。疑問を感じたときには、キーワードを検索エンジンに入力するだけで情報にアクセスできる。もちろん必要な情報がすべてインターネットにあるわけではないが、自ら情報を選びとっていくという経験によって、戦争を正当化するために意図的に流される情報とそうでない情報とを区別できるようになる。また、何らかのアクションを企画する際、面識はなくとも経験値を持っている人たちから有益なアドバイスを受けたり、不特定多数に参加の呼びかけを行えることもインターネットの効用だ。各地でピースウォークが広がった背景には、こうした新しい情報交換によるノウハウの共有や、触発があったのである。

考え方と行動を深化させよう

では、私たちのこのような行動は、どのように深化しうるのか。一例を挙げよう。現在米国は独力で暴走しているように見えるが、それは表向きの姿にすぎない。財政赤字と貿易赤字を年々累積させ、今や世界最大の債務国となっている米国は、世界各国からお金が還流してこなければ自国の政策すら遂行できない状況に陥っている。実際、米国が仕掛ける戦争の資金の一部には、私たち日本の人々のお金も使われている。なぜなら貿易収支の赤字分を埋めるために日本政府が米国債を買い、米国政府はこれで国家の資金需要を賄っているからだ。また、外資系金融機関によるドル建て年金がここ数年人気を集めているが、そうした資金が米国の軍需産業に投資されているとしたらどうだろう？　私たち自身が知らず知らずのうちに戦争を後押しするプレイヤーになってしまっているとしたら。「戦争反対！」の意志に実体を持たせるには、日本政府や日本の政治家たちに米国債を買わないよう働きかけ、投資先を厳しく選定していくといった行動も必要になるだろう。それにより戦争を支える資金の流れを断つことができるのだから。

ドルを米国に還流させない方法として、たとえばヨーロッパへの投資や外債購入に充てるという方法がある。また、近い将来、タイのタクシン首相らが中心となり準備しているアジアボンドも有望であると思われる。アジアボンドは各国に貯まったドルを、米国に還流させるのではなく、アジアへの投資に充てる構想である。

反戦運動の盛り上がりというものは、一種のブームに近いものであろう。世間の関心が薄れていくのを見て、「これからどう行動したらよいだろう？」というやるせなさを感じている人も少なくないはずだ。こういうときには、はやる気持ちを抑え、「戦争を支えている仕組み」そのものに着目し、仕組みを変えていく活動にもっと目を向けてみてはどうだろうか。世論の盛り上がり次第で個別の紛争や戦争をとめることはできるかもしれないが、仕組みを変えることができなければ、戦争をつくり出す潜在的な要因はなくならないのである。

「ピースウォーク」に参加するきっかけは素朴なものだったとしても、それに「関わる」ことで考え方と行動は深化する。「私たちの選択」によって戦争を起こさない仕組みをつくっていくことは実際に可能なのだ。

第10章　多文化・多民族共生と平和の模索

――ユーゴスラヴィア支援の教訓を生かす

日本国際ボランティアセンター（JVC）
調査研究員　金　敬黙

はじめに――NGOが持つべき視点

旧ユーゴスラヴィア（ユーゴスラヴィア連邦人民共和国、一九四五―九二年）の解体期から新ユーゴスラヴィア（ユーゴスラヴィア連邦共和国、一九九二―二〇〇三年）の時代を通し、この地域では連邦からの独立を望むさまざまな勢力が連邦政府や他勢力と対立し、いくつもの内戦や紛争を繰り返してきた。しかし、日本に暮らす多くの人々にとって、ユーゴスラヴィア[1]（以下、ユーゴ）は遠い国の一つにすぎない。イメージすら思い浮かばない人もいるだろう。イメージが湧いても、多くの場合、それは戦争がもたらした悲惨な情況の記憶にすぎない。どれがボスニア・ヘルツェゴヴィナ内戦で、どれがコソヴォ紛争で、どれがマケドニアでの紛争なのか。どの紛争が先に起き、どの戦争が最新のものなのか。誰と誰との闘いで、何が原因で始まったのか。そしてそれはどのような終結を迎えたのか。これらの問いに正確に答えることは、決して容易なことではない。

（1）本稿で言うユーゴスラヴィア（ユーゴ）とは、コソヴォ紛争（一九九九年）当時、ユーゴスラヴィア連邦共和国（新ユーゴ）を構成していた二つの共和国（セルビアとモンテネグロ）と二つの自治州（ヴォイヴォディナとコソヴォ）を指している。なお、新ユーゴは二〇〇三年二月、連邦に代わる連合国家「セルビア・モンテネグロ」の憲法案を承認、新国家の成立を宣言し、これによってユーゴスラヴィアの国名は七三年の歴史をへて消滅した（章末の囲み記事参照）。

当時、毎日のようにメディアに登場した戦争の映像も、今では、過去の多くの戦争イメージと複雑に重なり、入り乱れるだけである。新しく登場する戦争イメージは、古い戦争のイメージを次々と消していく。不思議なことに、現代の戦争イメージが人々の記憶に鮮明に残ることは稀である。すなわち、ヒロシマ、ナガサキのような強烈な印象を、現在の戦争から探すことはなかなかできない。なぜだろうか。それはおそらく、今日の戦争イメージがあまりにも頻繁にメディアに登場し、淡々と語られてきたからであろう。それが、一九九一年の湾岸戦争以降、今日の戦争が伝える「クリーンな」イメージである。今日の戦争報道からは、決して「血生臭さ」を味わうことができない。イメージであるだけに、フィクションにすぎない。しかし、過去の戦争と今日の戦争、そして万一想定される未来の戦争が、決してクリーンではありえないことを忘れてはいけない。悲惨さの連続と苦しみの繰り返し。そんな悲劇をまるで一本の喜劇《ドラマ》のようにとらえてしまう、そんなアイロニーの時代に私たちは暮らしている。

このような現状を前提に、筆者は、日本のＮＧＯが経験したユーゴでの活動を、過去の記憶としてではなく未来への心構えとして語ってみたい。言い換えると、ユーゴでの出来事を単に戦争原因の分析に終始する「診断書」として済ませるのではなく、明日にも起こりうる更なる災難を防ぐ「処方箋」として役立てたいのである。そのためには、世界各地の紛争が抱え持つ固有の問題よりも、今日の国際社会が共通に抱える普遍的な問題、つまり紛争につきまとう構造的な問題に着目する必要性があるだろう。したがって、本稿第一節では、まず日本国際ボランティアセンター（ＪＶＣ）という国際協力型ＮＧＯの経験をもとに、この点から論じてみたい。

続く第二節では、ＪＶＣのユーゴでの挑戦を紹介したい。なぜコソヴォ紛争に関わったのか。そしてそこでは何ができて、また何ができなかったのか。コソヴォ紛争に関わってから五年の歳月をへた今、冷静な自己検証を試みてみたい。

そして、第三節では、ユーゴの人々の祈りを通じて「平和構築」という概念をとらえ直したい。周知のごとく、平和構築という概念が最近流行っている。国連も、政府機関も、そしてＮＧＯも、平和構築という言葉の虜である。紛争予防、平和創造、平和維持、人間の安全保障など、すでに数多くのキャッチ・フレーズがある中で、何故に平和構築という言葉が新たに流行り出したのか。そこには、既存の概念にはない新しい「特効薬」でも存在するのだろうか。これらをＮＧＯの視点から批判的に考察したい。

一　紛争につきまとう構造的問題

四つの「普遍性」

ＪＶＣは一九八〇年二月、タイのバンコクで生まれた日本の国際協力型ＮＧＯである。一九七九年、カンボジアでポル・ポト政権が崩壊したあと、タイ・カンボジア国境地帯には一〇〇万以上の人々が難民と化して流れた。メディア報道に接した日本の人々が感じたことは、「何かをしなければ」という人道的視点であった。行動的な若者たちは、気がつけばバンコクに到着し、難民キャンプでボランティア活動に取り組んでいた。多くの若者がこのように現地に出かけ、その結果、いくつかのＮＧＯが自発的に結成されるようになった。ＪＶＣの活動もそのように始まっている。

難民支援、緊急救援活動から始まったＪＶＣの活動は、過去二〇年間あまり、一九八〇年代のインドシナ難民問題をはじめとしていくつかの紛争問題にも関わってきた。ＪＶＣはこれらの経験を通じて、紛争につきまとう国際社会の構造的問題を理解するようになった。コソヴォ紛争（一九九九年）に関わるようになったのも、それまで学んできたことが大なり小なり影響を及ぼしている。

今日の国際社会が共通に抱え持つ普遍的な問題として紛争をとらえた場合、そこには四つの構造的問題が浮かび上がる。

まずは、紛争につきまとう「善玉」「悪玉」構造論である。すべての場合と言えるほど、人々は、紛争の両当事者を「善玉」「悪玉」構造からとらえる傾向がある。ＪＶＣが最初に関わったカンボジア紛争、そして湾岸戦争も然りである。

カンボジアでは、ジェノサイド（大量虐殺）を行ったポル・ポト政権が救われるべき「善玉」、一方ヴェトナムの支援を受けたヘン・サムリン政権が「悪玉」として扱われ、後者は国際社会から孤立させられた。この事態は、東西対立という冷戦構造とともに、米国の「ヴェトナム後遺症」（ヴェトナム戦争の失敗）に起因するものであった。

また湾岸戦争では、メディアが「善玉」「悪玉」構造を煽るかたちとなり、その責任が問われた。一九九一年一月一七日、米国最大のＴＶメディアＣＮＮのピーター・アネット記者は、多国籍軍のバグダッド空爆を米国政府よりも早く伝えた。これにより世界の人々はお茶の間でＣＮＮの戦争報道に接することになり、各国メディアもＣＮＮ報道に依存せざるをえない状態となった。このときなされたＣＮＮの情報操作が「善玉」「悪玉」構造論を発展させた。たとえば、「誰が水鳥を殺したか」という報道（一九九一年一月二九日、ＮＨＫほか）はいまだ人々の記憶に新しい。イギリス人記者によるオリジナル報道（ＩＮＴ）においては、「ペルシャ湾に流れた重油によって油まみれになった水鳥は、多国籍軍かイラク軍か、どちら側によってそうされたのかはわからない」といった内容が含まれていた。しかし彼の記事がＣＮＮによって全世界に配信（放送）されるときには、この内容が削られたばかりか、実際には米軍の攻撃によるものだったにもかかわらず、フセイン大統領を批判するブッシュ（父）大統領のコメントが挿入されることで、あたかもイラク軍による行為であるかのような印象を多くの人々に与えることとなった。これに象徴されるように、メディアと「善玉」「悪玉」構造論との関係は決して無視できるものではない。ＣＮＮ報道がグローバル・メディアの一つであることには違いない。しかし、その情報自体がグローバルであるかという点については、疑問の余地がある。

メディアの公共性や中立性が検証されるのは、いつも戦争が終わってからにすぎない。そのため次々と「善玉」

「悪玉」の構造は繰り返される。この問題は、九・一一事件以後、さらに深刻となっている。ブッシュ（子）大統領は世界に対して、「われわれの側（味方）か、あるいはテロリストの側（敵）か、どちらに立つのかを選べ」（二〇〇一年九月二〇日、議会演説）、と述べた。他者の視点を無視したまま世界を二分法的に扱うこのような「敵」「味方」の論理は、力の優位がまるで正義であるかのような錯覚をもたらし、新たな衝突をつくり出す原因にもなりうる。

紛争につきまとう二つめの構造的問題は、**「人道的介入」の道義的矛盾**である。一九六〇―七〇年代のヴェトナム反戦運動は、「ヴェトナムの平和はヴェトナム人の手で」というキャッチ・フレーズとともに展開された。すなわち反戦・平和運動を展開する人々の根底には、主権国家に対する他国の干渉を不当と見なす「内政不干渉」の原則が存在していた。

しかし、冷戦構造が解体した今日の紛争では、「内政不干渉」の原則がより適用されにくくなっている。「人道的介入」という名のもとで、複雑に絡み合う各国の利害が紛争への介入とその長期化に影響を与えやすくなったのである。なかでも「人道のための武力介入」は、より根本的な道義的矛盾を発生させる。「人道的介入」を行った「善玉」が被害者になったとき、彼（女）らには英雄の称号が与えられる。しかし「人道的介入」をされた結果犠牲になった「悪玉」には、人間《ひと》の名前すら与えられない。イラク侵略戦争において演じられた米軍ジェシカ・リンチ上等兵の救出劇はその象徴的な例である。今回のイラク軍事攻撃は最終的に「イラクの民主化」という「人道的武力介入」を口実に開始されたが、結局、西側メディアは、戦闘中救出されたリンチ上等兵をヒロイン化して扱い（善玉）、「人道的介入」の結果犠牲となったイラクの人々については、ほとんど報道されなかったのである。

紛争につきまとう第三の構造的問題は、**人道支援の政治的道具化**である。「悪玉」と見なされた勢力は国際社会から孤立する一方、「善玉」と見なされた勢力には国際社会からの支援が集中する。そして多くの場合、その支援は人道支援という名目を持ちながら、実質的には「悪玉」への見せしめとなる。つまり、「支援して欲しければ、われわれに服従せよ」というメッセージが含まれている。

一九八〇年代のカンボジアはそのような「援助の不均衡」の真っただ中にあった。西側諸国は、プノンペンに樹立した新政権（カンボジア人民共和国政府、一九七九年成立）をヴェトナムの傀儡政権だとして承認せず、タイ・カンボジア国境に逃れたポル・ポト派などによる民主カンボジア連合政府（八二年成立）をカンボジアの正統な政権として支持した。その結果、国連での議席は後者に与えられ、人道支援は国連難民高等弁務官事務所（UNHCR）とタイ政府が共同運営する難民キャンプ（タイ・カンボジア国境地帯のカオイダン）や「反ヴェトナム・反プノンペン政権運動」の拠点となる難民村に集中した。八六年の支援状況を金額で表すと、カンボジア国内の国民に支給された額は一人あたりにしてわずか三ドルにすぎなかったが、タイ・カンボジア国境地帯の難民一人あたりに対しては一四二ドルという数字であった。[2]

（2）熊岡路矢『カンボジア最前線』（岩波書店、一九九三、八九頁）。カンボジアにおける「援助の不均衡」に関しては、以下の文献を参照されたい。エバ・ミシリビエッチ『NGOが見たカンプチア――国際的な弱い者いじめ』（栗野鳳監訳、連合出版、一九八八）。

しかも、こうした不均衡によって問題はさらに発展する。ポル・ポト派などの支配下にある難民村への人道支援は、次の二つの問題を派生させた。一つは、人道支援によって得られる利得をキープするために、難民を難民村から流出させない「移動の操作」の問題である。すなわち、難民を管理する支配勢力が、難民村に暮らす女性や子どもを梃子に、人道支援という資本と物資を我がものにしてしまう不正の横行である。もう一つは、女性と子どもを対象とした人道支援を民兵や兵士も享受することから、難民村が「軍事拠点」と化してしまう問題である。[3]

（3）このような人道支援のジレンマに関しては、プレンダーガストの研究を参照されたい。Prendergast, John, *Front-Line Diplomacy: humanitarian aid and conflict in Africa*, Lynne Rienner Publishers, Boulder, 1996.

「援助の不均衡」問題はコソヴォ紛争でも露わだった。国際社会の人道支援は、コソヴォ自治州とモンテネグロ共和国に集中する一方で、セルビア共和国に対しては極端に制限されていた。当時米国を中心とした各国政府は、セルビア支援の政治的条件として、セルビアのミロシェビッチ大統領（在任一九九〇―二〇〇〇年）の退陣と彼の身柄の国際社会への引き渡しを提示していたからである。

紛争につきまとう第四の構造的問題は、**外部援助のネガティブ・インパクト**（負の効果）である。紛争両当事者をめぐる人道支援の問題は、経済制裁で苦しむ「悪玉」側だけでなく、大規模な国際支援が流れ込む「善玉」側の問題でもある。「善玉」には国際社会の支援が短期間に集中する結果、インフレや闇市など、支援がもたらす副作用が至るところに現れる。このような人道支援のネガティブ・インパクトは、一九九一年の和平合意直後のカンボジアをはじめ、多くの支援現場で確認されている。何年も紛争が続いたカンボジアにとって、国際支援が不可欠だったことは疑うまでもない。しかし、外部から急激に流れ込む資本と物資は、人々の依存体制を深めてしまうものにもなりうるのである。

また、人道支援スタッフや外国軍兵士による不祥事が地元住民の反感を高めることもある。あるいは、人道支援を装って国益を求める支援国のやり方は、地元のニーズとは程遠いことも多い。私たちは、外部の関与が二つの顔を持つ「ヤヌス」であることを決して忘れてはいけない。

構造的問題から学んだＪＶＣの「ウォッチ&アクション」

インドシナ紛争から湾岸戦争に至るまで、ＪＶＣは人道支援の矛盾を肌で感じ、また、さまざまな試行錯誤を繰り返しながら活動を続けてきた。その結果、一九九〇年代半ばより、世界各地で発生する人災や自然災害に対してより効果的に対応するため、「ウォッチ&アクション」という枠組みを取り入れることにした。「ウォッチ&アクション」とは文字通り、情報収集や観察（ウォッチ）をしながら支援活動（アクション）を展開し、支援活動（アクション）を行いながら情報収集や観察（ウォッチ）をするというアプローチのことである。ＪＶＣの初期の活動は「アクション」型の緊急救援的なものが多かったが、九〇年以降、「ウォッチ」面も取り入れることで、今では構造的な問題の是正に欠かせない開発部門にも力を注ぐようになっている。

「ウォッチ&アクション」という緊急対応の枠組みを設けた理由はもう一つある。一九九〇年代以降ＪＶＣの内部では、人災とも言われる戦争や地域紛争に対して何らかの関わりを持たねばならないという意識が高まっていた。また、国際協力の経験も一〇年以上にわたることから、次第に社会に対するアカウンタビリティ（説明責任）が求められるようになっていた。「ウォッチ＆アクション」はこうした課題に対してＪＶＣの関わる基準（Criteria）を明確化させるものでもあった。

「ウォッチ＆アクション」が設けられた直接のきっかけは、一九九五年に朝鮮民主主義人民共和国（北朝鮮）で発生した大雨水害にともなう支援活動である。当時のＪＶＣは、人道支援を北朝鮮で展開するにはあまりにも情報・アクセスが制約されていたことと、情報を得るためには何らかの支援が先に必要であるということのジレンマに陥っていた。通常、開発部門には少なくとも五年、長ければ一〇—二〇年の長期戦略およびビジョンが不可欠であるため、事前調査なしに計画を立てることは至難の業である。「ウォッチ＆アクション」の行動基準（Codes of Conduct）はその難しさを補うためのものだった。つまり、「ウォッチ＆アクション」とは、紛争や災害の原因を分析する「診断書」と、新たな紛争や災害を防ぐ「処方箋」とを同時に作成するものなのである。

「ウォッチ＆アクション」の行動基準（Codes of Conduct）

［意味と目的］

①紛争・災害などによって脅かされる人権や生命を守る。
②紛争・災害（環境破壊などを含む）の地域で活動することを通して、背景にある構造的な問題を理解する。
③平和をつくる過程に参加する（紛争予防や紛争後融和に関わる）。
④紛争や関連する援助のあり方等に関して、実働型ＮＧＯとしてのＪＶＣの見方・考え方を日本社会に発信する。

⑤実際の援助実施において、援助の不均衡を是正する。

［取り上げる基準――以下の要素が関係している場合を優先的に扱う］

①日本社会との関わり。日本市民として責任がある場合に関わること（たとえば（日本の）ＯＤＡ、自衛隊、企業などが関係する場合）。

②一面的な価値判断や報道によって、国際社会が非常にかたよった対応や援助を行っている場合（たとえば政治上などの理由で、意識的に報道がなされていないような場合）。

③ＪＶＣが活動している地域で起きた場合。

［実施する場合の配慮点］

①事前に現地情勢の分析（ウォッチ）を行うこと。

②活動強化のためのネットワークを築くこと。

③現地で、活動・連絡の核となる人（グループ）を確保すること。

④見えてきたもの・わかってきたことを日本社会に伝え、さらにその蓄積を活用すること。

二　ＪＶＣ「ウォッチ＆アクション」のユーゴでの挑戦

空爆に反対する声明

ＪＶＣ「ウォッチ＆アクション」のユーゴへの関わりは、一九九九年三月二四日の北大西洋条約機構（ＮＡＴＯ）軍による空爆開始（コソヴォ紛争）から始まる。ＮＡＴＯ軍の空爆に対してＪＶＣは戦争に反対する立場を表

空爆の爪跡にて。ユーゴ、コソヴォ。（写真提供：JVC）

明し、同年五月には、日本のＮＧＯ五五団体の賛同を得て、「ＮＡＴＯによる空爆の即時停止を求めるＮＧＯの声明」を発表した。この声明は、政府、国際機関に対して対話と信頼醸成による紛争の予防・解決を求めてきた日本のＮＧＯがＮＡＴＯのユーゴに対する空爆を批判し、空爆の即時停止と話し合いによる紛争解決を強く求めた内容となっている。

「ＮＡＴＯによる空爆の即時停止を求めるＮＧＯの声明」全文（一九九九年五月一三日付）

世界各地で市民レベルの協力、協働、交流活動を行っている、私たち日本のＮＧＯは、戦争や内戦の地球においても、市民レベルでの救援活動を行うとともに、政府、国際機関に対しては武力ではなく、対話と信頼醸成による紛争の予防や解決を求めてきました。

私たちは、現在ユーゴスラビアに対して行われているＮＡＴＯの空爆が、ユーゴスラビア連邦政権によるコソヴォのアルバニア系住民に対する弾圧を止めることができず、かえって難民流出を加速させ、民族間の憎悪をあおる結果になってしまったことを深く憂いています。

ユーゴスラビア政権によるアルバニア系住民に対する弾圧や、コソヴォ解放軍によるセルビア系住民への弾圧はいかなる理由からも許すことができませんが、空爆が人権侵害をとめさせるためといいながら、「誤爆」など多くの人命を奪う人権侵害そのものであることは明らかです。また、国連の決議・合意すら経ずに行われたこの空爆は、国際社会の紛争解決の努力を、一部大国の力による秩序維持に置き換えているもので、容認することはできません。この空爆は、無為に人命を奪い、国土・環境を破壊し、難民問題を含め紛争解決をより困難なものにしています。軍事力で和平をもたらすことは決してできません。

私たちは、アメリカ政府などＮＡＴＯ加盟国政府に対して、空爆の即時停止を訴えます。同時に、ユーゴスラビア連邦政府およびコソヴォ解放軍に対しても、武力紛争をただちに停止し、話し合いによる紛争解決を強く求めます。また、日本政府に対しては、ＮＡＴＯに対し空爆を止めさせ、ユーゴスラビア連邦政権とコソヴォ解放軍が平和裡に紛争解決のための話し合いを始めるようあらゆる外交努力を行うことを求めます。難民を支援することは必要なことではありますが、市民生活を破壊し、難民を激増させている空爆を止めさせることが、同時になされなければなりません。

さらに、日本政府、ＮＡＴＯ加盟諸国ほか紛争に関係するすべての国の政府と国際社会に対して、和平合意や紛争解決における国連のイニシアティブを尊重するとともに、関係諸国のＮＧＯ・市民団体を含む市民社会の代表が平和のプロセスに参加するべきことを強く求めます。そして、こうした話し合いの場作りに日本政府が積極的な役割を果たすよう求めます。

アジアにも複数の「紛争地域」をかかえ、今回の空爆などが行われ、地域が戦場と化す危険を思う時、現在のユーゴスラビアに対する空爆は決して無関係ではありません。また、今回の紛争に見られるような、力による一元的支配を求める方向ではなく、多元的価値観が共存・共生できる世界が実現できることを深く希望し、活動していきたいと考えます。

日本社会を構成する皆さん、私たちの国は戦場から地理的には離れていますが、戦火に逃げまどう人々に思いをよせ、是非、このアピールに一団体でも多くの方々の賛同をいただき、共に行動されるよう心からお願いします。

（ＪＶＣほか日本のＮＧＯ五五団体）

このようなＮＧＯによる意志表明の意義は大きい。三日間という短い期間に五五団体が声を一つにしたということもさることながら、より重要な点は、ＮＧＯが一部大国の「人道的介入」のあり方について市民の立場から強い疑問を抱き、「人道的介入」の道義性を問うたことにある。

先に挙げた「ウォッチ＆アクション」行動基準からコソヴォ紛争を見ると、「一面的な価値判断や報道によって、国際社会が非常にかたよった対応や援助を行っている場合」が認められる。反対声明というかたちでのアクションとその内容は、ＪＶＣが過去に学んだ経験に基づく問題提起だったのである。

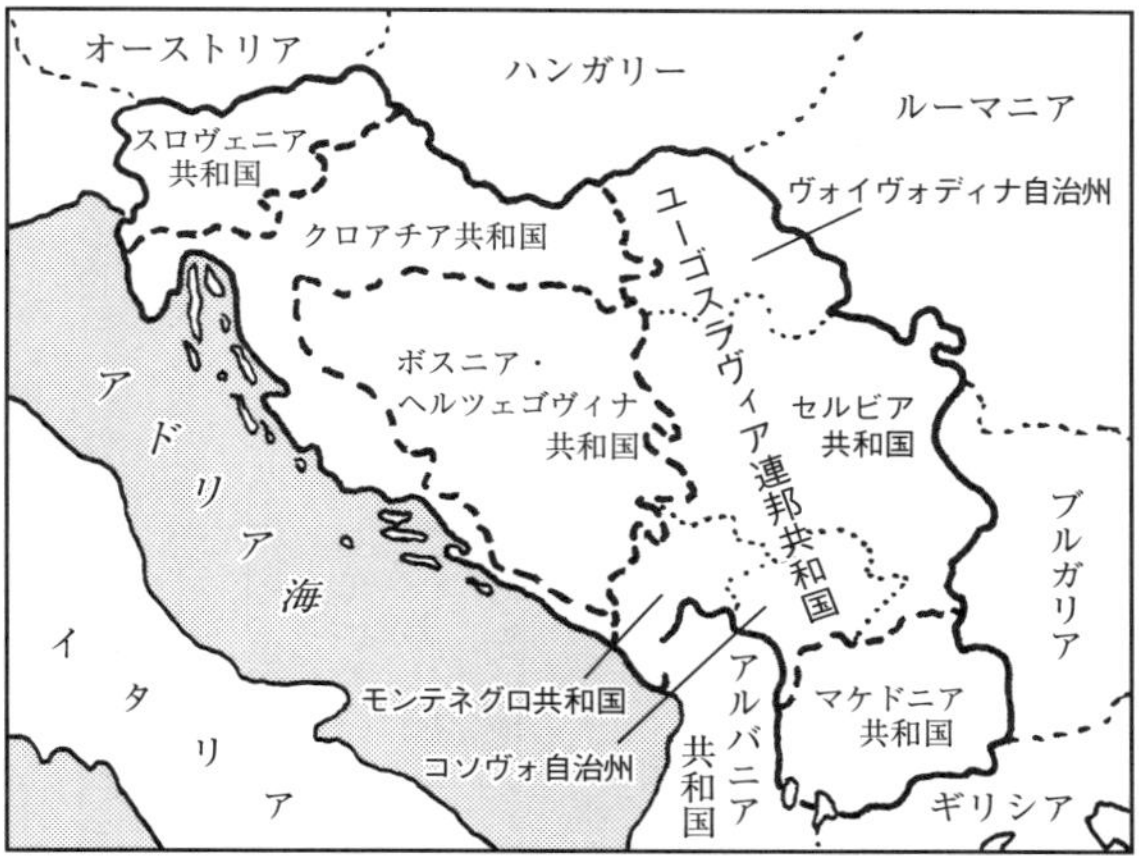

注：ユーゴ周辺図。太線内は旧ユーゴ時代（1945―92年）の国境。

「ＮＡＴＯによる空爆即時停止を求めるＮＧＯの声明」は、親セルビアの立場をとるものでも、「内政不干渉」を求めるものでもない。声明でＮＧＯが指摘しているのは、国際社会の介入の背景にある、先にふれた「紛争につきまとう四つの構造的問題」に関することがらであった。紛争地域での難民支援に関わってきたＪＶＣにとって、空爆を容認することは、難民の大量発生を容認することと同義であり、決して許されるものではないのである。

空爆停止後の緊急救援活動――四つの構造的問題の表面化

ＮＡＴＯの空爆が続いた七八日間、ＮＧＯがとれた効果的なアクションとは何だったのか。また、「声明」そのものが空爆を止める直接的、あるいは間接的な梃子になったと見なすことは果たして可能だろうか。今後どうすれば、同じような紛争を食い止め（紛争予防）、勃発した紛争を停止（紛争解決）することができるのか。これらの点は、ＮＧＯ・社会運動のアクションがその場限りで自己完結してはならない以上、多くの課題を示唆している。

ＮＡＴＯ軍による空爆が停止した直後の一九九九年六月中旬、ＪＶＣは緊急調査を目的として現地に赴き、セルビアとコソヴォにおける現状把握に着手した。七月には調査の第二陣が再びセルビアとコソヴォへ到着し、支援対象者と地元協力団体等の把握に努めた。その結果、セルビアでは難民センターと病院の支援を、コソヴォでは小学校の修繕支援を行うことになった。コソヴォへの国際支援が集中したために、のちに、ＪＶＣの支援地は国際社会から孤立するセルビアの方へより重点が置かれるようになった。

筆者がユーゴの現場で真っ先に驚いたのは、コソヴォに流れる大型援助物資の量の多さ（欧米・日本からのもの）と、それと表裏をなすセルビアの孤立状態である。これは明らかに、先にふれた「四つの構造的問題」の一つ、**人道支援の政治的道具化**であるが、ほかの三つの問題も支援活動を通して次々と露わになった。

残念なことに、ＮＧＯや国際協力機関の職員の多くも、セルビアを「悪玉」として決めつけ、安全対策上の理由からセルビアでの人道支援活動を控えていた。その一方で彼らは、いち早くコソヴォの一等地に事務所を構え、本格的な活動に備えていた。まさに、**「善玉」「悪玉」構造論**に基づく「援助の不均衡」問題である。

私をもっと驚かせたのは、コソヴォにおける被害の多くが、コソヴォを支援するはずのＮＡＴＯ軍の空爆によって発生したという事実である。ユーゴ政府の発表によると、ＮＡＴＯ軍は、コソヴォ領内において七八日間にわたり一万二〇〇〇回以上の攻撃を行い、三万発以上の巡航ミサイルと七九万トン以上の爆薬を消費したという。民間人の死傷者もはかりしれない。空爆によって、一七〇〇人以上の死者と六〇〇〇人以上の負傷者が出た[4]。空爆の副産物として大量の難民が発生したことも忘れてはならない。ＮＡＴＯ軍の空爆は、**「人道的介入」の道義的矛盾**を如実に示すものであった。

（4）　3・24／25ユーゴ平和シンポジウム「ＮＡＴＯ空爆から一年――旧ユーゴスラヴィアの問題は終わっていない」（資料2、ＪＶＣ、二〇〇〇）。

コソヴォの問題はそれだけではない。NATO軍の空爆停止直後には多くの国際機関、NGO、メディアがコソヴォに殺到したため、物価が急騰した。国際機関、NGOによって、英語や諸外国語が話せる地元の人材の引き抜き合戦や高級住宅街の取り合い合戦が行われた。物価は北米や西ヨーロッパのどの国よりも高まった。これが、**外部援助のネガティブ・インパクト**の典型例である。また、大量の「国際援助」はコソヴォだけでなく、ユーゴスラヴィア連邦を構成するモンテネグロ共和国にも流れた（セルビアとは違う対応をとったため）。これは、制裁が続くセルビアに対する**人道支援の政治的道具化**の一環であった。

地元市民グループの活動を支援。ユーゴ、コソヴォ。（写真提供：JVC）

これら「四つの構造的問題」に対してJVCが取り組んだアプローチは、地元のパートナー（グループ）の確保とネットワークの構築である。幸い、ユーゴには比較的市民社会の根強い土台があった。ミロシェビッチ政権の独裁主義、民族主義に反対する市民運動をはじめ、旧ユーゴ（ユーゴスラヴィア連邦人民共和国）の解体時期（一九九二年）から反戦・平和活動に取り組むNGOが積極的に活動していたのである。ハイ・ネーバー（Hi Neighbour）、パンチェボ・ピース・ムーヴメント（Pancevo Peace Movement）、反戦活動センター（Center for Antiwar Action）がその代表例である。

JVCのもう一つの取り組みは、日本国内でのネットワークの強化であった。日本の市民運動の中にも、ヤブカ募金（東京）や旧ユーゴの子どもたちを支援する会（神奈川）など、旧ユーゴに人道支援を行うグループが存在している。そこでJVCは、一般市民への呼びかけとして地球市民教育やアドボカシー（政策提言）活動に取り組むため、日本の市民グループとともに、「戦後処理問題」や「復興と平和構築」という観点から定例会議、学習会、シンポジウム等を企画することにした。「ユーゴネット」と名づけられたこの自発的なグループは、その後、あらゆる戦争に反対し平和を模索する市民ネットワーク、「ＮＧＯ非戦ネット」を構成する原動力にもつながった（「ＮＧＯ非戦ネット」は二〇〇三年、「ワールド・ピース・ナウ」というより大きな反戦運動の一構成員として、イラク反戦運動を展開）。

ＪＶＣの反省

しかし、ＪＶＣの人道支援活動は、セルビアやコソヴォで必要としているニーズを思うと、あまりにも小規模なものであった。ＮＧＯ活動はしばしば小さな「点」にすぎないと言われる。小さな点が線になり、またその線が面を構成するには、何十倍、何百倍もの努力と活動実践がともなわなければならない。国際機関の大型援助がもたらす問題点を十分知っていながらも、ＮＧＯの小規模支援の限界も痛感せざるをえない。

ＮＡＴＯ軍空爆後の緊急支援として行われたＪＶＣの活動は、地元ＮＧＯハイ・ネーバーとの協力体制のもと、セルビアのクルニェシビッチ難民センターの修復事業として取り組まれた。また、ＪＶＣ独自の活動としては、コソヴォとの州境近辺にあるクルシュムニア・クリニックへの医療機器支援とコソヴォ自治州内にあるバシュキミ小学校の修繕支援に取り組んだ。クリニックへの医療機器支援には、駐ユーゴ日本大使館の「草の根無償資金」が活用された。しかし、物質的支援に充てられた予算は、一〇〇〇万円に満たないごく小額なものだった。

ＪＶＣは二〇〇一年度の活動をもって現地を撤退した。個人的には、いまだユーゴに対する「未練」が少なからず残っている。難民や国内避難民をはじめ社会的に弱い立場に押しやられた人々の問題、あるいは経済不況や政治的不安定の問題など、これらを解決し、融和を達成するには、当然長い歳月と多くの支援が必要であろう。しかし、長く関われば現地の問題が解決するというわけでもない。一定の目的が完了すれば、すばやく撤退し、**外部援助のネガティブ・インパクト**を避ける「急務性の原則」[5]を適用していくことも大事な決断である。

その点、二〇〇〇年一〇月の「ピープルズ・パワー」は、ＪＶＣのユーゴでの活動に一つの区切りをつける大きなきっかけとなった。ＪＶＣがユーゴに関わった主な理由は、（１）メディア等で流れる「悪玉＝セルビア」論への疑問、（２）ＮＡＴＯ空爆の矛盾、（３）対セルビア経済制裁がもたらす「援助の不均衡」、（４）外部援助のネガティブ・インパクトの是正、などであるが、二〇〇〇年一〇月に成立した政権交代は、セルビアを国際社会に復帰させ、セルビア人自身の手で本格的な復興・開発・平和構築に取り組む環境を整えたのである。これはＪＶＣの「ウォッチ＆アクション」が目指す一定の課題が乗り超えられたことを意味した。したがって、ＪＶＣが引き続き活動を継続していくためには、「ウォッチ＆アクション」とは別の基準、すなわちＪＶＣの開発部門に従ったガイドラインからの検討が必要であった。しかしこの基準に従えば、ユーゴは社会インフラなどの整備が比較的整っている社会となるわけで、アジアやアフリカ地域への支援が優先されるかたちとなる。

（５）二〇〇〇年一〇月に実施された選挙でミロシェビッチ政権は敗北したが、ミロシェビッチはそれを認めようとしなかった。しかしこれに反発する市民のデモによって彼は退陣することとなった。

では、もし社会インフラや開発の度合いというバロメーター以外の基準を立てたならば、ユーゴでの活動は継続されうるだろうか。インフラが整備され、開発もある程度進んでいても、それだけで人々の心が安らぐわけではない。平和というものは、人々のいのちと心に関わる問題であり、経済的尺度で測れる問題ではない。

非経済的、非物質的な分野において、日本のＮＧＯができるユーゴへの支援活動とは何であろう。この点がまさに課題であり、支援のあり方をめぐる葛藤である。人々の「心の傷」を癒す活動としては、社会心理学に基づくトラウマケアや平和文化の創造活動（子どもたちに本来の子どもらしさを取り戻してもらうための活動）等が挙げられている。ＪＶＣもすでにパレスチナの難民キャンプで、平和図書館の運営を通して平和文化の創造活動に関わってきた。たしかにこの観点で言えば、ユーゴでの平和教育活動や平和文化の創造に日本のＮＧＯが関わることは不可能ではない。しかし、ＪＶＣをはじめとして、日本のＮＧＯには平和をつくり出す具体的な手法がまだまだ不足し、十分に見出せていないのが現状だ。あえて言えば、平和理念に豊かな反面、手法には乏しいように思える。

また、具体的な手法が見出せたとしても、日本の人々にとってユーゴは遠い国である。物理的距離もさることながら、心理的な距離の方はもっと遠い。「国益」という尺度から日本とユーゴの距離を測ったならば、今の日本にとってユーゴの優先度は当然下がるであろう。そして、「距離」が遠い分、世論の関心も薄くなる。こうして日本の人々にとってユーゴは、自己との接点が生まれにくい遠い他者の世界となっている。

しかし、平和を求める人々の気持ちは、日本もユーゴも同じである。

三　「平和構築」論への問いかけ

人々の祈り——ユーゴにとっての平和を学ぶ

私たちの語る平和が、本当にユーゴの人々にも同じ声として受けとられているだろうか。その声は、時には意味不明の言葉に、また時には理不尽な要求として聞こえてはいないだろうか。平和という言葉は、それぞれのコンテクストを持ち、それぞれの状況に応じて響くと考えられる。少なくとも、ユーゴの人々がイメージする平和は、日本の人々がイメージする平和とは異なるだろう。イスラエルの人々の平和が「安寧」であり、パレスチナの人々の平和が「独立」であるように、ユーゴの人々にとっての平和も固有のコンテクストを含んでいると思われる。

誤解を恐れず、筆者の考えを述べよう。ユーゴの人々にとっての平和とは何か。筆者はそれを、「自分が何者であるかを意識しない状態、すなわち、自己と他者の境界がなくなる瞬間《とき》」ととらえている。このような筆者の恣意的な平和観は、日本という空間に暮らす一外国籍市民のナイーブな視点にすぎないかもしれない。しかし民族紛争が勃発する以前のユーゴでは、現に多文化・多民族が共生し、他者との共存が行われていたのである。

一九九〇年代の民族紛争によって、ユーゴの人々は自己と他者との線引きを無理矢理強いられることとなった。ナショナリズムを巧みに利用する政治家たちによって、旧ユーゴは壊された。ナショナリズムは、民族と宗教のシンボルを壊し、諸民族をつなぐ橋梁を壊していった。そして旧ユーゴの「七つの国境、六つの共和国、五つの民族、四つの言語、三つの宗教、二つの文字、一つの連邦国家」を破壊した。今や他民族の宗教や言語、そして文化について自由に語ることは難しい。しかしユーゴの人々が今求めているのは、さまざまなエスニック集団が共生していた古き美しき冷戦時代なのである。

もちろん、当時のユーゴは一九四〇年代のチトー体制により人為的につくられた空間であり、その制度は真の平和とは言えないだろう。それでも筆者はそんな旧ユーゴの「平和的共生」が羨ましい。日本に暮らす外国籍市民、とくに「日本」以外のアイデンティティを抱く筆者にとって、旧ユーゴは多文化共生の坩堝のように映るのである。

一方、ナショナリズムの問題は、ユーゴの未来を考える上で重要である。新たな紛争を防ぐ具体的な「処方箋」は、人々がいかにナショナリズムによる弊害を乗り超えていくかにあるからだ。

子どもたちの絵にも戦争の影が。ユーゴ、コソヴォ。（写真提供：JVC）

紛争に関する「診断書」と「処方箋」にナショナリズムという言葉が刻印されたとき、支援する側はどのようにそれと関わるべきなのか。ＪＶＣがとったアプローチは、ナショナリズムを乗り超えて、多文化共生を試みる地元ＮＧＯや市民運動との連携であった。ナショナリズムの問題に他者が直接関わることには慎重にならざるをえない。なぜなら、関わること自体が**「善玉」「悪玉」構造論**へと陥っていく危険性を持っているからである。

多文化共生を模索するユーゴのさま

ざまな市民社会のネットワークは、周辺地域のみならず、広くは日本社会、そしてＪＶＣがつないできた諸外国のネットワークとの連携にも結びついていく。地元の市民社会にとっての大きな励みは、自分たちが世界と「つながっている」ことを実感させてくれる一種のモラル・サポート（励まし）である。一見、些細なアクションにすぎないモラル・サポートは、紛争地域では実はとても重要である。「よく来てくれた」「自分たちは完全に孤立しているのかと思っていた」といった人々の声は、孤立する社会の心理的恐怖を如実に表している。

ＪＶＣが協力関係を持った地元ＮＧＯハイ・ネーバーは、難民や国内避難民たちが抱える心理的恐怖を癒すことに積極的である。戦争は、物理的な暴力に加え、人々に大きな精神的苦痛を与える。残念ながら、この「傷」を現在の開発や人道支援のバロメーターから測ることはできない。しかし、そのような「傷」が、暴力の連鎖につながっていることは確かである。

重要なのは、常にこうした「傷」を一番負わされる社会的脆弱層にとっての平和を真剣に考え、その処方に取り組むことである。戦争が終わっても、平和は自然に訪れるわけではない。異なるエスニック集団の間では、互いに目に見えない恐怖で脅えている場合が多い。日常の平和とは、安心して暮らせる状態を意味することにほかならない。

「平和構築」のキー・ワード――非暴力と市民社会

近年、「平和構築」という言葉が盛んに使われている。この言葉が登場した背景には、国際社会の構造変化がある。冷戦の終焉によって、過去のイデオロギー対立とは異なる形態の紛争が多発するようになった。資源をめぐる紛争や、民族・宗教・文化的対立による紛争、あるいは開発の利権をめぐる争いまでもが今日における紛争の原因として浮上している。旧ユーゴの解体は民族紛争の典型であるが、宗教や文化的対立も国境の内外で頻発している。

湾岸戦争やコソヴォ紛争を石油資源と海外基地確保をめぐる国家間の覇権争いと見る論者からすれば、多くの紛争は開発と密接に関わる問題となる。この場合、開発は紛争の原因にもなれば、紛争後の平和づくりの妨げにもなる。また、九・一一事件の原因を宗教や文化的対立の結果と見て、事件以後の流れをハンチントンの「文明の衝突」論の中に短絡化してしまう論者も多い。「平和構築」論はまさにこのような問題に立ち向かうものである。

では、「平和構築」とは何か。筆者の恣意的な解釈を用いると、「平和構築」の概念には二つのキーワードがある。「非暴力」(Non-Violence)と「市民社会」(Civil Society)である。「非暴力」とは、端的に言えば「人道のための武力介入」の限界を露わにする概念と言える。また「市民社会」とは、国家や国際機関だけでは十分に対応し切れない問題が噴出する現代世界にあって、これらに代わりうる、あるいはこれらを補完しうる存在として、国際環境の変容にともなう「主体の多様化・相対化」を表す概念と言える。つまり、「平和構築」という言葉をより積極的に定義するならば、暴力の不在とともに公平な社会の形成を目指し、その形成過程に市民社会が能動的に参加していく試み、ということになる。

この定義に沿うならば、平和構築における第一の課題は、「非暴力の実践をどのように展開するか」、となる。多くの紛争地域には暴力の火種が潜在し、また実際に顕在化している。安全確保のために、武装や軍隊はどこまで許されるのか。このような議論への参加は、「平和構築」論が非暴力を重視する以上、避けては通れない。JVCはNATO軍の空爆に反対はしたが、国際社会ではいまだ武力を容認する傾向が強いことも忘れてはならない。反対を超える代案の模索が必要なのである。

「平和構築」における第二の課題は、「市民社会(NGO)は他のセクターとの関係をどのように築き上げていくか」、となる。安全対策が確保できていない地域に、NGOは危険を冒してでも関わるべきなのか、それとも、スタッフの安全確保を優先視すべきなのか。あるいは、活動を開始したNGOの安全は誰が確保すべきなのか。平和構築活動においては、これらの問題が常につきまとう。しかも、そこで出される回答は、現地政府、他国政府、国際部隊、国際機関など、さまざまなセクターとの関係によって決定される性質を持つ。

JVCが目安にしている安全の基準は国連人道支援調整室(6)(UNOCHA)のそれに沿っているが、コソヴォ紛争のときがそうであるように、JVCは紛争が進行している状況下での人道支援活動の展開を厳しいものとしてとらえている。一部のＮＧＯは、「人道的救援の権利」を全面に掲げて紛争地に赴くこともある。ＪＶＣはそのような対応はとっていないが、武力紛争の一定の終息を見定めながら、できるだけ早期に現地へ向かい、緊急活動に関するニーズ調査を行うようにしている。

（6）　主に緊急救援活動に携わる個人や組織の安全確保を目的に設置された機関。外務省で情報公開している「海外渡航関連情報」は緊急救援活動に対して提供されるものではなく、主に海外進出の企業や旅行者の安全確保のために作成されるものである。外務省の海外公館はＮＧＯやメディアの情報を活用してこの「海外渡航関連情報」を作成している場合もある。

アフガニスタンやイラクでは、今回の米国による軍事攻撃のあと、非武装の人道支援活動を故意に攻撃する事件が多発している。このような事態を防ぐには二つの方向性が考えられるだろう。一つは、ＮＧＯ側も自己防衛の側面から武装すること。つまり、攻撃を受けた場合に限って、雇用されたガードなどがやむをえず応戦するパターンである。しかし、当然これは非暴力の原則に反する。したがって、もう一つのアプローチが望ましい。すなわち、国際人道法の原則に則って「戦闘員と文民の区分」を明確化し、これを遵守するシステムを定着させることである。このシステムを定着させるには、まず軍隊による人道支援活動そのものが見直されるべきである。軍が人道支援活動を行うことは、非武装の人道支援団体と軍隊との区分を曖昧にする。その結果、人道支援を行うＮＧＯや国際協力機関が紛争の構造に巻き込まれる危険性を高める。したがって、現在アフガニスタンやイラクで展開されているような戦後の復興支援活動における軍隊の関与は、地元市民のみならず、非武装の人道支援団体の安全確保の側面からも熟慮されるべき問題である。

先述の通り、平和構築に関わる市民社会（ＮＧＯ）は、地元の人々や現地の政府のみならず、そこに関わる国際部隊、他国政府、国際機関など、他のセクターとの関係を念頭に置かざるをえない。自分たちの都合だけで関与し、自分たちの都合だけで去っていくこと自体が**外部援助のネガティブ・インパクト**につながりうるからである。決して容易ではないこれらさまざまな課題に対して、私たち市民社会は真剣に応えていく必要があろう。

おわりに――新たな紛争を予防する「処方箋」として

冒頭でふれたように、本稿の目的は、ユーゴの教訓を活かし、万一起こりうる紛争を未然に防ぐための議論の糸口を提示することにあった。**「悪玉」「善玉」構造論、「人道的介入」の道義的矛盾、人道支援の政治的道具化、外部援助のネガティブ・インパクト**という四つ構造的問題を是正するためにも、「非暴力」と「市民社会」を重視する「平和構築」論への期待は大きい。

しかし、留意すべき点は、国や政府による官製「平和構築」論の陥穽である。本稿では詳しく取り上げることができなかったが、官製「平和構築論」には非暴力と市民社会の視点が欠落しやすい（第8・11章参照）。武力の効果的使用や平和構築活動に名を借りた「国益」の追求のために、平和という言葉が利用されてはならない。日常の平和を求める人々の祈りが、国家の概念を超え、生の声として発せられるそのとき、新たな紛争は私たち一人一人の切実な願いとしてはじめて予防されうるのである。

ユーゴスラビア　七三年の歴史に幕　新国家「セルビア・モンテネグロ」成立

『朝日新聞』ローマ支局配信（二〇〇三・二・六付より）

ユーゴスラビア連邦の上下両院は四日、現在の連邦にかわる連合国家「セルビア・モンテネグロ」の憲法案を承認、新国家の成立を宣言した。これにより「ユーゴスラビア」の国名は、七三年の歴史を経て消滅した。

新連合国家は三年後に加盟国の連邦離脱[*]を認めており、新国家も将来、解体の可能性がある[**]。

「南スラブ人の国」を意味するユーゴスラビアの歴史は、第一次大戦でオーストリア・ハンガリー帝国が崩壊し、南スラブ系諸民族が一九一八年に統一国家を建国、二九年に「ユーゴスラビア王国」が成立した時点にさかのぼる。

戦後は、ナチス・ドイツを抵抗運動で駆逐したチトーが率いる「ユーゴスラビア」（四五年・連邦人民共和国）がソ連と異なる独自の社会主義路線をとり、非同盟諸国の雄として名をはせた。

しかし冷戦後、各共和国の民族主義の高まりで九〇年代初頭に旧ユーゴは解体。九二年に現在のユーゴ連邦に再編されたが、ミロシェビッチ体制下の民族主義的な独裁政治は北大西洋条約機構（ＮＡＴＯ）による空爆、同氏の失脚を招き「ユーゴスラビア」は存在意義を失っていた。

＊記事中の「加盟国」とはセルビアとモンテネグロの二国を指し、「連邦離脱」とは正しくは新連合国家からの離脱を指す。（引用者）

＊＊内陸国のセルビアにとってアドリア海に面したモンテネグロは地政学的にも重要である。一方、モンテネグロは人口六〇万の小国であり、連合国家からの独立は難しい。しかし、モンテネグロの一部の人々は、セルビアとの連合維持に消極的である。（引用者）

コラム⑥

人権が守られる社会を願って／パレスチナ・イスラエル

――「人権のための医師団―イスラエル」の活動を通して

東京大学大学院医学系研究科
国際地域保健学教室
修士課程　藤屋リカ

アル・アクサ＝インティファーダ（インティファーダ＝民衆蜂起）と呼ばれるイスラエルとパレスチナの紛争は、二〇〇〇年九月二八日、シャロン現イスラエル首相（二〇〇四年二月現在）が、エルサレム旧市街のイスラム教聖地に踏み込んだことをきっかけに始まった。自由を奪われ抑圧されてきたパレスチナ人の怒りや苦しみがこの事件をきっかけに爆発した。以降両者の衝突は続く。パレスチナ側の警察・民兵とイスラエル軍との激しい銃撃戦、イスラエル軍によるパレスチナ完全自治区への侵攻・空爆・度重なる暗殺、パレスチナ過激派組織による自爆攻撃の多発。パレスチナ側、イスラエル側双方に多くの死傷者が出ており、暴力の応酬で紛争は激化の一途をたどっている。

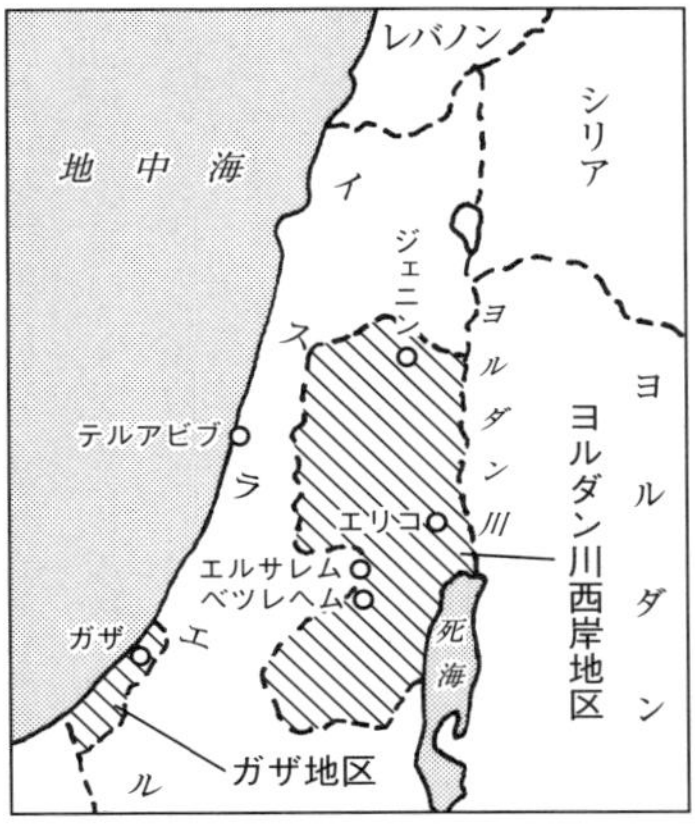

▨印はパレスチナ自治区。

一九六七年の第三次中東戦争以降、パレスチナ人が居住するヨルダン川西岸地区およびガザ地区は、イスラエルの占領下に置かれた。九三年のオスロ合意によりパレスチナ

救急車を停めて調べるイスラエル兵。ベツレヘムにて。（撮影：Bob May）

暫定自治政府が発足したが、パレスチナの立場はイスラエルに対して圧倒的に弱く、経済を例にとっても九九年の一人あたり国民所得はイスラエルの約八分の一だった。元来弱い立場にあった一般のパレスチナ人の生活はこの紛争のため悪化し、約七割の人々が相対的貧困ラインと言われる一日二ドル以下での生活を強いられている。

このような状況下、イスラエルのNGO「人権のための医師団―イスラエル」（PHR、Physicians for Human Rights-Israel）は、パレスチナ人の人権、とくに健康に生きる権利のために、パレスチナ医療系NGOと共同でパレスチナ自治区であるヨルダン川西岸地区およびガザ地区で働き続けている。具体的には、イスラエル当局による医療面での人権侵害の告発、その改善や予防に向けての活動、専門医によるヨルダン川西岸地区での巡回診療、医療水準の高いイスラエル側の病院での治療の提供等が挙げられる。日本国際ボランティアセンター（JVC）は、緊急医療支援においてPHRと協力しながら活動している。

ヨルダン川西岸地区ベツレヘム市（難民キャンプの人々を含み人口は約三万五〇〇〇）近郊に住むサラ（仮名）は六四歳、病身の夫と精神を病む息子との三人暮らしで、家族の世話をしていた娘は生活のために犯した罪のため服役中だ。サラは二〇〇二年一一月にベツレヘムの病院で乳がんの手術を受けたが、術後の回復は思わしくなく、手術の傷は痛み続け日増しに衰弱していた。そこで、パレスチナの医療関係者の協力もあり、サラはPHRの支援によって、最新の医療技術を持つイスラエル側の病院で検査・治療を受けることになった。この病院はサラの家から、もし自由に移動ができたならば、車で約二〇分の場所にある。

パレスチナ人がイスラエル側の病院に行くにはイスラエルによる許可証が必要であり、PHRはそれを手配した。しかし許可証があっても、状況によってはイスラエル側への移動を拒否されることがある。このようなケースでは、パレスチナ人患者が確実に移動できるために、比較的自由に移動できる外国人が付き添うことも多い。

二〇〇三年一月五日朝、パレスチナに滞在していた私は、ＰＨＲからの要請で、サラがイスラエル側の病院で受診するのに付き添った。サラは病院で丸一日かけて検査を受けた結果、今後の治療方針も決まり、その日のうちに自宅に戻れることになった。午後六時半、ＰＨＲのスタッフはサラと私をベツレヘムの検問所まで送りとどけ、検問所のイスラエル兵に状況を説明、私たちは検問所を通過し、サラは無事に自宅にたどり着いた。しかしちょうど同じ時間、イスラエルの町テルアビブではパレスチナ人による自爆攻撃があり、二三人のイスラエル人およびイスラエルに出稼ぎに来ていた外国人が亡くなった。その夜、イスラエル軍はガザ地区を空爆し、多数の負傷者を出した。

イスラエル人・パレスチナ人・外国人が協力して一人のパレスチナ人女性の「いのち―人権」のために働いているまさにその一方で、多くの人々のいのちが一瞬にして奪われ、さらなる攻撃による犠牲者が出る…。このような場に直面すると、いのちの現場で働く者は絶望感や無力感を持たずにはいられないのも事実だ。それでも希望を失わず、人権が守られる平和な社会を目指し、いのちに真剣に向き合い、できることを続け、人権侵害に対しては声を挙げ、一人一人がその人らしく安心して暮らせることを願いつつ、活動を続けている。

パレスチナ自治区内での犠牲者の遺体。ヨルダン川西岸地区北部、ジェニンにて。（撮影：筆者、写真提供：JVC）

コラム⑦

先進国の病理と不安の運動／アフガニスタン

ペシャワール会医療サービス（PMS）病院
院長　中村　哲

世の関心は移ろいやすい。空爆に続き、二〇〇二年春、明るい「アフガン復興」の話題で日本中が沸いていた。コメントを求められ、「そのうちまた、忘れ去られる。だがペシャワール会の方針は今後も変わらないだろう」と述べたが、事実その通りになった。話題性に振り回されて付和雷同、その後アフガニスタン（アフガン）がどうなったか、実情を知る日本人は少ない。

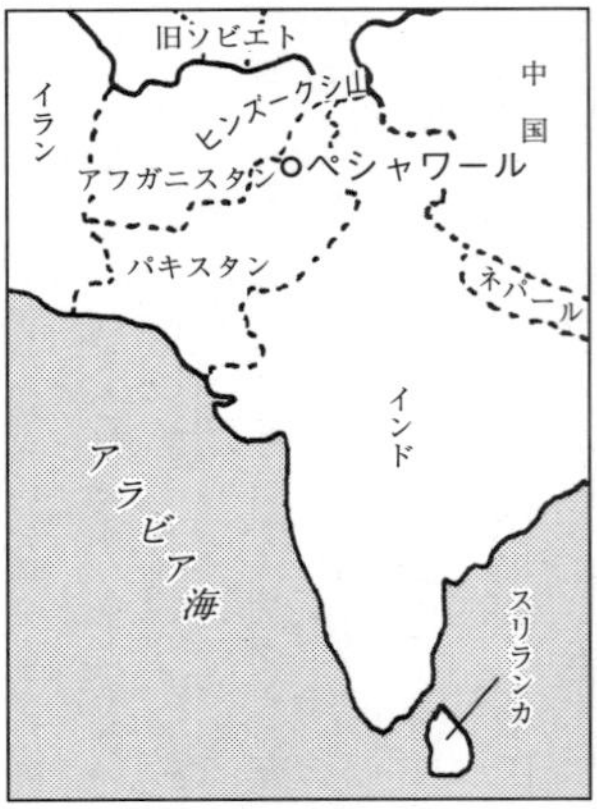

　二〇〇二年の春に二〇〇万人と伝えられたパキスタンのアフガン難民のうち、その一年後に一七〇万人が帰還したと発表されたが、不思議にも、依然として一八〇万人がパキスタンに居る（国連難民高等弁務官事務所〔UNHCR〕）。これは、飢餓に直面する難民がUターンしたためで、将来とも、旱魃対策なしに減ることはない。

　米軍が去れば、一日で現政権が崩壊すると皆信じている。報道された動きは、特殊地帯とも言える首都カブールに、ほぼ限定されている。新政府の整備は遅々として進まず、復興支援の資金の七割以上が国連・外国NGOを通して行われ、政府の官吏の給与数十ドルでさえ払えぬ状態である。

また、北部の少数民族が圧倒的多数のパシュトー民族を支配する構図は力のバランスの上でも無理がある。さらに、米軍が反タリバン勢力に膨大な武器と資金を流してきたために、各地に大小の軍閥が割拠、治安は過去最悪である。米軍に擁立されたカルザイ政権は、米軍の特殊部隊に守られ、首都を一歩も出ることができない。すなわち、米軍が存在する限り国家統一ができず、米軍が去れば速やかに政権が崩壊するという矛盾の中で延命している。事実、パシュトー人の多い東部では、民衆は新政権を「米国の奴隷」と密かに罵倒している。

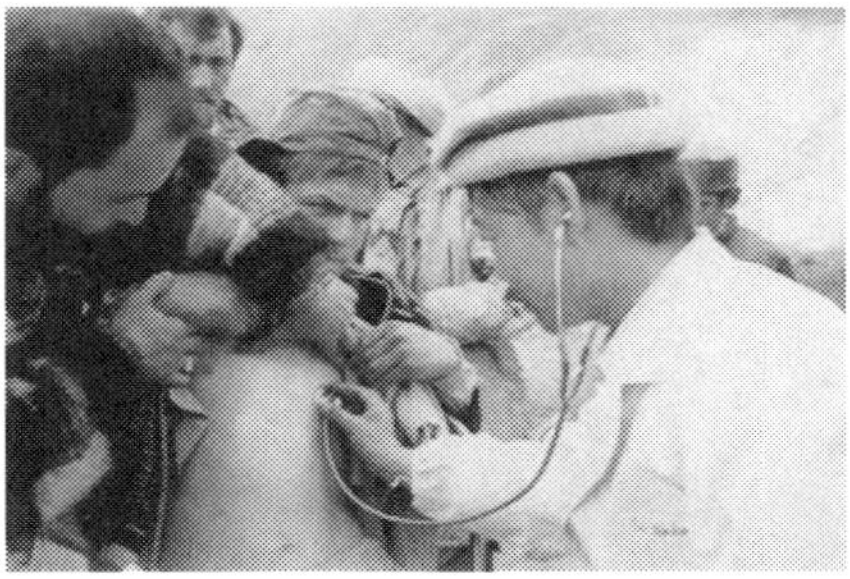

現地で活動する筆者。上、山岳部での診療。下、灌漑井戸の建設。（写真提供：ペシャワール会）

われわれは、この愚かな戦争が実情を無視して正当化され、嵐のように駆け抜けた「復興ブーム」の結末に悲憤を覚える。その実態に迫る報告はほとんどなく、あげくが爆弾を落としたり、政治的な動きばかりが伝えられてきた。世界中が騙されたのだ。

二〇〇三年の初めに行われたカブールの反米デモでは、日章旗が英米の国旗とともに焼かれた。「対テロ戦争」はテロリストを大量生産し、そのツケが日本国民の頭上にのしかかることは想像に難くない。すなわち米国の忠僕と見なされるようになった日本が、テロの対象になる日がくるだろう。何よりも、「現実論」と称する対米協力は平和の国是を破壊し、米国と没落の運命を選択したことが重大である。

カネと暴力に頼り、人としての誇りやモラルを失った政治指導者たちが跋扈する世界は、一つの時代の終焉の始まりと言えるだろう。われわれが自明の理としてきた「デモクラシー」が、破壊＝復興の論理を正当化したことは記憶にとどめる必要がある。国連や国際ＮＧＯもまた首都だけに留まり、外国軍の下請けと見なされる危機的実態がある。彼らが「復興のために外国軍の地方展開」を強く主張するのは、奇怪な帰結だと言わねばならない（二〇〇三年一一月、アフガン東部の用水路作業地で、われわれペシャワール会＝ＰＭＳはほかならぬ米軍から機銃掃射を加えられたのである）。

ペシャワール会＝ＰＭＳは、アフガン復興が「旱魃対策＝自給自足の農村回復」にあることを訴え続けてきた。これまで継続してきた医療活動・飲料水源確保はそのままペースを落とさず、さらに灌漑用水の確保に力を尽くしている。

東部の旱魃地帯で三年前に始まった飲料水源確保は、二〇〇三年四月現在、作業地一千カ所に迫り、カレーズ（地下水路）の復旧や灌漑井戸の建設で、二万人の生存を可能にしたが、これでも不十分と見て、新たに全長一四キロメートルの灌漑用水路建設に着手した。これを嚆矢として、至るところに、井堰や溜池を建設、自立した農村共同体の回復を目指している。

「アフガニスタン復興支援・東京会議」（二〇〇二年一月）で行われた議論は、あまりに現実とかけ離れたものであった。アフガン国民の大多数が生存の危機に立たされていた。国際社会が声高に叫んだ教育や女性の問題は、実は多くの人々にとって、少なくとも緊急の課題ではなかった。

アフガン人の大半が農民・遊牧民であり、現在われわれが最も恐れることは、農村の砂漠化である。これは地球温暖化と密接な関係がある。アフガニスタンの豊かさの源泉は、ヒンズークシ山脈の高山の雪である。夏の雪解け水で、二〇〇〇万人の国民が農業の営みを続けることができた。だが今、この白雪が春先に鉄砲水として消え、旱魃被害を大きくしている。この現象が続けば、広大な地域が砂漠化し、数百万人が生存空間を失う。

これほど情報が世界中に張りめぐらされている今日、この大災害が皆の注意を喚起しないのはなぜか。しかも、これが全世界的な都市化と工業化による地球温暖現象によるものだとすれば、そら恐ろしい話である。だが、実はこの無関心に、私は自然との関わりの本源的な倒錯を見る。すなわち、人知の驕り、近視眼的な科学的迷信、目先の経済的安定を優先する短絡さ、これら人の愚かさの結実である、と述べても過言ではなかろう。

数千年をへて、慎ましく自然と同居する術を学んできた農業社会と対照的に、現代社会は、自然を無限大に搾取しうる対象とし、驚くべき短期間で環境の大変化をもたらした。これを支える「近代文明」は、私たちの意識の奥深く、人間中心の世界観と経済至上主義を植えつけ、欲望の拡大再生産に奉仕してきた。そこで措定される「自然」とは、しばしば虚像であり、森羅万象さえ操作できるという錯覚である。アフガンへの暴力的介入はその象徴であり、自己崩壊の不安の帰結であった。

だが、人間の分に応じて準備される恵みというものがある。その洞察と謙虚さがある限り、破局への不安もまた、虚像にすぎないような気がする。

第11章　「平和構築」と正義・補償

――中米・グアテマラ和平プロセスから

専修大学経済学部教員
中米の人びとと手をつなぐ会
代表　狐崎　知己

はじめに――紛争終結後の国際協力のあり方

近年、紛争終結後の社会に対する国際協力を「平和構築」という言葉で一括する傾向が目につく。とりわけ官製「平和構築」論では、「紛争の根本的原因の解決」「平和の再建」「NGOの活用」といった用語が驚くほど安易に使われている。冷戦体制の終結後に八〇カ国以上が武力紛争に見舞われたが、その多くにおいて大国の政治的軍事的介入や武器援助が「紛争の要因」であり、植民地時代の負の遺産が「紛争の根本的原因」の一つにあった。大国が関与する紛争が常態であるような世界で、「平和の再建」をどのように支援すると言うのだろうか。NGOは紛争犠牲者の側に立って戦争犯罪や人道に対する罪を犯した人物の責任、軍事訓練や拷問のテクニックを伝授した大国の責任を追及することが、犠牲者の心を癒し、正義と平和を取り戻すために欠かせないと考えるが、これをどう「活用」するというのだろうか。

本稿では、グアテマラを例に紛争終結後に必要とされる国際協力のあり方を考えてみたい。グアテマラでは一九八〇年代初頭にマヤ民族を対象にしたジェノサイド（集団殺害）が政府軍によって遂行され、二〇万人を超える犠牲者が出ている。当時、アムネスティ・インターナショナルなどの国際NGOが国際社会に向けて虐殺の実態を必死に訴え、国連人権委員会で繰り返しグアテマラ政府に対する非難決議が取り上げられていたが、国際社会の焦点はニカラグアやアフガニスタンでの紛争に向けられ、グアテマラでの大量殺戮に歯止めがかけられることはなかった。

現在でも四〇カ国以上で紛争が続き、多数の犠牲者が出ているが、イラクにおける「平和構築」と自衛隊派兵の是非のみが国際社会の優先課題であるかのように日本では語られ、グアテマラでの虐殺に無為無策であった日本および国際社会の教訓が学ばれていない。

以下、武力紛争の終結へ向けての市民の国際貢献、紛争の実態と責任に関する真相究明活動の意義、戦争犯罪者の法的責任追及の重要性、官製「平和構築」政策の限界と欠陥、犠牲者への真の補償のあり方について順に論じる。

一　和平協定と虐殺の真相究明

紛争終結への市民の貢献

一九九六年一二月、国連代表の立会いのもと、グアテマラ政府と左翼ゲリラ「グアテマラ民族革命連合」（URNG）が和平協定に調印し、三六年間に及んだ国内武力紛争に終止符が打たれた。和平協定は国連による仲介努力に支えられ、グアテマラ政府とURNGの代表が六年間にわたって隣国メキシコやノルウェーなどを舞台に直接交渉を続けた結果、ようやく締結されたものだった。この間、人権擁護や先住民族の権利、難民の帰還と再定住、社会経済改革、軍部の改革とゲリラの武装解除の条件などをめぐって幾度となく交渉は決裂した。だが、「国連事務

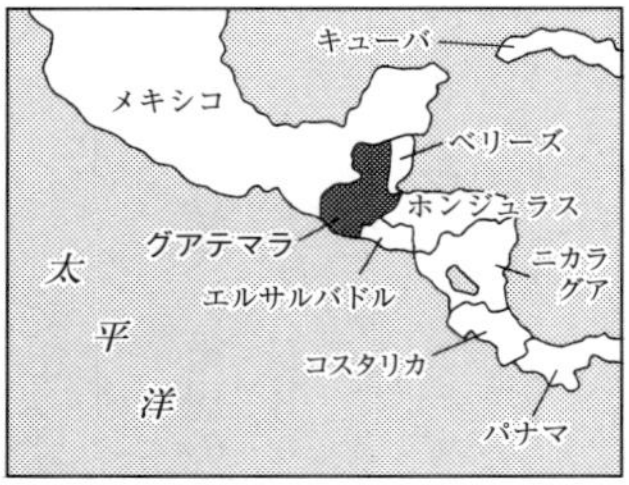

総長友好国グループ」[1]の後押しを受けた国連代表の粘り強い説得と国内外の市民社会からの要請を前に、紛争当事者は交渉テーブルに戻らざるをえなかった。

（1）「国連事務総長友好国グループ」は中立的立場からの和平交渉促進を目的に一九九三年三月に発足した。参加国は米国、スペイン、ノルウェー、メキシコ、コロンビア、ベネズエラの六カ国である。米国の参加は、人権侵害を黙認してきた従来の軍事的解決路線からゲリラを政治勢力として容認する交渉による解決へと向かう重要な政策変更を意味するもので、グアテマラ軍部や財界に強力なメッセージを与えた。グアテマラ和平交渉については、狐崎知己「グアテマラ紛争解決へのプロセス」（石井章編『冷戦後の中米——紛争から平和へ』アジア経済研究所、一九九六）を参照。

紛争犠牲者がつくる組織や人権団体は、カトリック教会や国際ＮＧＯの支援をもとに「市民社会協議会」（ＡＳＣ）を発足させ、和平交渉の進展と協定内容の改善に向けて政府とＵＲＮＧ双方への働きかけを続けた。グアテマラの人権団体のメンバーには、政府軍によって親族や友人を殺害されるか、もしくは自らが拉致され拷問の犠牲となった人々、そして難民や国内避難民としての極限状態での暮らしを何年にもわたって強いられた人々など、紛争の最も厳しい被害を被った人々が少なくない。この人々は、国連監視団による人権状況の体系的な監視活動が始められたのちにも、たびたび暗殺予告や脅迫行為を家族ぐるみで受け、生命の危険にさらされていた。「国際平和旅団」（ＰＢＩ、一九八一年カナダで設立）や「難民帰還付き添いプロジェクト」（一九九三年のカナダを皮切りに、米国、オランダ、オーストリア、ドイツ、デンマークの各国で創設。デンマークでは政府の失業対策プログラムの一環としてＮＧＯに委託され、多数がグアテマラ難民の帰還に付き添った）などの国際ＮＧＯは、外国人としてのプレゼンスを最大限に活用して、このような脅迫を受ける人々に「非武装のボディーガード」として二四時間付き添い、身の安全確保に努めた。このような身を挺した献身的な活動にもかかわらず、グアテマラの人権状況は改善に向かわず、実際に殺害されるか、または国外亡命に追い込まれた人々も少なくない。[2]グアテマラ和平交渉がこれを支える多くの市民の貢献と犠牲の上に成り立っていたことを忘れてはならないだろう。

（2）ＰＢＩの理念や活動実態、成果や課題などについては、ＰＢＩ関係者の手になる次の著作が参考になる。Liam Mahony and Luis Enrique Eguren, *Unarmed Bodyguards : International Accompaniment for the Protection of Human Rights*, Kumarian Press, Connecticut, 1997. グアテマラにおけるＰＢＩ活動には一九九三年から一年間、日本人男性が参加して欧米からのボランティアと共同生活を送りながら、グアテマラ国内各地で脅迫行為にさらされている人々の付き添いを続けた。この間、彼を支えるための支援委員会が日本で結成され、グアテマラの人権状況の監視とグアテマラ政府へ改善申し入れを行っていたが、帰国後は解散している。（ＰＢＩについては**第1章**七一―五頁参照）。

真相究明活動

和平協定には難航の末、真相究明委員会の設立が盛り込まれた。真相究明委員会とは、虐殺や拉致、拷問をはじめとする体系的な人権侵害の事実そのものを否認もしくは隠蔽し続けるような国家に対して、その事実と責任を認めさせ、死者・行方不明者の名誉回復と残された犠牲者の救済と補償、ならびに紛争の再発防止へ向けた措置を履行させることを目的に、実態調査を担い、必要な勧告を行う公的な組織を意味する。これまで一九七四年のウガンダを皮切りに最近のペルーや東ティモールに至るまで、二〇カ国を超える国々で名称は異なるもののこの種の機能を担う委員会が設置されている。チリやアルゼンチンなど南米諸国や南アフリカ共和国での活動は国際的にも大きく報道され、報告書を通して明らかにされた残虐きわまりない人権侵害の実態は大きな衝撃を与えた。

グアテマラでは一九九七年に国連の支援を受けて「真相究明委員会」（ＣＥＨ）が発足した。代表にはドイツ人国際法学者が国連事務総長によって任命された。彼は国連人権委員会の特別報告官として紛争時代からグアテマラの人権状況を厳しくモニターしていた。

エルサルバドルやシエラレオネで設置された権限の強い委員会に比べて、グアテマラでは政府の強硬な介入により委員会の調査能力には当初から大きな制約が加えられていた。委員会には強制的な捜査権が与えられず、軍部はいっさい調査に協力しなかった。報告書には加害者の実名が記載できず、加害者を訴追する際の証拠としての採択も前もって禁じられた。勧告に対する法的拘束力も与えられなかった。だが、三一カ国から参加した委員会スタッ

「骨は語る」。NGOによる秘密墓地の発掘作業。
（撮影：古谷桂信）

フの懸命な調査活動に対して、紛争犠牲者の組織や人権団体が全面的な協力をもって応え、一年間の調査期間の中で二万人を超える人々から聞き取りが行われた結果、最終的に七三三八件の証言が採用された。数十年にわたる恐怖政治のもとで沈黙を強いられてきた犠牲者たちが語る虐殺の実態は、想像を絶する衝撃的なものであった。

　一九九九年二月、一二巻からなる報告書が公表された[3]。人口一〇〇〇万人ほどのこの国で少なくとも六六九件の虐殺が行われ、直接的犠牲者のみに限ってみても、死者二〇万人、行方不明者四万五〇〇〇人、居住地を追われた避難民一九万人以上という大規模な被害が出ていることが判明した。殺戮の九〇％以上が政府軍や自警団など国家に組織された治安維持機関の責任に帰する。他方、犠牲者の八三％がグアテマラの先住民族であるマヤの人々であった。政府の公式統計によれば総人口に占めるマヤ民族の人口比率は五二％であることから、マヤ民族を標的にして虐殺が繰り広げられたことがわかる。

（3）　CEHの報告書（英文サマリーおよびスペイン語全巻）は次のホームページで閲覧およびダウンロードできる（http://shr.aaas.org/guatemala/ceh/index.html）。

数多くの目撃証言が語るその殺戮手法は、最大限の恐怖心を地域社会全体に埋め込むべく、心理学や文化人類学の専門家を動員して入念に練られたもので、酸鼻きわまりない。[4] ある井戸から大量の遺体が発見されたが、遺体の検死を専門とするNGOの調査によれば、最初に生きたまま幼児たちが投げ込まれ、ついで女性が性暴力を受けたのち捨てられ、これらを目撃させられた男たちが最後に殺害されて投げ込まれたという。遺体には生前にさまざまな拷問を受けた生体反応が見られるという。マヤ共同体文化の破壊や生活基盤の破壊、住民の間の信頼・協力関係の崩壊などを考えると紛争の傷跡は数世代先にも及ぶと見られている。

（4）殺戮の手法や実態については、歴史的記憶の回復プロジェクト編『グアテマラ　虐殺の記憶』（岩波書店、二〇〇〇）で詳細な分析が行われている。

なお、これまで真相究明活動に対しては「西欧中心主義」または「法律一辺倒」という批判がとくに途上国の人権団体や知識人から寄せられていたが、グアテマラの真相究明活動では、女性と子どもに対する暴力および先住民文化の破壊が調査対象項目として明記され、報告書においても特別の章が設けられた。この点は紛争の性格、犠牲の種類と特徴、補償問題を考える際にきわめて重要である。

ジェノサイドの認定と正義の追及

報告書の眼目は、政府軍によるマヤ民族へのジェノサイドの事実を認定した点にある。「軍事目標にはなりえない指導者の殺害や年少者への犯罪行為など、マヤ民族集団に対して体系的に向けられた破壊行為の繰り返しは、ある特定の民族に帰属していることが犠牲者に共通する要素であることを示すものであり、かかる行為は当該集団の『全部または一部を破壊する意図をもって行使された行為』の証左である」として、報告書ではジェノサイド条約（集団殺害罪の防止及び処罰に関する条約）の第二条への違反の事実がはっきりと記載された。[5]

（5）同報告書の次の記述も参照。「軍事作戦は、国防関係の諸機関の事前の完全な承認と参加・支援の上で遂行された。陸軍および空軍ならびにその他の地域から動員された部隊が、非戦闘員を対象に暴力を行使していった。攻撃パターンはジェノサイドを特徴づけるものである。

まず共同体の指導者を公の場で拷問の上、殺害し、集団の抵抗力を奪った。絶滅・大量破壊作戦では、女性・子ども・老人も含まれ、拷問と集団的レイプが遂行されたのちに殺害が執行され、避難民の追撃が空爆をともなうかたちで行われ、集団メンバー間の社会的凝集性が根本から破壊された。さらに、集団の社会構造の再建のあらゆる可能性を打ち砕く試みが行われた」(Comision de Esclarecimiento Historico, Informe Tomo III., p. 417 ならびに Tomo III pp. 171–211 ; Tomo V pp. 48–51 の記載も参照)。

通常、国内武力紛争ないし内戦を政治的に終結させる際には、停戦と武装解除の見返りに紛争時代の犯罪行為を赦免する恩赦法が発布され、正義の追及が困難になる事例が多い。実際、グアテマラにおいても和平協定の調印と同時に国民和解法が議会における圧倒的多数の賛成をもって可決されている。同法では、「国内武力紛争に関与した人々の和解を促進」するために、「紛争の一環として行われた政治犯罪とそれに付随する一般犯罪への刑法上の責任を全面的に消滅させる」規定が盛り込まれた。紛争犠牲者や人権団体は同法の免責措置を厳しく批判した。「いかなる犯罪が誰に対して行われ、その責任を誰が担うのか」が解明されない限り、罪を赦しようがなく、とりわけ「国家権力が自らを赦免することは原理的にあってはならない」というもっともな批判である。「真相究明(加害者と犠牲者の特定)と正義(訴追・有罪確定)なしには恩赦なし」という立場である。だが、紛争終結という大義のもと、「武装解除を進めるためには免責はやむをえない措置である」、という政府とゲリラの間の政治取引によって批判の声はかき消されてしまった。

紛争終結を優先すべきか、それともあくまで人権犯罪を追及すべきかというジレンマを克服する上で、グアテマラにおいて真相究明委員会がマヤ民族団体の願いを受け入れ、ジェノサイドの有無を調査事項に取り入れたことはきわめて重要である。ジェノサイドという犯罪には時効も、また条約批准国の間では国境の壁も存在しない。従来の紛争終結につきものの恩赦法とは異なり、国民和解法では第八条に「本法が言及する刑事責任の消滅は、時効によって消滅しえない犯罪、もしくはグアテマラが承認するか批准した国際条約に従う国内法が責任の消滅を求めぬ犯罪には適用されない」という特別の規定が盛り込まれ、ジェノサイドや拷問、強制失踪などの犯罪行為は恩赦の対象からはずされた。また、同法第九条では「国家は人道的義務として国内武力紛争における人権侵害の犠牲者を支援する」として、犠牲者への補償措置が規定された。

国内外の人権団体の一部には、これらの規定を紛争終結と恩赦の間のジレンマを克服するための現実的な措置として評価する声もある。すなわち紛争時の犯罪に加担した加害者全員を特定して、これを裁くことは非現実的であるため、ジェノサイドや拷問、強制失踪などの象徴的な犯罪に限定して、その最高責任者を追及することで正義の確立を目指す。一方、その他の罪には真相究明ののちに恩赦を与えて和解の契機とすべきであるという立場である。補償措置は、犠牲者の癒しと救済を目的に、真相究明活動および再発防止措置の履行と並んで実施されるものである。

現在、ジェノサイドが行われた軍政時代の国家元首リオス・モント将軍（在任一九八二―八三年）をはじめとする当時の政府高官に対する裁判がグアテマラ国内の裁判所、スペイン、フランスなどの国外裁判所、ならびに米州人権裁判所という国際機関の三レベルで進行している（二〇〇四年一月末にリオス・モントの国会議員の任期が切れ、不逮捕特権が失われたことから、人権団体は裁判の促進に向け、準備に余念がない）。また、ルワンダや旧ユーゴスラヴィアのような特別法廷設置への働きかけもなされており、人権の普遍性という観点から各司法の判断が注目される。

他方、グアテマラにおけるジェノサイドへの国際社会の関与とその責任に関する調査も少しずつ進展しているが、ジェノサイドや国家テロリズムの手法は時代や地域を超えてグアテマラに伝授されたものである。その一端を担う「コンドル作戦」に関する膨大な秘密資料が近年パラグアイで発見され、また米国における情報公開の進展でチリやアルゼンチンの軍政時代の「汚い戦争」に関する大量の資料が明るみに出て解読が進んでいる(6)。一九七〇年代の半ばからラテンアメリカ各国の軍部・情報機関とヨーロッパ諸国のネオナチやファシスト集団などのテロ組織が国際的なネットワークを構築して、「コンドル作戦」というコードネームのもとで反体制と見なされる市民の誘拐・拷問・虐殺をラテンアメリカ各国や欧米諸国で文字通り国境を自由に越えて繰り広げており、グアテマラもその重要な機能を果たしていた。亡命を強いられた人々を含めるならば、犠牲者の人数は一〇〇万人をはるかに上回る。

米国やイスラエル、台湾などの諸政府や多国籍企業がラテンアメリカの軍政や独裁政権に対して訓練・武器・資金・情報を提供し、大量殺戮に加担したことも知られている。国際的なテロリズムの責任者の多くは罪を問われず、ネットワークも無傷のまま存在していると見られる。このような国際的なジェノサイドとテロリズムの連鎖を断ち切るには、国際刑事裁判所（ＩＣＣ）をはじめ国境を越えた司法制度の連携が必要とされる。

(6)「コンドル作戦」をはじめ、ラテンアメリカ諸国における人権侵害の実態や欧米諸国の関与などに関する資料については、Equipo Nizkor のホームページとリンクが有益である（http://www.derechos.org/nizkor/la/）。米国関連の資料についてはNational Security Archive から入手できる（http://www.gwu.edu/nsarchiv/）。

和平プロセスの課題

和平プロセスとは、和平協定に盛り込まれた課題を一つ一つ着実にスケジュール通りに履行していくことを意味する。協定にはグアテマラ紛争の諸要因の解決および紛争自体が引き起こした諸問題の解決を目的に、八分野五〇〇項目を超える規定が盛り込まれた。なかでも人権擁護体制の確立と軍部の改革、社会経済改革、ならびに先住民族の権利擁護からなる三分野の改革が協定全体の履行にとっての試金石であると見なされていた。

和平協定の履行期限は当初、協定締結から三年後の一九九九年一二月に設定されたのち、同時点での履行率が四〇％程度にとどまっていたために、二〇〇三年一二月にまで延長されることとなった。協定の履行状況は国連グアテマラ検証団（ＭＩＮＵＧＵＡ）が検証し、国際ドナー（支援国および米州開発銀行や世界銀行などの国際機関）も九七年一月に援助調整会議（ＣＧ）を結成して、協定の履行支援を最優先に総額二〇億ドルの拠出を公約した。

通常、和平協定の履行に際しては当事者の政治的意思、必要資金の確保、市民社会の支持、ならびに国際社会の関心と関与という相互に関連し合う四点が欠かせない。グアテマラの場合、国内外からの相当の圧力なしには民政移管後も実権を握り続ける軍部が協定履行に協力するとは考えられなかった。もう一方の当事者であるゲリラ勢力は、もともと弱体であった上に協定の調印前後から復興資金や政治ポストなどをにらんで内紛と分裂を繰り返し、政治的な存在感を急速に低下させていった。

協定の履行には莫大な国内資金が必要とされる。国際協力が果たしうる役割は、通常、ごく一部であり、平和の時代の到来には国民の幅広い合意に基づく大胆な財政改革が欠かせない。国防関連予算の削減・撤廃と社会支出の増大を軸とする財政改革（いわゆる平和の配当）ならびに税制改革を通した追加的な財源確保がなければ、協定履行はおぼつかないだろう。グアテマラはラテンアメリカ諸国においても、また同レベルの経済発展度にある世界の国々と比べても、徴税比率が最も低い国である。歴史的に「小さな政府」のもとで教育や保健医療、生活基盤整備などの社会支出が極端に抑制され、人間開発が非常に遅れた状態にある。税金の負担能力のある少数の大地主層とそこから派生した財界が税制改革に徹底的に抵抗してきたためであるが、これほど貧困層や先住民族に冷酷な歴史を持つ国も珍しい。

和平協定では、財政改革を中心的課題の一つに据え、政府と財界関係者ならびに市民社会の代表との間で協約締結を目指して協議が続けられたが、徴税比率が改善に向かう兆しはほとんどない。「腐敗し切った政府への納税は無駄金である」というのが財界の言い分である。歴代グアテマラ政府の甚だしい腐敗は国民はもとより国際協力関係者の間でも周知の事実であり、支援物資のすり替えや横流しなど日本の政府開発援助（ＯＤＡ）も露骨な被害にあってきている。政府と財界が真っ向から対立した状態では財政改革も経済成長も望むべくもなく、和平協定の履行は資金面からも絶望視されている。

このような状況のもとで欧米諸国政府はグアテマラの市民社会の強化を目指してＮＧＯや先住民団体への多様な協力プログラムを実施してきた。市民団体が自由に活動できないような状況では、和平協定の履行などは望むべくもなく、国際社会の焦点は人権状況の改善に向けられてきた。欧米各国からは議員団が国際ＮＧＯに同行するなどして頻繁にグアテマラを訪れ、脅迫を受けている人権活動家や市民団体を勇気づけるとともに、グアテマラ政府高官との会談を通して人権状況の悪化や和平協定の履行の遅れに懸念を表明してきた。

こうした中で、日本は和平協定の締結から四年間で一〇〇億円を超える援助を拠出してグアテマラにおける最大の支援国となった。だが、このような重要な地位を占めながらも、日本という国は協定履行や人権状況などに関心を持たず、グアテマラ社会においても、またドナーの間でも、腐敗した政府との友好関係のみに配慮する国として見なされてきた。以下に見るように、和平プロセスの進展や人権状況の改善を妨げる重大な事件が起こった際にも、欧米諸国政府の痛烈な反応とは異なって、ほとんどまったく関心や懸念を表明しない日本政府の態度は実に異様に映っていた。グアテマラへの支援政策と目的が不明のまま、病院や学校の建設、トタン屋根や肥料の大量配布などに興ずる日本大使の姿は、大統領に言われるままに資金を出す気前のよいパトロンとしてグアテマラ国内では報道されていた。

二　「平和構築」論の欠落

当事者不在の平和論議

グアテマラ和平プロセスに研究者およびNGOの立場から関与してきた経験から、近年、日本で持てはやされつつある「平和構築」論（peace building）に筆者は強い違和感を禁じえない。平和構築へのODA活用論は一九九七年五月、開発援助委員会（DAC）が「紛争、平和及び開発協力に関するガイドライン」を発表し、地域紛争に対して紛争予防と平和構築という観点からODAを積極的に活用することを提唱したことに始まる。翌年一月の「二十一世紀に向けてのODA改革懇談会・報告書」においては、日本政府としても「紛争後の復旧・復興支援において日本の対応が遅れがちである」という認識のもと、紛争終結後の平和構築および紛争予防のいずれの場合においてもODAの役割を拡充することを掲げた。

違和感を覚える理由は二つある。一つは、「構築」という人間味を欠いた社会工学的な用語と、紛争終結後も人権侵害の恐怖に怯える人々が思いを込めて訴える「平和」という言葉との結びつきの悪さにある。「平和」という言葉は拠って立つ立場に応じて大きく意味を変える。国際協力事業団（JICA、現国際協力機構）の研究会報告書「平和構築──人間の安全保障の確保に向けて」や国際平和協力懇談会の報告書は、紛争犠牲者自身の声や心情、願いを欠いた図式的な問題整理ないし問題点の羅列に終わっているような印象を受ける。これらの報告書には、和平協定の履行へ向けての国際的取り組みへの関与、真相究明活動の意義、戦争犯罪者への正義の追及、犠牲者の補償と癒しへの日本政府としての関わり方という肝心な点が抜け落ちている。国際NGOや欧米諸国の政府が紛争犠牲者とともに正面から取り組んできたこのような重要課題への関心が見られないことから、この種の「とりまとめ」はあくまで「外側から」紛争地域を垣間見たにすぎない人々の間でなされた机上での議論にすぎないように思われる。

果たして日本国内で「平和構築」論を声高に唱える人々のうちどれだけの人が、一人の人間として実際に紛争地で犠牲者に付き添い、個人的な信頼関係を築き上げながら、人々の訴えに真剣に耳を傾け、その訴えを日本や世界に伝えようと努力した経験を持っているのだろうか。「平和構築」論からは犠牲者の声がまったく聞こえてこない。人権犯罪の最高責任者の訴追を求める署名運動に一度でも協力した経験があるのだろうか。グアテマラに関与する日本の国際協力機関の担当者や幹部の中で、グアテマラ和平協定や真相究明委員会の報告書を読んだ人がどれだけいるのだろうか。犠牲者の団体事務所に足を運んで、人々の嘆きや訴えを全身で受けとめた経験があるのだろうか。紛争犠牲者への共感と連帯に基づく信頼という土台なくして、「平和構築」がありうるか疑問である。

国益とNGOの存在意義

もう一つの違和感は、日本という国家の安全保障戦略の一環として「平和構築」論が持ち出され、「オールジャパン」の掛け声のもと、政府や財界とNGOがお互いにすり寄り、NGOでなければできないはずの紛争犠牲者の立場に立った活動が放棄ないし軽視されてしまう危険に関するものである。国家と国家の関係とは異なり、NGOが担うのは国家を介在としない市民と市民の国境を越えた交わりであることは指摘するまでもなかろう。市民としての善意や人道的支援・連帯の前に国益が優先されてはならない。もちろんNGOは政府や企業と原理的に敵対する関係にはなく、パートナーシップが必要ないし有効であるケースもイシューや状況に応じて存在する。だが、和平の進展や人権擁護にとって危機的状況が生まれ、ＮＧＯの存在意義が問われる次のような局面において、政府や財界とパートナーを組みながら、同時にＮＧＯとしての立場を貫くことができるだろうか。

（１）政府軍に集団殺害された人々が放置されている地域で遺体を発掘し、正規に埋葬し直すことで死者の名誉回復と遺族の心を癒すとともに、遺体の検証を通して加害者の起訴へつなげる作業への協力を求められた場合。この作業は真相究明活動と正義の追及において、きわめて重要な部分をなすが、当該国の政府関係者による脅迫や妨害も予測されるため、なおさら国際ＮＧＯの協力が必要とされる。

（２）活動地域において当該国政府ないしその関係者が紛争犠牲者の団体や人権団体に執拗に脅迫行為を繰り返しており、ＮＧＯの連名で行う国際的抗議運動への賛同を呼びかけられた場合。

（３）政府の実力者が紛争中の重大な人権侵害容疑事件で訴追された結果、司法関係者や証人に圧力が加えられて裁判の中立性が危ぶまれている。このため、紛争犠牲者や人権団体からＮＧＯの連名で政府に公正な裁判を要請する意見広告を地元主要紙に掲載するとともに、裁判の傍聴支援を求められた場合。

（４）難民や国内避難民の出身地が政府軍高官によって不当に占拠されており、帰還すべき土地がない。このため土地返還を求める裁判費用の一部負担や裁判への付き添い、ないし裁判への道義的支援を求められた場合。

（５）政府から敵視されている犠牲者団体、もしくは政府有力者を人権侵害の容疑で提訴している人権団体の代表が訪日し、グアテマラへの最大の支援国である日本政府への申し入れを希望してＮＧＯに仲介や支援を求めてきた場合。

以上は、実際に犠牲者団体や欧米のＮＧＯから協力を求められたケースであり、筆者が関わる複数のＮＧＯは（１）から（５）のケースすべてに進んで協力してきた。そうすることがＮＧＯとしての存在意義であると考え、

紛争終結後、初めての選挙。1999年12月。（撮影：筆者）

また、紛争犠牲者の信頼を得ながら支援を続ける上で最良の方法と判断したからである。

問われる人権感覚

だが、日本外務省や在グアテマラ日本大使館は、考え方をまったく異にしていた。グアテマラでは和平協定の締結以降も紛争犠牲者の団体や人権団体の幹部を標的にした殺害や脅迫など深刻な人権権侵害事件が引き続いており、国連グアテマラ監視団や国際ＮＧＯがさまざまなメディアを用いて繰り返し懸念を表明していた。また、グアテマラ和平プロセスに協力していた日本のＮＧＯも連名でグアテマラの主要紙に意見広告を掲載した。内容は、和平協定および憲法に基づいて人権を保障するとともに、人権侵害事件を厳正に調査した上、責任者を法的に裁くよう求めるものだった。だが、外務省は「日本のＮＧＯの名で抗議がなされるならば、在留邦人に危害が及ぶ恐れがある」という理由で、人権擁護の責任を担うグアテマラ政府ではなく、あろうことか日本のＮＧＯに懸念を表明してきたのである。内政干渉だという声も聞こえてきた。もちろんＮＧＯの活動は内政干渉に該当しない。主権国家ならば、「干渉」される前に外国ＮＧＯの活動をいつでも制約することができるのだから。日本の一部外交官の普遍的な人権感覚の欠如ないし人権感覚のあまりの歪みぶりは、市民としての理解の度をはるかに超えている。（1）某国で在留邦人が某国政府関係者に襲われる事件が発生する。（2）その責任は日本のNGOにある。（1）と（2）を関連づける理屈は、とても常人には理解できまい。

この問題以外にもグアテマラ和平への日本政府の取り組み、とりわけ人権政策をめぐって、日本国内の複数のNGOと外務省の担当部局との間で緊張したやりとりが何度か続いていた。当時の外務省の基本的姿勢をまとめるならば、以下の三点になる。

- ●日本のNGOは他国の人権侵害に抗議してはならない。
- ●日本政府には他国における日本のNGO活動に介入し、中止を求める権限がある。
- ●グアテマラ人が人権侵害の犠牲者になるのはかまわない。犠牲者は反政府団体の関係者であろうし、そもそも日本の国益に関係のない事態である。

和平協定の締結直後に、この種の人権感覚で「平和構築」に取り組むような政府とNGOがパートナーシップを組むことは、紛争犠牲者の目から見ればどう映るだろうか。紛争さなかの一九九二年、リゴベルタ・メンチュウさんにノーベル平和賞を与えるという画期的な政策が示すように、スウェーデンやノルウェーなど北欧諸国の政府は直接ないしNGO経由で政府軍の迫害対象となっていた紛争犠牲者団体や人権団体に幅広い支援を行っていた。また、クリントン米大統領（当時）は真相究明委員会の報告書の公表からまもなくグアテマラを訪れ、虐殺を引き起こしたグアテマラ軍事政権への米国の長年の支援についてグアテマラ国民に向けて謝罪するとともに、民主化と人権擁護に向けた支援を約束した。この公約は、たとえば中央情報局（CIA）をはじめとする米国政府機関が収集してきたグアテマラ軍部に関する膨大な秘密情報の公開や秘密墓地の遺体発掘・検死作業への資金協力などのかたちをとって部分的に実現している。

メンチュウさんは周知のように家族を政府軍に惨殺されたのち亡命生活を送っていたマヤ人女性で、グアテマラ政府による先住民族虐殺と人権弾圧への批判の急先鋒であった。[7] メンチュウさんは一九九三年にグアテマラの人権状況を訴えるために来日し、東京や北海道で講演会を行うとともに、先住民族の権利確立を求めてアイヌ民族との交流を果たした。招待のお膳立てから必要資金の確保まですべて市民団体が手弁当で行った。当時の細川首相や羽田外務大臣らとの会談も実現したが、日本政府が明確なグアテマラ政策を立案して和平交渉に積極的に関与することも、人権状況に配慮した政策がとられることもなかった。メンチュウさんは現在でも激しい脅迫を受けながら、シラク仏大統領やメキシコ政府高官らとの友好信頼関係に支えられて、ジェノサイドの最高責任者の訴追や先住民族の権利擁護のために闘い続けている。

（7）　メンチュウさんの活動については、エリザベス・ブルゴス『私の名はリゴベルタ・メンチュウ』（新潮社、一九八七）、岩倉洋子ほか『先住民族女性リゴベルタ・メンチュウの挑戦』（岩波書店、一九九三）、および「中米の人びとと手をつなぐ会」の機関誌『ＰＵＥＮＴＥ』各号を参照。

三　和平プロセスと日本のＯＤＡ

最大の支援国として

日本はグアテマラが民政移管した一九八六年以降、米国と並んで最大の支援国となっていた。とりわけ九五年から九九年にかけては総額九七億七二〇〇万円の無償援助を供与し、二国間協力において最大の支援国となった。主要ドナーが集うＣＧ会合では、和平協定の履行促進が会議のたびに最優先課題として掲げられ、以下の三分野への重点的拠出が求められていた。

（１）ゲリラの武装解除と社会復帰、国内避難民および帰還難民への緊急支援。
（２）民主化、司法・警察改革、行政改革などの制度改革の支援。

（3）貧困対策、教育・保健衛生、農村開発などを中心とした社会経済改革。

日本政府は貧困と格差の是正こそが紛争の原因の克服に資するとして（3）に関連する分野を重視していた。（1）ないし（2）に直接関わる支援は帰還難民・国内避難民への緊急援助として支出された二億三七六五万円のみであり、総額の二・五％にすぎない。国連や世界銀行などの国際機関経由で日本政府がこの間、グアテマラ向けに拠出した資金を見ても、総額六九億五七九万円のうち（1）ないし（2）に関わる分野は二億六一八〇万円とわずか三・八％にとどまっている。ただし、国連開発計画（UNDP）経由で真相究明委員会に七五万ドル（当時で約九〇〇〇万円）が拠出されたことは、日本政府の対グアテマラ和平プロセス支援の中では特記事項に値する。

以上のように、和平協定の履行期間を通じて日本は最大の資金供与国であったにもかかわらず、資金の多くはグアテマラ国民のニーズよりも日本の省庁の利益が絡んだ国内事情を反映したような開発プロジェクトに回され、あたかも紛争がなかったかのような対応ぶりであった。貧困や格差の是正を目的とした教育・保健衛生、農村開発などが優先度の高い重要な分野であることは疑いなく、上記三分野の中では日本の比較的得意な分野になろう。だが、問題は各支援プロジェクトの立案・執行に際して、グアテマラ政府機関の要請に単に対応するのではなく、日本の国際協力関係者が独自にどれだけ紛争犠牲者の声を受けとめてプロジェクトを組み立て、和平協定の進展に関連づける努力を払ったかという点にある。この視点に立って日本の支援内容を評価する声は、残念ながらグアテマラ社会からまったく聞こえてこない。紛争に苦しんだ地域の人々の心に届かないような協力が成果を挙げるとは考えにくい。

現在、日本で議論されている「平和構築」論は、上記（1）の分野における日本のプレゼンスを高めるために、日本のNGOとの「パートナーシップ」の強化を提唱するものである。グアテマラ和平プロセスにおいても日本が（1）や（2）の分野への貢献を増大させることが望まれるような状況があった。だが、国益擁護を前面に打ち出したODAの「戦略的」運用や「平和構築」論の政治的背景や意図、国際協力関係者の人権感覚の欠如や相手国の歴史・文化への関心の低さを反映した底の浅い和平プロセスの分析能力、ＮＧＯへの権威主義的態度などを考えるならば、「パートナーシップ」の妥当性には首を傾げざるをえない。

失望と幻滅の連続

二〇〇三年五月、国連グアテマラ検証団の代表トム・ケーニング（ドイツ出身）は一年ぶりに開催されるＣＧ会合を直前に控えて最新の検証報告を公表し、過去一年間の和平協定の履行状況を「幻滅」という一言で括った。これは一年前の評価報告の際に表明された「失望」よりもいっそう強い表現であり、ポルティージョ政権のもとで和平プロセスが後退してしまったことへの強い批判が込められていた。米国大使も「司法関係者や人権団体、一般市民が依然として恐怖と苦悩のもとに暮らしているという訴えに接して悲しみに耐えない」と発言し、人権状況の悪化や国防支出の増額などの具体例を挙げて和平プロセスの停滞に強い懸念を表明した。彼はさらに、米州自由貿易協定（ＦＴＡＡ）へのグアテマラの参加を見合わせるような発言を行い、税制改革への抵抗を続けて和平プロセス停滞の元凶の一つとなっているグアテマラ財界に対してきわめて厳しいメッセージをつきつけた。ヨーロッパ連合（ＥＵ）は事あるごとに人権状況の深刻な悪化や和平プロセスの停滞に警鐘を鳴らし、援助削減ないし撤退を匂わせており、ＣＧ会合に向けてポルティージョ政権の政治的意思の欠如に対して厳しい批判を繰り返していた。北欧諸国のグアテマラ政府への注文は非常に手厳しいが、和平交渉の厳しい時期から一貫して長期的戦略をもってグアテマラを支援しており、「煙たいながらも信頼できる相手」であるとしてグアテマラ政府関係者さえも高い評価を与えている。

グアテマラ和平協定の履行スケジュールを大きく二期に分けるとすれば、第一期は一九九六―九九年末にかけて、第二期は二〇〇〇―〇三年末までの時期となる。第二期の開始時において、協定の最も困難な分野に相当するおよそ六〇％が第一期から積み残されていた。また、協定履行の調整役を担う平和省によれば、第二期に相当する課題一〇六項目のうち、二〇〇三年五月の時点で五一％が履行されたのみである。すなわち、第一期に相当するアルス政権および第二期に相当するポルティージョ政権ともに履行率は公約の半分程度にすぎないことになる。MINUGUAはグアテマラの諸政党が和平プロセスにまったく考慮を払っていないと厳しく非難しているが、そのMINUGUAも年々予算不足のために規模が縮小され、二〇〇四年には撤退の方針である。

国際社会の勧告

和平協定の履行促進には、CG会合の構成国や国際機関、国際NGOが協力し合って人権団体や犠牲者団体をこれまで以上に支援し、グアテマラ市民社会を強化する道しか残されていない。CG会合では、人権団体や犠牲者団体の要請を受けて以下の諸点が今後の最優先課題として勧告された。これらの諸点は、紛争終結後のグアテマラ社会が構造的に抱え込んでいる傷であり、犠牲者の救済と人権擁護を柱とする和平プロセス進展への最大の障害となっている。

（1）人権状況と治安の改善。人権犯罪に法的正義を適用し、免責を廃絶する。人権侵害を続ける治安維持機関の解体を目的に、特別の捜査委員会を創設する。「マフィア国家」という名称が定着するほどグアテマラの人権状況と治安の悪化は顕著であり、麻薬や誘拐事件に関与する治安維持機関の存在が米国政府などから指摘されている。

（2）汚職対策の徹底化。軍事支出の透明化を中心に、行政・立法・司法が一体となって汚職取り締りに努め、市民の代表を含む対策委員会を設置する。ポルティージョ政権の汚職は歴代稀に見るレベルにまで達しており、日本のODAも汚職の犠牲となっている。

（3）納税文化の育成と徴税比率の引き上げ。和平協定の規定に従い、徴税比率を国内総生産（GDP）の一二％まで引き上げる。グアテマラの徴税比率はGDPの一〇％と途上国の最低レベルにあり、和平協定の履行に必要な国内資金が大幅に不足した状態が続いている。

（4）社会支出の増額。二〇〇四年度予算における基礎教育・保健医療・農地と農村改革関連分野の比率を増大する。低税収に加えて汚職と軍事費の膨張のため、グアテマラでは歴史的に社会予算が他国に例を見ないほど低額に押さえ込まれてきた。和平協定では社会支出の五〇％の増額が規定されている。

（5）和平協定の履行に必要な法改正の実施。具体的には情報公開法、土地測量・登記関連法、大統領参謀本部（EMP）の解体に関連する法などである。

（6）国民対話の実施。政党を含む社会のすべての部門が国民対話を開始して、国のあり方に関する基本的な合意を確立する。二〇〇四年前半に市民および先住民の広範な参加のもとでCG会合を開催する。

四　正義と補償、和解

補償と和解の射程

二〇〇四年一月に発足された新政権は和平協定の履行のみならず、真相究明委員会が勧告するジェノサイドに関わる正義と補償の履行義務を負う。「平和構築」論には「和解」の促進という言葉が安易に使われるが、和解とは本来的に犠牲者の側が真相究明に続いて国家による謝罪、正義と補償を獲得したのちに呼びかけるべきものであり、そこに至るには通常、長い時間を要する。南米諸国の事例を見ても国家や暴力の受益者が犠牲者の心に届くような謝罪を乞い、補償を行うことは稀である。

さらに、グアテマラのように先住民族が歴史的に排除・弾圧されてきた国では、和解の構成単位と歴史的射程がきわめて複雑なものになる。そこでの和解とは、武力紛争の加害者と犠牲者という個々人や組織どうし、もしくは国家と社会の関係を超えて民族間の歴史的和解がテーマとなり、その前提としてのコロニアリズム（植民地主義）に関する真相究明と正義、補償問題が否応なしに浮上してくるのである。

ジェノサイドとコロニアリズムへの闘い

リゴベルタ・メンチュウは「グアテマラはラテンアメリカおよび国際社会におけるジェノサイドに対する闘いのパラダイム的ケースである[8]」と指摘する。これまでの真相究明活動の結果、グアテマラのジェノサイドに関しては相当量の証言や証拠が挙がっている。にもかかわらず、リオス・モント将軍をはじめジェノサイドの最高責任者を裁くことができないならば、国際社会はジェノサイドを阻止しうる制度づくりにまたしても失敗するだろうと主張する。逆に、徹底した真相究明活動から得られた科学的証拠をもとに正義を勝ちとった上で、先住民族に対して歴史的な謝罪と補償が非先住民権力者がつくり上げてきた国家の側からなされるならば、スペイン征服以来の五世紀にわたるグアテマラ社会の分断と対立を克服しうる歴史的な和解への重要な一歩を印すことになると訴える。リゴベルタの主張する正義の概念には、紛争中に人権犯罪を犯した加害者への法的裁きと犠牲者への補償とともに、コロニアリズムに対する歴史的な謝罪と補償要求が含まれている。

（8）二〇〇一年八月一七日にグアテマラ市で開催された「真実・正義・和解フォーラム」における発言。

以上のようなリゴベルタの要求は、多くのマヤの人々が共有するものである。グアテマラ社会がアパルトヘイト時代の南アフリカ共和国に匹敵する人種差別と排除構造を有していることに着目するならば、リゴベルタの主張は「ポストコロニアリズムと人種化された政治経済的特権ならびに暴力の関係を転換することなしには、正義も和解も不可能である」とショインカが指摘するアフリカ諸国の状況に通低する。ジェノサイド直後のルワンダを訪れたナイジェリアの作家でノーベル文学賞受賞者ショインカは、国連平和維持軍（ＰＫＦ）の将軍が語った「私はここで悪魔の顔を見せつけられたがゆえに、神の存在を知るに至った」という言葉に対し、次の表現をもって切り返すのである。「一九六〇年代初頭、カンパラ〔ウガンダ〕における集いで私たちも神の存在を信じるに至った。悪魔の顔を目にしたがゆえにだが、悪魔はベルギー人の顔、イギリス人、ポルトガル人、オランダ人、フランス人、スペイン人そしてアラブ人の顔をしていた[9]」。

（9）　Soyinka, Wole, "Memory, Truth and Healing," in Amadiume, Ifi & Abdullahi An-na'um, eds., *The Politics of Memory : Truth, healing and social justice*, Zed Books, London, 2000.

二〇世紀末のルワンダにおけるツチ人狩りがはるか以前のザンジバル、タンザニア、ウガンダ、コンゴにおける奴隷狩りを、その犠牲者の末裔を自認するショインカからの間で想起させるように、二〇世紀末のマヤ人を標的にしたジェノサイドは、五世紀前のスペインによるマヤの虐殺と支配、植民地体制崩壊後も引き続く先住民族への差別に対する正義の回復要求をリゴベルタら今を生きるマヤ人犠牲者の間に引き起こすのである。

グアテマラ和平協定には先住民族の権利協定が盛り込まれた。その前文において少なくとも文面上は先住民族への歴史的差別の実態が認知され、その克服が国家によって公約[10]された。協定文は先住民族の権利を国際的に規定する唯一の条約である国際労働機関（ＩＬＯ）の第一六九号条約に沿って立案されており、国際社会のミニマムスタンダードであると言える。

（10）　一六九号条約については、マヌエラ・トメイ『先住民の権利——ＩＬＯ第１６９号条約の手引き』（論創社、二〇〇二）を参照。

（１）先住民族は、その出自、文化ならびに言語ゆえにさまざまなレベルで事実として差別され、搾取され、不正を被り、また、グアテマラ国民のその他の多くのセクターと同じく、その経済的社会的条件ゆえに不平等かつ不正な扱いと条件に苦しんでいる。

（２）この歴史的事実がこれらの民族に深刻な被害を与えてきた上、現在でも与え続けており、この人々の権利の全面的行使と政治参加を拒み、グアテマラの豊かな多様性と価値が公正に反映された国民としての統一体の形成を妨げている。

（３）この問題が解決しなければ、グアテマラ社会の経済的、政治的、社会的、文化的潜在能力を全面的に開花させることはできず、これらの民族の数千年に及ぶ歴史と偉大なスピリチュアリティに相応しい位置を世界調和の中に占めることができない。

（4）グアテマラの現状の構成員であり、あらゆる意味で発展の主役である、グアテマラに居住してきており、また現在でも居住している諸民族のアイデンティティと権利が全面的に認められてのみ、抑圧と差別を根絶することが可能となる。

日本国内で語られる「平和構築」や「平和貢献」という概念からは、リゴベルタやショインカに象徴される紛争犠牲者が抱く深い歴史意識とそこから発せられる未来へ向けての希望を感じることができない。自らを完全に部外者の立場において「統治能力の強化」を掲げ、主体と客体、支援する側とされる側を都合よく分離し、今、こ、こ、のみを考えて平和づくりに励む人々からは、先住民族の権利協定への関心は生まれず、マヤ人犠牲者との対話は成立しないだろう。

グアテマラの先住民運動について調査を続ける人類学者の太田好信は、日本とグアテマラをともに脱植民地化の過程に位置づけ、かすかに聞こえる歴史的他者の声――過去に帰属すると考えられてきた人々の言葉――に応答する責任を、日本に在住する市民として感じたときに、グアテマラと日本という異なった空間が接続すると主張する。(11) 肉親を目の前で惨殺されたマヤ人女性が恐怖心に震えながら必死に語りかける言葉をかろうじて理解し、何らかのかたちで応答できるのは、国連や日本の政府機関やNGOに属し、平和貢献プロジェクトに従事するからではなく、一人の日本市民としてアイヌ民族、従軍慰安婦、強制連行者ら歴史的他者の声に耳を傾け、応答する試みを続けているからである。

（11）太田好信「脱植民地化におけるグアテマラと日本」（『人類学と脱植民地化』岩波書店、二〇〇三）。

補償の意義と目的

グアテマラにおける紛争犠牲者への補償問題は、和平協定および国民和解法で規定されており、また、世界人権宣言、ジェノサイド条約、ジュネーヴ条約（戦時法規）、米州人権条約、拷問等禁止条約、国際人権規約などグアテマラ政府が批准した諸条約に法的基盤を持つ。

紛争犠牲者の組織やマヤ民族団体、人権団体などがこれまで力を合わせて補償プログラム案を作成し、議会と政府に対して採択と実施を要求してきた。プログラム案の要は、単なる武力紛争の犠牲者への補償ではなく、ジェノサイド・強制的失踪・超法規的殺害・拷問・強制移住・強制的徴兵・女性への性暴力という具体的な犯罪行為に対する補償を要求している点にある。

マヤ民族の諸団体が作成したプログラム案では武力紛争の要因である先住民族への差別を撤廃すること、先住民族の集団的権利を確立すること、そして先住民文化と制度を修復することが柱となっている。ジェノサイドの犠牲者であるマヤ民族への歴史的補償内容は多岐にわたらざるをえない。徹底的に破壊され尽くした土地や森林、水源など生活領域の回復と法的権利の確立、放置された遺体の回復と正規な埋葬、四〇年近くに及んだ紛争によって失われた先祖代々の種子や栽培技術の回復、慣習法と宗教的権威の回復、寡婦や孤児への生活保障、先住民文化に根ざした地域発展プログラムへの支援、先住民居住地域からの軍の撤退と非軍事化などである。これらが達成されてはじめて、グアテマラ社会は多様性に基づく豊かさを手にし、和解と新たな発展に向かうことができるだろう。

犠牲者組織や人権団体の再三なる要求にもかかわらず、これまでグアテマラ政府は補償問題を先送りにしてきたばかりか、二〇〇三年になってポルティージョ政権は紛争中に政府軍とともに人権侵害を繰り返してきた自警団への「補償」を選挙対策上の理由から優先し、一人あたり七万円ほどの現金配布を始めた。その際、ポルティージョ大統領自らが自警団を国の英雄として称賛したのである。これに味を占めた自警団幹部らは配布額のさらなる増額を求めて、道路封鎖などを通して政府への圧力を強めた。ジェノサイドの最高責任者であるリオス・モント将軍を次期大統領に選出すべく、その実行部隊に公的資金をばらまくという、これ以上悪辣なかたちで犠牲者の気持ちを逆撫でする行為は想像がつかないだろう。幸いなことに、世論調査では同将軍に嫌悪感を示す人々が国民の七〇％に達し、同年一一月選挙での得票率も二〇％に満たなかった。

このような逆境のもと、グアテマラ政府の中で補償問題を担当する平和省は二〇〇〇年以来、国民補償プログラム（PNR）のパイロット・プランを国内数箇所で試みている。筆者も毎年その現場を訪れ、関係者の話を交えた調査活動を続けてきており、以下にその一部を紹介する。

補償の試み

PNRの対象は、紛争の直接被害を受けた市町村に属する共同体である。まず、被害の最も激しかった県（ウエウエテナンゴ、キチェ、アルタベラパス、バハベラパス、サンマルコス、チマルテナンゴ）の中から、同時に最も社会的排除の指数が高い県を選別した結果、ウエウエテナンゴ、キチェ、アルタベラパス、チマルテナンゴの四県が選ばれた。そして、この四県において真相究明委員会の報告書に記載されている虐殺（四人以上の死者を意味）のあった共同体六五四カ所から、極貧率、虐殺の規模、社会的排除の度合いを勘案して九六の共同体が選出された。

PNRは共同体の住民どうしの和解を目的としているため、共同体の住民全員がプロジェクトの受益者となるよう決められている。共同体によっては加害者と被害者が混在している場合もあるが、紛争がもたらした社会的亀裂を克服し、和解の促進を目的に集団的補償という政策がとられているのである。人権侵害の犠牲者へは特別の配慮がなされており、共同体の中でとくに貧困状態にある寡婦のニーズに優先的に対応するとともに、遺体発掘と正規の埋葬、ならびに追悼記念碑の建立を通して道義的な補償に努めている。

具体的な補償プロジェクトの採択に際しては、住民の参加を得ながら、以下の手順と手続きをへている。

（1）　共同体指導者との対話

平和省のスタッフが共同体を訪れ、共同体の指導者と知り合いになり、補償プログラムの内容説明を行う。

（2）　和解ワークショップの開催

共同体の住民全員に参加を呼びかけて、共同体における紛争の歴史と被害、現在共同体が抱える優先的課題などを話し合うワークショップを開催する。その目的は、住民どうしの和解、および人権侵害の中心的責任を担う国家と住民の間の和解という、二つの和解を促進することにある。国家と住民との和解は、真相究明委員会の勧告に基づくものであり、個々の大統領や個別の政府との和解ということではなく、諸制度の集合体としての国家との和解を意味する。

全体集会のほかに、寡婦、指導者、青年、教師などのフォーカス・グループごとにワークショップを実施する場合もある。その目的は、それぞれのグループ内部で自由に意見を出し合える雰囲気をつくり、グループごとの優先的ニーズに基づいたプロジェクトを選定することにある。

（3）　社会経済調査

スタッフが参加型農村調査（ＰＲＡ）アプローチを用いて、住民とともにリソースマップ（住民の目線でとらえた地域の資源地図）の作成や、共同体の社会経済状況および歴史に関するデータ収集などを行い、プロジェクト立案のための基礎資料とする。

（4）　プロジェクトの選定

全体集会を開催し、平和省が事前に作成したプロジェクト・メニューを参考に、優先的プロジェクトを五件、住民の総意に基づいて選定する。集会の結果は決議文として文書化し、労働力の無償提供など住民の役割分担についても明記する。

アルタベラパス県の事例

筆者が関わるNGO「中米の人びとと手をつなぐ会」はマヤ文化の復興と発展を目指す地元のマヤ民族NGOとともに、アルタベラパス県のケクチ・マヤ人の共同体二〇カ所ほどで九年前（一九九五年）から生活基盤の整備、女性の組織化と識字教育、農業支援などの協力活動を続けている。この地域一帯は一九世紀末からドイツ系大農園主の広大な所有地に属していたが、紛争終結前後に住民たちが未払いの労賃代わりに小さな土地や共有地を得ている。紛争被害の最も激しかったツァクペック村では、平和省と連絡をとりながらプロジェクトを進めてきた。

平和省のスタッフでこの地域を担当するのは、ヒルダさんという若いケクチ女性である。彼女はこの村を二回訪問し、一日がかりのワークショップを開催した。ケクチ語で紛争の歴史を説明した上で、共同体の被害状況について住民から聞き取り調査を行った。上記（1）から（4）の手続きをへて、村の八四世帯すべての身分証明書コピーと署名が入った決議書を作成した上、八四世帯すべてにトタン屋根が配布されることとなった。家畜用の牛の要請の優先度が高いが、平和省としては土地不足や経済効果を考慮して実施していない。土地の登記と測量の必要性は十分に高いが、平和省の予算不足で実現できていない。一時間ほどの山道に車が入れるような道路をつくることも村人の悲願だが、これも建設コストが高すぎて、当初から補償メニューに入っていない。これらはすべて資金的制約がもたらす補償プランの限界である。

アルタベラパス県における補償プランを他県と比較すると、共同体全体を裨益する社会インフラや、台所用品に象徴されるような身近な用具の優先度が高いことに気づかされる。ウエウエテナンゴ県では、低コストのアクセス道路、学校の壁や囲い、民族衣装が選ばれる傾向にあるが、アルタベラパス県では台所用品や簡易ベッドが入るという。先住民共同体の間でも地域差・民族差が存在するようだ。

ヒルダさんの説明では、ケクチ共同体で女性だけのワークショップを開くと台所用品やトタン屋根、簡易ベッドなどのニーズが非常に高くなるという。台所用品とは、たとえばバケツやステンレスのフォーク、プラスティック製の安物の皿である。一人一人の女性の立場からすると、共同体が外部からの暴力に見舞われ、肉親を殺害され、

「死者との和解」。発掘された遺体を見守る遺族たち。(撮影：古谷桂信)

自分の家を目の前で焼かれたり、いのちからがら山中を逃げ回る中で、失われた生活用品を取り戻すことが、家族や隣人と過ごした楽しい記憶の回復と自分自身の暮らしの再出発への第一歩になるという。

一本のフォークや一枚の皿に重い意味が込められていることを理解できるスタッフが担当して、はじめて犠牲者の心に届く補償が実現できるのである。

遺体回復の重要性

ヒルダさんによれば、死者を正規に埋葬し直すことが補償プログラムの中で最も重要であるという。アルタベラパス県では平和省と犠牲者相互援助グループ（GAM）、グアテマラ失踪者の家族会（FAMDEGUA）、大司教区人権オフィス、MINUGUAの調整のもとで遺体発掘が進められてきた。GAMとFAMDEGUAは常に激しい脅迫にさらされており、何度も事務所が襲われてコンピュータをはじめ貴重品が奪われている。これまで三〇カ所の秘密墓地で遺体発掘が行われたが、まだまだ多くの発掘申請が続いている。だが、平和省のアルタベラパス県支部には専属弁護士がおらず、また、裁判所が発掘にきわめて非協力的であるという。さらに平和省としては、あくまで真相究明委員会の報告書に記載されている虐殺に限って発掘作業を担えるので、それ以外の共同体からの申請には対処できない。

遺体発掘に際しては、UNDPと平和省が協力して棺桶を提供し、追悼儀礼を組織する。コバン市のシャラベ共同体には近隣二五共同体の犠牲者五六四人の名前を刻んだ墓碑の上に高さ九メートルの十字架を立てて、追悼記念碑とした。同様に、サワチルやサニタカ共同体にも犠牲者の名前を刻んだ十字架を建立したが、犠牲者全員の名前が記されているわけではない。氏名を確定しえない遺体も残るからである。

ピナレス共同体における補償を通した和解

土地の所有権をめぐる共同体内外の対立を克服することは、和解の促進にとり欠かせない。もともとグアテマラ農村部では土地の測量・登記が正規に行われていなかったが、武力対立の結果、多くの共同体で私有地および共有地の使用権・所有権が混乱し、土地をめぐる対立が激化する傾向にある。以下はどこの地域でも見られる典型例である。

- ●人権侵害の加害者が犠牲者の土地を暴力的に奪った事例。
- ●立場の弱い寡婦から親戚・隣人らが土地を奪った事例。
- ●遺言なしに多数の犠牲者が出た結果、跡継ぎをめぐって混乱・対立する事例。
- ●避難民となって村をあとにした人々の土地に、軍事戦略上の目的で軍に帰順した他地方の人々が連れてこられ、これらの人々に土地が与えられた事例。
- ●政府やNGOが難民の帰還地を十分な調査や周辺の共同体住民との対話なしに選択し、共有地や境界地をめぐる対立を引き起こしている事例。
- ●人口増加のために共有地の利用権・所有権をめぐる対立が激化する事例。

コバン市にあるピナレス共同体では補償パイロット・プランの一環としてワークショップが繰り返され、共同体全体を裨益する補償プロジェクトが実施された結果、旧所有者に土地が返還され、土地紛争を克服して和解が達成された事例として注目を集めている。以下、平和省での聞き取りと資料をもとに、ピナレス共同体における紛争から和解へのプロセスをまとめる。

土地紛争の激化　一九七〇年代末に土地をめぐる共同体内部の対立が激化。

両極化　一九八〇年代初頭になると、共同体内部が二派に分裂して対立が暴力的に進行する。土地の公正な分配を要求する派はゲリラに関与していった。他方、土地の私的所有権を主張する派は軍を支援していった。

強制的失踪　「一九八三年から八四年にかけて、グアテマラ政府軍が複数の機会に村人四〇名を拘束・連行した。今日までその行方は不明のままである。身元が判明したのは四〇名のうち七名である」（真相究明委員会報告書に記載。事例12126）。

強制的離散　一九八三年に住民の多くが国内避難民となって村を逃れた。

横奪　複数の軍務委員と自警団メンバー、ならびにそのシンパが避難民の残した資産と土地を横奪した。

帰還　二年間の避難民生活から村に帰還するが、自分たちの土地は他人に占拠されていた。

復帰　一九九六年になってゲリラに参加していた村人が帰還するが、やはり自分の土地は他人に占領されていた。

交渉開始　和平協定締結直後のピナレスの状況は、被害者と加害者、元自警団、元軍務委員、元ゲリラらが混在しており、紛争被害の激しかったグアテマラ農村部を象徴するような非常に暴力的な村であった。一九九八年から九九年にかけて国連監視団、県政府ならびに市が紛争解決を目指して犠牲者と加害者を含む委員会を発足させる。

横奪　村落改善委員会の一部メンバーが、寡婦・元避難民・元ゲリラ兵士の土地を領有すべく、一方的に農園の測量を決定する。

歩み寄り　平和省の補償パイロット・プラン対象地域に選ばれ、一九九九年になって初めて「共同体としての」優先的なニーズを決定するための村の全体会議が開かれる。

不和　プランの優先プロジェクトとして選択された五件には土地問題に関するプロジェクトが含まれなかった。土地の測量に必要な資金の自己負担能力のある村民が一〇〇人ほどおり、彼（女）らが自分たちに有利な測量を進めようとして、補償プロジェクトに土地測量を組み込まなかったためである。この行為はグアテマラ政府で土地問題を担う「農地転換庁」（ＩＮＴＡ）の地域支部長の支援を受けていた。

仲介努力の不発　平和省は農園の測量問題を解決するためにＩＮＴＡが主催した会合に参加するが、ＩＮＴＡの姿勢は変わらず。ＩＮＴＡ職員がケクチ語を話さないために、住民との理解がいっそう困難となっていた。犠牲者は平和省に強い反感を抱いており、三度めの訪問の際にこの不満が爆発した。加害者を含む補償プログラムという考え方が理解されなかったためである。平和省は問題の根底に共有地を含む土地の所有権をめぐる争いがあり、とりわけ寡婦たちの間に測量・登記プロジェクトによって自らの土地を加害者側に取られるという懸念・恐怖があることに気づかされる。

積極的仲裁の開始　ケクチ語を話し、現地事情をよく理解する平和省スタッフが、寡婦の利益を代表するかたちでＩＮＴＡ職員に問題の所在を説明。ＩＮＴＡは再度、会合を開いて、この問題への新たな対応策を決定することを提案するが、ＩＮＴＡはその後の会合にまったく姿を見せず、この問題から手を引いた。

不信　共同体の有力者は平和省の介入が自分たちの利益を損なうのではないかと疑い、市長に対して補償プログラムが共同体の分裂を引き起こしていると告発。

対話の開始　一九九九年七月一三日、平和省、自治体政府、国際移住機関（ＩＯＭ、移民・難民の人道的支援を目的に一九五一年に創設、本部ジュネーヴ）の間で会合が持たれ、問題を共同体レベルで対話と交渉を通して解決することで一致。

解決の始まり　平和省は村人に対して、共同体固有の価値を通して紛争を解決する重要性を訴えかける。同時に、和平プロセスを現実のものとするためには、市民としての義務を果たすべきであるとして、人々の良心に呼びかけた。

補償プログラムの提示　平和省は補償プログラムの目標である国民和解の重要性を全員に説明し、全体集会の場でプログラムに対する全員の意見を聞く姿勢を示した。全住民が不和や対立を超えて、一つ一つの合意への名誉の証人となることを誓う。

合意　寡婦・孤児・国内避難民・元ゲリラ兵士が元軍務委員・元自警団員と同席し、土地問題の解決に向けた話し合いを始める。ある元ゲリラとある元兵士の間で土地問題が解決した事例が提示される。自発的に土地問題が解決に至った事例を一つ一つ記録として残す。

測量・登記　新たな所有者リストに基づき、平和省の支援で土地の測量と境界設定が実施された。

分配　二〇〇〇年六月八日、農園の測量と土地分配が実施された。総費用二六万五一〇〇ケツアル（約四〇〇万円）を平和省が負担。所有者一九一人で割ると一人あたり受益額は一三八八ケツアル（約二万円）となる。個々の土地の登記には、さらに二五万ケツアル（約三七五万円）が必要となるが、今後の課題として残された。

補償　補償プロジェクトとして学用品と学校備品が供与された。総額五万一六九五ケツアル（約七八万円）で、児童数が一九四人であることから、一人あたりの受益額は二六六ケツアル（約四〇〇〇円）となる。

グアテマラでは、補償を緊急に必要としている人々や共同体、そして補償すべき内容はあまりにも多く、反面、利用可能な資金はあまりにも少ない。ヒルダさんのような犠牲者の立場に立って加害者への怒りを隠さず、それでも和解への可能性を少しでも探りながら活動を続ける政府のスタッフは例外的かもしれない。真相究明委員会の試算によれば、父親を殺害され、家屋・資産のすべてを失った家庭でさえも、生涯にわたる遺失利益を含めて金銭的な補償額は二〇万円ほどだという。マヤ農民の貧困状態が否応なしに示される数値だが、前述のように犠牲者やマヤ民族団体らが自らの手で作成した補償プログラム案の要求は経済的なものにとどまらない。

赦しとは、加害者が罪を認め、二度と繰り返さぬことを誓い、被害者に与えた苦しみを自らの手で償うことを通して、被害者に乞う行為であり、和解の前提条件である。補償プログラムの目的が国民和解の推進にあるならば、ジェノサイドの責任者を党首に抱き、その人物を大統領選で公認推薦するような現状が矯正されない限り、補償の効果は期待し得ない。

おわりに――紛争犠牲者との信頼関係

二〇〇二年、日本は和平プロセスの進展を目的に結成された「対話グループ」の議長国に持ち回りで就任した。このポストは、主要支援国や国際機関の代表として、グアテマラ政府に対して和平協定が規定する人権状況の改善や先住民族への差別撤廃、貧困削減などの履行へ向けての申し入れを行う立場に立つことを意味する。上述のように欧米諸国はポルティージョ政権の政策に非常に厳しい態度をとっていたため、これをとりまとめる日本大使の発言も人権や貧困、先住民族の権利を重視したものにならざるをえない。実際、犠牲者団体や人権団体の代表との会談を重ねた結果、日本大使館の姿勢もグアテマラ和平プロセスを厳しく評価するものに変化し、支援政策においても人権と先住民族の権利擁護を主目的としたプロジェクトづくりに取りかかっている(12)。紛争犠牲者や人権団体の立場に立ったこのような政策志向は、日本のグアテマラ政策の質的な改善として人権団体や先住民組織から評価され、期待が寄せられている。

（12）二〇〇一年に着任した上野大使（当時）は、軍部の改革と財政改革を中心とする和平協定の履行、人権状況の改善、先住民族の権利擁護および参加、貧困緩和、政府汚職の改善を重要政策課題として取り組む姿勢を明らかにしている。上野景文「最近のグアテマラ事情」（『ラテンアメリカ時報』二〇〇三年五月号）。

だが、現行の日本のODAの仕組みのもとでは、このような日本のメッセージが具体的な支援プログラムのかたちをとってグアテマラ社会に伝わることは難しい。政府間協力に固執してNGOのみならず民間一般をも排除するような硬直した国際協力システムのために、人権状況の改善や先住民族の権利伸張をプロジェクトとして具体化しにくいのである。日本の国際協力行政には多様な省益・局益が入り込み、JICA内部でさえも縦割りであって、和平協定の重要性や基本的な支援方針がグアテマラ支援関係者の間で共有されることは容易ではない。さらに、プロジェクトの立案から開始までに、複雑な政策決定手続きをへておよそ三年間を要するため、和平協定の履行手順を定めたカレンダーにどうしても遅れをとってしまうのである。

筆者がグアテマラ紛争の実態に初めて身をつまされるかたちで接したのは、一九八九年、グアテマラ市で結成直後のコナビグア（連れ合いを奪われたグアテマラ女性の会）のオフィスを訪れ、代表の女性たちから凄まじい殺戮と弾圧の実体験を聞いたときである。彼女らは筆者と同世代であり、以来、グアテマラ紛争は筆者にとってまさに同時代の紛争として、グアテマラと日本への関わり方を正面から問いかけてくるものであった。この間、一貫して自分自身の力不足、日本のNGOの限界、そして日本政府の対応のまずさにやりきれなさを感じ続けてきた。

生江明氏が『学び・未来・NGO』の終章において「早く助けたい」症候群とモノ配りから始める「配給依存症」の危険性という卓抜な指摘を行っているが、独りよがりの目的合理性に偏った効率追求はNGOとしての独自性を失わせるばかりか、相手の人権を侵すことにもつながりかねない[13]。第三節で強調したように、リゴベルタやショインカらの歴史認識とコロニアリズムへの闘いを受けとめ、そして日本の一市民として「歴史的他者」の声に耳を澄まし、応答の仕方を考え抜くことなしに、紛争犠牲者との信頼関係に基づく粘り強い協力活動を続けることはできない。

(13)　生江明「終章　人々の誇りと力の発見」(若井晋ほか編『学び・未来・NGO』新評論、二〇〇一、三一九頁)。

＊本稿に関わる調査に際し、専修大学より平成一三年度研究助成(「ラテンアメリカにおける経済開発と民族格差」)を受けた。

コラム⑧

フィリピンのあるおばあちゃんとの出会いから
――日本軍慰安婦とされたロラ（おばあちゃん）たちの裁判と私たち

ピナツボ復興むさしのネット（ピナット）
代表　山田久仁子

ピナツボ復興むさしのネット（ピナット）がフィリピンの元「慰安婦」の人々との交流・支援に関わるようになったのは、この数年のことだ。それも、この問題を深く理解し、慰安婦とされた状況やその被害に目を向け、加害責任を自覚して…、という順番ではない。たまたま友人の紹介で、交流の場と宿泊を提供した折に一人のおばあちゃんの人柄にふれて、という小さなきっかけからだった。空き時間には縫い物をして、おだやかに他人の話に耳を傾け、交流の場では他人の苦しい状況にうなずき、思いやりのある励ましができる、その想像力の深さとやさしさに感動したのだ。

自分の被害を言い募るわけではなく、「今も戦争や紛争のあるところ、必ず女性が被害を受けています。若い人たちがそんな犠牲にならないよう手助けをしましょう」と添える。七〇代後半の年齢で、おそらく来日は初めてであろう、ごく普通のおばあちゃんに、このように言わせている日本とは？　しかもこんな女性たちがアジアにたくさんいるのだ。怒りとやるせなさと恥ずかしさを覚えた。

第二次世界大戦でアジア全体では一〇万から一五万人の「慰安婦」が動員されたと言う。「いい金になる仕事がある」と騙されたり、突然拉致されて軍隊の移動ごとに連れ回され、戦争が終れば見知らぬ土地に放り出されて今さら故郷には戻れないという少女たちもたくさんいた。彼女たちは、日本軍による性暴力の被害者であるだけでなく、それが明るみになってからは地域や家族からも「恥」とされ、二重の意味で「生きる」ことに誇りを持てない環境下のま

レメディアスさんも交じえて、これから始まるワークショップの宣伝を東京・三鷹駅広場で。カンパをしてくれた人もいた。

初来日のロラ、レメディアスさんを迎えて。2001年10月、三鷹にて。

まに高齢を迎えている。

　このままでは悔しくて死ねない、と勇気ある人々が五〇年後に裁判に訴え出た。一九九一年の韓国をはじめ、合計九つの裁判が日本の裁判所で係争中であったが、二〇〇四年二月現在、地裁段階が一つ、高裁が三つ、最高裁が二つ、敗訴確定が三つとなっている。彼女たちの国籍・出身は韓国、中国、台湾、フィリピン、オランダなどで、当時の年齢は一〇―三〇歳であるが、いずれも裁判は長期化していて、まるで原告の女性たちが高齢で亡くなるのを待っているかのようだ。

　フィリピンの場合は、一九九三年四月に四六人の原告が「フィリピン従軍慰安婦」国家補償請求訴訟として提訴したが、二〇〇三年一二月に最高裁で上告棄却が決定された。この時点ですでに一二人の原告が亡くなっている。

　私たちが遅まきながら、フィリピンに関わるNGOや市民グループと連携して東京の三多摩地域で「フィリピン元

〈慰安婦〉裁判支援ネットワーク・三多摩」（三多摩ネット）をつくったのは二〇〇〇年七月だった（現フィリピン元「慰安婦」支援ネット・三多摩（ロラネット））。

さっそく私たちは、ロラ（フィリピンの公用語タガログ語で「おばあさん」の意）たちによる「スケッチ&キルト展」を各地で開催したり、二〇〇〇年一二月の高裁判決に来日した六人のロラたちの話を聞く集いを設けたりした。こうした内容の話をどうやったら一人対大勢の講演会的な一方通行に終わらせず私たちにとっても身近な問題として聞いてもらえるか、といった問題意識も働いて、その後、三多摩ネットの中に「戦争と女性を考えるワークショップ・チーム」ができた。

このワークショップのきっかけは一冊の絵本とその編集者との出会いだった。『もうひとつのレイテ戦——日本軍に捕えられた少女の絵日記』（ブカンブコン、一九九九）という名のこの絵本は、元「慰安婦」であることを六五歳で名乗り出たフィリピン・レイテ島出身のレメディアス・フェリアスさんが一四歳の自分の体験を描いたもの（図版）。三多摩ネットのメンバーの一人がこの絵を題材にして、参加者も自分の一四歳をふり返り、同じ一四歳のレメディアスさんに起こったことを疑似体験する、というワークショップをある集いでやってみたのだ。そして私たち三多摩ネットでも実験を重ね、二〇〇一年一〇月には当のレメディアスさん自身を三多摩に招いてワークショップを行っ

レメディアスさんのスケッチ（部分）

楽しかった日々

日本兵がやって来た

毎日強姦の被害に

家族と再開するも

出典：『もうひとつのレイテ戦』（レメディアス・フェリアス作、竹見智恵子監修、ブカンブコン、1999）

たが、従来の固く難しい話を一方的に聞く集いでは出会えなかった学生や若者など幅広い層の参加で、レメディアスさんの思いや願いに共感するワークショップとなり、大成功を収めた。マニュアルやビデオを作成し、ワークショップキットを整えたりと趣向を凝らしたが、以後、これらのアイデアをベースに、各地の教育現場や市民グループ、公民館での集い等にキットを貸出し、講師派遣などを精力的に行ってきた。

自分の一四歳を絵に描いたり、文章でふり返ることは、若い人の中ではお互いの深い理解につながり、また年輩の戦時体験者にとっては辛い思い出の共有と同時に、その隣り合わせでアジアの被害者の運命を知ることとなる。自分を語り、伝え合うことが、相手を深く思いやれる力を引き出しているのだと実感する。そしてごく自然に、最高裁への要請署名（日本政府の責任と補償を認める判決を最高裁に求める署名）や関係する活動にも協力してくれることになる。

私たちは遅まきながら「慰安婦」問題に向き合うこととなったが、情報洪水の中で頭と気持ちがバラバラになりがちな今の日本の中で、どうしたら我がことのように実感をもってこの問題をとらえることができるのかと、いつも苦心してきた。この三年余り、最高裁前で毎月一回、マイク宣伝し、出勤してくる裁判官や職員にチラシを配り、書記官に面会して私たちの思いを伝え続けてきた。裁判は棄却されたが、戦争の時代へと逆行する今だからこそ、このロラたちの肉声が伝わる活動をこれからも続けていきたいと思っている。

＊フィリピン元「慰安婦」支援ネット・三多摩（ロラネット）の連絡先
〒一八一―〇〇一四　三鷹市野崎三―二二―一六
ピナツボ復興むさしのネット（ピナット）気付
ＴＥＬ〇四二二―三四―五四九八　ＦＡＸ〇四二二―三二―九三七二

終　章　再び、「学び」から「未来」へ

法政大学兼任講師
家庭通信社
記者　三好亜矢子

はじめに——未来を照らす

「平和」と「人権」。ＮＧＯにとって不即不離のこの二つの課題に対し、私たちはいったい何をなすべきだろうか。終章では、各章を通して得られた各分野、各地域からの学びをあらためて確認し、真の平和を希求するすべての人々と、将来さまざまなかたちでＮＧＯ活動に参加していく若い担い手たちの未来を照らす小さな灯りとしたい。

一　ＮＧＯの社会的使命

打ち続く戦争

「戦争の世紀」と言われた二〇世紀に訣別し、新しい時代の幕開けを迎えたはずの新世紀が憎しみと流血にまみれている。二〇〇一年九月一一日の事件をきっかけに、アフガニスタン、パレスチナそしてイラクと強国による武

力介入が続いている。一つ一つの事柄の意味を問う暇もなく、次から次へと戦闘機が空母を飛び立ち、砲弾とロケットが発射され、町が炎上する映像だけが私たちの目の前を通り過ぎていく。

九・一一以降の憎悪の連鎖とも言うべきこうした国際的な動きに対して、本書は私たち自身の問題として、「平和とは何か、人権とは何か」を考え、あらためてNGOの社会的使命を問い直そうと企画されたものである。その制作過程が皮肉にも米英主導によるイラク軍事攻撃と、それに呼応して浮上した自衛隊のイラク派兵問題と重なったため、寄せられた原稿もその影響を色濃く反映している。とくに、**第7章**のラミス論文では、今度の米国によるイラク攻撃を、米国が「帝国」として世界を支配しようとする明確な意思の表れとし（一三三頁）、「米国は国家の主権を気にすることなく、自由にその国の政権交代を行ってもよいという前例をつくった」（一三八頁）と述べた上で、米国とその同盟国を厳しく糾弾している。この指摘は、被攻撃国の人々のいのち・家・財産を奪うだけでなく、国際社会の未来にも重大なダメージを与える危険性を示唆したものである。**第2章**の寺中論文が引用した「人権NGOの役割も終わりましたね」（九五頁）というある政府高官の言葉通り、この事態は、世界人権宣言以来、人権擁護を目指して営々と積み上げられてきた国際法や国際機関、NGOの存在基盤を一気にご破算にする懸念すらある。

構造的暴力

国際社会を脅やかすこうした危機に直面している現在、NGOはこれに立ち向かって、どのような社会的役割を果たすべきか。これを正面から論じるのが本書全体の目的であった。そこで本終章ではまず、一旦立ち止まって、「平和」の反対語とはいったい何かについて、あらためて考えてみることにしたい。

「平和」の反対語、つまり「平和でない状態」とは？　一般的には戦争や紛争がすぐ頭に浮かぶ。しかし筆者は、貧困、教育の不足、医療保健の劣悪さ、失業、家庭内暴力、さらには犯罪の多発や治安の悪さこそが「平和でない状態」であると考える。それはいずれも、アマルティア・センが『自由と経済開発』（石塚雅彦訳、日本経済新聞社、二〇〇〇）の中で喝破した、「人間一人一人が持つ潜在能力を最大限に発揮する『自由』が奪われている状態」を意味する。**序章**の若井論文がふれている通り、「世界六〇億の人々のうち、一二億の人々は一日一ドル以下の絶対的貧困下で生活し〔…〕二ドル以下の相対的貧困下にある人々を含めると、この地球上に住む人々の半数近い人たちが貧困下での生活を余儀なくされている」（五三頁）。そして「先進国と発展途上国の間でこのような格差が存在していること自体、人権侵害であり平和に対する脅威」（同）にほかならない。しかもこうした状態は、多国籍企業や超大国、軍事独裁政権などによって人為的にもたらされている場合があまりにも多い。戦争や紛争といった「直接的暴力」に対置させて、これを「構造的暴力」と呼ぶ。この考え方は、ノルウェー出身の平和研究者ヨハン・ガルトゥングによって一九六九年に提唱されたものだが（『構造的暴力と平和』高柳先男・塩屋保・酒井由美子訳、中央大学出版部、一九九一）、近年この種の暴力がさまざまな様相で表面化し、私たちの前に立ち現れているのである。

たとえば、自由な国際貿易の促進を標榜して創設された世界貿易機関（ＷＴＯ）もそうした存在の一つである。**第５章**林論文の冒頭には二葉の子どもの写真が紹介されている（一八八頁）。一人はブラジル生まれ、もう一人は南アフリカ共和国に生まれた。二〇〇三年現在、ともに一二歳の子どもたちである。母親からエイズウイルス（ＨＩＶ）をもらい、貧しい家庭に育った点で二人は共通している。しかし、彼（女）らの将来は大きく異なる。ブラジルの少女はエイズ治療薬が国家から無料で与えられているため、今のところ発病はしていない。二〇歳まで生きられるチャンスも高い。一方、南アフリカで生まれた少年は治療薬もないまま、ホスピスで死を待っている。この違いはどこから生じたか。ブラジル政府は、「知的所有権」の保護を謳うＷＴＯ協定のもとで高価なエイズ治療薬の独占販売に乗り出す多国籍企業の圧力に抗し、これに勝利した。逆に南アフリカでは、そうした多国籍企業の圧力に政府が屈した。二人の少年少女の未来はこうして決定されている。**コラム①**の神馬論文が強調している人権の重要な構成要素の一つ「健康権」が、企業の利益最優先の姿勢によって侵害されていると言える（日本政府はＷＴＯの中で米国と並び、エイズ治療薬など安価な医薬品の途上国への導入を厳しく制限する立場をとっている）。

ＷＴＯが振りかざす「構造的暴力」はほかにもある。農産物の自由化により世界の農民は国内マーケットから締め出され、その影響下にある工場労働者においても大量の失業にさらされている。それに反対する農民・労働者・

市民による激しい運動がフランスから生まれ、それがヨーロッパ全域、ラテンアメリカそしてアジアにも伝播しようとしている（第9章田中論文参照）。

貧富の格差や収奪、あるいは宗教差別や民族差別など、これらを助長する構造的暴力がテロリズムを生む温床となり、それがテロの撲滅あるいは予防を目的とした直接的暴力に正当性を与えている。しかし戦争や武力紛争によってテロをなくすことはできない。数十年にわたるパレスチナ・イスラエル紛争において、延々と暴力（テロ）の応酬が繰り返されても解決の糸口が見出されないのは、その証左の一つと言える。

敵を憎み、ひたすら自己正当化を図る対立から抜け出す道は、果たして残されているのだろうか。直接的・構造的暴力の克服は、公正と社会正義の実現を第一義とするＮＧＯにとって決して避けてはならない大きな課題である。とくに、国家間の戦争よりも国内外の超国家的な武装勢力による紛争が増えている今日、平和と人権を守る国家間の取り決めとしての幾多の国際法は有効性を失いつつあり、国家間の利害とは一線を画すＮＧＯへの期待がいっそう高まっている。第3章の松本(祥)論文では、イラクのように治安が悪化した地域では「ＮＧＯによる監視活動が、国際人道法の遵守を確保する上で残されたほとんど唯一の方法」（一四一頁）と指摘している。この文脈において、戦争を紛争解決の道具としない平和憲法を持つ日本の潜在力は、どんなに強調しても強調しすぎることはない。憲法第九条の精神をＮＧＯの活動の場にどう具体的に活かすのか、その知恵が求められている（第4章池住論文参照）。

ところが日本では最近、こうした方向性を逸脱するＮＧＯや、それを強力に支援する政府の姿勢が目立っている。その背景にはいったい何があるのだろうか。

二　軍隊による人道支援が増えている

軍隊による人道支援に反対する理由

ＮＧＯの第一義的使命（「平和づくり」）から逸脱する流れに警告を発する意味で、大変意義深いシンポジウムが二〇〇三年二月に東京で開かれた。「アフガニスタンの復興と治安課題を考える――軍隊が人道支援をしてもいいのか」（日本国際ボランティアセンター〔ＪＶＣ〕主催）と題されたこのシンポジウムでは、米軍主導の多国籍軍がタリバン政権を倒して以来、中央政府による復興プロセスが遅々として進んでいない状況や、地方の軍閥が麻薬栽培の再開でいっそう勢力を拡大している実態が報告された（同国周辺で活動するペシャワール会の中村哲氏も、「国連や国際ＮＧＯもまた首都だけに留まり、外国軍の下請けと見なされる危機的実態」〔コラム⑦三三五―六頁〕を憂えている）。軍隊が人道的支援に関わる是非についての議論で筆者がとくに注目したのは、パネリストの一人、オックスファム・インターナショナルの唐津聖子氏（現オックスファム・ジャパン事務局長）の指摘である。

唐津氏は、「従来、軍隊は紛争地帯における人道支援者への警護という『間接的関与』にとどまっていたが、一九九〇年代から、シエラレオネの停戦協定のモニタリングを皮切りに軍隊自らが人道支援を行う『直接的関与』のケースが増えている」とした上で、軍隊の関与の仕方には大きく分けて三つのパターンがあると述べた。すなわち（1）軍隊が直接的に人道支援を行うパターン、（2）攻撃に備えて軍隊が支援物資、スタッフ、運搬車を護衛するパターン、（3）軍隊が、人道支援を行う文民と情報の共有を行うパターン、の三つである。

そして唐津氏は、現在アフガニスタンで検討されている「民間と軍隊間協力」（ＣＩＭＩＣ、Civil-Military Cooperation）について、次に挙げる四つの疑問を投げかけた。

第一は費用対効果に関する疑問である。たとえば、世界食糧計画（ＷＦＰ）と米軍における食糧支援を比較すると、一キロの食糧を配布する際の費用は、ＷＦＰのわずか二〇セントに対して米軍はその四〇倍近い七・五ドルもかかっている。

第二の疑問は、人道支援のプログラム内容そのものに関わるものである。たとえば、地元の人々が何を望んでいるのかといったニーズの把握をはじめ、それに対応するためにどんなプログラムをいつどのように開始し、いつまで継続するのか、あるいはプログラム終了後に本格化する自治組織づくりにどう関わっていくのか、といった課題に対して、軍隊という強固なヒエラルキー集団（上官の命令が絶対）が有効に機能しうるとは思えない。現に、アフガニスタンでの食糧支援では、米軍が「ジャム」「ピーナッツバター」「ビスケット」といった加工品中心の食物を配ったのに対して、多くのNGOは「小麦粉」「食用油」といった調理の幅を広げやすい基本食を提供した。伝統食を基本とする彼の地において、どちらが人々のニーズに適応しているかは論ずるまでもない。

第三の疑問は、軍隊が人道支援事業に介入したことが原因で発生しうる治安の悪化についてである。軍隊が介入している以上、そこに住む人々や支援者たちは、突発的に生じる武力紛争の危険に常に身をさらしながら生活や活動を続けなければならない。こうした局面を防ぐための提案としてJVCがコソヴォ紛争時に採用した原則は重要である（第10章金論文参照）。それによれば、想定しうる安全確保の方法としてまず挙げられるのは、自己防衛のためにNGOサイドも武装し、攻撃を受けた場合に限ってNGOのガードが例外的に応戦するパターンだが、当然これは非暴力の原則に抵触するため受け入れられない。JVCが採用したのは、国際人道法の原則、すなわち「戦闘員と文民の区分」を明確に遵守するシステムづくりである（三二八頁）。たしかに軍隊の国籍と同じNGOが軍隊と同一視されて攻撃を受けたり、外国の軍隊に支援された村が軍隊の同調者と見なされて攻撃を受ける危険性は高い。

第四に唐津氏が挙げたのは、人道支援団体と軍隊との根本的な役割の違いから生じる疑問である。軍隊は自国ないし同盟国の権益を促進あるいは保護することが使命である。こうした組織が政治的、民族的、宗教的イデオロギーの違いを超えて、人道主義の原則や公平性、中立性、独立性を堅持すべきNGO的役割を果たし切れるとは到底思えない。

唐津氏はこうした論点に立ち、軍隊の人道支援には反対せざるをえないと結論づけた。

自衛隊のイラク派兵——誰のニーズに応えようとするのか

軍隊が「人道・復興支援」に関わろうとする流れとその問題性は、日本では自衛隊のイラク派兵を法的に承認した「イラク復興支援特別措置法」（イラク特措法）が二〇〇三年七月二六日に時限立法[1]として成立したことで、新しい局面を迎えた。これにより私たち自身もまた、軍隊による人道支援を行う国の市民として、その当事者の一人となった。

（1）イラク特措法は四年の時限立法で、（1）被災民らに生活物資の配布などを行う「人道復興支援活動」、（2）治安維持にあたる米軍などを支援する「安全確保支援活動」、を二本柱としている。自衛隊の活動範囲は「非戦闘地域」に限定し、武器や弾薬は提供できないが、輸送はできる。また、同じ通常国会で、二〇〇一年一〇月に大議論の末に成立したテロ対策特別措置法（テロ特措法）が二年間延長され、〇五年一一月まで有効となった。テロ特措法はイラク特措法と同様、一九九二年に成立した国連平和維持活動（PKO）協力法と異なり、「国連への協力」「停戦合意」という条件はなく、九九年に成立した日米防衛協力のための新指針（ガイドライン）関連法で限定された「日本周辺」という活動地域も取り払われている。

同法案について国会で論戦が続いているさなかの二〇〇三年七月一五日、『朝日新聞』夕刊の連載漫画「地球防衛隊」（しりあがり寿・作）に目を引かれた。「米英軍による実質的な占領状態が続くイラク／地元の人々の軍隊へのアレルギーが強いので、迷彩服の自衛隊の安全が心配だ／そうだ、いい手がある／日本のお家芸の『変身！』を使って『NGO』に早変わりすれば万事OK」、という内容の四コマ漫画である。この漫画は二つの点で重大な問題を示唆しているように思う。

第一の問題は、時と場所と場合に応じて自分自身のアイデンティティさえも変更しなければならない自衛隊のあやふやな位置づけである。結局、防衛庁では戦闘に巻き込まれにくい「非戦闘地域」を選び（サマワ）、武装勢力から攻撃の対象とならないようなエリアでの人道支援を決定した。イラクには日本の政府開発援助（ODA）で建設された医療施設が一三カ所ある。そのいずれかに自衛隊の発電装置や浄水装置を持ち込んで活動すれば、日本が「人道・復興支援」に貢献しているという姿・印象をイラク国民に与え、地元の反発を回避できるという考えに基づいた決定である。

先に述べたように、そもそも軍隊というものは、自国ないし同盟国の権益を促進あるいは保護することが至上課題であるから、その遂行のためにこそ武器を携行し、それを阻止する勢力を排除する。軍隊がそのような性質を本来的に持つ以上、自衛隊のイラク派兵がなされた現在においても、武器を携行する自衛隊でなければ遂行できない

「人道・復興支援上の任務」とはいったい何なのか、今後も引き続き問われていくべき問題である。同様に、これまで自衛隊を海外に派遣してきた政府(2)が、緊急性の高い人道支援から長期計画性の高い復興支援への流れをしっかりと把握した上で支援プログラムを展開してきたのかどうかも、あらためて問われなければならない。

（2）一九九二年六月、「国際連合平和維持活動（ＰＫＯ）等に対する協力に関する法律」（国際平和協力法）の制定により、日本の自衛隊は「ＰＫＯ」「人道的な国際救援活動」「国際的な選挙監視活動」に参加できるようになった。また、この法律には要員・部隊の派遣のほか、物的側面での協力を可能とする「物資協力」（対象地域だけでなく、国連平和維持軍〔ＰＫＦ〕への物資協力も含む）の制度も盛り込まれている。制定された年のアンゴラ選挙監視活動を皮切りに、自衛隊はルワンダやアフガニスタン難民への人道支援、カンボジアや東ティモールでの選挙監視活動、そして二〇〇四年の今現在も続くゴラン高原や東ティモールでの平和維持協力活動など一〇カ国に派遣されている。

ＮＧＯが緊急支援プログラムを展開する場合は、人々の必要最低限のニーズを満たす立場から、まずは緊急を要する対象地域を精査し、そこで効果的な支援を手ぎわよく行うことが最優先の課題となる。ところが政府による今回のイラク特措法では、対象地域の選定方針において最初から自衛隊の安全を最優先することが大前提となっていた。議論の出発点からすでに、対象地域の人々のニーズは後回しにされていたのである。このことは、ありうべき人道支援活動の原則から大きく逸脱するものと言わざるをえない。もっとも、議論の中心となってきた「戦闘地域か非戦闘地域か」の線引きは占領軍への攻撃が活発な地域かどうかで決定されたが、自衛隊が一九番めの同盟軍として登場する限り、武装勢力にとっては米軍と同じものに映るだろう。どの地域に派兵しようと、攻撃の対象にならない保証はどこにもない。

もちろん、ＮＧＯならどんな場所でも絶対安全、などというお墨付きがあろうはずもない。家電製品のように武器が各家庭に常備されているイラクでは、ＮＧＯを狙った略奪も負うべきリスクの一つである。プロジェクトの対象地域を選定する上では、当然こうした治安状態に対する配慮を欠いてはならない。しかし、その存在自体が戦闘行為を誘発する軍隊に人道支援を委ねるというのは、明らかな矛盾である。小泉政権は「自衛隊は戦争をするために行くわけではない。あくまで人道支援のためだ」と強弁したが、いったいなぜ武装した自衛隊が必要なのか、この疑問をぬぐい去ることはできない。

今回のイラク特措法は、現政権の米国寄りの姿勢を反映しているだけでなく、PKOに始まる自衛隊の活動領域のなし崩し的拡大を意味するものであり、さらに原則に遡れば、国際紛争を解決する手段としての武力による威嚇またはその行使を放棄した憲法第九条に抵触するばかりか、中国や韓国などアジア諸国が辛うじて理解を示す「専守防衛」からの逸脱をも意味する（第4章池住論文一六〇—一頁、第7章ラミス論文二三四—五頁参照）。小泉首相は国会の論戦の中で「自衛隊員がイラク人によって殺害されるか、逆に自衛隊がイラク人を殺害することもありうるだろう」（二〇〇三年七月九日の参議院でのイラク特措法案に関する連合審査会〔外交防衛委員会・内閣委員会〕の席上）と発言した。この重大発言は国会やメディアで問題視されたものの、首相の政治姿勢を問うには至らなかった。この異常な流れは、自衛隊の海外派兵という大義の前には自衛隊員のいのちであろうとイラク人のいのちであろうと取るに足らないとする、状況に応じて人権を相対化させる有事体制がすでに私たちの意識の中に浸透し始めていることを示している。

自衛隊の「人道支援」は決して容認できるものではない。それは一人一人の自衛隊員およびイラクの人々のいのちを左右するばかりか、創設以来ただの一人も人を殺したことのない自衛隊という存在そのものを変質させうるものである。

自衛隊のイラク派兵——NGOは軍隊の同伴者か

時と場所と場合に応じて自衛隊がNGOに「変身」するという先の四コマ漫画から第二に浮き彫りとなる重大な問題、それは軍隊と並列に表現されているNGOの存在である。この漫画では少なくとも、「変身」という言葉を使って、軍隊とNGOは同一の存在ではないことを示し、自分の身が危なくなったらNGOに変身して敵をやり過ごせばいいという自衛隊への揶揄が強調されている。しかし、現状は逆で、NGOを軍隊の同伴者として見なす傾向が強くなっている。前述のJVC主催のシンポジウムでも、米国国際開発庁（USAID）やイギリス国際開発省（DFID）などの資金をあてにして軍隊と積極的に協力し合う国際NGOと、軍隊の介入に明確に反対する

「国境なき医師団」のような国際NGOとの対立の深まりが報告された。

日本では自衛隊がNGOを保護するというかたちで現れた。二〇〇一年一〇月に成立したテロ特措法では、紛争地に派遣された自衛隊に対し、その管理下にあるNGOの人員が危難に際した場合にはこれを救護するために武器を使用できるようにした。その成立から二カ月にも満たない一二月には国際平和協力法を改正し、テロ対策特措法に盛り込まれた武器使用緩和をそのまま導入した。二年間という時限立法（ただし、二〇〇三年一一月にさらに二年間延長された）であるテロ対策特措法で得た果実を恒久法である国際平和協力法に適用した点でまことに巧妙である。(3)

（3） 武器使用に関しては、①国際平和協力業務に従事する自衛官等に対して「自己と共に現場に所在する…その職務を行うに伴い自己の管理の下に入った者」の生命または身体を防衛するために武器の使用を認めるとともに、②派遣先国において国際平和協力業務に従事する自衛官に対しても、自衛隊の武器等の防護のため武器の使用を認めた（自衛隊法第九五条の適用）。この「自己の管理下に入った者」という言い方は曖昧で解釈の幅が広い。与党安全保障プロジェクトチームの座長、久間章生・元防衛庁長官はこう言ったという。「管理の下というのは非常に幅が広い。ゴムひものようなものだ」（『朝日新聞』二〇〇一年一一月一五日）。また、国際平和協力懇談会（内閣府・明石康座長）が二〇〇二年一二月に出した同懇談会報告書は、「国際平和協力業務を自衛隊の本務」と位置づけ、PKOの枠を超えた活動を提言している。紛争当事者の合意や停戦などを条件とするPKO五原則に縛られず、国連安全保障理事会の決議などがあれば、自衛隊は多国籍軍にも参加すべきとしている。また、紛争地の治安回復に参加する文民警察官や文民専門家の派遣を積極的に行うとともに、NGOと政府とのより密接な連携にも言及している。多国籍軍への参加も辞さないというきわめて好戦的な国家戦略のもとにNGOを取り込もうという意図が明確である。

在留邦人を保護するためというフレーズは明治政府以来、日本が侵略戦争を始める大義名分の一つとして幾度となく繰り返し使われてきた。(4) このフレーズが今、NGOに対して使われようとしている。

（4） 一九一九年、日本は米英などの列強と肩を並べて、ロシア革命軍を阻止しようとシベリア出兵を行い、四年に渡って戦争を続けたが、そのときの大義名分が在留邦人保護であった（武田真人『日本の歴史　帝国主義と民本主義』集英社、一九九一）。

二〇〇一年六月一五日に行われた〈学び・未来・NGO〉シンポジウム実行委員会主催の「NGOに携わるとは

何か」と題するパネル・ディスカッションでは、パネリストの一人、牧田東一氏（現桜美林大学教員、トヨタ財団で長くNGOの支援に携わってきた）がアフガニスタンにおけるジャパン・プラットフォーム(5)（政府、企業と連携する日本のNGO連合体）の苦しい立場について次のように指摘し、外務省のダブル・スタンダードを批判している。すなわち、外務省は米軍によるアフガニスタン攻撃の直前、その戦禍を逃れさせようと国際協力事業団（JICA、現国際協力機構）や海外青年協力隊などの政府色の強い組織をパキスタンから撤退させる一方で、危険な戦闘地域に新たにジャパン・プラットフォームに属するNGOを送り出した、と。参加した一部のNGOは自衛隊によるテロ対策がNGO活動と渾然一体となることを危惧し、国境付近での活動には従事しなかったが、緊急救援活動に重点を置いてきたNGOがこれに呼応したことも事実である。ジャパン・プラットフォームが戦争や自然災害に苦しむ人々を救援しようという趣旨で設立されたことに異議を唱えるわけではない。しかし、問題はそれが政府や経済団体連合会（現日本経済団体連合会）を中心とする経済界の関与によって、「オール・ジャパン」として活動するニュアンスがあまりに強い点である。

（5）ジャパン・プラットフォームにはODA予算から毎年、五億八〇〇〇万円が始動基金として拠出され、緊急支援NGOクラブとでも言うべき一三団体のみにそれが分配されている。一三団体の中にはピースウィンズ・ジャパンやJEN、難民を助ける会などが含まれている。これらの団体はジャパン・プラットフォームが設けた助成基準、たとえば過去五年以上の実績や、年間五〇〇〇万円以上の予算を持つなどの厳しい条件をクリアした団体ばかりである。

戦争や紛争の場合、とくにその両当事者のどちらにどのような支援をするのか、どちらに人道的支援のニーズが高いのかといった見極めは、国益に縛られないNGOでなければできない役割の一つである。そうした役割を放棄し、難民が発生した途端に、政府が指定した支援対象をめがけて「お助けします」と出かけるNGOは果たしてNGOの名に価するであろうか。軍事作戦と一体となったこうしたNGOが「非」政府の立場を貫けるとは思えない

（**第8章**高橋論文二七二―三頁参照）。

三　平和をつくる若者たち

自分たちの生活の場から

それでは「非」政府の立場にいる私たち一人一人が「平和・人権」のためになしうることとは何か。この問いかけに答える道は一人一人の選択によって多種多様な可能性に満ちている。

本書の執筆者の一人、藤屋リカさん（三〇代）は日本の市民グループ「NGO　地に平和」（本部、東京）からパレスチナに派遣され、七年間にわたり保健師として働いた。二〇〇三年にも、JVCのスタッフとして同地域に赴き、ジェニン地区やベツレヘム市などで緊急医療活動に従事した（コラム⑥参照）。

「平和の第一義的な意味は普通の人が安心して生活できること」とする藤屋さんは、筆者のインタビューでこう語っている。「それを奪われたしわ寄せは子どもたちに端的に現れます。落ち着きがなく、攻撃的、自殺願望が強いのが特徴です。こうした子どもたちが必要としているのは医薬品や食料だけではなく、心を癒してくれるおもちゃや楽器なんです。絵を書いたり、歌を歌うことが子どもたちの心にとってどれほど大切かがあらためてわかりました」（同じような思いを第8章の高橋論文はイラクでの体験として書いている（二六〇頁））。

さっそく、藤屋さんは行動を開始した。自分の出身地山口県で障害児のためのおもちゃづくりに取り組んでいる母親グループに呼びかけ、約一〇〇個の木製の積み木、ブロック、布製のボールを山口から贈ってもらったのだ。パレスチナの子どもたちは目を輝かせて大喜びしたという。平和への貢献と聞くと「どこかの奇特な人が取り組む大変な仕事だろう」という漠然とした印象に終わりがちである。しかし、藤屋さんという格好の「仲介者」を得ることで状況は一変する。この山口のグループのように、ごく普通の市民として自分たちの生活の場で取り組んでいる試みが遠く離れたパレスチナで活かされ、それがかの地の子どもたちの心の安らぎへとつながっていくのである。藤屋さんの取り組みは、私たち一人一人がさまざまな機会をとらえながら、横にネットワークを広げていくことの意義をあらためて教えてくれる。

コラム⑤の執筆者、小林一朗さんも三〇代になったばかりだ。九・一一以降、インターネットを駆使して、一〇代、二〇代の若者に「戦争をとめるために自分たちでできることをやろう」と呼びかけ、今も定期的にピースウォークや学習会を開いている。小林氏は、「世論の盛り上がり次第で個別の紛争や戦争をとめることはできるかもしれないが、仕組みを変えることができなければ、戦争をつくり出す潜在的な要因はなくならない」(三〇七頁)と述べている。潜在要因の一例として、小林さんは日本政府による米国債の大量購入を挙げ、その一部が戦費に回っていると指摘し、「『戦争反対!』の意志に実体を持たせるには、日本政府や日本の政治家たちに米国債を買わないよう働きかけ、投資先を厳しく選定していくといった行動も必要になる」(同)と訴えている。小林さんは藤屋さんとはまた別のかたちで、平和をつくるためには一人一人が生きる現場で自らの生活を変えていくことが不可分だと私たちに伝えている。

日本人一人一人の暮らしが戦争を起こすメカニズムを支えていることについては、**第6章**の高橋論文が紛争ダイヤモンドなどの事例を挙げて詳述している。日本は米国に次ぐダイヤモンド輸入大国だが、原産地であるアフリカのコンゴ民主共和国(旧ザイール)やシエラレオネなどでは、その売上の多くが武装勢力の資金源となっている。

人々がつくり出す新しい非暴力運動

こうした若者の平和への取り組みが「仲介者」としての貴重な役割を果たしているとすれば、その役割は紛争当事者に対して非暴力的介入(仲介)を行っている平和・人権NGOにも通じるところがある。

たとえば、**第11章**の狐崎論文がグアテマラでの事例として述べている国際NGO「国際平和旅団」(PBI)の活動を見てみよう(三四〇頁参照)。このNGOの手法は、「第三者による非暴力介入」のトレーニングを受けた多国籍の外国人が、紛争地で活動している地元の人権団体などの要請を受けて現地へ赴き、人権活動家に付き添うことによって紛争当事者間で発生しがちな暴力や暗殺などを予防しようというものである。外国人の存在によって

「国際社会が注目している」というシグナルを紛争両当事者に送り、地元の人権活動家個人の安全確保を目指している。こうした活動は一九八〇年代以降、活発に行われている。

また**第1章**の君島論文では、著者自身が所属する国際NGO「非暴力平和隊」の具体的な活動を紹介しつつ、「仲介者」としての側面を鮮やかに描き出している。このNGOは、二〇〇二年に「国際平和旅団」のこれまでの活動実績（七三頁）を踏まえ、それをより大規模なかたちで展開しようと設立された。最初の取り組みとして現在、スリランカ北部のタミール独立解放戦線と政府との融和プログラムに参加している（八〇頁）。プログラムを有効に実施するためには研究・教育機関等における平和学や非暴力トレーニングの充実が望まれるが、この分野の日本での取り組みはまだ始まったばかりだ。

君島氏は同章で、「非武装の市民による平和構築活動のスキル」（六二頁）を身につけるための方法について詳しく述べている。「今の世界で最も充実した平和学部の一つ」（六〇頁）とされるイギリスのブラッドフォード大学平和学部の具体的なカリキュラムも紹介されており参考になる。また、オーストリア平和・紛争解決研究センターにおける国際市民平和維持・平和構築トレーニング（ＩＰＴ）というプログラムも評価が高く、一九九三年以来、四週間のコースを年に三回実施し、毎回およそ三〇人の参加者をトレーニングしているという。類似のプログラムはヨーロッパや北米を中心に広がりを見せている（六二―三頁参照）。

この点についても、日本の立ち遅れを指摘せざるをえない。日本国憲法の非暴力平和主義の先進性にもかかわらず、日本では憲法の理念を実現していくための制度の創造、政策の展開がこれまで十分になされてこなかったのが現実だ。今後はこうした具体的な非暴力トレーニングを受けた日本の若者たちが紛争の現場に立ち現れることこそ、外務省が気を揉む「顔の見える支援」にほかならないのではないか。それは、世界に誇る私たちの平和憲法を自分たちの手に取り戻し、世界の人々の共有財産に昇華させていく道でもある。

四　敵か味方かを超えるために

イラクの現状を突破するツールは「人権」にあり

二〇〇三年八月二〇日、イラクのバグダッド国連現地事務所が爆破された。爆破時に事務所内で記者会見を行っていたデメロ駐在事務所代表ほか数十名が死亡したのをはじめ、三〇〇数名を数える国連スタッフのうち三分の一が負傷するという大惨事となった。旧イラク軍の弾薬庫から持ち出された数百キロのソ連製の迫撃砲やロケット弾を搭載したトラックが現地事務所のあるホテルに激突、その直後に大爆発した可能性が強く、自爆攻撃の疑いが濃いとされている。しかし、アラブ系の二つの組織から犯行声明が出ているものの、誰が実際に手を下したかは明らかではない。また、同年一〇月二七日には、赤十字国際委員会のバグダッド本部で爆発物を積んだ救急車が爆発し、同委員会のイラク人職員ら一一人以上が死亡した。犯行声明は出ていないが、これも自爆攻撃の可能性が高い。

一種の聖域と見なされていた国連事務所、そして人道支援組織の象徴である赤十字国際委員会を狙った直接攻撃だけに、国際社会が受けた衝撃は大きい。以後、占領軍の管理下にあるイラク市民への直接攻撃もあとを断たない。イラク国内にはおよそ一四万人の米兵が駐留しているが、これらの事件で明らかになったのは、たとえ巨大な軍事力を誇示しても、ターゲットを絞り込んだ攻撃にはまったく無力であるという事実だ。暴力で暴力を永遠に抑えつけることは決してできない。それをあらためて知らしめる事件が続発している。

武装勢力によるこうした破壊行為の続発は、米国およびその有志国によるイラク占領への反発のみならず、同占領下で活動する国連や外部の国際協力機関への苛立ちが予想以上に高まっていることを示している。国連は米国の独走を抑止することに失敗し、フセイン政権が崩壊したのちも米国主導の占領政策を容認してきた。国連への怒りと失望感は容易に想像できる。ブッシュ大統領は、アフガニスタンへの攻撃を開始するにあたり、「テロには断固として戦う」と宣言し、「世界はテロに賛成か、反対かの二つしかない」と述べ世界に同調を求めたが、「敵か味方か」の踏絵を突きつけられたのは日本をはじめとする同盟国だけではない。今や国連も同様である。イラク攻撃は、いまだその根拠すらどこにも見つからない「イラクの大量破壊兵器」を理由に米国が強引に始めた「戦争」だが、結局国連はその後始末を「人道的立場」から支援することになった。イラクでの国連の居心地の悪さは、イラク市民が水・食料・電気など基本的な生活必需品に困窮すればするほど深まるばかりだろう。

一方、赤十字国際委員会が紛争地で襲撃され、職員がいのちを落とす事件は過去一〇年間だけでも何回か起きており、すでに「聖域」とは言えない状況にさらされているのも事実だ。たとえば、一九九六年六月、フツ、ツチ両部族の対立に揺れるアフリカのブルンジでは車に乗っていたスイス人スタッフが待ち伏せ攻撃を受け三人が死亡、二〇〇一年四月にはコンゴ民主共和国で赤十字国際委員会のマークの入った車両が襲撃され同じくスイス人ら職員六人が死亡した。〇三年三月にはアフガニスタンでやはり車が銃撃され、水道技術者が殺害されている。とくに衝撃的だったのは、九六年一二月、ロシア・チェチェン共和国の首都グロズヌイ郊外で、赤十字国際委員会の診療所が武装勢力に襲撃され、ノルウェー人やカナダ人の女性五人を含む職員六人が射殺された事件である。犯人はいまだに不明だが、結果的にチェチェン外部へのテロ拡散や、国際機関のチェチェン撤退という深刻な事態を招いた。

人道主義の立場に立ち、助けを求める人々すべてに平等に救いの手をさし伸べるという赤十字国際委員会の原則は、「敵でもなく、味方でもなく」という徹底した中立的立場を貫くことによって、国家との合意がなくてもあらゆる場所で活動しうる利点を持っている。しかし今回のイラクでの無差別攻撃は、米軍の占領統治を揺さぶると同時に、赤十字国際委員会が備え持つ中立性にあらためて疑問を投げかけた。「赤十字=非武装中立」というエンブレムをただ身につけて活動することの限界が浮彫りにされた。[6] この赤十字国際委員会への攻撃は、同委員会だけでなく、NGO全体に突きつけられた挑戦でもある。これに対して私たちは、あくまで非暴力による対話で立ち向かう知恵をいっそう身につけていかなければならないだろう。

(6) 一九九八年に制作されたBBC海外ドキュメンタリー「赤十字国際委員会の光と影」(第三回)の中で、赤十字国際委員会の代表部首席代表ピエール・ガスマン(当時)は次のように述べ、同委員会がとるべき新たな方向性をすでに指し示している。「赤十字国際委員会が今、何よりもなすべきなのは、もっと積極的に政治的な役割を引き受けることだと思います。具体的に言えば、どんな極悪人とも握手を交わし、話し合いをすることで、調停者としての役割を果すということです。それは、お定まりの権利を主張するのに比べ、はるかに微妙で困難な仕事です。しかし、もしそのような活動に成功すれば、コロンビアのように複雑な問題を抱える国々（複数の武装勢力によって深刻な内戦状態に陥っている国々」に対して、大きな手本を示すことになるでしょう」。

「敵か味方か」を厳しく選別する二項対立的な考え方は、その本質として「相手を殲滅するまで戦い続ける」という宿命論へと結びつけるものである。一方、本書のテーマの一つである「人権」は、こうした愚かしさを突破し、共生のための知恵を育て上げていくためにつくられた概念にほかならない。**コラム②**において生江明氏は人権の概念を次のような表現で説明している。「二者択一の議論を超えるものとして人類の歴史の中で育まれてきたのが『人権』である。他者との違いをあるがままに受容する『寛容』の思想が生んだ『人権』は敵・味方の双方を乗せる舞台だ。〔…〕ヒューマン・ライツとは小春日和の温和な風土から生まれたものではない。寛容という言葉とともに、血塗られた大地に咲き出でた希望の思想だったのである。それは他者との違いを前提に共存・共生する『平和』のツールでもあった」（一八〇、一八一頁）と。言い換えれば、寛容の精神こそ、お互いの安全と安心を保障する希望であり、同時に「平和である状態」を具現するものと言えようか。この希望のありかを私たちに指し示す一つのエピソードを次に紹介してみたい。

フツでもなくツチでもなく

一九九四年、フツ人とツチ人の二つの部族対立が引き金となり、約八〇万から一〇〇万人が犠牲となったと言われるルワンダ虐殺。(7) これをルポルタージュしたフィリップ・ゴーレイヴィッチ著『ジェノサイドの丘――ルワンダ虐殺の隠された真実』（上下、柳下毅一郎訳、WAVE出版、二〇〇三）の最終章には、フツ人の民兵団によって襲われた二つの女子寄宿学校での出来事が紹介されている。それによれば、九七年四月、一〇代の少女たちが学ぶこの二つ学校にフツ人兵士たちが乗り込み、就寝中の女学生たち全員をたたき起こして、フツ人とツチ人の二つのグループに分かれるように命令したという。ツチ人のみを手っ取り早く殺害するためであった。ところがその指示に対して、いずれの学校でも女学生たちは命令を拒み、「自分たちはツチでもなければフツでもない。ルワンダ人だ」と宣言したのである。これに対する兵士たちの反応は常軌を逸していた。彼らは無抵抗に近い女学生全員を無差別に殴打するか射殺してしまったのである。結果、三三人がいのちを失い、二〇人が負傷した。

（7）フツ人とツチ人は民族的にはほとんど差異がなく、農耕を営む多数派のフツ人と牧畜を営む比較的経済的に豊かな少数派のツチ人は長い間共存を続けてきた。しかし一九九四年、フツ人の大統領が何者かに暗殺されたのを機に、約八〇―一〇〇万人のツチ人がフツ人政府軍や民兵によって殺害されたとされる。両部族の対立は、ルワンダ、ブルンジそして旧ザイール（現コンゴ民主共和国）の地域にまたがる。

ルワンダの人口の一割が殺害され、その死亡率はナチによるホロコーストに遭ったユダヤ人の三倍に達すると言われる。この惨事の中で、五三名の少女たちの行動が提起した意味は深い。なぜ、女学生たちは兵士の命令に屈しなかったのか。次のように想像することができる。まずフツの学生たち――、彼女たちはこの場合、もともとは殺害の対象ではなかった。しかし彼女たちは今まで共に学び、共に生活してきたツチの友人たちを見殺しにすることはできなかった。フツとツチという両者の部族的な差異は、学校というコミュニティを維持運営していく上で少しも問題にならなかった。もう一方のツチの学生たち――彼女たちは、なぜ自分たちが殺されなければならないのか、その理不尽さに身の毛がよだつような恐怖を味わっていたに違いない。フツの兵士に回答を迫まられ決断するまで、時間にすればあっという間の出来事である。民兵の命令にどう対応するか、協議する時間などない。そういう極限状態において、ツチの学生もフツの学生と同様、「敵か味方か」という薄っぺらな虚構性を見抜き、自らをフツでもツチでもなく「ルワンダ人」と名乗った。しかしそれは、両者を統合する象徴がたまたま「ルワンダ人」という政治的な呼称だったにすぎない。彼女たちが瞬時のうちに下した決断は、生まれ育った家庭の温さに、そして何世代にもわたって積み重ねられてきたコミュニティの歴史そのものの重みに導かれてのものだったと推測することはできないだろうか。長い年月を二つの部族があい争うことなく共存してきた確かな生活実感を彼女たちは信じていたに違いない。不幸にもそれは、多くのいのちが奪われる結果につながった。しかし、その尊い行為は人々の歴史に刻まれるだろう。死をも覚悟した殉教的な自己犠牲のゆえにではなく、異なる人々同士が共に生き続けようとした力強い意志の象徴として。

平和回復プラグラムの推進を

筆者はこのエピソードからもう一つのことを想像してみた。それは本書でも繰り返し語られてきた軍隊という組織自体の持つ非人間性に関することである。女学生たちを襲撃したあと、兵士たちは上官に対してどのように結果を報告したであろうか。推測は次の二つである。一つは、「あの学校は実際はすべてツチだった」と虚偽の報告をすること。もう一つは、「ツチを攻撃せよという本来の命令は間違いなく果たした。その際フツの学生にも犠牲者が出たが、これは二つのグループに分かれよという命令に抵抗したため、やむをえず生じた事故である」と歪曲して報告すること。いずれも、あくまで効率的な作戦遂行が第一である軍隊の説明としては、これ以上のものはないだろう。しかし、軍隊組織でなく兵士個人の目にはどう映っていたのか。フツもツチもなく、身を寄せ合って一つになっている少女たちを見て、心の片隅にでもちらりと、「自分は何のために人々を殺害するのか」との疑問がよぎっていたのだとすれば、せめてもの救いと言える。

軍隊組織へのこうした筆者の想像は、実は、ラテンアメリカ地域の軍事政権下における人権侵害の実例として、常に取り沙汰されてきたものである（第2章寺中論文一〇二―三頁参照）。実際、軍隊が人権侵害の責任を追及された場合、少数民族などの殺害に手を染めた将校や兵士たちが口をそろえて主張するのは、上官の命令によりやむをえず行った、というものである。「上官の命令は絶対であり、それに逆らうことは軍規に違反する。どのような命令であろうと行わざるをえない」というわけである。そのため虐殺の責任は、軍隊の階級を上へ上へと遡っていくが、軍の最高責任者が罪に問われるのはむしろ例外で、その過程でうやむやになることが少なくない。また、東ティモールでの裁判のように、(8)虐殺した当事者たちに至ってはほとんど罪に問われないのが実態である。

（8）一九九九年、東ティモールでは独立かインドネシア国内の自治かを選ぶ住民投票が行われた。その前後に発生した独立派住民に対する虐殺行為は軍や警察主導によってなされた。しかし、虐殺した当事者である民兵の多くは裁判の対象にならず、軍人・警察官への裁判の結果も、検事の求刑に反して軽いものとなった（松野明久「インドネシア特別人権法廷　ソアレス州元知事三年・六人無罪」『季刊・東チモール』九号、大阪東チモール協会、二〇〇二年一〇月）。

こうした軍隊の構造そのものが戦争犯罪の免罪符になってきた歴史に終止符を打ち、被害者の権利を回復しようと二〇〇二年に設置されたのが、ハーグの国際刑事裁判所（ＩＣＣ）である。これは「人道に対する罪」を裁くための常設の裁判所（国連機関）で、加害者を平和的かつ法的に裁く国際的なメカニズムである。同裁判所の設置を定めた「ローマ規定」には現在一三九カ国が署名し、二〇〇三年一一月現在、九〇カ国が締約国となっている。しかし、**第3章**松本（祥）論文や**第7章**のラミス論文でもふれているように、米国は戦場で任務を遂行する米軍兵士が罪に問われる可能性を恐れ、加入を拒んでいる（一三一、二四三頁）。そして日本政府もまた未加入のままである。[9]

（9）社団法人アムネスティ・インターナショナル日本・国際人権法チーム編集『ＧＥＮＪＩＮブックレット29　入門国際刑事裁判所——紛争下の暴力をどうさばくのか』（現代人文社、二〇〇三）参照。

重大な人権侵害を平和的に解決し、復讐の連鎖を絶つ同様のメカニズムとして最近注目されているのが「平和回復プログラム」という手法である。これは複数の国が一つの国で起きた人権侵害を調査することで、加害者の責任を確定して被害者の権利を保障し、最終的には両者の和解と融和を図ることを目的とした人道支援のための国際的取り組みである。その一つが**第11章**の狐崎論文で取り上げられたグアテマラの事例である（三五四頁）。グアテマラの平和回復プログラムにはヨーロッパ諸国とともに日本も参加してきたが、プログラムのメニューの中で日本政府が選んだ分野は、これまで比較的日本が得意としてきた「教育・保健衛生」や「農村開発」であった。「日本の利益」にかなった支援である。たしかに、こうした支援が人々に欠かせないものであることは間違いない。しかしグアテマラ政府軍による虐殺が今も胸を切り裂かれたような痛みとして人々の心に記憶されているとき、被害者調査や生活再建への支援など、人々が切実に望んでいることがらに日本政府が関与しなかったのは残念である。日本政府は最近、盛んに「人道・平和構築」への貢献をＯＤＡの中心課題の一つに取り上げている。しかし、その実態は相手の事情より自分の都合に合わせた「利己的な国際協力」と言わざるをえない。こうした利己的な国際協力は、平和構築だけでなく、経済開発を主眼とするＯＤＡプロジェクトにも見られる。たとえば、**コラム③**の松本（郁）論文は、日本企業と日本政府がフィリピン北部に建設している巨大水力発電ダム（サンロケダム）の問題を取り上げ、この開発により地域の少数民族が守ってきた先祖伝来の土地や文化や生活が奪われていると告発している。

狐崎氏は、紛争犠牲者や人権団体の次のような主張に同意する。「『いかなる犯罪が誰に対して行われ、その責任を誰が担うのか』が解明されない限り、罪を赦しようがなく、とりわけ『国家権力が自らを赦免することは原理的にあってはならない』」（三四四頁）。翻って日本の状況はどうだろうか。

有事法制やイラク特措法など日米安保体制重視に偏った小泉政権を支える基盤の一つは、朝鮮民主主義人民共和国（北朝鮮）を過剰に警戒する世論の高まりである。二〇〇二年九月一七日の小泉首相の平壌訪問中、北朝鮮の金正日総書記は北朝鮮の工作員によって拉致された日本人の消息を一部明らかにした。しかし生存者が確認された一方で、死亡と伝えられた被害者はいつ、どこで、どういう状況で亡くなったのかなど不明な点が今なお多い。また拉致実行者の責任もあやふやなまま、経済的な補償に議論を移して事件に幕を引こうとする北朝鮮の態度も理不尽である。日本政府や国会議員などに二〇年以上も訴え続け、それでもほとんど進展のなかった今までの経緯を振り返れば、ここを先途と拉致被害者家族とその支援者たちがさまざまな機会をとらえてアピール行動に訴え出るのは当然と言えるし、一方的に死亡を宣告された拉致家族の怒りと悲しみは想像に余りある。主権を侵害された国家として日本政府が原状回復を求めることも国際法において正当であり、国家としての義務である。それを長く怠ってきた日本政府には、むしろ不作為の罪さえ発生していると言わざるをえない。

しかし一方で、この間に盛んに行われた被害者家族に関するメディア報道を見るにつけ、筆者は危険なアジテーションが家族の思いを隠れ蓑に巧妙に進行しているように思える。拉致被害者の原状回復のためには粘り強く北朝鮮と交渉を重ねるべきだが、その重要な交渉相手をいたずらに「危険な、何をするかわからない国」「ならずもの国家」と呼ぶことは長期的に見て朝鮮半島の人々との友好関係にプラスになるはずがない。むしろこうした言動は拉致被害者とその家族への支援とは別の反動的流れを生み出して、「北朝鮮脅威論」となり「有事の際には米軍が頼みの綱」という図式に収斂されてしまうのではないか。

実際こうした世論操作は着実に成功している。たとえば、『朝日新聞』が二〇〇三年六月二八日から二九日にかけて北朝鮮との国交について行った全国世論調査（電話）では、回答者のうちの四四％が「結ぶ方がよい」、四六％が「そうは思わない」と答えて、賛否が拮抗していることを示した。この結果は、その前年一一月の同調査において、「結ぶ方がよい」（五七％）が「そうは思わない」（三三％）を大きく引き離していたのに比べると、明らかに北朝鮮に対する慎重な姿勢が世論の間に浸透していることをうかがわせるものである。

一方、こうした北朝鮮への警戒心を煽る世論誘導の陰で、日本の中であまり取り上げられていないのが、アジア全域で一〇万から一五万にのぼったと言われる「従軍慰安婦」や、朝鮮半島・台湾で徴発された軍属の人々、そして広島で被爆した在日コリア人たちに対する日本政府の謝罪および補償の問題である。いずれも日本政府が「責任者の特定もせず、罪も認めず、刑にも服さず、十分な補償も行わなかった」ために今なお裁判が続いている[10]「戦後処理」の問題であるが、これはこれまで日本政府が平和回復プログラムの精神から最もかけ離れた対応に終始してきたことの結果と言える。

(10) それぞれ代表的な裁判として、**コラム⑧**山田論文が述べている「『フィリピン従軍慰安婦』国家補償請求訴訟」、韓国の光州市などの元軍人・軍属ら一二六九人が日本国に公式謝罪と一人一億円の賠償を求めた「光州千人訴訟」、一九四四年に日本軍に徴兵され広島で被曝した韓国人、郭貴勲さんが在外被爆者への被爆者援護法の適用を求めて大阪高裁で勝訴（二〇〇二年、国は上告を断念）したケースなどがある。

第二次世界大戦中に日本は、朝鮮半島で、あるいはインドネシアなどアジアの各地で、非戦闘員である普通の人々をある日突然、国の意志で強制的に連行したことはなかったか。北朝鮮による拉致事件の象徴となった横田めぐみさんのような、何の罪もない少女の一生を踏みにじったことはなかったか。表面上、謝罪を口にしながら、その解決を「戦後補償」や「国民基金」[11]による償い金でお茶を濁している日本政府の態度は、まさに今の北朝鮮政府が拉致問題に対してとっている姿勢と本質的には同じものである。北朝鮮政府に対して日本人が憤りを感じるのと同様、アジアの人々は日本政府に対して怒りのまなざしを向け続けてきたことを忘れてはならない。日本の首相がアジア諸国を訪れるたびに「過去の不幸な出来事」に言及し、「慙愧の念」や「遺憾の意」を表明しなければならないのは、まさに平和回復プログラムが十全に機能していないためにほかならない。

(11) 日本軍によって慰安婦にされた女性に対する償いとして、一九九五年に「女性のためのアジア平和国民基金」が設けられた。二〇〇二年に終了するまでの七年間で、国民の募金（約五億六五〇〇万円）による「償い金」と、政府拠出金（一三億円）の「医療・福祉支援」をもとに、フィリピン、韓国、台湾の二八五人が償いを受けた。一人あたり償い金二〇〇万円、医療・福祉支援金三〇〇万円（フィリピンは物価水準に合わせ一二〇万円）、合計五〇〇万円（フィリピンは三二〇万円）相当が渡された。元「慰安婦」を特定できないインドネシアに対しては、高齢者用の施設を向こう一〇年間に五〇カ所建設するとし、また、インドネシアに当時在住し慰安婦とされた多数のオランダ人女性のうち七九人に対しては、医療・福祉支援の対象者とした。これらの対応に元「慰安婦」たちの間からは、「自分たちが求めているのは正義の実現であり、償い金はごまかしにすぎない」との批判もなされた。たとえば、二〇〇〇年一二月、東京で開かれた「女性国際戦犯法廷」の原告として自分の体験を証言したフィリピンの元「従軍慰安婦」トマサ・サリノグさんは翌年、同基金に手紙を出し、「自分が求めるのは日本政府の正式な謝罪と補償」であると述べ、償い金の受け取りを拒否した。

コラム⑧の山田論文では、日本軍慰安婦とされたフィリピンのロラ（タガログ語で「おばあちゃん」の意）との出会いを紹介している。第二次世界大戦中、フィリピンで強制的に性被害を受けた女性たち四六人が日本政府に謝罪と補償を求め、一九九三年、東京地裁に提訴した。彼女らの要求は先に述べたグアテマラの虐殺被害者たちの声と見事に合致する。すなわち真相を究明し、責任者を処罰し、国家賠償をするというものである。これに対する司法的判断は、東京地裁、東京高裁ともに、「個人に賠償請求権はない」と被害状況の調査もないまま棄却、「戦争中の軍隊の違法な行為の処罰や加害国家の責任や賠償は国際法の枠組みで解決すべき」と当事者性を放棄したばかりか、「被害者に賠償するかどうかは極めて政治的な国家の判断に属する」[12]と逃げの一手であった。そして最高裁の判断もこれを踏襲し、一〇年にわたるロラたちの裁判は二〇〇三年一二月に上告棄却決定となった。しかし世界の潮流は今、国際的な人権擁護の精神に基づき、戦争犯罪の被害者の正義の実現を求める人々によって大きく変わろうとしている。たとえば、**コラム**④の織田論文は、紛争下の女性に対する暴力について、一九九五年の国連第四回世界女性会議（北京）に参加した沖縄の女性たちが「基地に象徴される軍事化こそが女性に対する暴力の根元」（二四七頁）と喝破したことを紹介している。

(12)「フィリピン従軍慰安婦」損害賠償請求訴訟（東京高裁二〇〇〇年一二月六日判決）より。

山田さんは、一人のロラとの偶然の出会いから、「慰安婦」であったがゆえに社会の中で差別、蔑視されてきた彼女たちが五〇年後に正義を求めて立ち上がったことを知る。そして彼女たちを支援しようと二〇〇〇年七月に「フィリピン元〈慰安婦〉裁判支援ネットワーク・三多摩」（現フィリピン元「慰安婦」支援ネット・三多摩［ロラネット］）を組織し、以来毎月一回、最高裁の前で裁判への支援を求めてチラシ配りやマイクでの宣伝を行ってきた。九・一一、アフガニスタン攻撃、イラク侵略と、次々と発生する国際的なトピックを消費していくのに忙しい日本社会にあって、上告棄却決定後もじっくりと腰を落ち着けてロラたちの生の声を伝え続ける山田さんたちの活動に、あらためて敬意を表したい。こうしたＮＧＯが地道に声を挙げ続け、これに多くの日本人が呼応することで、アジアの人々と日本の私たちとの平和回復プログラムは真の意味で機能していくものと考える。

足元の課題を見つめて

前段で述べたアジアの人々との和解のプロセスと同様、私たちが日常の暮らしの中で平和な状態をつくっていくためのもう一つのかたちを考えてみたい。日本では二〇〇〇年に「交通バリアフリー法」が施行された。障害者の交通機関へのアクセスを保障するため、駅（ただし、新設に限る）にエレベーターやスロープを設置したり、低床バスを導入することを義務づけたこの制度は、人々の安全と安心を保障するものとしても期待されている。しかし、同法が成立・施行されたからといって、途端に視覚障害の人たちが町を安全に安心して歩けるようになったわけではない。白杖を持って町を歩く視覚障害者の方たちの姿を見かけるたびに、筆者はある人物のことを思い出す。

二〇〇二年六月、筆者は東京・新宿区内にある日本点字図書館のロビーで、法政大学の社会教育主事を志望する学生たちとともに職員の方から図書館の業務内容などについて説明を受けていた。主眼は同図書館がバリアフリーにどのように配慮しているかを調べることにあった。やがて話は、同図書館周辺の路上駐車問題に及んだ。図書館を目指してやって来る視覚障害者の人たちが駐車中の車に頻繁にぶつかって危ないというのだ。そのとき、玄関から少しもためらいのない決然とした歩き方で一人の老紳士が入ってきた。同図書館の創設者、本間一夫氏であった。当時、同図書館の会長を務めていた本間氏は、五歳のときに完全失明。一三歳のときに点字を学んだが、点字の本があまりに少ないことから、一九四〇年に二四歳で自ら私費を投じ、日本盲人図書館（現日本点字図書館）[13]を設立した人物である。

(13) 開設から六四年経った現在、この図書館は日本最大の点字図書館に成長した。蔵書は録音テープ四三万本余り、点字図書一七万冊にのぼる。これらを全国に貸出し送付するサービスを行い、視覚障害者の大きな力となっている。

職員の方は本間会長を見やりながら話を続けた。「会長もね、朝、出勤してくるとき、よく額から血を流していますよ。視覚障害者は毎日、決まった道の決まったところを歩きますからね。そこにいつもと違って、荷物や看板が歩道に置かれたり、車道の端に車が停まっていたとしたら、ほとんどの場合はそれに気づくことができません。当然、ぶつかる回数が多くなります。会長は慣れっこになっていて、自分が怪我をしていることすら気づいていない場合もしばしばです」。

この程度のことに日本の視覚障害者は落ち込んではいられないのですよ、と言わんばかりの明るい調子の話し方に、かえって筆者はショックを受けた。九年前の一九九五年に起きた阪神淡路大震災のとき、神戸で出会ったある視覚障害者の方の言葉が重なってきた。「視覚障害者を災害弱者と呼ばないで欲しい。震災後に私たちに生じていることは、ことさら非日常的な出来事ではないからです。私たちは、地震が起こる前から障害物だらけの日本の町を歩くことを強制されていたのですから」。見えないのは彼（女）たちではなく、筆者の方だったのだ。

視覚障害者がここは安全と信じて歩みを進めた道に、なぜか忽然とバリアが出現し、衝突、負傷する。看板を出した商店主や車を停めた運転手、そしてそれを見過ごして通り過ぎる私たちの誰一人として、視覚障害の人たちがそのために事故に遭おうとは夢にも思っていないに違いない。これは、走っている車が障害を持った人をはねるといった交通事故とは別種の暴力を、私たちが彼（女）らに対して無自覚にも日常的に行使しているということである。本間氏の額の血は、まさにこうした私たちの他者への想像力や思いやりの不足を私たちに気づかせるために流されてきたのではないか。

異なる他者同士が互いの安心と安全を尊重し合うことで保障される権利、それを「人権」と呼ぶならば、人権はまさに「平和な状態」を生み出す推進力だ。障害を持つ人たちが安全かつ安心して町を歩くことのできる社会。それを保障し、実現する鍵は、人権感覚を身につけつつ日常の暮らしの中に「平和な状態」を具体的につくり上げていこうとする私たち一人一人の意志が握っていると言えよう。

おわりに――いつでも、どこでも、どんな場合でも

「平和」と「人権」をめぐる話は、地球上のどこか遠いところの物語ではなく、今、私たち一人一人の足元でさまざまなかたちで現実に起こっている問題である。日本政府が進めている憲法改正、海外派兵、有事法制などの動きは、その文脈の中で問題視されなければならない。日本政府のこうした動きに対する私たちの行動は、いつでも、どこでも、どんな場合でも、人間としてのごくあたり前な意志として、NOの声を挙げることだと信じる。

イエスは次のように言い放つ。「私が来たのは地上に平和をもたらすためだ、と思ってはならない。平和ではなく、剣をもたらすために来たのだ」（「マタイ伝」一〇―三四）。自分やその身辺の安泰ばかりを考え、安易に多数派に与

しがちな人間のありようを厳しく戒め、自己と他者の双方に敷衍できる正義を求めて、必要があれば身近な人々とも対峙しなければならないと厳しい。二〇〇〇年後の今、人類は再び、その覚悟のほどを問われている。

あとがき

二〇〇一年四月に『学び・未来・NGO』が世に送り出されてから三年が経過しようとしている。これに続く企画として「人権」と「平和」を主題にした企画に取り組み始めたのは必然的であったと言える。本のタイトルとして私の脳裏に浮かんだのはまさに本書の表題となる『平和・人権・NGO』であった。今回は、『学び・未来・NGO』の編者である三好、若井、池住の三名に加えて狐崎が加わった。新評論の山田洋さんと編者たちで企画案を作成したのが二〇〇二年八月一五日のことであった。奇しくも一五年戦争敗戦の記念日であった。また、このあとがきを書いているのが、まさに自衛隊派兵が閣議決定され翌日のことであったのも不思議な巡り合わせである。敗戦後五八年、「日本軍」が他国の領土に派遣されるのは初めてのことである。このような時代にあってNGOに関わる私たちに問われているのは「平和」と「人権」を中心に据えた発言と活動ではないだろうか?

『学び・未来・NGO』の二刷増刷（二〇〇二年二月）に寄せて書いた次の文章は悲しいことにいまだ現実となって進行している。すなわち「米国への同時多発テロ事件に対するアフガニスタンへの報復戦争は、米国を中心とする『人々の生存権を脅かす構造的不正義のグローバル化』を、私たちに改めて知らしめる出来事となった。『九月一一日』以降世界は変わったのであろうか？　むしろ『不正義のグローバル化』が一層深刻に進んでいるのが現実である」。このような厳しい現実の中でNGOに関わる私たちにできることは何であろうか？　本書はまさにそのことを一人一人に問いかけるとともに、具体的な行動へと向かわせるものとなることを確信している。

最後に、今回の企画に快く同意し貴重な原稿をお寄せくださった皆様に編者を代表して心から感謝申し上げます。

二〇〇四年二月（二〇〇三年一二月一〇日記す）

編者を代表して　若井　晋

「世界経済フォーラム」(通称、ダボス会議) を開催している。2000年、この地で初めて反ダボス会議が開かれ、翌年にはダボス会議に対抗する第１回世界社会フォーラムへの開催に至った(本書第９章参照)。ネオリベラリズム (新自由主義) とは一言で言えば、市場原理主義に基づき、「民営化、規制緩和」を徹底することで弱者を淘汰しようとするものだ。それに代わる経済システムへ向けた世界のNGOの取り組みを知る上で参考になる一書。

『ジョゼ・ボヴェ―あるフランス農民の反逆』(ジョゼ・ボヴェ、ポール・アリエス、クリスチャン・テラス／杉村昌昭訳、柘植書房新社、2002)

マクドナルドに対する文字通りの「解体」で勇名を轟かせた反グローバリゼーションのリーダー、ジョゼ・ボヴェへのインタビュー集。彼は「自分が住む地域や農業、仲間の農民を大切にすることが反グローバル化の闘いにそのままつながっている」と、その運動の性質を語っている。

民の目線でいるので、有事法制の本質、平和憲法の普遍的意味の理解を深めることができる。

『日本国憲法—平和的共存権への道』（星野安三郎・古関彰一、高文研、2002）

憲法第９条裁判に関わってきた体験をもとに、日本国憲法の平和主義の構造を歴史的文脈の中で解き明かしている。「憲法第９条は死んだのか」との問題提起から、PKO協力法、有事法制について論じ、「平和的共存権」を提唱している。

『平和憲法』（杉原泰雄、岩波書店、2000）

もはや戦後ではなく戦前の気配すら漂わせる現在、あらためて憲法第９条のリアリティが問われている。現状を憂える憲法学者が、戦後40年の憲法と政治の関係を分析することで、憲法を現実政治の準則にするために私たちは何をなすべきかを説く。

『憲法のこころに耳を澄ます』（森英樹、かもがわ出版、1997）

日本国憲法施行50年の節目に、憲法が「平和を構造的に保障する」ものであることをあらためてわかりやすく解きほぐした入門書。国際政治が混迷しているからこそ、原点である憲法に立ち返って考えようと呼びかけている。

『憲法と戦争』（ダグラス・ラミス、晶文社、2000）

憲法第９条によって平和は守ることができるのか、国の交戦権とは何か、自衛隊の海外派遣や日米新ガイドラインは何を目指しているのか。改憲派であれ護憲派であれ、これだけは考えておきたい議論のポイントをわかりやすく整理している（本書第７章参照）。

グローバリゼーション関係

『地球文明の未来学—脱開発へのシナリオと私たちの実践』（ヴォルフガング・ザックス／川村久美子・村井章子訳、新評論、2003）

「敢えて欲しがらない社会へ！」。経済効率至上主義と日常的消費行動の全面的見直しが環境・貧困・エイズ・暴力・モラル・南北問題の最大の知的解決法と説く著者は、現代文明を根本から見直すための有効な議論の方法を提起し、私たち「北」に住む人々の日常実践と地球レベルの課題群との関係を鮮やかに浮彫りにしながら、共生という21世紀世界の最大の課題に迫る。

『WTO徹底批判』（スーザン・ジョージ／杉村昌昭、作品社、2002）

今も急激に進行しているグローバル化の問題点を知るための入門書として最適。著者はWTOがはらむ数々の問題を提起しながら、資本が支配する現代の世界の仕組みを明らかにする。WTOルールは、報復的な関税という強い拘束力を持つ一方で、環境や安全に関する国際条約や国内の法律・地方条例には拘束されない。著者はこのルールを、貿易の自由化という美名のもとに、貿易の障壁と判断すれば、たとえ環境保護や国民の安全、労働者の権利を守る政策さえをも提訴し、葬り去ることのできる危険に満ちたものとして警告する。

『反グローバリゼーション民衆運動—アタックの挑戦』（ATTAC編／杉村昌昭訳、柘植書房新社、2001）

自由主義や金融の自由化によって、富める国はますます富み、貧しい国は逆にますます貧しくなっている。その格差は広がるばかりである。民主主義を破壊する「市場独裁」に異議申し立てし、先進国と途上国の労働者・農民・市民を結んで世界各地で活発に活動する国際NGO、ATTAC（本書第９章参照）の主張を紹介する。

『別のダボス—新自由主義グローバル化との闘い』（フランソワ・ウタール、フランソワ・ポレ編／三輪昌男訳、柘植書房新社、2002）

スイスの保養地ダボスでは毎年、世界の政治経済の主導権を握るトップリーダーたちが集まって

『日本軍性奴隷制を裁く2000年女性国際戦犯法廷の記録』（全6巻、VAWW—NET編、緑風出版、2000—2002）

戦時性暴力が処罰されない悪循環を断ち切るため、2000年、被害女性の期待に応え、国際的な民間法廷として女性国際戦犯法廷が開かれた。4日間の法廷の様子を詳かに伝えるとともに、半世紀以上もの長い間匿されてきた旧日本軍の戦時下性犯罪を裁き、責任の所在を明らかにした上で、被害者の正義と尊厳の回復を目指す記録。2001年度山川菊栄特別賞受賞。

『戦争の翌朝—ポスト冷戦時代をジェンダーで読む』（シンシア・エンロー／池田悦子訳、緑風出版、1999）

1993年の冷戦終結直後の、ジェンダーと軍事化との関係を描いた書。軍事化は兵士、基地、買売春の問題ではなく、人々の生活に織り込まれジェンダー化しているゆえに、ジェンダー関係の変革なくして軍事化の終焉はないことを示唆する。

『入門　国際刑事裁判所—紛争下の暴力をどう裁くのか』（アムネスティ・インターナショナル日本　国際人権法チーム編、現代人文社、2002）

2002年に発効した国際刑事裁判所規程。規程に至る経緯と解説をコンパクトにまとめた初の入門書。国境を越えて、人権侵害の加害者を裁くことのできる歴史上初めての「常設の普遍的な国際刑事裁判所」を知るための必読の書。

『国際人権の地平』（阿部浩己、現代人文社、2003）

国際人権法の第一人者である著者が2000—02年にかけて発表した論文をまとめたもの。虐殺の犠牲者や戦後補償を求める人々、そして難民…。国際法のセイフティネットからこぼれ落ちたこうした人々の立場に立ち、あらためて国際法のあり方を紡ぎ直す。アムネスティ・インターナショナル（本書第2章参照）などNGO活動への言及も多く、示唆に富む。

『開かれた扉—ハンセン病裁判を闘ったひとたち』（ハンセン病違憲国賠訴訟弁護団、講談社、2003）

熊本地裁・東京地裁・岡山地裁のハンセン病違憲国家賠償訴訟で、隔離政策の被害者である原告の代理人として取り組んだ弁護士たちの記録。彼（女）らの努力により裁判を勝利に導いた。

『生きてふたたび—隔離55年　ハンセン病者半生の軌跡』（国本衛、毎日新聞社、2000）

在日として二重の差別を受けながらも、ハンセン病者の人権と人間としての誇りを取り戻すための半世紀に及ぶ闘いの記録。著者の国本氏は裁判では中心的役割を担った。

憲法第9条関係

『憲法第九条』（小林直樹、岩波書店、1982）

憲法第9条の成立の歴史と意味、そしてそれが空洞化していく政治的過程がわかりやすくまとめられている。東西冷戦構造下に書かれたものであるが、今日の防衛問題を考える上で本質的なことを示唆している。

『日本の憲法　第3版』（長谷川正安、岩波書店、1994）

戦後50年経った1990年中頃、日本の大国化にともなって新たな改憲論が台頭してきたときに書き改められたもので、天皇、戦争放棄、議会制、基本的人権などの主要な論点に即して現実社会の実態と憲法の意味を明らかにしている。

『有事法制か、平和憲法か—私たちの意思が問われている』（梅田正巳、高文研、2002）

2002年4月に小泉内閣が有事法制関連3法案を提出した1カ月後に書かれたもので、有事法制を平和憲法と対置させてわかりやすく論じている。著者は憲法学者ではなく一書籍編集者として市に何か行動しようと、NGOなどで活動する若者が知恵を提案した。「サッカーで理解を深め合おう」「大使館を訪ねてみよう」「貯蓄する先を選ぼう」など30の実践が提案されている。「生活の中の小さな分岐点をわかりやすく伝えたい」との言葉通り、日々の暮らしの意外なところに実は「戦争」を支えるシステムやそれをとめるチャンスが潜んでいることを教えてくれる。

『1996年世界子供白書─戦火に苦しむ子どもたち』(ユニセフ、日本ユニセフ協会、1995)

1946年、第2次世界大戦直後、ユニセフは戦時下の子どもたちの苦しみを繰り返さないために誕生した。しかし、その50年後にユニセフが発表した当白書は、「第2次世界大戦後と同じように、いや、それをはるかに上回る規模で、戦争によって子どもたちが両親や家を奪われ、地雷や残虐行為の犠牲になり、さらには自らも少年兵として徴募され戦争への加担を強制されている」と鋭く告発している。

『グアテマラ虐殺の記録─真実と和解を求めて』(歴史的記憶の回復プロジェクト編/狐崎知己ほか訳、岩波書店、2000)

1996年、36年間にも及ぶ内戦が終結した中米グアテマラ。20万人を超える死者・行方不明者の大半が先住民族のマヤの人々であった。虐殺の真実を明らかにすることが平和回復の一歩という考えから始まったプロジェクトは6000人以上の証言を集めた。そこには人間の残酷さと同時に、人間性の再生への道筋も示されている。

『ジェノサイドの丘─ルワンダ虐殺の隠された真実』(上・下、フィリップ・ゴーレイヴィッチ/柳下毅一郎訳、WAVE出版、2003)

1994年、アフリカの中央にあるルワンダで100万もの人々が殺された。だが、世界の人々の関心はあまりにも低かった。いかに虐殺行為が計画され、実行されたのか。人類史上最悪の虐殺のメカニズムを説き明かす米国人ジャーナリストのルポルタージュ(本書終章参照)。

『もうひとつのレイテ戦─日本軍に捕えられた少女の絵日記』(レメディアス・フェリアス作/竹見智恵子監修、ブカンブコン、1999)

14歳のときにフィリピン・レイテ島で「慰安婦」にされた作者レメディアスさんが自分の体験を描いたスケッチとストーリー。フィリピンの元「慰安婦」たちの生の声を伝え続ける東京のグループ、フィリピン元「慰安婦」支援ネット・三多摩(ロラネット)がこのスケッチやストーリーなどを教材に「戦争と女性」をテーマとしたワークショップを高校・大学・市民グループの間で行っている(本書コラム⑧参照)。

『従軍慰安婦の話し─10代のあなたへのメーセージ』(西野留美子・伊勢英子、明石書店、1993)

東京に住む小学6年生の女の子が従軍慰安婦についての学級新聞を出した。著者は従軍慰安婦の写真展でこの少女に偶然出会った。「この問題は慰安婦にされた10代の女性と同年代の私たちの問題でもある」との少女の言葉に触発された著者が、10代の人たちに向けて書いた本。

『従軍慰安婦』(吉見義明、岩波書店、1995)

「日本が過去にアジアでどういうことをしたのか、日本や韓国の若者に知って欲しい」。日本政府に謝罪と補償を求めて提訴した韓国人元従軍慰安婦の一人はそう訴えた。軍慰安所はいつどこにつくられ、女性たちはどのように徴集され、どのような生活を強いられたのか。日本軍・日本政府はそのすべてにどのように関与したのか。関係公文書を丹念に収集・分析した著者がその全体像を浮かび上がらせる。

『愛と怒り戦う勇気』(松井やより、岩波書店、2003)

表題通り、愛と怒りと勇気を持って闘ったジャーナリスト・活動家の人生の記録。著者は、戦時における女性への暴力は戦争犯罪であり、処罰されるべきことを訴え、世界の女性と協力して2000年12月「女性国際戦犯法廷」を開催した(本書序章参照)。

『ドキュメント戦争広告代理店—情報操作とボスニア紛争』（高木徹、講談社、2002）
銃弾より「キャッチコピー」を、ミサイルより「衝撃の映像」を。ボスニア紛争の勝敗を決したのは米国PR企業の「陰の仕掛け人たち」だった。国際的な反響を呼んだNHKスペシャル「民族浄化」のディレクターが企業による正義の演出とこれに誘導される国際世論の実態を鋭く描写。

『自由と経済開発』（アマルティア・セン／石塚雅彦訳、日本経済新聞社、2000）
ノーベル経済学賞を受賞したセンの思想は経済学ばかりでなく平和学の見地からも得るものが大きい。たとえば、共産党独裁の中国ではかつて大規模な飢饉を発生させたが、インドやボツワナといった貧しい民主国家では飢饉は起こらない。紛争や戦争の根本的な原因の一つを経済的な貧しさと一面的にとらえることの間違いや、複数の選択肢を認める社会的自由の重要性についての指摘は傾聴に値する。

『人道危機と国際介入—平和回復の処方箋』（広島市立大学広島平和研究所編、有信堂、2003）
9.11事件以降の世界情勢を踏まえ、紛争介入のあり方について研究者、メディア関係者などが1年半にわたって議論を展開した成果をまとめたもの。とくにコソヴォなどの難民救援に関わっている「難民を助ける会」の長有紀枝氏がNGOの視点から人道主義の限界について言及しているのが興味深い。たとえば、NGOには虐殺や民族浄化そのものをとめる力はなく、それは政治の責任としている。

『人道的介入—政治の武力行使はあるか』（最上敏樹、岩波書店、2001）
人権侵害を防ぐために武力行使は果たして正当化されうるのか。ソマリア、ルワンダなどの事例を検討した上で、「武力介入」が必要となる前の段階でのさまざまなかたち（非武力）の介入の必要性を述べている。

『なぜ戦争は終わらないか—ユーゴ問題で民族・紛争・国際政治を考える』（千田善、みすず書房、2002）
長期にわたる現地調査に基づき、戦争の20世紀を象徴するユーゴスラヴィアの現代政治を民族主義、大国の介入、軍需産業の暗躍など多様な視点から分析。安易な人道的介入論を批判する。

『グローバル化と人間の安全保障—行動する市民社会』（勝俣誠編、日本経済評論社、2001）
世界中の人が安心して生活する世界を構築するために市民社会はどういう役割を果たすべきか。人道介入、児童労働、先住民問題、エイズ、水と食料などの視点から包括的に議論した必読書。

『地球市民の条件—人類再生のためのパラダイム』（ヘイゼル・ヘンダーソン／尾形敬次訳、新評論、1999）
産業革命以来進められてきた「産業社会」の建設が限界に達し、それがもたらした負の遺産は地球全体に溢れ、「環境コスト」というかたちで私たちの子孫にツケが回っている。この窮状を脱するための方向の一つとして、未来学者が新しい思考パターンつまり新たなパラダイムを提示する。

『医者井戸を掘る—アフガン旱魃との闘い』（中村哲、石風社、2001）
孤立するアフガニスタンで診療所をつくり井戸を掘ることで人道支援を黙々と続けるペシャワール会（本書コラム⑦参照）。50万のアフガニスタンの人々に飲み水を提供するべく闘ったアフガニスタン人、日本人の記録。1000基の井戸を掘ることを目標に現在も井戸掘りが続く。

『市場独裁主義批判』（ピエール・ブルデュー監修／加藤晴久訳、藤原書店、2000）
米国を中心とする「自由市場経済」中心主義に対する批判書。現在主流の「市場経済」至上主義は「市場独裁主義」であると痛烈に批判している。

『戦争をしなくてすむ世界をつくる30の方法』（平和をつくる17人、合同出版、2003）
「NO WAR！」と叫ぶだけではない平和のつくり方を考えよう——。次の戦争が起こらないためン」を監督したマイケル・ムーア氏によるユーモアに溢れた、しかし軽くは読み飛ばせない必読書。たとえば「大統領選の勝敗の帰趨を決めたフロリダ州では犯罪履歴者から選挙権を剥奪することで、圧倒的に民主党支持層が多い黒人の多数（フロリダ在住の全黒人の31％）が選挙権を剥奪された。その中には、まったく犯罪履歴のない極めて多数の黒人も含まれていた」との指摘に背筋が凍る。

『平和構築とは何か―紛争地域の再生のために』（山田満、平凡社新書、2003）

平和構築を目的に活動する日本のNGOインターバンドで活動した経験をもとに、カンボジアや東ティモールを中心に事例紹介が充実している。市民参加型の平和プロセスを考えると同時に、具体的な活動をイメージする上でも参考になるが、官製「平和構築」論に対する批判に欠け、NGO独自の活動がこの議論に取り込まれる恐れを持っている。

『平和構築―人間の安全保障の確保に向けて』（国際協力事業団、2001）

平和構築に対する国際協力事業団（JICA、現国際協力機構）の基本方針策定のための研究会報告書。平和構築論に関する概念整理、事例研究、開発援助との関連づけなどが図式的に網羅されている。紛争犠牲者の視点に立った分析がなく、改良の余地があまりにも多い。

『予防外交』（クマール・ルペンシゲ／辰巳雅世子訳、ダイヤモンド社、1998）

暴力的国内紛争の予防解決を目指す国際NGOインターナショナル・アラート（本部ロンドン）の事務局長を務めた筆者による予防外交論。

『チョムスキー、世界を語る』（ノーム・チョムスキー／田桐正彦訳、トランスビュー、2002）

著者はヴェトナム戦争以来、米国の外交政策を批判する活動を一貫して続けており、とくに9.11事件以降、事実に基づいた彼の鋭い政治評論と発言は、米国内外で高い注目を集めている。本書は米国における重要な「米国批判者」である著者が世界中で起こる国際テロの構造と米国との相関関係ついて語ったもの。

『アメリカの「人道的」軍事主義』（ノーム・チョムスキー／益岡賢ほか訳、現代企画室、2002）

コソヴォの事例を引きながら米国のダブル・スタンダードを正面から批判した書。なお、その他の彼の著作やインタビューを集めたthe Noam Chomsky archive（http://www.zmag.org/chomsky/）、その日本語版（http://rootless.org/chomsky）も参考になる。

『文明の衝突という欺瞞―暴力の連鎖を断ち切る永久平和論への回路』（マルク・クレポン／白石嘉治編訳、新評論、2004）

9.11事件以降ハンチントンの「文明の衝突」論が再浮上し、米国の一連の武力報復を暗黙のうちに正当化する状況がつくり出されている。著者はこれを文化本質主義に基づく議論であると喝破し、「恐怖と敵を作り出す文化」の政治性を鋭く抉り出す。日本の哲学者（桑田禮彰）、文化人類学者（出口雅敏）の参加のもと、カント「永久平和論」への回路を探る高質な議論が展開されている。

『戦争とプロパガンダ』（エドワード・サイード／中野真紀子訳、早尾貴紀訳、みすず書房、2002）

9.11事件以降の西洋とイスラムの衝突という単純な二分法に警鐘を鳴らし、テロが起こる複雑な社会背景に目を向ける必要を説く。『オリエンタリズム』をはじめ、米国の最高の知性の一人として世界的評価を得てきたサイード。その早すぎる死が悼まれる。

『イスラム報道』（エドワード・サイード／浅井信雄・佐藤成文訳、みすず書房、1996）

イスラム圏についての西欧文化圏における報道は、政府や企業の思惑と学者や専門家が結びついてさまざまに歪曲されている。こうした報道を放置しているアラブ指導者への痛烈な批判が展開されている。

平和・人権関係文献リスト

平和学関係

『構造的暴力と平和』（ヨハン・ガルトゥング／高柳先男訳、中央大学出版部、1991）
「平和学」の創始者の一人、ガルトゥング教授の四つの論文を収録。貧困、飢餓、抑圧、差別のない社会構造を探究した平和学の古典。

『平和学を創る―構造・歴史・課題』（岡本三夫、広島平和文化センター、1993）
日本の平和学の先駆者の一人である岡本三夫氏が平和学とは何かを平易に紹介。学際的な平和学の輪郭がよくわかる。

『平和学のすすめ―その歴史・現状および課題』（斎藤哲夫・関寛治・山下健次編、法律文化社、1995）
平和学の体系化に関して関心を持つ読者向き。

『平和学の現在』（岡本三夫、法律文化社、1999）
平和学が成立してきた歴史的経緯、構造的暴力、核廃絶などの平和学関連のテーマが詳しく議論され、平和学を大学で教える際のカリキュラムにも言及。

『平和学が分かる。』（AERA Mook、朝日新聞社編、朝日新聞社、2002）
9.11事件後、さらに平和が問われている。正義の戦争はあるのか。日本の果たす役割は何か。どうすれば平和な国際社会をつくれるのか。こうした点について学者、NGO、外務省や防衛庁専門家ら総勢50人がさまざまな角度から平和学の現在を探る。

『暴走するアメリカの世紀―平和学は提言する』（ポール・ロジャース／岡本三夫監訳、法律文化社、2003）
世界有数の平和学講座を持つイギリスのブラッドフォード大学平和学部教授である著者が、21世紀になってもなお、なぜ、戦争や紛争が起こるのか、その根本原因について分析し、新しい安全保障のパラダイムを提起する。

＊なお、**世界の平和学**については http://csf.colorado.edu/peace/ を、
日本の平和学については http://www.asahi-net.or.jp/~iz8y-iko/guide/guide0.html を参照されたい。

平和構築・人権・安全保障関係

『安全保障』（国際法学会、三省堂、2001）
国際法学会100周年を記念した「日本と国際法の100」全10巻の最終巻。国際安全保障、日米安保、日本の国連平和維持活動（PKO）などのテーマが網羅されている。

『核と人間』（全2巻、坂本義和編、岩波書店、1999）
「核と対決する20世紀」と「核を超える世界へ」の2巻で構成されている。核兵器の拡散とともに核によるテロの可能性についても述べ、核廃棄のための道筋を探っている。

『アホでマヌケなアメリカ人』（マイケル・ムーア／松田和也訳、柏書房、2002）
2002年度アカデミー・ドキュメンタリー作品賞に選ばれた「ボーリング・フォー・コロンバイ

オルタナティブメディアとして月刊誌を発行。人権、平和、環境、保健、政治など、あらゆる問題群を扱っている。

国際平和旅団 Peace Brigades International (PBI) (本部：イギリス)…**第1・11章** http://www.peacebrigades.org/

地域紛争における非暴力的解決の促進を目的として1981年に設立。「地域紛争・暴力的状況は武力をもってしか解決されない」という「迷信」に挑戦し、世界の人々が共に働くことによって、武力を用いず非暴力的に問題解決を図る実践を行っている。その理念と行動は、世界各地で行われたさまざまな非暴力による社会変革運動の経験、とくにマハトマ・ガンディーの提唱によるシャンティ・セーナ（平和隊）の思想に基づいている。国際事務局はロンドンに置かれ、支部は欧州12カ国のほか、ニュージーランド、オーストラリア、カナダ、インド、米国、チュニジアの計18カ国。現在はコロンビア、インドネシア、東ティモール、メキシコにボランティアを派遣し、過去にはグアテマラ、エルサルバドル、スリランカ、北米、ハイチにも派遣していた。

民衆保健交流会議 People' Health Assembly Exchange (本部：バングラデシュ) http://www.lists.kabissa.org/mailman/listinfo/pha-exchange

2000年12月バングラデシュに世界の保健開発NGOが集まり、当会議の設立集会が開かれた。その後ネット上で継続した活動を展開。設立集会には編者の若井と池住が参加。

人権のための医師団 Physicians for Human Rights (本部：米国)…**コラム⑥** http://www.phrusa.org/ (**人権のための医師団―イスラエル** http://www.phr.org.il)

人権擁護を目指す医師・看護師を中心とした団体として1986年に設立。97年には地雷廃絶キャンペーンを積極的に推進した活動が評価され、ノーベル平和賞の受賞団体の一つとなっている。

〈研究教育機関〉

- **オーストリア平和・紛争解決研究センター（ASPR）** http://www.aspr.ac.at
- **ストックホルム国際平和研究所（SIPRI）** http://pol.cside4.jp/kokusai/35.html-8k
- **オスロ国際平和研究所（PRIO）** http://www.prio.no/default.asp
- **ウルスター大学・国際紛争研究（INCORE）**（北アイルランド） http://www.incore.ulst.ac.uk/
- **アフリカ紛争解決構築センター（ACCORD）**（南アフリカ、ダーバン） http://www.accord.org.za/web.nsf
- **ケープタウン大学　紛争解決センター** http://ccrweb.ccr.uct.ac.za/
- **ブラッドフォード大学平和学部** University of Bradford, Department of Peace Studies（イギリス） http://www.brad.ac.uk/acad/peace/
- **ノートルダム大学　ジョアン・B. クロック国際平和研究所** University of Notre Dame, The Joan B. Kroc Institute for International Peace Studies（米国） http://www.nd.edu/~krocinst/
- **ジョージ・メイソン大学　紛争分析・解決研究所** George Mason University, Institute for Conflict Analysis and Resolution（米国） http://www.gmu.edu/departments/ICAR/

Tel/Fax：044—555—4386　E-mail：ni6k-iemr@asahi-net.or.jp

②旧ユーゴスラヴィアの難民支援と、難民を生み出す原因となる大国主導の戦争および紛争の防止を目指す。旧ユーゴスラヴィア問題に取り組むグループ・個人によるゆるやかな連携体。

●ワールド・ピース・ナウ（WORLD PEACE NOW）…第4・10章

①〒101－8375　東京都千代田区三崎町2－21－6－302　「もう戦争はいらない！許すな！憲法改悪・市民連絡会」気付

Tel：03—3221—4668　Fax：03—3221—2558

E-mail：worldpeace@give-peace-a-chance.jp　ホームページ：http://www.worldpeacenow.jp/

②活動目的：イラク攻撃や同国の占領、日本のイラク攻撃協力に反対するため、ピースウォークなどの非暴力アクションを行う。また、戦争を生み出す私たち自身の経済・社会生活のあり方について考察を深めることを目指す。

Ⅱ．日本の研究機関（50音順）

●国際平和研究学会（IPRA）　http://www.human.mie-u.ac.jp/~peace/about-ipra

世界に5つの平和研究学会を持ち、日本はアジア太平洋平和研究学会に属する。事務局は3年から6年で各国が持ち回りで担当。

●長崎総合科学大学長崎平和文化研究所　http://www.nipc.nias.ac.jp/

●日本平和学会（PSAJ）　http://wwwsoc.nii.ac.jp/psaj/

●広島市立大学広島平和研究所　http://serv.peace.hiroshima-cu.ac.jp/

●広島大学平和科学研究センター　http://home.hiroshima-u.ac.jp/heiwa/

●明治学院大学国際平和研究所　http://www.meijigakuin.ac.jp/~prime

Ⅲ．海外の主要団体・研究教育機関（順不同）

〈団体〉

ヒューマン・ライト・ウォッチ Human Right Watch（本部：米国）　http://www.hrw.org/

アムネスティ・インターナショナルと並ぶ著名な人権擁護団体。

エイズ／NGO国際協議会 International council of AIDS Service Organizations (ICASO)（本部：カナダ）…コラム①　http://icaso.org/icaso/icaso.html

エイズウイルス感染者およびエイズ患者の人権の擁護と治療・教育・支援へのアクセスの確保を目指して1991年に設立された国際NGO。HIV/AIDSに罹りやすい環境にいる人々が十分な予防知識を得て、感染予防ができるよう支援。

メノナイト・セントラル・コミッティ Mennonite Central Committee（本部：米国）
http://www.mcc.org/

キリスト教精神に基づいて、貧困、紛争、圧政、災害などに苦しむ人々に奉仕し、平和、社会正義、人々の尊厳の実現のために働いている。

『ニュー・インターナショナリスト』New Internationalist　http://www.newint.org/

②活動目的：フィリピン北部ルソン島のピナツボ火山大噴火（1991年6月）で難民化した少数民族アエタの人々への救援活動をきっかけに発足。(1)アエタの人々への識字教育支援、(2)ピナット日本語教室の開設、(3)アエタの神話を童話や人形芝居にまとめるなどの文化紹介・国際理解教育、(4)フィリピン元「慰安婦」支援、の四つのプログラムを中心に活動。

●非暴力平和隊・日本…第1章

①〒113—0001　東京都文京区白山1—31—9　小林ビル3階
Tel：090—1256—7055　Fax：03—5684—5870
E-mail：npj@peace.biglobe.ne.jp　ホームページ：http : //www.jca.apc.org/npj/

②活動目的：紛争地域での平和構築を支援する国際NGO、非暴力平和隊（Nonviolent Peaceforce）の日本グループとして活動するとともに、人権擁護および平和推進のために非暴力思想および非暴力運動の普及を目指す。2003年11月に活動を開始した非暴力平和隊スリランカ・プロジェクトには、日本人のメンバー一人がフィールドワーカーとして参加している。

●FoE Japan（旧・地球の友ジャパン）…コラム③

①〒171—0031　東京都豊島区目白3—17—24　2階
TEL：03—3951—1081　FAX：03—3951—1084
E-mail：info@foejapan.org　ホームページ：http : //www/foejapan.org/

②活動目的：地球温暖化や途上国開発、民間投資などのグローバルな課題について国際的なキャンペーンに参加すると同時に、国産材の使用や太陽光発電、里山保全などの国内事業にも寄与することを目指す。1971年、米国の環境運動家デビッド・ブラウアーが「国際的な環境保護のネットワークをつくりたい」と提唱したことがきっかけとなり設置されたのが「Friends of the Earth（FoE)」。現在はアムステルダムを拠点に68カ国に約100万人の会員を持つ。日本では1980年から活動を展開。

●平和の手

①〒540—0004　大阪府大阪市中央区玉造2—24—22
Tel：06—6920—2202　Fax：06—6920—2203
E-mail：aeh07722@nifty.com　ホームページ：http : //www.ne.jp/asahi/peace/halohalo

②活動目的：南北の経済格差、貧困、人権抑圧などが戦争や紛争を引き起こす原因と考え、とくに貧しくされた側の人々の正義に基づいて平和を実現するために、「顔の見える関係」を築きながら国際協力活動に従事する。

●ペシャワール会…コラム⑦

①〒810—0041　福岡県福岡市中央区大名1—10—25　上村第2ビル307
Tel：092—731—2372　Fax：092—731—2373
E-mail：peshawar@mxb.mesh.ne.jp　ホームページ：http : //www1. mesh.ne.jp/-peshawar

②活動目的：パキスタン、アフガニスタンにおける医療活動および人材育成。アフガニスタンの旱魃対策。

●ユーゴネット…第10章

①〒212—0007　神奈川県川崎市幸区河原町1—15—421

②活動目的：紛争の早期警報や信頼醸成、和解調停など紛争当事者間の緊張緩和や相互理解の増進に貢献し、紛争の未然予防を目指す。海外（スリランカ、カンボジア、パレスチナ、アフガニスタン）での紛争予防実施事業、日本国内での紛争予防の担い手の育成、紛争予防の調整活動などを行う。

●（特活）パレスチナ子どものキャンペーン

①〒171―0031　東京都豊島区目白３―４―５　アビタメジロ304
Tel：03―3953―1393　Fax：03―3953―1394
E-mail：ccp@bd.mbn.or.jp　ホームページ：http://www32.ocn.ne.jp/~ccp

②活動目的：苦境にあるパレスチナの子どもたちの健康・教育に対し、具体的な支援活動を現地NGOと協力して行う。また日本国内では、パレスチナへの理解や関心を高めて、パレスチナ問題解決に向けて側面的に支援する。

●反差別国際運動日本委員会

①〒106―0032　東京都港区六本木３―５―11　（財）松本治一郎記念会館内
Tel：03―3568―7709　Fax：03―3568―7709
E-mail：imadrjc@ff.iij4u.or.jp　ホームページ：http://www.imadr.org

②活動目的：反差別国際運動の一員として、日本において国連の人権保障活動と連携し、世界人権宣言をはじめとする国際人権諸文書の具体化を図る。とりわけ全世界からいっさいの差別を撤廃し人権確立を図るために調査・研究・啓発・要請活動等を実施し、人権・差別問題のすみやかな解決に寄与することを目指す。

●（特活）ピースウィンズ・ジャパン

①〒107―0062　東京都世田谷区桜新町２―11―５
Tel：03―5451―5400　Fax：03―5451―5401
E-mail：meet@peace-winds.org　ホームページ：http://www.peace-winds.org

②活動目的：すべての人々が紛争や貧困などの脅威にさらされることなく、人間らしい生活を営める世界を目指す。

●ピースデポ

①〒223―0051　神奈川県横浜市港北区箕輪町３―３―１―102
Tel：045―563―5101　Fax：045―563―9907
E-mail：office@peacedepot.org　ホームページ：http://www.peacedepot.org

②活動目的：軍事力が平和の担保になるという常識が支配する世界の現状を変えるために、世界のNGOと連携し、平和問題のシンクタンクとして市民活動に寄与することを目指す。系統的な情報・調査活動により平和運動の基礎をつくる必要性を認識し、1997年に設立。

●ピナツボ復興むさしのネット（ピナット）…コラム⑧

①〒181―0014　東京都三鷹市野崎３―22―16　すぺーすはちのこ２階
Tel：0422―34―5498　Fax：0422―32―9372
E-mail：hachinoko@green.livedoor.com
ホームページ：http://hachinoko.infoseek.livedoor.net/pinat

体への協力活動、ラテンアメリカ諸国を対象としたスタディツアーを通して、地元の人々とともに平和・人権問題に取り組む。

●燈台（アフガン難民救援協力会）

①〒364—0021　埼玉県北本市北本宿161—４　南福音診療所内
Tel：048—591—7191　Fax：048—591—9668
E-mail：todai@mwa.biglobe.ne.jp　ホームページ：http://www.jca.apc.org/-todai87
②活動目的：パキスタンに住むアフガニスタン難民のために、パキスタンとアフガニスタンにおいて医療支援および教育協力活動等を実施し、両国に住む人々の福祉・健康の向上に寄与することを目指す。

●（特活）難民を助ける会

①〒141—0021　東京都品川区上大崎４—５—26—２—101
Tel：03—3491—4200　Fax：03—3491—4192
E-mail：aar@aarjapan.gr.jp　ホームページ：http://www.aarjapan.gr.jp
②活動目的：在日および世界各地の難民の人々の自立を目指し、救援・支援活動を実施する。

●（特活）日本国際ボランティアセンター（JVC）…第６・８・10章、コラム⑥

①〒110—8605　東京都台東区東上野１—20—６　丸幸ビル６F
Tel：03—3834—2388　Fax：03—3835—0519
E-mail：jvc@jca.apc.org　ホームページ：http://www1.jca.apc.org/jvc/
②活動目的：人々が安心して生きられる公平・公正な社会をつくる。自然環境を保全・回復しながら自然農業の工夫によって食糧の自給を目指す。子どもの教育や地域の助け合い活動により生活の改善を図る。国を超えた市民の連帯により緊急救援を行い、平和回復を目指す。カンボジア、ヴェトナム、ラオス、タイ、南アフリカ、エチオピア、パレスチナ、アフガニスタン、朝鮮民主主義人民共和国（北朝鮮）等での海外活動と同時に、国内では調査・研究、開発教育、ネットワーク活動を通じて提言・啓発を行う。

●日本赤十字社

①〒105—8521　東京都港区芝大門１－１－３
Tel：03—3437—7071　Fax：03—3437—7091
E-mail：info@jrc.or.jp　ホームページ：http://www.jrc.jp
②活動目的：災害救護、救護員（看護師）の養成、医療施設の経営、血液事業などの国内事業のほか、外国で発生した災害の救護、途上国への支援などの国際支援活動を行う。また、本書各章でふれられている赤十字国際委員会（本部ジュネーヴ）は、新しい各国赤十字社の承認、ジュネーヴ条約の改定・修正の発議を行うほか、戦争や内乱の際、ジュネーヴ条約が守られているかどうかの監視や、戦争による犠牲者の保護などを行う。

●（特活）日本紛争予防センター

①〒107—0052　東京都港区赤坂２—17—12　チェリス赤坂803
Tel：03—3584—7457　Fax：03—3584—7528
E-mail：tokyo@jccp.gr.jp　ホームページ：http://www.jccp.gr.jp/

●地雷廃絶日本キャンペーン…第１・２章

①〒110—8605　東京都台東区東上野１—20—６　丸幸ビル５F（JVC内）
Tel：03—3834—2388　Fax：03—3835—0519
E-mail：banmines@jca.apc.org　ホームページ：http://www.jca.apc.org/banmines
②活動目的：地雷問題を、人道上および国の再建・開発を阻害する環境上の問題としてとらえ、日本および世界の市民団体が持つ専門的知識を結集しながら、各国政府、国際社会に対して地雷廃絶キャンペーンを行い、完全廃止の実現を呼びかける。

●人権フォーラム21

①552—0007　大阪府大阪市港区弁天１—２—１—1500　（財）アジア・太平洋人権情報センター気付
Tel：06—6577—3578　Fax：06—3577—3583
E-mail：forum21@mbk.sphere.ne.jp　ホームページ：http://www.mars.sphere.ne.jp/jhrf21/
②活動目的：政府の人権擁護推進審議会のウォッチングを主たる任務として、1997年から2002年までの５年間の時限NGOとして活動。人権政策の充実に向けてセミナーやシンポジウム、出版事業などを行った。

●（財）世界宗教者平和会議日本委員会

①〒166—0012　東京都杉並区和田２—６—１　普門館５F
Tel：03—3384—2337　Fax：03—3383—7993
E-mail：info@wcrp.or.jp　ホームページ：http://www.wcrp.or.jp
②活動目的：各宗教の聖旨と伝統を恭敬しながら、宗教協力と国際連帯のもとに人類救済の聖業に献身し、世界平和の確立および文化の向上に寄与することを目指す。

●（社）セーブ・ザ・チルドレン・ジャパン

①〒530—0046　大阪府大阪市北区菅原町11—11　大作AMビル８F
Tel：06—6361—5695　Fax：06—6361—5698
E-mail：info@savechildren.or.jp　ホームページ：http://www.savechildren.or.jp/
②活動目的：戦争、貧困、災害等により教育機会が失われる子どもを支援するとともに、その生存と発達を確保し、子どもが等しく尊厳ある人間として生きるべく、生活条件の改善を目指す。

●CHANCE!（→CHANCE! pono 2　2002年９月に別グループとして独立）…コラム⑤

①Fax：020－4622－5154
E-mail：info@pono2.jp　ホームページ：http://give-peace-a-chance.jp/2002fall/
②活動目的：それぞれが「平和を創る」ために自分に何ができるのかを考え、それぞれが行動することを目指す。「2001年９月11日の同時多発テロや戦争を、平和を創るCHANCE！にしよう」という呼びかけに共感した個人が主にインターネットを通じて参加。

●中米の人びとと手をつなぐ会…第11章

①〒135—8585　東京都江東区潮見２—10—10　日本カトリック会館内
Tel：03—5632—4444　Fax：03—5632—7920
E-mail：JPJ@jade.dti.ne.jp　ホームページ：http://www.ne.jp/asahi/hari/nature/sca2hp.htm
②活動目的：ラテンアメリカ諸国の人権状況のモニター・啓発活動、グアテマラのマヤ民族共同

②活動目的：人権擁護の国際協力を進めている市民団体が、国際人権に基づきながら相互の情報・経験の交換および協力を進め、それに沿って日本での国際人権擁護の推進を図る。

● （特活）国境なき医師団日本

①〒169—0075　東京都新宿区高田馬場３—28—１

Tel：03—3366—8571　Fax：03—3366—8573

E-mail：msf@japan.msf.org　ホームページ：http://www.japan.msf.org

②活動目的：天災、人災、戦争など、あらゆる災害に苦しむ人々に、人種、宗教、思想、政治すべてを超え、差別することなく支援するという理念に基づき、緊急医療活動を行う。

●札幌国際連帯研究会（SIIS）…第３章

①〒069—0833　北海道江別市文京台11番地　札幌学院大学法学部松本研究室気付

Tel：011—386—8111　090—2875—5183　Fax：011—386—8113

E-mail：SIIS（siis@ashir.net）　ホームページ：http://www.ashir.net/siis

②国際人権の保障を目的に、⑴人権および人民の権利に関する研究・調査、講演会、シンポジウム、出版活動などを通して、その成果を広く市民に伝える、⑵研究会を定期的に行う、⑶市民研究者を育成する、⑷国際協力事業を行う、⑸関連 NGO と情報交換および交流を図る。

●JCA-NET

①〒101—0054　東京都千代田区神田錦町３—21　三錦ビル３階

Tel：03—3292—3875　Fax：03—3291—2876

E-mail：office@jca.apc.org　ホームページ：http://www.jca.apc.org/

②活動目的：APC（進歩的コミュニケーション協会）とともに、通信 NGO として、世界の APC メンバー、40カ国を超すパートナーとの協力により、社会・環境・経済的正義、および性による差別の克服を求め、とくに民主的なインターネットコミュニティの形成を目指す。

● （特活）JEN

①〒169—0073　東京都新宿区百人町２—26—５　マイルドビル４F

Tel：03—5332—9825　Fax：03—5332—9827

E-mail：info@jen-npo.org　ホームページ：http://www.jen-npo.org

②活動目的：地球上のすべての人々の心の自立と経済的自立を促進し、平和な社会づくりを目指す。これを推進するための事業を国内外で実施し、人類の福祉と健全な社会の発展に寄与する。

●市民外交センター

①〒132—0033　東京都江戸川区東小松川３—35—13—204

Tel：03—5662—0906　Fax：03—5662—0906

E-mail：shimingaikou@hotmail.com　ホームページ：http://www3.justnet.ne.jp/-peace-tax/

②活動目的：世界各地の先住民族の権利を促進。とくに国連人権活動に基づいたアイヌ民族、琉球沖縄民族などの支援や、南太平洋諸国の環境、教育、発展、非核運動などの支援を行う。

②活動目的：途上国のNGO、住民組織への支援を通して共存・共生を追求し、富の配分の不公平や、権力者（北側も含む）による人権侵害・環境破壊をやめさせる。国や自治体に対するアドボカシーと市民への開発教育を実施。

●グリーンピース・ジャパン

①〒160―0023　東京都新宿区西早稲田８―13―11　N・Fビル２F
Tel：03―5338―9800　Fax：03―5338―9817
E-mail：greenpeace/japan@jp.greenpeace.org　ホームページ：http：//www.greenpeace.or.jp/
②活動目的：グリーン（緑豊か）でピース（平和）な世界を築くため、地球規模の環境破壊を食い止める。環境破壊が行われている現場に行って直接抗議し、その事実を広く世界に伝える。同時に解決策の提示を行う。

●原水爆禁止日本協議会（日本原水協）

①〒113―8464　東京都文京区湯島２―４―４　平和と労働センター６階
Tel：03―5842―6031　Fax：03―5842―6033
E-mail：antiatom@topaz.plala.or.jp　ホームページ：http：//www10. plala.or.jp/antiatom/
②活動目的：核戦争の防止および核兵器廃絶を目指す。広島・長崎の被爆者と世界の核兵器の被害者を援護する。1955年に創立。

●原水爆禁止日本国民会議（日本原水禁）

①〒101―0062　東京都千代田区神田駿河台３―２―11　総評会館５F
Tel：03―5289―8224　Fax：03―5289―8223
E-mail：gensuikin@jca.apc.org　ホームページ：http：//www.gensuikin.org/
②活動目的：毎年３月（1954年に「第五福竜丸」がビキニ環礁の核実験で被爆）に静岡で「３・１ビキニ・デー」の集会を開き、８月には広島と長崎で原水爆禁止世界大会を開催。世界の反核運動との国際的な連帯を図り、反核・平和を訴えるキャンペーン活動や、脱原子力の社会を目指す取り組み、被爆者の救援活動などを実施。1965年に結成された日本で最も規模の大きな反核・平和運動団体の一つ。

●黒衣の女性（Women in Black）…コラム④

①http：//www1.jca.apc.org/fem/wib/index2.html
②活動目的：1988年にパレスチナの武力占領への抗議行動としてイスラエルで始まった「戦争」「軍国主義」「女性への暴力」に反対する女性たちの国際ネットワークで、黒衣と沈黙によって、暴力への怒りと犠牲者への追悼を示す。日本では2001年の９月以降、東京、福岡、大阪、京都など各地に拡がった。趣旨に賛同する個人の自発的な参加により、沈黙のスタンディングを主な活動とする。

●国際人権NGOネットワーク

①〒101―0048　東京都千代田区神田司町２―７　小笠原ビル７階
アムネスティインターナショナル日本気付
Tel：03―3518―6777　Fax：03―3518―6778
E-mail：info@amnesty.or.jp　ホームページ：http：//www.amnesty.or.jp/

で展開。

●ECPAT（ストップ子ども買春の会）

①〒169―0073　東京都新宿区百人町２―23―25　矯風会第２会館

Tel：03―5338―3226　Fax：03―5338―3227

ホームページ：http://www.ecpatstop.org/

②活動目的：日本も加入している「子どもの権利条約」第34条（性的搾取・虐待からの保護）に基づき、子どもの買春、子どもポルノ、性目的の人身売買の根絶を目指す。国会や省庁へのロビー活動、子どもポルノの実態調査、および講演会・学習会・本や資料の翻訳・出版・学生を対象としたユースフォーラムの開催、ニュースレターの発行など、多様な活動を展開。

●NGO　地に平和…終章

①〒158―0082　東京都世田谷区等々力５―20―24

Tel/Fax：03―5758―3657

②活動目的：イスラエル・パレスチナ紛争で圧倒的に弱い立場に追いやられているパレスチナの人々の生活向上に尽くす。根強い未来への絶望感をなくし、和平の確立に尽くしたいという願いから設立。

●NGO 非戦ネット…第４・10章

①〒110―8605　東京都台東区東上野１―20―６　丸幸ビル６F（JVC 内）

Tel：03―3834―2388　Fax：03―3835―0519

E-mail：office@ngo-nowarnet-jp.org　ホームページ：http://www.ngo-nowarnet-jp.org

②活動目的：武力に拠らない紛争解決を求めるNGO有志のネットワーク。紛争や貧困、飢えの問題に取り組む個人や団体が共に行動し、対立を対話に変える努力を積み重ねることで、真の平和創造を目指す。各国のNGOや市民グループと連携し、有事法制など日本国内の問題に対しても取り組む。

●（特活）オックスファム・ジャパン…終章

①〒110―0015　東京都台東区東上野１―20―６　丸幸ビル２F

Tel：03―3834―1556　Fax：03―3834―1025

E-mail：info@oxfam.jp　ホームページ：http://www.oxfam.jp

②活動目的：貧困撲滅と社会正義の実現を目指し、紛争災害地域における緊急支援、長期開発事業を行う。オックスファムは1942年にイギリスで設立された世界有数のNGOの一つで、12の国と地域を拠点に持ち、活動エリアは100カ国以上。95年のオックスファム・インターナショナルの形成以降は、世界規模でのキャンペーンやアドボカシー活動にも力を入れている。日本ではその理念に共感する市民により活動が続いていたが、2003年12月に特別非営利活動法人化され、オックスファム・ジャパンとして本格的に事業が始まった。

●草の根援助運動

①〒235―0036　神奈川県横浜市磯子区中原１―１―28　労働総合センター３F

Tel：045―772―8363　Fax：045―774―8075

E-mail：p2 aid@angfel.ne.jp　ホームページ：http://www.angel.ne.jp/-p2aid

②活動目的：アフリカ各国のNGOへの支援や情報交換・交流等を通してアフリカへの理解を深め、地域自立に立ち上がる地元の人々との新しい協力関係の構築を目指す。活動の柱は、保健と食料安保。1993年10月東京で政府が開催したアフリカ開発会議（TICAD）を機に、市民の手で開催したアフリカ・シンポジウムに集まった人々により設立されたネットワーク型のNGO。

●アフリカ平和再建委員会

①〒222—0026　神奈川県横浜市港北区篠原町2816—22
Tel：045—439—4003　Fax：045—439—4004
E-mail：intrband@gol.com　ホームページ：http://www2.gol.com/users/intrband/arc

②活動目的：紛争後の平和解決、国民再融和という課題に取り組むアフリカの人々と協力関係をつくり、平和な社会づくりを市民という立場で共にすることで、私たちにとっての平和の意味を問い直す。

●（社）アムネスティ・インターナショナル日本…第2章

①〒101—0048　東京都千代田区神田司町2—7　小笠原ビル7階
Tel：03—3518—6777　Fax：03—3518—6778
E-mail：info@amnesty.or.jp　ホームページ：http://www.amnesty.or.jp/

②活動目的：世界人権宣言の内容が正しく守られる社会を目指し、人権意識の喚起と具体的な人権侵害の被害者の救援・支援を行う。主な活動手段は、世界中の会員が人権侵害を行っている国に抗議の手紙を書くこと。

●（特活）アーユス　仏教国際協力ネットワーク

①〒135—0024　東京都江東区清澄3—4—22
Tel：03—3820—5831　Fax：03—3820—5832
E-mail：tokyopayus.org　ホームページ：http://www.ayus.org

②活動目的：抑圧、差別、紛争等に苦しむ人々およびそれらの人々の自立的な問題解決を目指す活動家たちを支援する。それらを支えるべき市民への働きかけを通じ、平和な国際社会の建設および市民参加型社会の発展に貢献する。

●インターバンド

①〒222—0026　神奈川県横浜市港北区篠原町2816—22
Tel：045—439—4003　Fax：045—439—4004
E-mail：info@interband.org　ホームページ：http://www.interband.org/

②活動目的：紛争地や紛争の可能性のある国々に赴き、その背後にある根源的原因を分析し、その地域のNGOと協力し解決にあたったり、国際社会に早期警報を発し紛争を予防する。

●VAWW–NETジャパン（戦争と女性への暴力　日本ネットワーク）…序章

①〒112－0003　東京都文京区文京春日郵便局局留
Tel/Fax：03—3818—5903
E-mail：vaww-net-japan@jca.apc.org　ホームページ：http://www1.jca.apc.org/vaww-net-japan/

②女性の人権の視点から国際的VAWW–NETの協力のもと、武力紛争下における女性への暴力に関する実状調査、被害者支援、問題解決のためのキャンペーンやアドボカシー活動を国内外

平和・人権に関する
日本のNGO／日本の研究機関／海外の主要団体・研究教育機関リスト

I．日本のNGO（①事務局所在地・連絡先②活動目的／50音順）

●アジア女性資料センター

①〒150―0031　東京都渋谷区桜丘町14―10　渋谷コープ311

Tel：03―5497―2261　Fax：03―5497―2262

E-mail：ajwrc@jca.apc.org　ホームページ：http://www.jca.apc.org/ajwrc/

②活動目的：ジェンダーの視点に立ち、地球的規模で社会的公正や環境と共存する社会を目指す。アジアおよび他地域の女性たちとの協力を通して、女性の人権確立とエンパワメントを促進する。

●アジア人権基金

①〒107―0052　東京都港区赤坂2―10―16　赤坂スクエアビル6階B

Tel：03―5570―5503　Fax：03―5570―5504

E-mail：fhra@jca.apc.org　ホームページ：http://www.jca.apc.org./-fhra/

②活動目的：アジアの人権をめぐる現状の改善と発展のために寄与することを目指す。

●アジア太平洋資料センター

①〒101―0063　東京都千代田区神田淡路町1―7―11

Tel：03―5209―3455　Fax：03―5209―3453

E-mail：office@parc.jp.org　ホームページ：http://www.parc-jp.org

②活動目的：南北の人々が手を取り合って暮らせるよう平等な社会づくりを目指す。調査、研究、情報提供、開発教育などを通じ、南北問題の構造的原因を広く伝える。

●ATTAC Japan（市民を支援するために金融取引への課税を求める協会・日本）…第9章

①〒113―0001　東京都文京区白山1―31―9　小林ビル3F　ピースネット気付

Tel：03―3813―6492　Fax：03―5684―5870（アタック気付）

E-mail：attac-jp@jca.apc.org　ホームページ：http://www.jca.apc.org/attac-jp

②活動目的：新自由主義的グローバリゼーションを強力に推進するWTOに異議申し立てを行うとともに、食料主権と安全、教育、健康、文化、水など人間の生命・生活に直結する課題を民衆の手に取り戻す活動を提起することで、「もう一つの世界の可能性」を追求する。とくにアジアの労働者、農民、反公害運動との連携を目指す。

●アフリカ日本協議会（Africa-Japan Forum）…第5章

①〒110―0015　東京都台東区東上野1―20―6　丸幸ビル5階

Tel：03―3834―6902　Fax：03―3834―6903

E-mail：ajf@mtb.biglobe.ne.jp　ホームページ：http://www.ajf.gr.jp/

ヤ行

ラ行

ワ行

マ行

ナ行

ハ行

タ行

サ行

カ行

総 索 引

略号

ア行

と被拘禁者の人権保障』（共訳、日本評論社、1991）。アムネスティ・インターナショナル日本・国際人権法チーム編『入門・国際刑事裁判所』（共訳、現代人文社、2002）。………第２章

中村　哲（なかむら・てつ）　1946年生まれ。ペシャワール会現地代表。ペシャワール会医療サービス（PMS）病院院長。熱帯医学・神経科専門医。『学び・未来・NGO』（共著、新評論、2001）。『医者井戸を掘る』（石風社、2001）。『ほんとうのアフガニスタン』（光文社、2002）。『辺境で診る辺境から見る』（石風社、2003）。……………………………………………コラム⑦

生江　明（なまえ・あきら）　1948年生まれ。日本福祉大学教授。専攻、地域社会開発。『学び・未来・NGO』（共編著、新評論、2001）。『「市場経済移行期におけるインセンティブ構造変化による中国貧困農村の生態環境破壊メカニズム」および「地域固有社会システムがメカニズムに与える影響」に関する研究』（共著、財団法人国際開発高等教育機構、2001）。『コミュニティ・マネジメント』（編著、学校法人法音寺学園、2002）。……………………………………コラム②

林　達雄（はやし・たつお）　1954年生まれ。アフリカ日本協議会代表。医師。『NGOの挑戦』（共著、メコン、1990）。「エイズ治療を特許が阻む」（『世界』2000年10月号）。『グローバル化と人間安全保障』（共著、日本経済評論社、2001）。…………………………………………………第５章

藤屋リカ（ふじや・りか）　1967年生まれ。東京大学大学院医学系研究科・国際地域保健学教室修士課程。………………………………………………………………………………………………コラム⑥

松本郁子（まつもと・いくこ）　1969年生まれ。FoE Japan 開発金融と環境プログラムディレクター。「国際協力銀行環境ガイドライン統合に係る研究会」メンバー。財務省環境社会配慮研究会委員。JICA 環境社会配慮ガイドライン改定委員。『アジア開発銀行は援助機関なんですか？』（共著、MIT、1997）。『地球を破壊する補助金競争―海外投資とECA』（共著、地球の友ジャパン、2000）。『途上国支援と環境ガイドライン』（共著、緑風出版、2002）。……コラム③

松本祥志（まつもと・しょうじ）　1948年生まれ。札幌学院大学法学部教授。札幌国際連帯研究会（SIIS）会長。専攻、国際法・アフリカ法。『地球村の行方』（共著、新評論、1999）。『地球村の思想』（共著、新評論、2001）。訳書、F.ダルマイヤー『オリエンタリズムを超えて』（共訳、新評論、2001）。『現代国際法における人権と平和の保障』（共著、東信堂、2003）。……第３章

三好亜矢子（みよし・あやこ）　編者紹介参照。…………………………………………………………終章

山田久仁子（やまだ・くにこ）　1946年生まれ。ピナツボ復興むさしのネット（ピナット）代表。ピナットのネットワーク「すぺーす・はちのこ」運営委員。はちのこ保育園世話人。フィリピン元「慰安婦」支援ネット・三多摩（ロラネット）運営委員。『学び・未来・NGO』（共著、新評論、2001）。………………………………………………………………………………コラム⑧

ラミス、ダグラス（Lummis, Douglas C.）　1936年米国生まれ。1980年から2000年まで津田塾大学教授。専攻、政治思想史。執筆活動の傍ら、平和運動に参加。『世界がもし100人の村だったら』（対訳・再話、マガジンハウス、2001）。『やさしいことばで日本国憲法』（共著、マガジンハウス、2002）。『グラウンド・ゼロからの出発』（共著、光文社、2002）。…………第７章（談）

若井　晋（わかい・すすむ）　編者紹介参照。…………………………………………………………序章

執筆者紹介（50音順）

池住義憲（いけずみ・よしのり）　編者紹介参照。　……………………………………………………**第4章**

織田由紀子（おだ・ゆきこ）（財）アジア女性交流・研究フォーラム主任研究員。専攻、ジェンダーと開発、環境。『アジアの社会変動とジェンダー』（共著、明石書店、1998)。『学び・未来・NGO』（共著、新評論、2001)。「ジェンダーの視点からみた『実施計画』」（季刊『環境研究』128号、2003)。『内発的発展と教育』（共著、新評論、2003)。　……………………**コラム④**

君島東彦（きみじま・あきひこ）　1958年生まれ。2004年3月まで、北海学園大学法学部教授。2004年4月から、立命館大学国際関係学部教授。非暴力平和隊国際理事。非暴力平和隊・日本共同代表。国際反核法律家協会理事。専攻、憲法学・平和学。『有事法制を検証する』（共著、法律文化社、2002)。訳書、P. ロジャーズ『暴走するアメリカの世紀―平和学は提言する』（共訳、法律文化社、2003)。　……………………………………………………**第1章**

金　敬黙（きむ・ぎょんむく）　1972年生まれ。日本国際ボランティアセンター（JVC）調査研究員。「世界の潮―NATO空爆から一年　コソボはいま」（『世界』2000年5月号)。『難民とNGO』（共著、サンパウロ、2002)。『ユーラシアの平和と紛争』（Vol 2、共著、秋野豊ユーラシア基金、2002)。　……………………………………………………**第10章**

狐崎知己（こざき・ともみ）　編者紹介参照。　……………………………………………………**第11章**

小林一朗（こばやし・いちろう）　1969年生まれ。環境・サイエンスライター。市民科学研究室運営委員。2001年の9・11事件直後、CHANCE！（平和を創る人々のネットワーク）の立ち上げを呼びかけた。『非戦』（共著、幻冬舎、2001)。『戦争をしなくてすむ世界をつくる30の方法』（編著、合同出版、2003)。　……………………………………………………**コラム⑤**

神馬征峰（じんば・まさみね）　1957年生まれ。東京大学大学院医学系研究科・国際地域保健学教室講師。元ガザ地区・ヨルダン川西岸地区WHO事務所長。ネパール学校地域保健プロジェクトリーダー。専攻、国際保健・ヘルスプロモーション。『万事順を追うてひとりでに―パレスチナでの学びから』（新風舎、2002)。訳書、L.W.グリーンほか『ヘルスプロモーション：PRECEDE–PROCEEDモデルによる活動の展開』（共訳、医学書院、1997)。　………………**コラム①**

高橋清貴（たかはし・きよたか）　1960年生まれ。日本国際ボランティアセンター（JVC）調査研究員・政策提言担当。ODA改革ネット世話人ほか。専攻、国際協力論・平和構築論・社会人類学。『NGOの時代』（共著、めこん、2000)。『ODAをどう変えればいいのか』（共著、コモンズ、2002)。　……………………………………………………**第6・8章**

田中徹二（たなか・てつじ）　1947年生まれ。ATTAC Japan（首都圏）事務局長。『豊かさの裏側―私たちの暮らしとアジアの環境』（共著、学陽書房、1992)。『どうして郵貯がいけないの―金融と地球環境』（共著、北斗出版、1993)。　……………………………………………………**第9章**

寺中　誠（てらなか・まこと）　1960年生まれ。（社）アムネスティ・インターナショナル日本事務局長。専攻、犯罪学・刑事政策論。『インターネット法学案内―電脳フロンティアの道しるべ』（共著、日本評論社、1998)。訳書、アムネスティ・インターナショナル『日本の死刑廃止

編者紹介

三好亜矢子（みよし・あやこ）1956年生まれ。家庭通信社記者。法政大学兼任講師。ドキュメント・アイズ代表。専攻、社会開発。『ジャパゆきさんの現在』（編著、至文堂、1986）。『学び・未来・ＮＧＯ』（共編著、新評論、2001）。ドキュメンタリー・ビデオ作品「すきなんや　この町が　パート１―1995・神戸・ある避難所の記録」、「すきなんや　この町が　パート２―震災から６年・神戸の町と人を追い続けた」（ドキュメント・アイズ制作、パート１・115分・1996／パート２・69分・2000）。

若井　晋（わかい・すすむ）1947年生まれ。東京大学大学院医学系研究科教授。専攻、国際地域保健学。日本キリスト教海外医療協力会（ＪＯＣＳ）の派遣ワーカーとして台湾で働き、同総主事、獨協医科大学脳神経外科教授等をへて現職。『過酷な世界の天使たち』（共著、同朋社、1999）。『プライマリ・ヘルスケアをよく知るために』（共著、国際協力事業団、1999）。『学び・未来・ＮＧＯ』（共編著、新評論、2001）。訳書、Ｄ．ワーナーほか『いのち・開発・ＮＧＯ』（共監訳、新評論、1998）。英文論文156編、邦文原著・総説等70編、随筆等176編。

狐崎知己（こざき・ともみ）1957年生まれ。専修大学経済学部教授。中米の人びとと手をつなぐ会代表。専攻、国際関係論・ラテンアメリカ地域研究。『ラテンアメリカ』（自由国民社、1999）。『国際開発の地域比較』（中央経済社、2000）。『学び・未来・ＮＧＯ』（共著、新評論、2001）。訳書、歴史的記憶の回復プロジェクト編『グアテマラ　虐殺の記憶』（共訳、岩波書店、2000）。

池住義憲（いけずみ・よしのり）1944年生まれ。国際民衆保健協議会（ＩＰＨＣ）日本連絡事務所代表。東京ＹＭＣＡおよびアジア保健研修所（ＡＨＩ）での計30年にわたるＮＧＯ経験をへて現在に至る。『バナナから人権へ』（共著、同文舘、1988）。『学び・未来・ＮＧＯ』（共編著、新評論、2001）。訳書、Ｄ．ワーナーほか『いのち・開発・ＮＧＯ』（共監訳、新評論、1998）。

平和・人権・ＮＧＯ――すべての人が安心して生きるために　（検印廃止）

2004年３月31日　初版第１刷発行

編者　三好亜矢子・若井晋
　　　狐崎知己・池住義憲

発行者　武　市　一　幸

発行所　株式会社　新　評　論

〒169－0051　東京都新宿区西早稲田３－16－28
http://www.shinhyoron.co.jp
TEL 03（3202）7391
FAX 03（3202）5832
振替 00160-1-113487

定価はカバーに表示してあります
落丁・乱丁本はお取り替えします

装幀　山田英春
　　　根本貴美枝
印刷　新栄堂
製本　河上製本

© Ayako MIYOSHI, Susumu WAKAI
Tomomi KOZAKI, Yoshinori IKEZUMI　2004

Printed in Japan
ISBN4-7948-0604-3　C0036

私は強いられたくない。加害者としての立場を
──「自衛隊イラク派兵差止訴訟」を起こしました

自衛隊イラク派兵差止訴訟の会

■池住義憲

私は自衛隊のイラク派兵に反対して、去る2月23日、国を相手取って訴訟を起こしました。今を生きる一市民の責任として「声」を挙げました。原告は全国から1262名の方々が加わってくれました(2004. 2 .23提訴日現在)。

裁判を起こした理由の第一は、自衛隊のイラク派兵は「憲法第9条」に違反しているからです。今もなお戦闘行為が続いている戦地(イラク)に無反動砲や個人携帯対戦車弾などで重武装した自衛隊を派兵することは、「武力の行使」と「交戦権の行使」を否定した第9条に違反します。派兵される自衛隊は、国際法違反の侵略行為である軍事占領を続ける米国主導の暫定占領当局(CPA)の指揮下にはいり、占領軍の一員となります。憲法第9条には、こんなことをしていいとはどこにも書いてありません。

第二は、自衛隊のイラク派兵は私たちの「平和的生存権」を侵害しています。憲法前文には、「平和のうちに生存する権利」(平和的生存権)が明記されています。言い換えれば「戦争や武力行使をしない日本に生存する権利」。この権利は、力による支配が多くの人々を苦しめ死に至らしめた反省から、日本と世界の人々の「平和的生存権」の実現を図るために、日本は二度と戦争や武力の行使をしないと誓った第9条によって具体化されているのです。

そして第三に、自衛隊のイラク派兵によって私たちは侵略行為の「加害者」にさせられているからです。米英軍がイラクに対して行なっている行為は、何の正当性もない国際法違反の「侵略行為」です。そこに重武装した自衛隊を派兵することによって、私たちは米英軍の侵略行為の加担者・加害者に否応なくさせられています。私はこれによって著しい精神的苦痛を受けています。

立法府(国会)と行政府(政府)が憲法違反で間違ったことをしていることを指摘し、司法府(裁判所)に対して違憲立法審査権を行使してもらうのです。自衛隊イラク派兵の「違憲確認」、権利侵害をもたらしている自衛隊のイラク「派兵差止」、精神的苦痛を強いられていることに対する「慰謝料請求」の三点を国に求めています。

おかしいことはおかしいと言おう。あなたも原告に加わってください。

(2004年3月3日、「自衛隊イラク派兵差止訴訟の会」代表　いけずみ・よしのり)

「自衛隊イラク派兵差止訴訟」の第二次・第三次…提訴の原告募集(2004.3.3現在400名)

国籍・年齢・地域を問いません。誰でも原告になれます。詳細は「自衛隊イラク派兵差止訴訟の会」事務局まで。

〒466-0804　名古屋市昭和区宮東町260　名古屋学生青年センター内
TEL:052-781-0165　FAX:052-781-4334
E-mail:info@haheisashidome.jp　URL:http://www.haheisashidome.jp/
郵便振替00870-7-97224　加入者名 INBR